Andrew Field
Djuna Barnes

Eine Biographie

Aus dem Englischen von
Ingrid von Rosenberg

Frankfurter
Verlagsanstalt

Originaltitel: Djuna. The Formidable Miss Barnes.
Die deutsche Ausgabe folgt der 1985 bei der
University of Texas Press, Austin erschienen Ausgabe.

Erste Auflage 1992

Satz: Photosatz Reinhard Amann, Aichstetten
Druck & Einband: Clausen & Bosse, Leck
Printed in Germany
ISBN 3-627-10232-0

Eine biographische Widmung:

FÜR MEG

dieses Buch – alle meine Bücher

... Erzählen Sie ihnen fast alles, aber halten Sie sich an die Tatsachen.
– *Tatsachen*, sagte ich langsam, – *Mein Gott, ist es so weit mit uns gekommen?...*
– *Ja, natürlich*, sagte er voller Verachtung. – *Oder wollten Sie ganz persönlich sein?*
– *Das bin ich – jeder, der gut schreibt, ist das.*

Djuna Barnes
New York Tribune,
16. Februar 1919.

Erstes Kapitel

Zeichnung von Djuna Barnes für
The Book of Repulsive Women (1915)

I

Dies ist die Geschichte von Djuna Barnes. Es ist eine Geschichte von zwei Kulturen, drei Generationen und einer der großen Schriftstellerinnen unserer Zeit. 1892 wurde sie in Cornwall-on-Hudson im Staate New York geboren als Tochter eines exzentrischen Vaters, der ein erfolgloser amerikanischer Maler war. Ihre Mutter, Elizabeth Chappell, stammte aus England und hatte vor ihrer Heirat in London Geige studiert. Miss Barnes war die letzte Überlebende aus der großen Generation der Modernen der englischsprachigen Literatur zu Beginn unseres Jahrhunderts.

Sowohl Djuna als auch Barnes sind Namen mit Geschichte. Sie wurde nach einer Figur im *Ewigen Juden* genannt. Es heißt, daß ein kleiner Bruder ihren Namen falsch aussprach, so daß daraus Djuna wurde und blieb. Der Familienname ihres Vaters war eigentlich Budington, doch änderte er ihn aus Abneigung gegen seinen Vater. Vieles andere in ihrem Leben, besonders in den frühesten Jahren, ist noch weniger gesichert. Ihre komplizierte Familiengeschichte sollte sie ihr ganzes Leben lang ebenso nähren wie an ihr zehren: Sie war die Grundlage ihrer Kunst.

Miss Barnes besuchte nie eine Schule, mit Ausnahme einer kurzen Phase als Kunststudentin in New York, und die Familie hätte auch Privatlehrer abgelehnt, selbst wenn sie sich diese hätte leisten können. Nach der Trennung ihrer Eltern, die aus Cornwall-on-Hudson weggezogen waren und auf einer kleinen Farm auf Long Islang lebten, arbeitete Barnes als freiberufliche Journalistin und Zeichnerin in Manhattan, Brooklyn und der Bronx. Sie bekam etwa fünfzehn Dollar für ein Bild oder einen Artikel, was ziemlich viel war. Zu den Zeitschriften, für die sie schrieb, gehörten *The Brooklyn Daily Eagle*, *The World*, *The New York Press*, *The Morning Telegraph* und *The New York Tribune*. Ihr Vater gab sich als verwöhnter Bohemien; Cornwall-on-Hudson war damals ein beim literarischen New York beliebter Kurort (und ist es seltsamerweise jetzt, während ich dieses Buch schreibe, fast siebzig Jahre später wieder geworden), und so war es ebenso natürlich wie unvermeidlich, daß die junge Miss Barnes nach kurzem Aufenthalt auf Long Island nach Greenwich Village ging, das 1913 gerade im Begriff war, sich zum Mittelpunkt einer neuen amerikanischen Kultur zu entwickeln. In einer Skizze über den Salon von Mabel Dodge beschreibt Barnes sich zu der Zeit, als sie ins Village kam, als naiv und außerordentlich schüchtern. In kurzen Abrissen ihres Lebens wird gewöhnlich ausgelassen, daß sie in den Jahren als Journalistin drückende Verpflichtungen hatte. Eine Zeitlang war sie die finanzielle Hauptstütze ihrer Mutter und drei jüngerer Brüder, und sie hatte außerdem die Kosten für die Heimunterbringung ihrer Großmutter aufzubringen.

Die meisten Beschreibungen von ihr aus jener Zeit stellen sie als groß, elegant und extravagant dar. Sie war eine junge Journalistin, die impressionistisch arbeitete, sich auf anschauliche Interviews und lebhafte Aktionen wie Rettungsmaßnahmen der Feuerwehr und Gerichtsszenen spezialisiert hatte und häufig ihre eigenen Texte mit auffallenden Zeichnungen im Beardsley-Stil illustrierte. Unter den Berühmtheiten, mit denen sie in dieser Phase vor dem Ersten Weltkrieg verkehrte, waren Edmund Wilson (Freund und anfangs glühender Verehrer), Edna St. Vincent Millay (keins von beiden), Eugene O'Neill (auch ein großer Verehrer) und Peggy Guggenheim, die in ihrem späteren Leben für viele Jahrzehnte ihre bissige Freundin und geizige Wohltäterin werden sollte.

Ihr erstes Buch erschien 1915, als sie dreiundzwanzig Jahre alt war. Es hieß *The Book of Repulsive Women* und war ein broschiertes Heft mit acht Gedichten und fünf Zeichnungen. Es wurde als eines von *Bruno's Chap Books* von Guido Bruno herausgebracht, einem kleinlichen und windigen Mann, der seinen Profit aus Dichtung und Verlagsarbeit schlug und in dessen Chapbooks (Flugschriften) ein nicht unbeträchtlicher Teil ihrer frühen Arbeiten erschien. Zu diesem Zeitpunkt ihres Lebens war Barnes noch unsicher, ob sie Schriftstellerin oder Malerin sein wollte. Abgesehen davon, daß er selbst als exzentrische Figur interessant ist, spielte Guido Bruno eine wichtige Rolle in Djuna Barnes' Leben, denn sie gestaltete die Figur des Felix Volkbein nach ihm, die erste Person, die in ihrem berühmtesten Roman *Nachtgewächs* (1936) auftritt. Außerdem war sie mit Frank Harris befreundet, dessen literarischer Sekretär Bruno eine Zeitlang war.

The Book of Repulsive Women fand kaum Beachtung. So erging es häufig den Veröffentlichungen von Bruno, aber in diesem Falle mochte ein doppelter Grund vorliegen, denn die Gedichte darin enthalten einige Bilder, die für ihre Zeit so kühn waren, daß nicht einmal die Zensurinstanzen sie verstanden und verboten, wie es viel zahmeren Büchern von Autoren wie Kreymborg und Dreiser widerfuhr.

In welcher Phase ihres Lebens weibliche Geliebte eine Rolle zu spielen begannen, ist etwas umstritten. Fest steht freilich, daß eine mächtige Welle feministischer Selbstbehauptungen, die in Amerika um die Mitte des neunzehnten Jahrhunderts einsetzte (Miss Barnes' Großmutter Zadel nahm aktiv an der Bewegung teil), ihren Höhepunkt kurz vor dem Ersten Weltkrieg in Greenwich Village erreichte, wo Frauen aller Veranlagungen, einschließlich Lesbierinnen, auftrumpften. Miss Barnes' engste Freundin in diesen frühen Jahren war Mary Pyne, eine Schauspielerin und Village-Schönheit, die mit dem berühmten »Troubadour« des Village, Harry Kemp, zusammenlebte. Sie starb an einer Grippe, nachdem Djuna Barnes sie gepflegt hatte, bis sie ins Krankenhaus kam. Eine andere ungewöhnliche Dame des Village, mit der Barnes befreundet war, war die Baronin Elsa von Freytag-Loringhoven, die, mit wenig mehr als einer mexikanischen Wolldecke bekleidet, durch die Straßen zu stolzieren pflegte und einmal William Carlos Williams nach New Jersey folgte, nachdem er den verhängnisvollen Fehler begangen hatte, ihr Komplimente zu machen. Die Baronesse war Amerikas Beitrag zur Dada-Bewegung. Später folgte sie Djuna Barnes nach Paris, wo sie sich mit Gas das Leben nahm. Miss Barnes wurde ihre literarische Nachlaßverwalterin.

In diesen Jahren vor ihrer Zeit im Ausland hatte Djuna Barnes Beziehungen mit etlichen Männern, und mit einem von ihnen, Courtenay Lemon, lebte sie – Informationen der Familie nach ihrem Tode zufolge – etwa über zwei Jahre lang in eheähnlicher Gemeinschaft. Die wichtigsten Zeugnisse über ihre gemeinsame Zeit finden sich in den Tagebüchern von Edmund Wilson und den Erinnerungen des Malers Maurice Sterne, ebenfalls jemand, mit dem sie eine sehr kurze Liaison hatte. Lemon war Freidenker und schrieb an einer Geschichte der literarischen Kritik, die nie erschien. Djuna Barnes erzählte Edmund Wilson, daß sie kurze Zeit von der Stärke seines Intellekts überwältigt gewesen sei. 1919 trennten sich die beiden. Lemon war einer derjenigen aus der Village-Clique, die nie nach Paris gingen. Viele Jahre lang arbeitete er als Cheflektor der Theatre Guild in New York.

Über eine interessante, noch frühere Liebesgeschichte, wissen wir durch einen Brief von 1938 sowie durch einen ausgesonderten Teil von *Nachtgewächs* und einen scherzhaften Gruß Bescheid, den der Betroffene ihr nach Jahrzehnten schickte: 1914 hatte sie eine Affäre mit dem deutschen Harvard-Absolventen Putzi Hanfstaengl, der zwanzig Jahre später als der Narr in Hitlers Hofstaat zu zweifelhaftem Ruhm gelangen sollte. Djuna Barnes selbst war nur für einen sehr kurzen Moment »politisch«, als sie, vermutlich unter Lemons Einfluß, vor Amerikas Eintritt in den Ersten Weltkrieg einige Anti-Kriegs-Zeichnungen für die Pazifistische Bewegung anfertigte. In späteren Jahren reagierte sie sehr heftig auf Vermutungen, daß die »Dekadenz« von *Nachtgewächs* irgend etwas mit dem Geist des Nazismus zu tun haben könnte, und sie blieb durch die Jahrzehnte der Weltwirtschaftskrise, des Kommunismus, des Faschismus, des Kriegs und der McCarthy-Ära hindurch völlig unpolitisch.

Typischer für die Männer, mit denen sie zu tun hatte, waren der bedeutende Maler Marsden Hartley, ein Bisexueller (das waren übrigens etliche der Männer, mit denen sie im Laufe ihres Lebens befreundet war), und der wenig bekannte Schriftsteller Laurence Vail, der kurz mit Peggy Guggenheim verheiratet war und die Verwegenheit des Village in ihrer raffiniertesten Form verkörperte. Obwohl sie nicht viel Geld hatte, war Miss Barnes in ihrer Jugend eine elegante Erscheinung. Sie war groß, kantig, mit großen Brüsten, und sie schwirrte durch die Gegend in einem schwarzen Cape, das mit der Zeit zu so etwas wie ihrem Markenzeichen wurde.

Als sie 1919 oder 1920 (über das Jahr war sie sich nicht ganz sicher) nach Paris ging, war sie eine versierte Journalistin mit charakteristischem Stil – ein halbes Jahrhundert später hätte man sie als Vertreterin des »New Journalism« bezeichnet – und einem gewissen Anerkennungsvorschuß als Zeichnerin. Ihre Arbeiten waren in der *Little Review* –, obwohl sie der Clique der Damen Anderson und Heap nie nahegestanden hatte –, und im *Smart Set* erschienen, und im Gepäck nach Paris brachte sie Empfehlungsschreiben an Ezra Pound und James Joyce mit. Joyce war einer der sehr wenigen Menschen in ihrem Leben, dessen Genie sie volle Anerkennung zollte, und sie war die einzige Person in Paris, die, wie Janet Flanner berichtet, ihn mit Jim anredete. 1922 schrieb sie einen Artikel über ihn für *Vanity Fair*, in dem sie die Formulierung »Schweigen, Verbannung, List« benutzte. Es sollte das berühmteste Schlagwort zur Charakterisierung von Joyce werden (es stammte aus dem *Portrait des Künstlers als junger Mann*); doch nur wenige bemerkten, daß es auch auf ihr eigenes Werk paßte und wie deutlich ihr Werk in der Joyce-Tradition steht. James Joyce war ihr künstlerisches Vorbild und zugleich ihr heimlicher Rivale.

Anfangs wohnte Miss Barnes in einem kleinen Hotel in der Rue Jacob, das weitgehend von Auslandsamerikanern bevölkert war, vor allem solchen, die zum Kreis um Harold Loebs Zeitschrift *Broom* gehörten. Ein Vorfall aus den ausgelassenen Monaten ihres Aufenthalts in dem kleinen Hotel fand Eingang in Hemingways *Fiesta*. Hemingway und Barnes hatten ein vergnügt-fröhliches Verhältnis zueinander, doch bewegte sie sich nicht wie er im ersten Kreis der berühmten und reichen Auslandsamerikaner. Vielmehr verkehrte sie unter Dichtern und Schauspielern, von denen die meisten homosexuell waren, und den vielen Künstlerinnen aller Art, die alle zusammen den faszinierenden Hintergrund der Auslandskultur bildeten. Natürlich kannte sie auch Sylvia Beach von Shakespeare & Company und Gertrude Stein und tauchte im berühmten Salon der »Amazone« Natalie Barney auf.

Barnes war eine von denen, die in den frühen zwanziger Jahren dem Zug der Währungsschwankungen nach Berlin folgte. (Die Möglichkeit, in Berlin an weiche Drogen heranzukommen, war ein weiterer wichtiger Anreiz für die amerikanischen Schriftsteller im Ausland.) Inzwischen kannte sie Thelma Wood, eine junge Bildhauerin aus Missouri, die ihre Geliebte und das Vorbild für Robin Vote in *Nachtgewächs* werden sollte. Sie ist auch die »T. W.«, der der Roman *Ryder* gewidmet ist. Die Fotografin Berenice Abbott, Assistentin von Man Ray, und der Schauspieler Harrison Dowd gingen ebenfalls nach Berlin. Beide blieben mit Barnes jahrelang befreundet. Auch Marsden Hartley war in Berlin. Barnes erneuerte ihre Bekanntschaft mit Charlie Chaplin, den sie während ihrer Zeit bei den Provincetown Players kennengelernt hatte. Die groteske Atmosphäre Berlins in jenen Jahren muß gewiß etwas zur düsteren Stimmung von *Nachtgewächs* beigetragen haben. Als Beleg mag vielleicht die Tatsache gelten, daß Robert McAlmon, ebenfalls ein langjähriger, treuer Freund, eine erfolglose Geschichte mit dem Titel *Miss Knight* schrieb, die in Berlin spielte und zum großen Teil auf einem Portrait desselben Amerikaners in Paris basierte, den Djuna Barnes für ihre größte Schöpfung benutzte, Dr. O'Connor in *Nachtgewächs.*

Als die amerikanischen Künstler Berlin verließen, ging auch Barnes nach Paris zurück. Den größten Teil des nächsten Jahrzehnts verlebte sie stürmisch mit Thelma Wood. Sie wohnten zusammen, zuerst in einer Wohnung am Boulevard St.-Germain und später in einem sehr viel luxuriöseren Domizil in der Rue St.-Romain, das Djuna von ihren literarischen Honoraren kaufte. Die Malerin Mina Loy, während dieser Phase ihres Lebens ihre beste Freundin, hatte eine Wohnung im selben Haus. Das erste echte Barnes-Buch erschien 1923 und hieß schlicht *A Book*. Es war eine Sammlung von Gedichten, Geschichten, Theaterstükken und Zeichnungen. Besonders die Geschichten fallen auf durch ihre seltene, starke emotionale Kraft. Das Buch wurde von Horace Liveright herausgebracht, dem Verleger der meisten wichtigen Avantgardeschriftsteller im Ausland. Es brachte kein Geld ein, doch Barnes arbeitete nebenbei viel als anonyme Journalistin für *McCall's*. Ihr Roman *Ryder* von 1928, eine obszön-komische Chronik der Barnesschen Familiengeschichte in pseudoelisabethischem Stil, brachte es vorübergehend zu einem Platz auf der Bestsellerliste, und das zusammen mit dem Geld von *McCall's* reichte, um gegen Ende des Jahres 1928 die Wohnung zu kaufen. Während der zwanziger Jahre schrieb Barnes ziemlich regelmäßig für *Vanity Fair*, *The New York Tribune*, *Charm*, *Theatre Guild Magazine* und *McCall's*.

Ein berühmtes Buch, das sie anonym herausbrachte, eine komische Moralpredigt an die ausländischen lesbischen Damen in Paris, hieß *Ladies Almanach* und erschien 1929. Miss Barnes verkaufte es selbst mit der Unterstützung von Freunden in den Straßen von Paris.

Sie plante, Exemplare von *Ladies Almanach* nach Amerika zu importieren, aber daraus wurde nichts. Als Liveright umgekehrt versuchte, Exemplare von *Ryder* nach Paris abzuschicken, wurden sie auf der Post von New York überprüft wegen obszöner Stellen in dem langen Gedicht des Romans.

Miss Barnes hatte in Paris ernste Alkoholprobleme, die sich im gleichen Maße verschlimmerten, wie ihre Schwierigkeiten mit Thelma zunahmen. Oft mußte Djuna ihre Geliebte suchen gehen, die völlig betrunken von Bar zu Bar torkelte. Thelma Wood war eine auffallend schöne Frau und außerdem eine begabte Silberstiftzeichnerin. Die Beziehung der beiden Frauen war zugleich leidenschaftlich und innig häuslich. Jeden Abend drohte Thelma, Djuna zu verlassen, aber letztlich ging die Beziehung auf Barnes' Betreiben zu Ende. Seit den zwanziger Jahren litt Miss Barnes an einer Reihe von ihren, wie sie sich ausdrückte, »berühmten Zusammenbrüchen«. Dazu gehörten Phasen starken Trinkens und Krankenhausaufenthalte in Paris, London und New York.

Ende 1931 war die Beziehung mit Thelma vorbei. Barnes begann sofort, an der Geschichte dieser Liebe zu arbeiten, die sie zuerst *Bow Down* und später *Nachtgewächs* nannte. Auf Drängen seines Freundes Paul Bowles ging ein Freund von Barnes, Charles Henri Ford, Anfang 1933 nach Tanger. Er schrieb ihr und drängte sie seinerseits, auch dorthin zu kommen. Sie hatten sich kennengelernt, als Ford aus Mississippi nach Greenwich Village gekommen war, und 1931 zog er in ihre Pariser Wohnung, um nach einer kleineren Operation für sie zu sorgen. Ford sollte in Marokko ihr Manuskript tippen. In Tanger fühlte sie sich von Anfang an nicht wohl, was zum großen Teil mit den ungünstigen Wohnverhältnissen (Ratten machten sich über ihre Strümpfe her) zusammenhing. Dann entdeckte sie, daß sie schwanger war, das Ergebnis einer kurzen Affäre mit einem französischen Maler. Sie kehrte nach Paris zurück, ließ eine Abtreibung vornehmen und ging dann mit Peggy Guggenheims Troß nach England, wo sie in einem gemieteten Herrenhaus namens Hayford Hall wohnte. Dort entstand der größte Teil von *Nachtgewächs*.

Viele Leute kamen zu Besuch nach Hayford Hall, aber die Hauptbewohner waren Barnes und Guggenheim, der Kritiker John Holms, der Peggy Guggenheims Geliebter war, und die Schriftstellerinnen Emily Coleman und Antonia White. Es war ein äußerst lebendiger Künstlerhaushalt, und es ist seltsam, daß »Hangover Hall« (»Schloß Kater«), abgesehen von seiner Erwähnung in Peggy Guggenheims Memoiren, so lange auf das ihm gebührende Plätzchen in der Literaturgeschichte hat warten müssen. Barnes bekam das prächtigste und zugleich düsterste Zimmer, weil man allgemein der Meinung war, es passe zu ihrer gotischen Persönlichkeit. John Holms, der unbeschreiblich geistreich gewesen sein soll, war der Mittelpunkt des Haushalts, in dem viele intensive Gespräche, darunter auch Streitgespräche geführt wurden. Eine bestimmte ruhige Zurückhaltung war charakteristisch für ihn. Es heißt, er habe sich selten die Mühe gemacht, einen Satz zu vollenden, wenn ihn die Sache nicht besonders erregte, und doch quittierte er fast jedes Thema mit der Bemerkung, er habe schon tief darüber nachgedacht. Er starb ganz unerwartet an der Narkose für eine kleine Operation im Januar 1934, und sein Tod setzte den Guggenheim-Sommern ein Ende. Barnes widmete ihm und Peggy *Nachtgewächs*. Der Dichter Edwin Muir war ein großer Freund und Bewunderer von John Holms und wurde ein noch größerer Bewunderer von Djuna Barnes, obwohl er ihr seltsamerweise während ihrer englischen Jahre nie begegnete. Muirs hohe Meinung half Eliot, das schwierige Buch bei der Leitung des Faber-Verlags durchzusetzen; anschließend veröffentlichte er eine Rezension, in der er Miss Barnes in gewissen Punkten sogar höher einstufte als Joyce. Das eigentliche Verdienst für die Annahme von *Nachtgewächs* aber gebührt Emily Coleman. Eliot nannte sie »Little Annie Oakley« (wegen ihres Gehabes und weil sie in der Oakley Street wohnte), und in späteren Jahren wertete er die Veröffentlichung des Romans als seine größte Leistung während seiner Karriere bei Faber.

Miss Barnes zog nach London und mietete ein riesengroßes Zimmer über einem Antiquitätengeschäft in der Old Church Street, das ihre Freunde »Alptraum-Abtei« tauften. Helligkeit fiel in die Wohnung hauptsächlich durch ein Oberlicht, durch das es bei schlechtem Wetter kräftig hereinregnete. Die King's Road und ein fesches Kino waren in der Nähe, und in die alte Kirche, die damals noch stand, ging sie oft, um zu beten. An der Ecke gab es auch ein Pub, und dorthin ging sie noch öfter. Während dieser Londoner Tage sah Miss Barnes zwei Freunde besonders häufig, Peter Hoare (der später geadelt wurde) und S., der ihr Geliebter wurde und noch lebt. Er zog sie an, weil er »das Zeichen des Todes« trug. Sie liebte ihn, und war in der Tat fast verzweifelt auf eine ganz normale Liebe und sogar Heirat aus. Er aber begann, sie mehr und mehr wie eine Schwester zu behandeln.

In Paris war alles auseinander gebrochen. Sie fühlte keine Neigung, in die Staaten zurückzukehren. Als sie eine Selbstdarstellung für die erste Ausgabe von Stanley Kunitz' *Twentieth Cen-*

tury Authors schrieb, die 1942 herauskam, deutete sie ihre Absicht an, für immer in England zu bleiben. Doch der Krieg zwang sie, nach Amerika zurückzukehren – zwei Jahre, bevor diese Erklärung überhaupt im Druck erschien.

1939 war sie mit Peggy Guggenheim nach Paris gefahren, um ihre Wohnung zu verkaufen und ihre Angelegenheiten abzuwikkeln, aber wie so viele andere wurde auch sie vom plötzlichen Lärm marschierender Knobelbecher völlig überrascht. In *Ich habe alles gelebt* (1946) beschreibt Peggy Guggenheim, daß sie Djuna eine Passage auf demselben Schiff wie dem Maler Tanguy besorgte und sie im Oktober zum Abschied begleitete – Djuna in einem Zustand des völligen Zusammenbruchs. Peggy bat Tanguy, sich um sie zu kümmern, was er aber nicht tat. Während der ganzen Reise hielten die Passagiere von der Reling aus verängstigt nach deutschen U-Booten Ausschau. Barnes' Trübsinn und gespannte Stimmung wegen ihrer Rückkehr nach Amerika steigerten sich noch erheblich in der nun folgenden Phase bitterer Armut in New York. Eine Reise, die sie zu Emily Coleman in Arizona unternahm, half auch nicht viel. Im amerikanischen Westen fühlte sie sich noch weniger zu Hause als in Marokko.

Im Juli 1941 kam Peggy Guggenheim nach New York, und mit ihrer Hilfe kehrte Barnes wieder in die Welt der Kunst zurück. Allerdings war es eine Auswahl von Ölbildern und Zeichnungen, die sie schon in den dreißiger Jahren vollendet hatte, und die 1943 in der Guggenheim-Galerie ausgestellt (aber nicht verkauft) wurden. Ihre Freunde in New York, die sie manchmal sah, waren: Ruth Ford, die Schauspielerin und Schwester von Charles Henri; Berenice Abbott und Marcel Duchamp. Anfangs wohnte sie mit ihrer alternden Mutter zusammen. Keine von beiden war dabei sehr glücklich. Ihre physischen Bedürfnisse waren wahrhaftig nicht groß, aber Miss Barnes hatte buchstäblich nichts zum Leben. Durch einen glücklichen Zufall bekam sie ein billiges Apartement in Patchin Place im Village (ein Zimmer mit Nebenräumen), und dort sollte sie fast vierzig Jahre lang wohnen während jener Phase ihres Lebens, die sie gern als ihre »Trappistenperiode« bezeichnete. Peggy Guggenheim, mit der sie sich zerstritten hatte, begann wieder, ihr finanziell zu helfen. E. E. Cummings hatte auch eine Wohnung in Patchin Place, und von Zeit zu Zeit pflegte er sein Fenster hochzureißen und rauszubrüllen: »Lebst du noch, Djuna?« Einmal, als sie krank war, brachte er ihr Hühnersuppe.

Nachtgewächs, das von sieben großen amerikanischen Verlagen abgelehnt worden war, kam endlich doch 1937 in New York heraus, ausschließlich dank Eliots Vorwort und seiner Beziehungen; doch die Besprechung von Alfred Kazin in der *New York Times* war recht lau. Eine ganze Reihe anderer amerikanischer Kritiker verwandten beträchtliche Mühe darauf, Eliot zu widersprechen und sein positives Urteil zu schmälern. Im *New Yorker*, in dem auch Djunas alte Freundin Janet Flanner lobende Worte fand, ergriff Clifton Fadiman Partei für den Roman und verglich den Dr. O'Connor mit Joyce' Stephen Dedalus; mit Recht äußerte er jedoch die Befürchtung, daß dem Roman nur ein *succès de snobisme* beschieden sein könnte. Tatsächlich machte *Nachtgewächs* keinen tiefen Eindruck auf das breite Lesepublikum, weder in England noch in Amerika, obwohl es ein Roman wurde und immer noch ist, den alle ernsthaften Schriftsteller und Dichter kennen und dem schließlich die beachtliche Ehre widerfuhr, fast fünfzig Jahre lang ständig lieferbar zu sein infolge der kleinen, aber stetigen Nachfrage nach einigen tausend Exemplaren pro Jahr, die von einer kleinen, doch stetig wachsenden Kultgemeinde ausgeht.

Nach Edwin Muir und Emily Coleman war der größte Verehrer von *Nachtgewächs* Dylan Thomas, der schrieb: »Es ist kein Trallala-Prosagedicht, denn es handelt davon, was einige sehr echte Menschen fühlen, denken und tun. Es ist *Nachtgewächs* von Djuna Barnes, und es ist eines der drei großen Bücher in Prosa, die je von einer Frau geschrieben wurden.«

Edwin Muir steckte mit seiner Begeisterung seinen Freund Dag Hammarskjöld an. Der Diplomat und Ästhet ließ sich von seinen UNO-Pflichten beurlauben, um Barnes' Stück *Antiphon* mit ins

Schwedische zu übersetzen, damit es 1961 in Stockholm aufgeführt werden konnte. Nach Hammarskjölds Tod in Afrika erzählte Barnes Peggy Guggenheim, Hammarskjöld habe ihr sogar zum Nobelpreis verhelfen wollen.

Ihre Zeitgenossen unter den amerikanischen Schriftstellern und besonders die junge Generation neigten dazu, sie zwar zur Kenntnis zu nehmen, von ihr zu lernen, sie aber gleichzeitig herablassend zu behandeln. Beispiel eines Prominenten mit dieser Haltung ist Faulkner, der Barnes in *Die Stadt* und *Griff in den Staub* abfällig zitiert, obwohl sein eigener Prosastil ihr ganz offensichtlich nicht wenig verdankt. In den sechziger Jahren wurde Miss Barnes, vielleicht weil sie fühlte, daß auch ihre letzten Hoffnungen erloschen waren, mißtrauisch und ungerecht. Einer der vielen Autoren, die sie des Plagiats bezichtigte, war Lawrence Durrell, der eine kleine Barnes-Szene in einen seiner Romane eingebaut hatte, was deutlich als Huldigung an sie gemeint war. In einer Würdigung zu ihrem achtzigsten Geburtstag 1972 schrieb Durrell: »Es ist eine Freude, ein Zeitgenosse von Djuna Barnes zu sein.«

Antiphon, ihr zweites Hauptwerk, wurde von Eliot vor allem aus Gefühlen der Verpflichtung und der Freundschaft herausgebracht; er mochte es nicht besonders. Aber Edwin Muir schätzte es, und er half Barnes, das Manuskript, für das sie fast zehn Jahre gebraucht hatte, druckfertig zu machen; anschließend pries er es öffentlich als »eines der bedeutendsten Werke, die in unserer Zeit geschrieben worden sind«. Eliot verglich das Stück ziemlich ungeschickt mit einer Atomexplosion, erkannte es aber doch als eins der letzten großen Sprachkunstwerke an. Andere wichtige Dichter wie Richard Eberhart und Howard Nemerow waren von dem Stück begeistert.

Muir arrangierte eine Lesung von *Antiphon* in Harvard, und Miss Barnes reiste mit Eliot hin, um dabei zu sein. Die Lesung war unzureichend, das Unternehmen eine Enttäuschung. Das Stück kam nie wieder in Englisch zum Vortrag. Es war eigentlich mehr ein Gedicht als ein Theaterstück, und die Geschichte, »das

Knochengerüst, das man unter dem Schmuck der Sprache nicht erraten kann«, wie es Eberhart elegant formulierte, war die wohlbekannte Barnes-Geschichte: ihre Familie. Aber das wußte niemand. Das Stück war ein Fisch, der unerwartet das Eis des Schweigens durchbrach, ein Schweigen, das seit dem Erscheinen von *Nachtgewächs* zwanzig Jahre gedauert hatte.

Wie beschreibt man angemessen Jahre des Schweigens in einer Biographie, der Gattung, die für die Bedürfnisse und Konturen des Schweigens am wenigsten geeignet ist?

Anzeichen dafür hatte es schon lange gegeben. Als sie sich 1971 einmal mit einem kleinen Gedicht im *New Yorker* wieder zu Wort gemeldet hatte, erlaubte sie Henry Raymont ein Interview für einen Artikel in der *New York Times*. Sie sprach von sich selbst, wie sie als junge Frau im Village gelebt hatte: »Es war alles so tief verzweifelt. Vor Jahren bin ich viel unter Leute gegangen, ich mußte, denn ich war – unter anderem – Reporterin. Ich war eine ziemliche Betriebsnudel. Ich war ziemlich ausgelassen und albern und geistreich und alles, was dazugehört, und habe viel Zeit verbummelt. Oft wurde ich von Leuten eingeladen, die sagten: ›Holt Djuna zum Essen dazu, sie ist so amüsant.‹ Deshalb habe ich damit aufgehört.«

Das Schweigen stellte also keine plötzliche Wende in ihrem Leben dar, sondern war einfach ein möglicher Weg, als bestimmte Dinge wie Selbstwertgefühl, Liebe, Anerkennung und Ruhm sich auf die eine oder andere Weise aufgezehrt hatten. Ja, wenn »Onkel Tom« (so nannte sie Eliot) und Dag Hammarskjöld noch gelebt hätten. Wenn sie einen verständnisvollen Lebenspartner gehabt hätte. Aber die Chancen dafür standen schlecht in jenen Kreisen, in denen sie sich während ihrer mittleren Jahre bewegte.

Abgesehen von ihren besten Freunden und einigen Familienmitgliedern stritt sie sich vor allem mit ihren Verlegern. James Laughlin von New Directions war der amerikanische Verleger von *Nachtgewächs*, und er bekam das meiste davon ab, weil das Lektorat im Village lag. Nach einer ihrer Attacken verlor er fast die Beherrschung und sagte, obwohl er auf den Knien seiner Mutter gelernt habe, immer höflich zu Frauen zu sein ... Und danach zückte sie jedesmal, wenn sie ihm im Village über den Weg lief, ihren Spazierstock, fuchtelte damit unter seiner Nase herum und fragte: »Und wie geht es den Knien Ihrer Mutter, Mr. Laughlin?« Sie war, wie er mir erzählte, der einzige Mensch, vor dem er je in seinem Leben Angst hatte. Das war noch Jahre später an seinem Gesicht abzulesen, wenn er von seinen Begegnungen mit der furchteinflößenden Miss Barnes erzählte.

Jahre des Schweigens, gelegentlich unterbrochen von einem Streit, ein paar Zusammenbrüchen; zwei Sanatoriumsaufenthalte gegen ihren Willen, mit viel Druck durchgesetzt von ihrer Familie; merkwürdige, unbefriedigende Versuche, den Kontakt zu Menschen aus ihrer Vergangenheit wieder aufzunehmen. Sie ging nicht mehr in Kirchen, um zu beten, aber ihre grundlegende orthodoxe Religiösität verstärkte sich. Sie gab das Trinken und das Rauchen auf und fing an, Vitamintabletten zu schlucken. In ihrer kleinen Wohnung standen sich rechts und links von ihrem Schreibtisch der Fernseher und der vollständige *Oxford Englisch Dictionary* (OED) gegenüber. Ihre Welt bestand jetzt aus dem Hier und ihrer Geschichte. Kleine Einkaufsausflüge. Manchmal vergingen sechs Monate, ohne daß sie mit jemandem sprach. Ein Bote brachte gelegentlich die Lebensmittel aus dem Laden, aber er sprach fast gar kein Englisch; machmal brachte er ihr Blumen mit. Seine Dienste konnte sie sich leisten, weil sie unerwartet ein Geschenk von mehreren tausend Dollars erhalten hatte, und zwar von Samuel Beckett. Verschiedene Nachbarn achteten von fern ein bißchen auf sie. Die Bewohner von Patchin Place hatten sich verändert, aber es lebten immer noch einige Verleger und Leute aus der Kunstszene dort, und jeder wußte, wer sie war. Einmal, 1963, kam sie entschlossen aus ihrer Höhle heraus, um sich einer Nachbarschafts-Protestbewegung anzuschließen, nachdem ein Spekulant Patchin Place gekauft hatte, in der Absicht, den Komplex abzureißen und neu zu bebauen. Ein Zeichen für den wachsenden Barnes-Kult war, daß ab und zu ein junger Dichter sich auf ihrer Treppe niederließ in der Hoffnung, sie zu sehen.

Doch beschränkten sich diese Begegnungen stets auf eine grobe Aufforderung, schleunigst von der Treppe zu verschwinden.

Jahre nur gelegentlich unterbrochenen Schweigens. Der OED. Tägliche Kämpfe mit Zetteln, zuerst für *Antiphon* und später für ihre letzte Gedichtsammlung, die in Bergen über den Fußboden und ihren großen Schreibtisch verteilt waren. Die Furcht, verrückt zu werden, die sie – nicht ohne einen gewissen Stolz – in zahlreichen Briefen zum Ausdruck brachte.

»Wie alt sind Sie?« fragte Miss Barnes mich. (Ich war gerade vierzig geworden.) »Ach, das ist das ideale Alter! Jetzt werden Sie sehen, was das Leben für Sie bereithält!!«

Eine so lange Zeit des Schweigens, daß vielleicht nicht einmal ihr alter Freund Beckett, der sich einmal mit ihrer Freundschaft brüstete, indem er Freunde zu dem gefährlichen, komischen Klo führte, das sie in *Nachtgewächs* unsterblich gemacht hatte, das Ausmaß voll ermessen konnte.

Wenig essen. In Waschkörben voll Manuskripten wühlen. Nicht auf Briefe und Klopfen an der Tür reagieren. Ab und zu allerdings sich auf ein Telefongespräch einlassen, das über eine Stunde dahinplätschert. Dann zurückkehren zum Schweigen und Grübeln, nur gelegenlich unterbrochen von den Fernsehnachrichten und vom *Time Magazine*.

Auch das *Times Literary Supplement* kam zu ihr, dieser letzte Verbindungsfaden zurück zur mütterlichen und englisch-literarischen Seite, als der Dichter Burns Singer 1958 die Faber-Ausgabe von *Antiphon* rezensierte und schrieb:

»*Antiphon* wird wegen seiner kompromißlosen Bitterkeit und seiner ebenso kompromißlosen Sprache wahrscheinlich noch weniger als *Nachtgewächs* ein Publikumserfolg werden, aber wahrscheinlich wird es immer ein paar Exzentriker geben, die meinen, daß seiner Autorin dafür der erste Platz unter allen englischsprachigen Schriftstellerinnen gebührt.«

Also was macht's, wenn keiner Notiz davon nimmt? Die großen und die kleineren wirklichen Künstler haben es alle zur Kenntnis genommen. Wenn es auch nur wenig Lob gegeben hat, so war dieses wenige doch viel kostbarer als das, was den anderen mit ihren glänzenden Karrieren und Verträgen zuteil wurde.

»Sehen Sie sich doch an, wie diese jungen Schlägertypen die Stadt erobert haben. Die Straßen sind unsicher geworden!«

»Sie sind zu spät gekommen, um ein Buch über mich zu schreiben, Mr. Field.«

In den siebziger Jahren wurde die Guggenheimsche Unterstützung durch einige Zuschüsse von Natalie Barney aufgebessert, die immer noch in Paris lebte und mit über achtzig gerade eine neue Liebesaffäre begonnen hatte. Inzwischen gab es auch zähe Verhandlungen mit vier Universitäten –, in denen Miss Barnes ihre Interessen selbst vertrat. Princeton, Yale und Harvard erteilte sie eine Abfuhr, als sie merkte, daß sie glaubten, *ihr* einen Gefallen zu tun, wenn sie ihre Papiere *akzeptierten*. Schließlich wurden ihre Manuskripte an die Universität von Maryland verkauft (inzwischen war ein Antiquar auf der Bildfläche erschienen), fünfzig Kisten und etliche ihrer Bilder für eine großzügige Summe, die sie in jährlichen Raten ausbezahlt bekam und die ihre Armut erheblich milderte.

In den letzten Jahren vor ihrem Tod sorgte ein kleiner Kreis sensibler Männer in verschiedenerlei Hinsicht für sie. Einen von ihnen hatte sie Jahre zuvor kennengelernt, als sie Hilfe für die Restauration ihrer Bilder suchte. Sie behauptete – völlig zu Unrecht –, er habe ein Bild verdorben, aber da er sie wenigstens rechtzeitig in ein Krankenhaus gebracht hatte, verzieh sie ihm. Ein anderer war ein glühender Bewunderer von Miss Barnes, der überdies im Gespräch mit ihr genau den richtigen Ton traf, so daß sie anfing, ausgiebiger zu telefonieren. Er begleitete sie beispielsweise zu Altman's zum Pantoffelkauf; als endlich ein halbwegs akzeptables Paar gefunden wurde, wollte sie mit Scheck bezahlen, hatte aber keinen Ausweis dabei. »Ich bin Djuna Barnes. Ich war mit T.S. Eliot und James Joyce befreundet.« Worauf die

Verkäuferin antwortete: »Das ist sehr schön, meine Dame, aber haben Sie vielleicht Ihren Führerschein dabei?« Barnes war entrüstet. Sie richtete sich zu ihrer ganzen ursprünglichen Größe auf. »Sehe ich wie die Art Mensch aus, die einen Führerschein besitzt?«

Ein anderer junger Mann namens Hank O'Neal war ihr von ihrer Fotografenfreundin Berenice Abbott sehr empfohlen worden. Er half ihr, indem er sich um verschiedene Übersetzungs- und Urheberrechtsfragen kümmerte. Freilich kam es zu gewissen Spannungen mit dem jungen Mann, als er sich zu viel Selbständigkeit herauszunehmen schien. Tatsächlich hat O'Neal ihr aber sehr gute Dienste geleistet, indem er ihre Geldangelegenheiten ordnete. 1980 war von einem Orden des Präsidenten die Rede, aber wie aus den anderen großen Hoffnungen wurde auch daraus nichts. 1981 bekam sie ein Stipendium von einem Fond, dem *National Endowment for the Arts*. Eine Lektorin, Irene Skolnick, die ihr Werk sehr bewunderte, übernahm schließlich die Aufgabe, ihre Finanzen zu verwalten, und wurde ihre literarische Agentin.

Sie hatte die meisten ihrer Freunde überlebt. Der Tod, der ihr schon zwei vorläufige Besuche unter erschreckenden Umständen abgestattet hatte, konnte jetzt einfach und friedlich zu einer großen Schriftstellerin kommen, die freilich keine Schriftstellerin für jedermann war. Die Leute machen, wie Miss Barnes uns selbst mitgeteilt hat, den Fehler, zu viel in letzte Worte hineinzugeheimnissen. Wichtig ist, daß sie sich nie änderte und nie die reizende alte Dame wurde, die sich mit ihrem Strickzeug, einer Katze, einem Kanarienvogel und einem Papagei aufs Land zurückzieht, wie sie einst 1920 Robert McAlmon gegenüber selbstironisch ihre ferne Zukunft ausgemalt hatte. Sie war immer eine etwas unwirkliche Person, oder sie machte sich dazu in ähnlicher Weise, wie sie ihre stilisierten Geschichten komponierte. Das machte ihren Rang aus und bot ihr zugleich einen gewissen Schutz. Ihr Vater hatte gesagt, ein großer Mensch lebt allein, denn wenn sich die Leute von allen Seiten auf einen stürzen, ist man verloren.

II

Man könnte die Geschichte von Djuna Barnes auch ganz anders erzählen, als eine psychologische Studie: *Barnes, die junge Frau* könnte der Titel lauten.

Wenn wir gelegentlich Kommentare aus ihren Briefen, ihre Anspielungen auf ihre Jugendzeit in ihren frühen journalistischen Arbeiten und jene Elemente und Passagen des Romans *Ryder*, die hinreichend deutlich auf Ereignissen und Menschen aus ihrem Leben basieren, zusammennehmen, dann haben wir wesentlich mehr als die fünf »Fakten«, aus denen Freud sein umstrittenes Leben des Leonardo konstruierte. Aus der Kindheit von Miss Barnes stehen uns etliche »Fakten« zur Verfügung.

Sie war das einzige Mädchen in einer Familie mit fünf Kindern, die Zweitgeborene. Jahre später bekam sie noch einen Halbbruder und eine Halbschwester aus der zweiten Ehe ihres Vaters, aber da war sie selbst schon erwachsen. Es ist unklar, ob sie ursprünglich Djalma nach dem Prinzen in Eugène Sues Roman hieß und dieser Name dann in Djuna abgewandelt wurde, nachdem ein Bruder ihn falsch aussprach, oder ob Verballhornung und Namensänderung zeitlich fast zusammenfielen. Alles hängt davon ab, welcher Bruder es war. Es ist eine der wenigen Geschichten aus ihrer Kindheit, die Miss Barnes mehrfach erzählt hat. In einer Version (die sie zum Beispiel einem *Time*-Reporter im Januar 1943 bei einem Interview unterbreitete) war es ein jüngerer Bruder. Das Problem ist, daß, wenn es tatsächlich ein jüngerer Bruder war, der Namenswechsel erst 1901 oder 1902 geschehen sein kann, weil das nächste Kind, Zendon, am 8. Januar 1900 geboren wurde, als Miss Barnes selbst schon siebeneinhalb Jahre alt war. Die Geschichte könnte stimmen, denn, wie wir lesen, auch Wendell, die Vaterfigur in *Ryder*, hat in seiner Jugend seinen eigenen Namen häufig und je nach Lust und Laune geändert. Der Name könnte aber auch (wie in einem Brief von 1967 behauptet) auf eine Verballhornung durch ihren älteren Bruder Thurn zurückgehen, der, im Juni 1890 geboren, genau zwei Jahre älter war als sie und damit gerade im richtigen Alter, um Namen falsch herauszubringen. Die Theorie mit dem älteren Bruder besagt, ihr Vater habe bemerkt, wie Thurn den Mond (»moon«) *una* nannte und das mit dem Namen aus Sues Roman vermengte.

Namen waren ein besonderer Spleen im väterlichen Zweig ihrer Familie. Wenn man dem Zeugnis von *Ryder* glauben darf (das Geburtsdatum von Wendell Ryder »im Winter 1865« fällt mit dem ihres Vaters zusammen), dann hat Djunas Vater sich, bis er fünfzehn war, so viele Namen zugelegt, daß er sich in späteren Lebensjahren nicht mehr an alle erinnern konnte. Einen benutzte er drei Jahre lang, aber schließlich blieb er für den Rest seines Lebens bei jenem Namen, den ihm seine zukünftige Frau gab. Miss Barnes' Vater wurde als Henry Budington (ohne zweiten Vornamen) geboren. Als seine Eltern sich 1879 scheiden ließen, nahm seine Mutter Zadel ihren Mädchennamen Barnes wieder an, und der Vorname, für den er sich schließlich endgültig entschied, war Wald. Wald Barnes heiratete Elizabeth Chappell aus Rutland in England, die er 1889 in London kennengelernt hatte. Außer Thurn, Djuna und Zendon bekam das Paar noch zwei weitere Söhne, Saxon und Shangar, geboren 1902 und 1904. Shangar änderte seinen Namen in Charles Chappell. Thurn vertauschte seinen Namen gegen Bud.

Die Namen der Geschwister passen genau zu Namen von Figuren von Barnes' Prosa, besonders, wenn man all die flüchtigen, frühen kleinen Kurzgeschichten und leichten Sachen dazunimmt, die sie für *Vogue*, *Smart Set* und das *Theatre Guild Magazine* schrieb. Die Namen darin klingen wie *fast* richtige europäische Namen. Pilaat Korb. Lupa. Mitzi Ting. Fifine. Lady Olivia Lookover. Namen, wunderbare Namen, die der Welt von Firbank oder Gogol angehören. Diese Tradition der anarchischen Namensgebung in Barnes' Familie reichte mindestens drei Generationen zurück. Zadel Barnes hatte in den 1870er und 80er Jahren ziemlich regelmäßig Beiträge für *Leslie's Weekly* und *Harper's New Monthly Magazine* geschrieben. Ihr Hauptwerk war ein langes Gedicht mit dem Titel *Meg – A Pastoral* (ein Hirtengedicht), das in *Harper's* erschien. Ihre Gedichte und Geschichten in *Harper's* enthalten eine reiche Sammlung exotischer Namen, wie sie in der viktorianischen Literatur sehr beliebt waren, doch ihre auffallendsten Namen stammen aus Erzählungen anderer Nationalitäten, vielleicht in Nachahmung von Longfellow, den sie kannte. Ihre frühen Sachen erschienen unter dem Namen Z.B. Budington, spätere dagegen unter Z.B. Gustafson, dem Namen ihres zweiten und letzten, jedoch ebenfalls nicht dauerhaften Ehemannes. Einer ihrer längsten Beiträge für *Harper's Voice of Christmas Past* (Stimmen vergangener Weihnachten), beschwört in bemerkenswerter Vollständigkeit all die wunderbaren Namen der Dickensfiguren. In ihren eigenen Gedichten und Geschichten kann man Namen begegnen wie Bernadotte, Sigfrid, Baron Johann Berg von Linde.

Namensgebung ist sehr wichtig. Bei Djuna Barnes ist sie besonders aufschlußreich, da sie mit großer Beharrlichkeit immer wieder die gleichen Strategien anwandte. Deshalb fühlen wir uns auch berechtigt, in ihrer Vorgehensweise mehr als eine erzählerische Marotte zu entdecken, nämlich eine psychologische Spur.

Einfach ausgedrückt, neigt Barnes dazu, echte Namen und Personen zu benutzen, doch die Namen und Personen stimmen nie überein. Die Frau von Ryder heißt nicht Elizabeth, sondern Amelia. Die Erklärung dafür ist, daß das lebendige Gegenbild von Kate Carless, der Geliebten Wendells im Roman, die Opern-Altsängerin Marguerite d'Alvarez war, deren voller Name Marguerite *Amelia* Alvarez de Rocafuerte lautete. Die Großmutter im Roman heißt nicht Zadel, sondern Sophia, was sich als der Name von des Großvaters *zweiter* Frau herausstellt, Sophia Steele Billings, die er weniger als zwei Jahre nach der Scheidung von Zadel heiratete.

Wir erfahren, daß Wendell Ryder sich immer neue Namen zulegt aus Widerwillen, den Namen seines Vaters zu tragen. Der Großvater und der Vater von Miss Barnes hießen beide Henry. Doch was die Namensgebung bei der Figur des Wendell angeht, so ist der eigentlich interessante Teil der Nachname Ryder. In aller Wahrscheinlichkeit geht er auf Albert Pinkham Ryder zurück, der, als Miss Barnes in New York Kunst studiert, als einer der zwei oder drei besten amerikanischen Maler galt (drei von seinen Gemälden hängen im Metropolitan Museum in New York). Sie wußte auch einiges über sein Privatleben, da ihr Freund Marseden Hartley ihn kannte und für den größten amerikanischen Maler überhaupt hielt. Eines von Hartleys bekanntesten Bildern ist ein Porträt von Ryder, und eines seiner Gedichte trägt den Titel *Albert Ryder – Maler des Mondscheins*. In seiner Einleitung zu einem Buch von Hartley aus dem Jahre 1921 schrieb Waldo Frank: »Hartley ist in gewisser Weise ein Fortsetzer Ryders.« Ryder stammte, wie Wald Barnes, von methodistischen Walfängern in New England ab, und in der Tat hatten die Familien der Ryders und der Budingtons gemeinsame Verwandte. Albert Ryder mischte die Künste, indem er zu seinen Bildern bezaubernde, leicht ausgefallene Gedichte schrieb:

> In the morning ashen-hued
> came nymphs dancing through the wood.

(Und am Morgen, aschgrau, kalt, / tanzten Nymphen durch den Wald.)

Damit ist wohl klar, daß wir einen unvorteilhaften Vergleich vor uns haben, bei dem ihr Vater, der gescheiterte Künstler und Exzentriker, gegen einen erfolgreichen Künstler und sehr viel liebenswürdigeren Exzentriker abgesetzt wird.

Man muß sich nicht in zweifelhafte Interpretationen verdrängter Gefühle und sexueller Übertragungen einlassen, um das Barnessche Muster der Namensgebung zu erklären. Einigen wir uns nur darauf, daß es ein starkes Zeichen von Abneigung gegenüber der eigenen Familie ist, wenn die Großmutter den Namen der Stiefgroßmutter, ihrer Nachfolgerin, bekommt, die Mutter den der Geliebten und der Vater den des Künstlers, der das war, was Wald Barnes zu werden nicht gelang. Eine weitere interessante Verbindung dieser Art kann man in einem Artikel erkennen, den Miss Barnes 1917 über Synge schrieb. Er enthält außerdem ihre früheste klare Erinnerung:

»... das Jahr 1900 ist das erste Jahr, an das ich mich als an etwas Bestimmteres erinnere als an Zeit, die angenehm, und Zeit, die in Tränen verging. Synge rührte als erster das Irische in mir an, ähnlich wie das Jahr 1900 die Erfüllung eines langgehegten Wunsches ahnen ließ: Mutter präsentierte mir an jenem Tag einen neuen Bruder. An den Bruder erinnere ich mich nur verschwommen, an das winzige Paar Stiefel über dem Arm, der ihn hielt, erinnere ich mich dagegen sehr genau. Man sollte wegen irgend etwas in Erinnerung bleiben, denn vergessen zu werden heißt, wegen aller unwichtigen und schlechten Dinge in der Erinnerung fortzuleben.«

Für einen Artikel in einer Sonntagszeitung ist diese Passage eine ungewöhnliche kleine Meditation (in dem Sinne, daß sie *scheinbar* in keinem Zusammenhang zum eigentlichen Thema steht). Barnes knüpft an ihres Vaters Überzeugung an, daß es gut sei, berühmt zu sein, und daß er in den Gedanken seiner Kinder fortleben werde, was er fürwahr tat. Doch mit John Millington Synge scheint das nicht viel zu tun zu haben.

Die kleine Abschweifung in dem Synge-Artikel muß sich auf Synge als einen Mann beziehen, den sie im Geiste ebenfalls mit ihrem Vater verglich, denn der irische Dramatiker gehörte zur selben Generation wie Wald Barnes und war wie dieser nicht nur Schriftsteller, sondern auch Musiker und Maler. Wieder wie bei Albert Ryder geht es um Erfolg und Versagen, menschlich wie künstlerisch. Dieser leichte Hauch von Aversion gegen den Vater war natürlich 1917 gar nicht wahrzunehmen; erst die deutlichen Übertragungen ihres Zorns in *Ryder* erlauben die Dekodierung. Sollten noch Zweifel bestehen, so wird die Sache ganz klar im vierundzwanzigsten Kapitel des Romans, wo Wendell (Wald) zu seiner Mutter über Julie (Djuna) sagt: »Behalt' sie, [...] sie ist nicht von mir. Habe ich nicht gehört, wie sie meiner heftig spottete?«

Synge schrieb ausführlich über Menschen wie Wald Barnes, die von ihren überheblichen Träumen leben und daran zugrunde gehen. Christy Mahon, die Titelfigur von *Der Held der westlichen Welt*, könnte mit seiner Schwäche und seinen leichtsinnigen Phantasien gut Wald Barnes sein, und der jungen Djuna war das sicher nicht entgangen. Das Stück ist ein tragikomischer Vatermord, bei dem der angeblich ermordete Vater immer wieder auf die Bühne zurückgestürmt oder -gekrochen kommt.

In *Ryder* stürzt sich die vierzehnjährige Julie mit bloßer Brust und in mörderischer Absicht auf die Geliebte ihres Vaters, während sie ihrem Vater wieder und wieder zuruft: »›Du, du, du!‹ ... denn sie blickte nicht so sehr auf Kate als die Krankheit denn als Symptom derer, die direkt von ihrem Vater ausging.«

Ein Autor von Greenwich-Village-Memoiren hat beobachtet, wie die reife Miss Barnes einmal einen Feind anzischte: »Ich hasse dich, ich hasse dich, ich hasse dich!« Und das, so verrät uns der ganze Roman, ist der eigentliche Sinn der hammerartig niederprasselnden Pronomina der Tochter. Sie haßte ihn, wie er seinen Vater gehaßt hatte.

Synge war sehr wichtig für Djuna Barnes. Es gibt nur zwei Schriftsteller, denen sie volle Anerkennung zollte: Synge und James Joyce. Aus dem Artikel wird klar, daß sie alles las, was es von und über Synge gab. Man findet Hinweise auf ziemlich unbekannte Prosastücke und auf sechs Dramen von ihm; außerdem bezieht sie sich auf Autoren, die ihn in ihren Memoiren erwähnen, und auf die Biographie von Bourgeois aus dem Jahre 1913. Der Artikel zeigt, daß Synge für Barnes nicht nur seiner Kunst und seiner Themen wegen wichtig war, sondern auch wegen des Zeitpunkts, zu dem sie ihn las. Für sie war *Deirdre of the Sorrows* (1910) »das erste Lied, das mir im Gedächtnis haften blieb«. Sie hatte also vermutlich Synges Stück 1911 oder 1912 gelesen, als sie neunzehn oder zwanzig war und die realen Ereignisse, die in *Ry-*

der eingingen, erst zwei Jahre zurücklagen und noch formlos in ihrem Gedächtnis schlummerten.

Der Schluß des Artikels im *Morning Telegraph* vom 18. Februar 1917 ist ein ekstatischer Lobpreis auf die Kraft, die Synge für Barnes besaß:

»Es genügt, daß ich, wenn ich auf Synge zurückblicke, mehr Mut zum Vorwärtsgehen spüre – daß ich mindestens acht Bücher lesen kann, ohne sagen zu müssen, mir wurden Stunden fruchtloser Aufmerksamkeit oder qualvolle Augenblicke zugemutet, in denen eine Entdeckung verdeckt wird. Mary in *Die Quelle der Heiligen* wollte nicht wieder sehen, zog die Dunkelheit dem tragischen und erhellenden Licht vor, das über sie und ihren Martin hereinbrach, als der Heilige sie mit dem heilenden Wunderwasser benetzte – genauso möchte ich manchmal auch nicht aus der sicheren, seligen Blindheit geweckt werden, die Synges war.«

Miss Barnes war vierundzwanzig Jahre alt, als sie das schrieb.

Vermutlich war es ein unmittelbares Ergebnis ihrer starken Bewunderung für Synge und Joyce, daß Miss Barnes ihr Leben lang mit Nachdruck betonte, auch sie habe irisches Blut. Das kann auch über die Familie ihrer Großmutter Zadel, deren Geschichte im dunkeln liegt, durchaus der Fall gewesen sein. Doch ist das irische Element in Miss Barnes wohl hauptsächlich ein Wunschprodukt. Meine Frau Meg erschreckte sie sehr, indem sie sie beim Kinn packte und mit ihrem Gesicht ganz nah herankam, um ihre Züge anerkennend zu prüfen. »Es ist gut, etwas irisches Blut zu haben.«

Miss Barnes lobte, wie die Brutalität in Synges Werk mit der Musik Hand in Hand ging. Damit steht sie völlig über dem, was wir uns seit dem achtzehnten Jahrhundert mit wachsender Sorglosigkeit angewöhnt haben, Neurose zu nennen. Ihre Kunst beweist, daß sie sich selbst kannte. Die Schuld, die Freud in *Trauer und Melancholie* beschreibt, scheint bei Barnes keine Rolle zu spielen. Statt dessen finden wir bei ihr einen fein artikulierten, aber mächtigen, bebenden Zorn, dem es dennoch gelingt, eine ruhige, gefaßte Oberfläche zu bewahren. Gegensätzliche Kräfte der Bestialität und der Rechtschaffenheit spielen drohend in ihrer Seele und auf ihren Buchseiten.

Das zentrale Symbol der Angst und des Hasses in den Träumen von Kindern ist der Vogel. In Freuds Analyse in *Leonardo da Vinci*, die bekanntlich durch einen Übersetzungsfehler der Biographie, die er benutzte, in die Irre ging, spielt der Traum von einem Vogel eine zentrale Rolle. Doch ist der Vogel tatsächlich ein hinreichend häufig belegtes Phänomen kindlicher Ängste. Bei Barnes tauchen diese »schreckliche Vögel« der Kindheit sowohl in ihren Texten wie in ihren Illustrationen auf. Sie mögen aus wirklichen Träumen stammen – wahrscheinlich sogar –, aber es gibt einen entscheidenden Unterschied, denn bei Barnes ist der Schnabel nicht die verschlingende Vagina psychiatrischer Lehrbücher. Alle Frauen Wendells in *Ryder* sehen ein Wesen, halb Insekt, halb Vogel, das ebenso riesig wie eindeutig ist, doch nicht direkt bedrohlich.

»So stieg nun im Hirn einer jeden, jeweils ihrem Vorstellungsvermögen gemäß, die Gestalt von Wendell auf, mit unglaublich großen Flügeln sich von der Erde abhebend, Kornfelder und Berge übersteigend und sich in die Wolken aufschwingend, wie ein gewaltiges und geliebtes Insekt, die starken Hände nach oben gerichtet und die gewölbten Füße nach unten, und die donnernden männlichen Teile hingen wie ein schrecklicher Amboß, auf dem man Auferstehung und Tod hämmert.«

Woraufhin sich die Frauen in furchtbarem Gemetzel aufeinander stürzen und hinab in den Abgrund des Tals rollen:

»... jetzt sie zuoberst, dann sie, dann sie zuunterst, und dann sie, und schließlich in die Schlucht, wo zwischen hohen schlanken Gräsern der Unrat blüht.«

Das Bild ist so eindeutig bis in jedes psychologische Detail, daß alle Analytiker davor verstummen müssen. Es ist die ganze psychische Lebensgeschichte von Djuna Barnes.

Während Julie noch im Zustand der Unschuld ist, werden Vögel im Himmel in Ekstase gezeigt; später – eine der seltenen, ausdrücklich feministischen Stellen in ihrem Werk – gehen Ehefrau und Geliebte gemeinsam hinauf, um den Taubenschlag auf dem Boden auszumisten, während sie sich über den Unterschied in der Stellung von Mann und Frau in der Gesellschaft unterhalten:

»›Ihre Jungen sind recht greulich und sterben zu Millionen!‹ sagte Kate, als sie drei davon aus dem Fenster warf. ›Und kannst du‹, fügte sie hinzu und setzte sich auf einen Balken, den Wendell als Vogelstange behauen hatte, ›mir sagen, warum Wendell Launen hat und wir das Reinemachen?‹

›Ganz simpel einfach‹, sagte Amelia und häufte Körner und Kot auf die Kehrschaufel. ›Dem Mann die Vision, dem Weib die Tropfen!‹«

So etwa könnte man in Kürze Djuna Barnes' Kunst als Abbild ihres psychischen Lebens, ohne Schuldbewußtsein, lesen. Wald Barnes war das seltene Exemplar eines »verdorbenen Wilden«. Er machte »Experimente« mit der Natur.

Noch eine andere Lesart von Barnes als einer jungen Frau ist jedoch möglich, die nicht nur gesättigt ist mit Zorn bis zum Vatermord, sondern auch mit Schuldgefühlen wegen mörderischer und inzestuöser Begierden. Im vierundzwanzigsten Kapitel von *Ryder*, »Julie wird, was sie gelesen hat«, hat ein seltsames Mädchen Arabella einen Traum und stöhnt: »Klagt mich nicht an, ich war es nicht, weder ich, noch ich!« Sie hat den berühmten Traum des Martin Luther gelesen. Die Barnessche Lösung für Luthers hysterisches Dilemma ist ein Handlungsverlauf, der eine Verbeugung vor Poe darstellt:

»Es ist besser, ach, weit besser, gewiß tausendmal besser, daß Arabella Lynn noch in ihrer Knospe starb! Wie tröstlich für ihre Eltern der Gedanke, daß diese Tochter in das große Schatzhaus himmlischer Vormundschaft fortgenommen ward, bevor sie die Befleckung einer gemeinen Welt gekannt!«

Das war offenbar für Miss Barnes eine echte Beunruhigung, wie wir aus einer weiteren kleinen persönlichen Abschweifung in einem Artikel über den Hippodrom-Zirkus erfahren, den sie im Februar 1915 in der *New York Press* veröffentlichte. Sie schließt mit einer Beschreibung vom Ende der Zirkusvorstellung: »Als sie hinausgingen, um in die Ställe unten zurückzukehren, wandte ich den Kopf ab. Ich bin froh, daß meine Mutter nicht so viel über mich weiß wie diese Elefanten.«

Miss Barnes haßte ihren Vater. Alles weitere ergab sich daraus. Dr. O'Connor aus *Nachtgewächs* taucht zum ersten Mal schon in *Ryder* auf, und auch er wird als eine Alternative zu Wendell Ryder dargestellt. O'Connor wird, obwohl ein Mann, gerettet, weil er die Eigenschaften einer Frau besitzt. Die Liebesaffären im Village, die eheähnliche Gemeinschaft mit Courtenay Lemon, ihre Beziehung zu Thelma Wood, die meisten ihrer Freundschaften, dies alles ergab sich daraus. Djuna Barnes glaubte zwei Dinge: daß Frauen nicht gut sind; aber Männer noch viel schlimmer. Diesen Überzeugungen blieb sie ihr Leben lang treu. Das Geheimnis ihrer scheinbar kühnen Kunst und der Jahrzehnte ihres Schweigens erklärt sich denkbar einfach. 1931 schrieb sie im *Theatre Guild Magazine*:

»Ich schätze es, wenn menschliche Erfahrungen mit etwas Schweigen und Zurückhaltung dargeboten werden. Schweigen läßt die Erfahrung weiter wachsen, und wenn sie doch stirbt, gibt es ihr die Würde einer Sache, die man wohl berührt, aber nicht geschändet hat.«

III

Man könnte auch die Geschichte von Djuna Barnes, der Schriftstellerin, erzählen. Aber dazu bedarf es, behaupte ich, einiges Hintergrundwissens über den biographischen Kontext ihrer Kunst.

Sie schrieb auf vier verschiedene Weisen. Die am wenigsten bedeutsame ist ihr unbeschwerter Journalismus aus den Jahren 1914 bis 1940. Die humorigen Kurzgeschichten und leichten Skizzen gehören ebenfalls in diese Kategorie. Wenn sie auch für sich nicht sehr bedeutend sind, so weisen sie doch auf Charakteristika voraus, die in Barnes' Hauptwerken nicht übersehen werden sollten. Dazu gehört zunächst einmal ihr Humor, der pfiffig, fein und leicht obszön sein kann. Keine andere Schriftstellerin seit Aphra Behn hat einen so ausgeprägten Sinn für Humor gehabt, obwohl man seine Funken immer erst hinter der wilden Grausamkeit suchen muß, die im Vordergrund ihres Schreibens steht. Sie liebt das Aphoristische und das Epigrammatische, ob locker-flockig – »ich spüre das unwiderstehliche Verlangen, in einer Kutsche hügelabwärts gefahren zu werden« – oder gehaltvoller – »sie zu kennen, ist Extravaganz« – oder in dem unanständigen, aber starken Bild: »Was ist eine Frau? Eine Kuh, die auf einem zerknautschten Grinsen sitzt.«

Eine zweite Erkenntnis, die sich von ihren leichten auf ihre gewichtigeren Schriften übertragen läßt, ist, daß immer ein gewisser Teil des Werks gar nichts bedeutet, nichts bedeuten soll. Dieser Teil hängt wie ein verhüllender Vorhang vor der eigentlichen Geschichte, die ebenso einfach wie furchtbar ist. Es gibt zwei Barnes-Geschichten: zum einen die Auswirkung des schwachen und wüsten Vaters auf die Barnes-Familie und zum anderen die unglückliche Liebe zwischen Barnes und Thelma Wood. Die anderen Geschichten in frühen Werken sind im Vergleich dazu nebensächlich, von Autoren wie Strindberg abgeguckt oder auf Anekdoten aus dem Leben von Freunden aufgebaut. Sie sind eigentümlich und enthalten krasse Figuren, deren Worte rätselhaft und unzusammenhängend wirken. Die Bilder, die diese Geschichten beschwören, sind grell und ohne Zusammenhang:

»Er schrie, brüllte, knallte Peitsche – was bildete sie sich ein, sich wünschen zu können? Der Typ von Frau, der nie die Wahrheit sagen kann; die Wahrheit lief aus ihr heraus und von ihr weg, als seien ihre Adern Pipetten, reingesteckt vom Teufel; und er trank und schwoll, und der Stolz hielt ihn gepackt, trug ihn davon.«

T. S. Eliot erregte Miss Barnes' Unwillen, als er 1956 in einem Entwurf zu einem Klappentext für *Antiphon* feststellte, daß ihre Schreibweise die normale Struktur der englischen Sprache sprenge. Er hatte nicht ganz unrecht. Ihre Bilder und Worte und sogar ihre Grammatik schwimmen. Deshalb heißt es auch »knallte Peitsche« anstatt »knallte mit der Peitsche«.

Der Leser sollte die einzelnen künstlerischen Einheiten in Barnes' Werk als unabhängige Miniaturen oder Portraits sehen, jedes einzeln gerahmt und aufgehängt. Die stets beeindruckende Barnessche Einheit ruht in sich selbst. Was macht es schon, wenn wir nicht ganz verstehen, was »die Unzucht der geprägten Münze stachelte« bedeutet? Oder die Hälfte aller übrigen Zeilen aus *Antiphon*? Es ist sonderbar, daß Leser, die seit Jahren darin geübt sind, die Schwierigkeiten von Joyce und Pound zu schätzen, und die an Stein Vergnügen finden, die kristalline Eleganz und die vergleichsweise gemäßigte Unverständlichkeit von Barnes (wenn man einmal die Geschichte begriffen hat) abschreckend finden. Zum Teil liegt es sicher daran, daß Miss Barnes' wichtigstes Werk später als diese Autoren und zu einem historisch etwas weniger günstigen Zeitpunkt erschien. Es ist Zeit, noch einmal hinzusehen.

Der Erwerb des OED und die schwere Ornamentik ihrer Sprache kamen beide erst nach ihrer Rückkehr in die Staaten. *Ryder* ist eher reich als schwierig, eher eine historische Tour de Force mit Parodien auf Chaucer, kleineren Anleihen bei Joyce sowie Passagen im Englisch der Restaurationszeit. Von den Kurzgeschichten in *A Book* über *Ryder* und den *Ladies Almanach* im Stil des achtzehnten Jahrhunderts spannt sich der Bogen bis hin zur kraftvollen Prosa des späteren *Nachtgewächs*. Ihre starke Beziehung zur englischen Literatur früherer Jahrhunderte und ihre Leidenschaft für Wörter (die ähnlich nur bei Joyce und Nabokov unter den Modernen zu finden ist) scheinen sich aus der Tatsache herzuleiten, daß sie nie zur Schule ging und ihr statt dessen Großmutter, Mutter und Vater in sehr unterschiedlichen Stilen vorlasen und mit ihr sprachen. In dieser Entscheidung zur informellen Erziehung liegt die Wurzel ihre Originalität. Wald Barnes hielt seine Kinder vom öffentlichen Schulsystem fern, weil er einem ausgeprägten Individualismus huldigte – Mrs. Pankurst hatte genau dasselbe und aus denselben Gründen getan. Und es zeigte Wirkung.

So schreibt Miss Barnes also in verschiedenen Stilen, in denen sie zu Hause unterrichtet wurde. Dennoch steckt ein gemeinsames Prinzip in ihren vier Schreibweisen: im leichten Journalismus, in den skizzenhaften Geschichten, im parodistischen *Ryder* ebenso wie in den zugleich sehr einfachen und sehr komplexen Werken *Nachtgewächs* und *Antiphon*.

Dies Prinzip läßt sich, so scheint mir, am besten mit dem Wort »grotesk« in dessen Grundbedeutung fassen. Man muß über die heute fast ausschließlich gebrauchte Bedeutung im Sinne von monströser Verzerrung hinweg zum Wortursprung zurückkehren, zum ursprünglichen Zusammenhang mit dem Wort »grotto«, das den Stil von Gemälden bezeichnete, die man bei Ausgrabungen in altrömischen Gebäuden fand.

Dieser Malstil, der eben ursprünglich als »grotesk« bezeichnet wurde, ist nicht naturalistisch. Es bestand überhaupt nicht die Absicht, Wirklichkeit in irgendeiner Weise repräsentativ abzubilden. Der Stil ist, ganz im Gegensatz zu unserem modernen Gebrauch des Wortes, oft hell und heiter in der Stimmung. Die römischen Grottenbilder sind häufig unanständig im Sujet mit fantastisch verschlungenen menschlichen und tierischen Figuren.

Die Derbheit der Zeichnungen, mit denen Barnes' *Ladies Almanach* und *Ryder* illustrierte, entsprechen in dieser Hinsicht den Grottenbildern. »Grotesk« meint eine kunstvoll primitive Zeichensprache.

Die beste Beschreibung des Grotesken in der Kunst hat John Ruskin geliefert: »– eine Reihe von Symbolen, die kühn und unerschrocken zusammengeworfen werden als eine Verbindung von Wahrheiten, die mit Worten auszudrücken sehr lange dauern würde.« Überträgt man diese Definition von der Malerei auf Prosa, so erfaßt Ruskins Begriff des Grotesken alle wesentlichen Züge der Barnesschen Stile, einschließlich des Schweigens und des sprachlichen Schmuckwerks, das so sehr zu ihrem Schreiben gehört, und zwar durch alle Stadien hindurch, die sonst nur lose verbunden erscheinen. Will man sie als Schriftstellerin definieren, muß man das Schweigen, die Ornamentik, ihren Humor und ihr Grauen vor dem Leben miteinbeziehen. Eine Maler-Schriftstellerin also, eine Moderne und zugleich eine Antike, eine Anhängerin des Grotesken mit Elementen von Joyce, Eliot und Synge, aber mit einer ganz eigenen Stimme als Künstlerin, die sofort erkennbar und nicht zu verwechseln ist.

Miss Barnes hatte alle Zeit der Welt und keine Zeit. Bei allem, was sie geschrieben hat, hat man ein Gefühl nicht so sehr der Zeitlosigkeit als einer kaputten Zeit, die wie in einer Dachkammer aufgetürmt lagert. Dieser Eindruck rührt von ihrer Sprache und von der Art, wie sie zwischen den Jahrhunderten hin und her pendelt. Sie scheint überzeugt gewesen zu sein, daß Vergangenheit, Gegenwart und Zukunft gleichzeitig in einem Augenblick existieren. In *Ryder* glaubt Wendell an ein Leben nach dem Tode, aber nicht an Gott, und als Sophia stirbt und ein obszönes Testament hinterläßt, erfahren wir: »Im Leben danach betrachtete Sophia dies Dokument mit Verwunderung.« In Miss Barnes' letzten Gedichten wird angedeutet, daß sowohl die Zeit wie das Leben nach dem Tode schreckliche Wiederholungen sind, so daß das Leben nach dem Tode noch weniger Sinn enthält als das davor:

To Moses' empty gorge, like smoke
Rush backwards all the words he spoke.
Lucifer roars up from earth.
Down falls Christ into his death.

(Zu Moses leerem Mund, wie Rauch /Eilt jedes Wort, das er gebraucht. / Lucifer brüllt auf vom Grund. / Christ stürzt in den Todesschlund.)

Ist es also so, daß Miss Barnes eine ziemlich komische, blasphemische Vision von ihrem Vater aufgegriffen und ins absurd Tragische gewendet hat, eine Geschichte, die von einer idiotischen Ewigkeit aus rückwärts erzählt wird? Wald Barnes brach mit seinen Prinzipien, als alles um ihn herum zusammenbrach, er heiratete wieder und wurde »normal«. Er fuhr sogar nach Florida. Seine Tochter Djuna hielt der Welt, die sie von ihm geerbt hatte, stand: dies und ihre Kunst waren ihre Rache. Wendell erfährt eine Wiederauferstehung in den letzten Zeilen von *Ryder*, aber es ist ein sinnleeres Ereignis.

Der Schluß von *Ryder* ist die denkbar traurigste Rückkehr in den Garten Eden. Der sündige Wendell hat sich gegenüber der Natur allerlei Freiheiten herausgenommen, und so wird er nun, in der Rückwärts-Mythologie seiner Tochter, nicht vertrieben, sondern geradezu hineingeschleudert:

»Im weiten Feld, wo die Nacht ganz zwischen den Gräsern war und um die Tiere, ging Wendell, weit zurückgeneigt und dennoch stolpernd.

Das schwarze Kalb schnaufte ihm gegen die Seite, die dunklen Kühe schnauften untereinander, und die Pferde, keine Erde unter den Füßen, erbebten, wie sie da schliefen und lagen.

Und Wendell setzte sich zwischen sie und enthielt sich, das Gesicht zu verbergen. Wen sollte er jetzt enttäuschen?

›Ii-aa!‹ sagte neben ihm der Esel, er streckte die Hand aus und streichelte den Esel.

Wen sollte er jetzt enttäuschen?

Die Pferde wieherten, als er ihr Hufhaar berührte, und die Rinder wurden von den Blasebälgen ihres Atems erschüttert, und er berührte ihre frischen Hörner. Die kleinen Feldmäuse flohen um ihn her, und er bot ihnen seine unveränderte Haltung, und die Nachtvögel murmelten oben, und er rührte sich nicht, und die kriechenden Dinger, die er nicht gezählt oder gekannt hatte, schauten ihn aus Millionen Augen an, und seine Augen waren auch da, und die Dinger in den Bäumen liefen und rannten in den Zweigen umher, und er sprach nicht.

Wen sollte er jetzt enttäuschen?

Und alles und dessen Gestalt wurde im Dunkeln klar, jeweils zu zehnt reihten sie sich auf, hoben die Lider und schauten ihn an; in der Luft und in den Bäumen, auf der Erde und aus der Erde heraus, und sahen ihn lange an, und er enthielt sich, das Gesicht zu verbergen. Sie schienen eine nahe Reihe zu bilden, und jetzt schienen sie eine ferne Reihe, und sie regten sich bald nah, bald fern, wie eine Welle kommt und geht, und sie hoben die Lider und schauten ihn an, und redeten nicht in ihren vielen Sprachen, und sie gingen einen weiten Weg, und da war eine kleine Rast, und sie kamen nahe, und da war keine. Näher sich um ihn schließend und weit ausschwingend und fern von ihm, und kamen näher herbei, und wie eine Welle, schlossen sich über ihm, und er ertrank, und auf er stand, derweil er doch gehen mochte.

Und wen sollte er enttäuschen?«

Diese Passage – sie zeigt Barnes auf der Höhe ihres Könnens, obwohl man auch etliche Passagen aus *Nachtgewächs* oder *Antiphon* statt dessen hätte auswählen können – sollte ein hinreichender Beweis dafür sein, welchen Platz Djuna Barnes in der modernen Literatur einnimmt, auch wenn manche Literaturgeschichten ihr nur ein paar Zeilen einräumen. Joyce, Proust, Kafka, Nabokov und etliche andere Schriftsteller haben auf die Entwicklung der modernen Literatur größeren Einfluß genommen. Barnes, die man ohnehin nur bedingt »modern« nennen kann, hat immer sehr abseits gestanden. Ihr Thema ist zu eigenwillig und ausgefallen, als daß es eine allgemeingültige Geschichte hätte werden können, obwohl es ihr fast gelingt. Aber wie viele haben ein Buch aufzuweisen, das *Nachtgewächs* in den Schatten stellt? Und wer hat gewagt, es mit den Stimmen von Rabelais und Chaucer (ihrem Lieblingsautor) aufzunehmen, wie sie es in *Ryder* tut, und mit der Sprache Shakespeares, wie sie es wahrhaftig an einigen Stellen in *Antiphon* macht? Wie pervers ist der Mechanismus des Ruhms, der zuläßt, daß eine Künstlerin von den größten Kollegen ihrer Zeit geehrt wird, wie es ihr geschah, um dann im schwach beleuchteten Saal der »Zeitgenossen« ausgestellt zu werden wie ein Erbstück, das zu gut ist, um weggepackt zu werden, aber auch nicht verdient, häufiger angeschaut zu werden?

Miss Barnes selbst tat nicht viel, um ihren Ruhm zu fördern. Hartnäckig hütete sie ihr Leben, um das Geheimnis ihrer Kunst zu wahren. In *Antiphon* platzt die Mutter mit ihrer größten Angst heraus: »Bewahr uns der Himmel! Was wirst du erst schreiben / Wenn ich tot und unter der Erde bin!« Die Angst war berechtigt, obwohl die Stigmatisierung sehr verdeckt war, außer für die Familienmitglieder und sehr gute Freunde nicht zu dechiffrieren. Sie sagte die Dinge nicht direkt, wie so viele andere Moderne. Als Henry Raymont sie für die *New York Times* interviewte und ihr die Frage stellte, ob sie je beabsichtigt habe, ihre Memoiren oder Tagebücher zu veröffentlichen, rief sie empört:

»Ich, die ich nicht mal eine Biographie schreiben möchte, die nicht interviewt werden will? Wie können Sie mich so etwas fragen? Lillian Hellmans Memoiren und die von all diesen Leuten sind so widerlich – sie ist zwar eine nette Frau – aber die sind alle so furchtbar; warum sollte ich auch noch dazu beitragen?«

Das gesagt zu haben, konnte sie nicht leugnen – das war ohnehin nicht Djuna Barnes' Stil –, aber diese Bemerkung war ihr später sehr peinlich. Denn Lillian Hellman gehörte zu einer Gruppe von

Künstlern, die zu einem inoffiziellen Hilfsfonds beitrugen, den Glenway Wescott für Barnes ins Leben gerufen hatte. Das war in jener Phase, als sie aus Paris zurückgekommen war und manchmal fünf Tage lang nichts zu essen hatte.

Zweites Kapitel

Zeichnung von Djuna Barnes
für eine Zeitung (ca. 1914 - 1916)

I

Ich bin nicht lesbisch. Ich habe Thelma einfach geliebt«, sagte sie fast ein halbes Jahrhundert später zu einem guten Freund und hatte im wesentlichen recht damit, obwohl es viele Jahre gedauert hat, bevor diese Liebe, eines der wichtigsten Ereignisse in ihrem Leben und das Samenkorn zu einem der herausragenden literarischen Werke des Jahrhunderts, gezähmt und auf solchen Abstand gebracht werden konnte. 1922 schritten sie den Boulevard du Montparnasse in so vollkommenem Gleichschritt hinunter, als seien sie eins. Sie trugen schwarz, und sie hielten erst 1931 an. Thelma Wood war groß und knabenhaft, aber was einem auf der Straße besonders an ihr auffiel, waren ihre ungewöhnlich großen Füße. Djuna Barnes, die ältere der beiden Frauen, war ebenfalls groß und sehr schön. An ihr fiel am meisten die Partie zwischen Oberlippe und Nase auf, ein charakteristischer Gesichtszug, der sich im neuenglischen Zweig ihrer Familie bis ins achtzehnte Jahrhundert zurückverfolgen läßt. Im vollen Profil sah sie damit aus, als habe ihr jemand ein Stück unter der Nase herausgebissen. Wie zwei Gräfinnen unter einem Umhang schritten sie dahin.

II

Djuna Barnes' berühmtester Kommentar, den sie sehr bald nach ihrer Ankunft in Europa von sich gab, erledigte Amerika und Europa auf einen Schlag. »Ich bin nach Europa gekommen, um Kultur zu finden. Ist das etwa Kultur, was ich hier geboten kriege? Dann könnte ich genausogut nach Greenwich Village zurückgehen und da verrotten.« (Das ist die bei Matthew Josephson zitierte Version der Bemerkung. Robert McAlmon berichtet für dasselbe Jahr eine Variante: »Mein Gott, da sind wir nun herübergekommen, um Kultur zu finden, aber wenn das hier alles ist, verzichte ich gern auf eine zweite Portion!«) Als sie 1931 nach Amerika zurückkehrte, schrieb sie an einen Freund, Amerika sei ein Land, das sie in einen Zustand kindischen Schwachsinns treibe, und man könne hier weder Liebe noch Glück finden. Ihre Vorbehalte schienen sich gegen die Gefahren unbekümmerter Freiheit zu richten. »Aus einer Amerikanerin kann man alles machen«, sagt eine Figur in *Nachtgewächs*.

Der Abscheu vor dem »American way of life« war in der Zeit vor dem Ersten Weltkrieg in weiten Teilen der Gesellschaft so verbreitet, daß er sich nicht einfach als ein Phänomen in gewissen Künstler- oder Bohèmekreise abtun läßt. Die gutmütige Marianne Moore, die wie Djuna Barnes ein etwas älteres und zurückhaltendes Mitglied ihrer Generation war, behandelt einen Aspekt des Problems in einem Gedicht. Sie spricht davon, daß Amerika ein Land ohne korrekturlesende Lektoren, Seidenraupen und Abschweifungen sei und die Sprache zu einem so einfachen Amerikanisch verkümmere, daß es selbst Hunde und Katzen lesen könnten. Hier lag ein echtes Problem. Auch Mark Twain klagte in *Der geheimnisvolle Fremde* von 1916 und *Die Erziehung des Henry Adams* von 1918, die amerikanische Demokratie habe in all den feineren Aspekten, die das Leben erst sinnvoll machen, versagt.

Trotz seiner politischen Unabhängigkeit war Amerika zu Beginn dieses Jahrhunderts noch immer weitgehend eine provinzielle Kultur. Außerdem war es auch 1900 noch ein recht leeres Land. Es gab zwar mehr als siebzig Millionen Einwohner, aber die lebten über enorme Entfernungen verstreut. Als das Jahrhundert des unruhigen Wachstums und der Bodenkultivierung sich dem Ende zuneigte, konnte man dem Problem nicht länger ausweichen. In allen Diskussionen über die Generation, die um 1910 die kulturelle Bühne betrat, ist es ein Gemeinplatz, daß die Jugend des Mittleren Westens das größte Energiepotential darstellte. Zweifellos war es dort am einsamsten. Viele haben davon erzählt, wie sie trotz nur vager Kenntnis von einer Welt außerhalb ihrer erstickenden und langweiligen Provinznester und -städtchen genau wußten, daß sie fortgehen und Weltbürger werden mußten.

Das gleiche Meer von Weizen, das ein Jahr nach Djuna Barnes' Geburt noch Katharine Lee Bates zu ihrem Gedicht *America The Beautiful* inspiriert hatte, erweckte in der nächsten Generation nur noch Abscheu und Entsetzen. Was man jedoch seltener hört: das Muster amerikanischen Lebens, vor dem die neuen amerikanischen Rebellen und Ästheten flohen – einige direkt nach Greenwich Village, andere zuerst an das Seeufer von Chicago –, reichte dicht bis an New York und Boston heran. Man sollte wahrscheinlich keinen allzu großen Unterschied sehen zwischen irgendeiner Stadt in Ohio oder Kansas einerseits und, sagen wir, Springfield, Massachusetts, andererseits, wo Djuna Barnes' Großeltern väterlicherseits lebten. Das kleine Dorf, in dem Miss Barnes selbst geboren wurde, Cornwall-on-Hudson, wurde, obwohl es nur eine Tagesfahrt mit der Kutsche von New York City entfernt lag, erst 1894 eingemeindet und besaß in den neunziger Jahren nur ein paar hundert Einwohner.

Aus diesem Grunde sollte man sich vor einer zu oberflächlich geographisch orientierten Betrachtung der Entwicklung amerikanischer Schriftsteller um die Jahrhundertwende hüten. Obwohl sie in Chicago, Greenwich Village und Paris lebten und arbeiteten (und aus Cornwall-on-Hudson; Rockport, Maine; Oak Park, Illinois und den verschiedensten anderen Nestern kamen), schleppten sämtliche amerikanischen Schriftsteller vom Anfang unseres Jahrhunderts stärker als die meisten Autoren in anderen Epochen und Kulturen, eine gewichtige Portion Provinzgeist mit sich, während sie auf ihrer Flucht aus der amerikanischen Langeweile davon – und manchmal auch nach innen strebten. Es ist eine Binsenweisheit, daß kaum einer wirklich entkam: Hemingway, der über seinen Gewehrlauf starrte; Fitzgerald, der das krasse Spießertum seines heimatlichen Minnesota verachtete, und sich doch manchmal genauso benahm; oder der achtzigjährige Henry Miller, der mit nackten Spielgefährtinnen in Kalifornien Ping-Pong spielte.

Djuna Barnes jedoch entkam, und doch war sie von allen wichtigen Autoren ihrer Generation diejenige gewesen, die am wenigsten vom Glück gesegnet war. Ihre schwache englische Mutter, ihre willensstarke amerikanische Großmutter und der verwöhnte amerikanische Vater waren unbeholfene Exzentriker. Sie waren ihr Pech, aber auch der Quell ihrer Kunst. Diese Art von Familiengeschichte hätte sich, wie in Amerika, ebensogut auch in Rußland und in etlichen südamerikanischen Ländern abspielen können.

III

Matthew Josephson, der im Ausland die Zeitschrift *Secession* herausgab, schrieb in seinem Buch *Portrait of the Artist as American* von 1930, die Pilgerreise des Yankee-Geistes in Richtung Freidenkertum und völliger Ideenfreiheit habe extrem individuelle Künstlerpersönlichkeiten hervorgebracht (er führt Poe, Whitman und Melville an, und man könnte Djuna Barnes hinzufügen). Doch bewirkte diese Pilgerfahrt auch einen gewissen Infantilismus des Nationalcharakters. Henry James hat mit Entsetzen beobachtet, wie die Amerikaner nach Europa strömten und doch alles Europäische engstirnig und trotzig ablehnten. Dahinter steckte jedoch etwas Komplizierteres als bloß provinzieller Stolz, denn die gleichen Amerikaner lasen zu Hause auch keine einheimischen Schriftsteller, und das galt für die Künstler ebenso wie für das allgemeine Publikum.

Matthew Arnold hatte schon viel früher im Zusammenhang mit Walt Whitman davor gewarnt, was mit Amerika geschehen würde, wenn es Whitmans Ruf nach einer scharf profilierten, ganz eigenen Kultur folgte, die von der europäischen Bewegung völlig unabhängig sein sollte. Was Arnold fürchtete, geschah ironischerweise gerade dadurch, daß die Amerikaner in den zwanziger Jahren nach Paris gingen.

Die Mehrzahl der Amerikaner in Europa las keine europäischen Autoren und suchte auch nicht Gelegenheiten, oder nutzte sie nicht, diese zu treffen. Als William Carlos Williams 1924 nach Frankreich kam, bat er Robert McAlmon, ihn mit ein paar modernen französischen Dichtern bekannt zu machen, und war konsterniert, als McAlmon antwortete, er kenne keine. Gleichzeitig brachten sie auch wenig an heimischer literarischer Tradition mit, und das alles zusammen führte ganz natürlich dazu, daß der amerikanische Schriftsteller der Gefangene seiner eigenen Gegenwart wurde. So begann die erste große Phase der modernen Literatur der Anspielung, in der die in Europa arbeitenden Amerikaner manchmal gar keine Romanciers mehr zu sein scheinen, sondern Biographen, die alle zusammen in einem großen Spiegelsaal gefangen sind, so daß ihnen nichts anderes übrig bleibt, als sich gegenseitig zu beschreiben, wie sie sich gegenseitig beschreiben. Hemingway spannt den Bogen von *Fiesta* bis zu *Paris – ein Fest fürs Leben*, und es ist erstaunlich, daß nicht häufiger bemerkt worden ist, daß im Namen des Helden des ersteren Romans, Jake Barnes, ein Kompliment an Djuna Barnes steckt. Die nette Pointe im Spiel mit den Namen besteht darin, daß Jake Barnes entsetzt auf »Schwule« reagiert. Zwei Jahre früher hatte Hemingway en passant einen ähnlichen Wink im *Transatlantic Review* gegeben. Witzelnd hatte er auf Barnes als »die legendäre Person, die seit einem Jahrhundert das intellektuelle Nachtleben Europas beherrscht« angespielt, beeilte sich aber hinzuzufügen, er sei ihr persönlich natürlich nie begegnet oder habe je ihre Bücher gelesen, sondern begnüge sich damit, aus der Ferne festzustellen, daß »... sie sehr hübsch ist«. Aus Hemingways veröffentlichten Briefen wissen wir inzwischen, daß er Barnes als Schriftstellerin bewunderte. Hemingway ging darin, seine Zeitgenossen als Modelle zu benutzen, weiter als die meisten (seinem Bruder gegenüber brüstete er sich sogar damit), aber getan haben sie es praktisch alle. In den gleichen Jahren schrieb zum Beispiel Djuna

Barnes selbst den *Ladies Almanach* über den berühmten Pariser Salon ihrer Freundin Natalie Barney, ein Buch, in dem jede Figur ein lebendiges Gegenbild hat. In sehr ähnlicher Manier wie Hemingway benutzte sie auch den Namen Titus (so hieß der Herausgeber von *This Quarter*) in einer ihrer Geschichten ohne irgendeinen ersichtlichen Grund außer Rachegelüsten. Leben und Namen ihrer Zeitgenossen, das war alles, was diese Autoren – mit wenigen Ausnahmen – besaßen. Scott Fitzgerald, der um die Murphys kreist, ist das extremste Beispiel. Gleich danach fallen einem Hemingway und McAlmon ein.

Djuna Barnes aber hatte noch ihre Familie. Ihr Vater hatte sie mit Recht gewarnt, daß es ein Leben brauchen würde, die ganze Geschichte zu entwirren. Außerdem hatte sie ihre eigene Sprache. Einige wenige der Amerikaner lernten Französisch – Matthew Josephson, Malcolm Cowley, Natalie Barney (deren Sprachkompetenz zwar gut, aber nicht ganz so makellos war, wie einige ihrer amerikanischen Freunde glaubten), Man Ray –, aber die meisten machten sich daran, eine ohnehin schon reduzierte Sprache noch mehr zu vereinfachen. Wie eine flüchtige Bekannte, Vorbild einer der Damen im *Ladies Almanach*, ihr etliche Jahrzehnte später boshaft nachsagte, war Barnes die einzige unter den Auslandsamerikanern, die ausgerechnet Frühneuenglisch zur einzigen Sprache erkor, die sie sich je die Mühe machte zu lernen.

Das stimmt, aber es geschah nicht aus Manieriertheit. Alles hatte mit der unorthodoxen Erziehung begonnen, die man der jungen Djuna Barnes auf sehr amerikanische Art hatte angedeihen lassen. Unter ihren zeitgenössischen Künstlerkollegen war das Eintauchen in die reiche Geschichte der englischen Sprache nicht gerade sehr verbreitet, aber es gab doch noch einige andere, die in diese Richtung tendierten. Matthew Josephson las ausgiebig elisabethanische Literatur. Eliot ist ein weiteres bekanntes Beispiel. Doch der vorherrschende Ton war jener, den Henry Miller am Vorabend des Zweiten Weltkriegs noch einmal anschlug, als er für das erste Buch seines Freundes Durrell warb: »Eigentlich bin ich von ganzem Herzen gegen die Engländer. Aber ich grüße Lawrence Durrell als den ›ersten der Engländer‹! Nieder mit Chaucer! Nieder mit Shakespeare!« Von Cummings hieß es, er werde den Engländern nie verzeihen, daß sie Shakespeare hervorgebracht haben; eigentlich hätte er Amerikaner sein sollen. Barnes sagte zu mir, die Vorbehalte der Amerikaner gegen den englischen Sprachgebrauch seien deshalb so stark, weil er dem amerikanischen Englisch überlegen sei.

Die Amerikaner, die nach Europa gingen, waren erfüllt von einer Mischung aus amerikanischer Arroganz und Abneigung gegen ihr eigenes Land. Greenwich Village war nur eine Zwischenstation, bevor die Generation, zu der auch Barnes gehörte, sich mit dem konfrontiert sah, was Waldo Frank »die Gretchenfrage der amerikanischen Kultur« genannt hat: »Sollte ein amerikanischer Künstler zu Hause bleiben oder nicht?«

Ford Madox Ford, der Engländer mit der Vorliebe für den amerikanischen Mittleren Westen, glaubte, daß der Hauptimpuls für die neue Literatur vom Mittleren Westen ausgegangen sei, weil er vom Krieg kaum berührt worden war. Die beiden legendären Städte, aus denen all die jungen Autoren stammten, seien Hot Fudge, Nebraska, und Agamemnon, Iowa, und an beiden Teilen dieses Witzes war etwas Wahres dran. Ein Dichter von der Ostküste, Alfred Kreymborg, schreibt in seinen Erinnerungen, daß er sich anfangs brüskiert gefühlt habe von einer Lyrikergruppe, die sich das Motto »Boost Chicago« (»Kurbelt Chicago an«) aufs Panier geschrieben hatte. Der flapsige Slogan ging nie ganz unter. Pound benutzte ihn, als er seine Dichterkollegen und Landsleute ermahnte, Eliot zu fördern (»to boost Eliot«). Und eine der letzten amerikanischen Zeitschriften der Pariser Periode – bekannt wegen des zweizeiligen anonymen Gedichts: »Stechginster im Maul / kam ein homosexueller Gaul« – hieß *The Booster*. Aber die Dichter in Chicago waren so frisch und liebenswert, daß Kreymborg schnell versöhnt war. Chicago hatte Sandburg, Masters, Lindsay, Anderson. Es gab *Poetry*; *The Little Review*. Eine Zeitlang war zwischen Chicago und New York ein reges Hin und Her. Barnes, zum Beispiel, veröffentlichte etliche ihrer frühen Geschichten in *The Little Review* während dessen Chicagoer Zeit und lieferte Beiträge für *Poetry*.

Der jugendliche Schwung aus Chicago mußte nach New York führen, weil dort die Verlage saßen und auch, weil keine wohlhabenden altruistischen Förderer sich blicken ließen. So hing die Mühe des Veröffentlichens ganz an der finanzschwachen Entschlossenheit von Leuten wie Harriet Monroe, Margaret Anderson und Jane Heap. Außerdem war Chicago vielleicht auch ein wenig zu nah an zu Hause. In einem vergessenen frühen Stück von Edmund Wilson betrachtet der Held den Prozeß der intellektuellen Wanderung:

»Wenn man in Galesburg, Illinois, ist, will man nach Chicago; wenn man in Chicago ist, will man es in New York schaffen. Und dann, wenn man es in New York gepackt hat, was hat man dann in Gottes Namen? Die tief deprimierende Gesellschaft von einer ganzen Reihe anderer Provinzler, wie man selbst einer ist, die auch nicht wissen, was sie mit sich anfangen sollen!«

Einige entschlossen sich, den schäbigen und leeren kleinen Nestern ihrer Herkunft auf immer den Rücken zu kehren. Berenice Abbott war eine von ihnen. Sie war James Light und Sue Jenkins nach New York gefolgt. Alle drei waren von der gleichen High-School in Pittsburgh, von der auch Malcolm Cowley kam, an die Universität von Ohio gegangen. In Ohio hatte sie den beiden geholfen, eine kleine Zeitschrift mit dem Titel *Sansculotte* auf die Beine zu stellen. Als sie in New York ankam, hatte sie gerade sechs Dollar in der Tasche. Sie wollte Bildhauerin werden – Nina Hamnett schreibt in ihren Erinnerungen, daß das der Ehrgeiz aller jungen Amerikanerinnen der Zeit gewesen zu sein scheint –, wurde aber statt dessen Man Rays Assistentin in Paris und schließlich selbst eine Fotografin von internationalem Ruf. Noch mehr als ein halbes Jahrhundert später sprach sie von Ohio mit vor Widerwillen funkelnden Augen.

Natürlich versuchten viele andere auch, von New York oder Paris aus ihre Heimatstädtchen als literarischen Stoff auszuschlachten. Van Wyck Brooks, der in einem New Yorker Verlag arbeitete, berichtet, wie jede Woche ein neuer Haufen von *Winesburgh, Ohio*, oder *Spoon River* Anthologien eintrafen, und wie schnell deutlich wurde, daß dieses Material seine Grenzen hatte. Unter den geistreicheren jungen Autoren war es allein Robert McAlmon, der bis weit in seine Pariser Jahre hinein außer der dortigen Szene auch noch seinen provinziellen Ursprung verarbeitete.

Die männlichen Autoren legten ganze Schichten von Farbe über ihre Herkunft. Hemingway und McAlmon gaben sich als frühere Cowboys aus, und Ezra Pound aus Idaho brüstete sich damit, daß er sich die Überfahrt nach Europa als Viehknecht auf dem Schiff verdient habe. Diese harmlosen Angebereien trafen in Greenwich Village und Paris auf ihr europäisches Gegenstück, Leute dunkler Herkunft, die falsche Familienstammbäume und Titel mit sich führten. Von den etwas jüngeren aufstrebenden Schriftstellern und Künstlern verstanden es etliche, ihren Genius Loci geschickter zu nutzen, so etwa Glenway Wescott aus Kewaskum, Wisconsin; andere waren weitgehend frei davon, wie Charles Ford, ein Dichter aus Mississippi, oder Thelma Wood, eine Bildhauerin aus Missouri. Miss Barnes war zwar nie an ihren Herkunftsort gebunden, kam jedoch von den Schatten ihrer Kindheit niemals los.

IV

Djuna wurde weder verführt noch vergewaltigt, wohl aber von ihrem Vater wie eine Sklavin oder Tochter aus dem Alten Testament sexuell »vergeben«. In der unveröffentlichten Version von *Nachtgewächs*, die Barnes in einem Brief an Eliot als halb autobiographisch bezeichnete, gab es Hinweise. Jetzt ist es bestätigt worden: Barnes wurde 1910 von Wald und Zadel an Percy Faulkner,

52, den Bruder der Geliebten des Vaters, »vergeben«. Von der Farm auf Long Island aus, wohin der Barnes-Haushalt gezogen war, ging sie mit ihm nach Bridgeport, trennte sich jedoch bald und kam dann 1911 nach New York.

In dem entsprechenden Passus des unveröffentlichten Manuskripts wird das Mädchen (sie heißt noch nicht Nora, sondern Catherine) von einem älteren Mann initiiert, der sie auf den Knien geschaukelt hat, als sie noch klein war und Bonbons lutschte. Als sie zu ihm aufschaute und »Ja« sagte, schmolz er dahin, und dann bekam er Angst, weil sie danach nicht weinen wollte.

An diesem Punkt im Manuskript kommt es zu einer höchst eigenartigen Wiederholung. Das Mädchen verliert ihre Jungfräulichkeit noch ein zweites Mal, diesmal an ihren Vater nach einer Zeremonie unter dem Weihnachtsbaum, bei der ihr Vater ihr einen Ring an den Finger gesteckt hat. Plötzlich gibt es einen Zeitsprung: das Mädchen kniet vor ihrer Großmutter und bettelt, sie solle es nicht zulassen, aber die Antwort der Großmutter ist, daß es geschehen *muß*. Und dann ist sie wieder mitten in der Defloration, zückt ein Messer, stark und blind gemacht durch die Gefühle ihres Vaters den Frauen und der Liebe gegenüber.

Die Mutter hat vor ihrer Tür Mehl gestreut in der Hoffnung, daß am Morgen keine Fußspuren darin zu sehen sein werden. Der Liebhaber aber springt hinten aus dem Fenster in den Garten. Es ist ein Film, der rückwärts abgespult wird und mit doppelter Belichtung, ein Thema, das zu stark war, um es direkt darzustellen, im günstigsten Falle ein böses Märchen. Es ist aber wirklich geschehen, und die Schandtat steht wie ein Schattenriß hinter Barnes' ganzer Kunst. Danach ließ sich Elizabeth von Wald scheiden.

Das fünfte Kapitel von *Ryder* ist überschrieben »Notzucht und Verdruß!« Es dreht sich um die Vergewaltigung der Mutter in ihrer Jugend durch einen vierzehnjährigen Knaben, und es ist das zweite Mal (das erste Mal war 1923), daß das große Barnes-Thema formuliert wird, die Zeit, die in den Strudel zurückgesogen wird:

»In welchem Volk kommt der Sohn zuerst und die Mutter danach? Welcher Baum sprießt vor dem Garten und sagt: ›Garten, Garten, hier ist der Baum!‹ Welcher Säugling gebiert seine Eltern, welches Kind kriecht aus der Wiege, auf daß seine Mutter fände, ihr Haupt hinzulegen?«

Die Antwort auf dieses inzestuöse Rätsel ist einfach – es ist die Schriftstellerin, die die Vergangenheit neu erschafft.

V

Als sich die junge Djuna Barnes für die Zeichenklasse am Pratt Institute eingeschrieben hatte, lebte sie zunächst für kurze Zeit mit ihrer Mutter zusammen in Queens. Dann hatte sie ein eigenes Zimmer in der Bronx. In späteren Jahren konnte sie sich nicht einmal mehr genau erinnern – auf ihr notorisch schlechtes Gedächtnis war sie stolz, ein Gedächtnis wie Montaignes, sagte sie –, in welchen Jahren sie die Akademie besucht hatte. Es ist auch schwer festzustellen, weil sie weder ein Diplom noch ein Zeugnis erhielt. Schon 1913 war sie regelmäßige freiberufliche Illustratorin und Kolumnistin beim *Brooklyn Daily Eagle* geworden. Den ersten Zeichenunterricht hatte ihr der Vater gegeben, der angeblich (keins seiner Werke scheint erhalten) ein tüchtiger Aquarellmaler war. Woran sie sich erinnern konnte, war, daß sie am Pratt Institute bei der bekannten Professorin Elizabeth Ely Lord studiert und Unterricht in Stilleben und Modellzeichnungen bekommen hatte. Einen Teil des Schulgelds bestritt sie, indem sie manchmal selbst – bekleidet – Modell stand. Im Herbst und Winter 1915 nahm sie auch Unterricht bei der Arts Students League. Zu dieser Zeit war ihre Adresse 42 Washington Square South. Bei der League waren ihre Lehrer F. Luis Mora und Frank Vincent Dumond, die beiden bekanntesten der Schule. Das Wichtigste, was sie ihrer Erinnerung nach von dort mitnahm war, die Anatomie des Körpers besser kennenzulernen. Am Ende glitt sie einfach ins volle Berufsleben hinüber.

Im Großraum New York florierten damals die Tageszeitungen – es gab über zwanzig mit nennenswerter Auflage –, und die Konkurrenz, für sie schreiben zu dürfen, war enorm. *The Brooklyn Daily Eagle* war eine der lebendigsten New Yorker Zeitungen der Epoche, und ein Grund dafür war, daß junge freiberufliche Journalisten ermuntert wurden, Beiträge einzusenden für den Fall, daß Platz war; und wenn ihre Texte tatsächlich erschienen, wurden sie recht gut honoriert. Barnes' Vorteil war, daß sie sowohl illustrieren wie schreiben konnte, und sie tat beides mit solcher Hingabe, daß sie bald zur regelmäßigen Kolumnistin avancierte. Um 1917 verdiente sie, wie sie mir erzählte, fünftausend Dollar im Jahr, eine für die damalige Zeit sehr ansehnliche Summe. Von ihren Freunden wurde Miss Barnes damals Djuny genannt, aber unter Kollegen war sie wegen der außerordentlichen Energie, mit der sie ihren Beruf ausübte, unter dem Spitznamen Gunga Duhl* bekannt. Zweimal wöchentlich lieferte sie Artikel für den *Brooklyn Daily Eagle*, und etliche ihrer Beiträge erschienen mit einer Zeichnung, die sie schlicht mit »Djuna« signierte.

Barnes schrieb Geschichten mit Lokalkolorit. Sie verfaßte ein paar Reportagen über Mord- und Selbstmordfälle und berichtete über das Alltagsgeschäft des Kings County Gerichtshofs mit seinem seltsamen, apathischen Dauerpublikum auf der Galerie, das jeden Tag wiederkam, um sich die Geschichten anzuhören. Sie schrieb über die Alten und die Armen in Coney Island, über Waisenhäuser und Altersheime oder über Seifenkistenredner rund um die Franklinstatue auf dem Printing House Square. Es gibt einen Artikel über den Verfall von Chinatown und einen anderen (»Warum ins Ausland reisen? Lernen Sie Europa in Brooklyn kennen!«) über die Ausländer und die Atmosphäre auf dem Brooklyner Lebensmittelmarkt. Der Tango war in Mode, und so

* »Gunga Duhl« ist einerseits eine Verballhornung von Rudyard Kiplings literarischer Figur »Gunga Din«, andererseits eine Anspielung auf »Djuna«. [A. d. Ü.]

Selbstportrait von Djuna Barnes (1914)

schrieb sie Artikel über »die Bedeutung der Tangosucht« (ein »bloßes Geblähe der saft- und kraftlosen dekadenten Seelen Amerikas«), über Tanz auf dem Dach und über Dachgartenrestaurants sowie einen Interview-Artikel mit drei Zeichnungen über Vernon und Irene Castle.

Viele längst vergessene Schauspieler und Schauspielerinnen interviewte sie, aber auch wichtige Persönlichkeiten aus der Theaterwelt der Zeit wie Diamond Jim Brady, Lillian Russell und Florenz Ziegfeld. Sie hatte eine Serie unter dem Titel »Veteranen im Geschirr«, in der sie einen Briefträger, einen Straßenbahnschaffner, einen Kellner, einen Feuerwehrmann, einen Fahrstuhlführer und andere portraitierte. Sie ging zu Boxkämpfen und interviewte die Champions Jack Dempsey und Jess Willard, der ihr erzählte, bald würden auch Mädchen ihren Lebensunterhalt mit Boxen verdienen. Und sie schrieb über Twingless Twitschell und seine Tantalizing Tweezers (»Schmerzlos Zupfer und seine Ziependen Zangen«), einen Zahnarzt, der in einer Show öffentlich Zähne zog.

Die meisten dieser Artikel sind sehr gut. 1917 interviewte sie eine schwarze Theatergruppe. Man erklärte ihr, so wie die Schwarzen sich bemühten, Dichter zu Predigern zu wählen (»Ist er ein Mann, der in einer Kirche steht, oder eine Kirche, die in einem Mann steht?«), so müsse man das gleiche Prinzip auf die Schauspielkunst anwenden. Am Ende sagt Barnes: »Ich werde versuchen, mir alles zu merken.« Die sanfte und prompte Antwort ist: »Sie können nichts vergessen, Miss«, worauf der Vorhang plötzlich fällt und viele Stimmen leise und voll Gefühl »Geht zusammen, Kinder« singen, während sie den Raum verläßt. Noch mehrere ihrer Artikel sind in dieser szenischen Form verfaßt. Offenbar machte sie sich keine Notizen bei der Arbeit, denn in einem Interview-Artikel von 1917 unterbricht die Schauspielerin Helen Westley sie einmal und fragt, ob sie sich etwas notiert habe, und bekommt zur Antwort: »Das brauche ich nicht. Mein Gedächtnis macht aus jeder Notiz automatisch einen Absatz.«

Über Barnes' Zeit in der Bronx und in Brooklyn wissen wir nicht viel. Sie schrieb zwar einen Artikel, der vermutlich auf ihre Zeit in der Bronx anspielt, aber er enthält keine wirklichen autobiographischen Informationen. In einem anderen Artikel erhascht man einen flüchtigen Blick auf Courtenay Lemon in Fleischman's Café in der Bronx. Vermutlich zog sie 1916 mit ihm zusammen. Auf jeden Fall trennten sie sich Anfang 1919.

Anfang 1914 sehen wir Barnes, wie sie Mabel Dodge in ihrem Salon in der Fifth Avenue aufsucht, um ihre Bilder zu zeigen. Barnes' Artikel erschienen bereits, und es waren auch schon einige ihrer Gedichte in *Harper's* gedruckt worden – das mag etwas mit den Beziehungen ihrer Großmutter zu tun gehabt haben –, aber sie war noch völlig unbekannt und trügerisch schüchtern. Sie zog sich sehr einfach an. Ihr rotbraunes Haar trug sie streng zurückgekämmt. Ein paar Jahre später erschien ihr diese Zeit wie eine Übergangsphase, in der sie zwischen ihrem alten Wesen und einer neuen Persönlichkeit schwebte, die im Begriff war, sich zu entfalten. Es war das erste Mal in ihrem Leben, daß sie auf reiche Leute traf und auf das, was sie die »nonchalante Klasse« nannte, Dichter-Revolutionäre, die lässig den Weg in die Zukunft wiesen – »mit einem Zeigefinger, der vorher in Gold getaucht worden war«.

»Das waren meine dankbaren Tage. Ich war Mabel Dodge dankbar, weil sie mir so viele Sandwiches zu essen gab, wie mein vorstädtischer Magen nur vertragen konnte. Und ich war Carl Van Vechten dankbar, der die Empfehlungskarte geschrieben und damit den Zugang zu solcher Üppigkeit eröffnet hatte.«

Sie glaubte, sie sähe komisch aus, vielleicht fehl am Platze in dieser Künstleratmosphäre, zwischen diesen glänzend weißlackierten Wänden, weißen Möbeln und venezianischem Glas. Einige Leute schenkten ihr dennoch Aufmerksamkeit, wenn es auch, wie sie feststellte, vor allem ältere Herren waren. Leicht beunruhigt überlegte sie, ob es echtes Interesse an ihren Bildern oder nur ein Mangel an vornehmer Zurückhaltung ihrerseits war, was diese anzog. Sie beobachtete auch, daß die jüngeren Männer keinerlei Interesse an ihr zu haben schienen, was auf Gegenseitigkeit beruhte.

Die Liebe war ein Thema, das in ihrer Familie zu ausgiebig diskutiert worden war. Wonach sie sich sehnte, was sie aber nie Gelegenheit gehabt hatte kennenzulernen, bis sie nun im Salon von Mabel Dodge stand, war eine künstlerische Atmosphäre.

»Und doch ließ ich mich von niemandem einschüchtern. Ich versuchte, den Hochmut meiner Oberlippe zu verbergen, die sich hartnäckig kräuseln wollte, wahrscheinlich, weil ich eigentlich dem Weinen nahe war, aber nicht wollte, und mir war kalt, weil ich mich so furchtbar gern warm und hoffnungsvoll und dazugehörig gefühlt hätte.«

Mabel Dodge hielt eins von Barnes' Bildern hoch, um zu prüfen, ob es ihr gefiel oder nicht. In Cape Cod würde sie Mabel Dodge achtzehn Monate später wiedersehen. Barnes war Mitglied der Provincetown Players, während Mabel Dodge dort gerade eine Affäre mit dem finsteren und ausdrucksstarken Maler Maurice Sterne begann, der einige Monate später Mabels dritter Ehemann werden sollte. Als Djuna Courtenay Lemon verließ, schrieb dieser voller Bitterkeit an Sterne und warf ihm vor, die Ursache für den Zusammenbruch seiner Ehe gewesen zu sein (Lemon, sei um der Chronik willen angemerkt, spricht von ihr als seiner Ehefrau). Sterne leugnete das zwar ab, doch das bedeutet noch lange nicht, daß Mabel Dodge's Mann nicht doch ein Techtelmechtel mit der jungen Künstlerin hatte. (Barnes hielt Sterne für ein ziemliches Ekel. Seine eigenen Aufzeichnungen bestätigen dieses Urteil: Er brüstet sich damit, daß es ihm einmal gelang, eine lesbische Beziehung zu zerstören, indem er mit beiden Frauen schlief.) Das Bild oder auch die Malerin gefielen Mabel Dodge nicht. »Egal. Gehen Sie in die Fifth Avenue Nr. 291 und fragen Sie nach Mr. Stieglitz. Zeigen Sie ihm Ihre Bilder. Vielleicht kann er Ihnen helfen.«

Gegen Ende 1915 wohnte Miss Barnes im Greenwich Village. Vom Washington Square zog sie um nach 220 West Fourteenth Street, und ihre nächste Adresse im Jahre 1916, 86 Greenwich Avenue, war ein Zimmer, das sie mit Lemon teilte. Sie hatte immer freiberuflich gearbeitet, auch als sie ausschließlich für den *Brooklyn Daily Eagle* schrieb. 1914 hatte sich ihr Ruf als Journalistin so weit gefestigt, daß sie mit ihren beruflichen Fertigkeiten nach Manhattan ziehen und regelmäßig für drei große Zeitungen schreiben konnte – *The Press*, *The World* und *The Morning Telegraph*.

Eigentlich ist es unüblich, daß Journalisten ihre eigenen Schlagzeilen formulieren dürfen; aber es steht zu vermuten, daß Djuna Barnes dieses Vorrecht genoß, denn die Bandwurmüberschriften im Stil des neunzehnten Jahrhunderts, durchsetzt mit dem bissigen Witz des zwanzigsten, tauchen in verschiedenen Formen über einen Zeitraum von fünfzehn Jahren immer wieder regelmäßig in ihrer Arbeit auf. Die Überschrift aus dem *New York Morning Telegraph Sunday Magazine* vom 26. November 1917:

> WIE DIE VILLAGEBEWOHNER SICH AMÜSIEREN
> DIE AUFGABE IST SCHMUTZIG UND SCHWER,
> ABER SIE MUSS ERLEDIGT WERDEN –
> DESHALB MACHT SICH, NACH EINEM FRÜHEN FRÜHSTÜCK,
> DER BOHÉMIEN AUF DIE SOCKEN

geht ganz natürlich über in den *Ladies Almanach* von 1928:

> ÜBER IHRE STERNZEICHEN UND DEREN WENDE;
> IHRE MONDE UND MONDWECHSEL;
> DIE JAHRESZEITEN UND
> WAS ES MIT IHNEN AUF SICH HAT;
> IHRE EKLIPSEN UND ÄQUINOKTIEN;
> SOWIE EIN VOLLSTÄNDIGER BERICHT ÜBER TÄGLICHE
> UND NÄCHTLICHE VERWIRRUNGEN

und taucht sehr deutlich wieder in den altmodischen Kapitelüberschriften von *Ryder* auf:

Kapitel vierzig: Altweibergeschichten
oder Die gestrickten Hosenlätze

und verliert sich erst in den frühen dreißiger Jahren, als Miss Barnes, aus Europa zurück, Artikel im Auftrag verschiedener Zeitschriften schrieb, hauptsächlich aber für das *Theatre Guild Magazine*, denen sie Überschriften gab wie:

Nichts mehr nach Mitternacht; Ein Interview mit Gabrielle Chanel; Mit diesem Wort an die Weisen – die Frauen, die nach Schönheit suchen, oder Hamlets Vanillepudding – lernt Giles, der Butler, woran das Drama krankt.

Für einige ihrer Geschichten ging Miss Barnes erstaunlich weit in jener Zeit, als sie sich bemühte, sich einen Namen zu machen. 1914 stellte sie sich für Rettungsübungen einer Feuerwehrschule in der Sixty-seventh Street zur Verfügung. Dreimal ließ sie sich nach je verschiedenen Methoden retten: sie kletterte eine Strickleiter herunter; sie ließ sich ein kleineres Seil zuwerfen, an dem sie das dickere Tau heraufziehen mußte, an dem sie dann wiederum hinunterrutschte; und schließlich mußte sie einen Feuerwehrmann, der sich aus dem darüberliegenden Stockwerk zu ihr herabließ, fest umarmen, während er sie beide sicher zu Boden brachte.

Als sie sich auf ihre erste Rettung vorbereitete, sah sie zu, wie ein Mann verkrampft in ein Tuch sprang, das tief unten von einem Kreis von Männern gehalten wurde. Aus allen Fenstern der umliegenden Häuser schauten Augen, und alle Fußgänger starrten zu ihr hoch. »Es war das erste Mal in meinem Leben«, schrieb sie, »daß ich mir ernstlich wünschte, ganz sicher zu sein, neunundneunzig zu werden«, ein Wunsch, den sie übrigens nie wiederholen sollte. Sie gestand auch, zum ersten Mal in ihrem Leben gemerkt zu haben, daß sie feige war. Um das aufsteigende Gefühl der Übelkeit zu beherrschen, als sie da hoch oben über dem Bürgersteig schaukelte – in jenen Jahren waren derartige Szenen natürlich im Film sehr beliebt –, sagte sie immer wieder zu sich selbst: – »*Eine* Tat muß man in Schönheit begehen – den Selbstmord!«

Eine ihrer Geschichten ist gelegentlich übertrieben worden von Leuten, die sie während ihrer Reporterjahre kannten oder davon gehört hatten. Mir waren verschiedene Versionen davon zu Ohren gekommen, wie sie sich von einem Gorilla hatte umarmen lassen. Es war tatsächlich ein Gorilla, aber ein junges Weibchen im Zoo in der Bronx, damals das einzige Exemplar seiner Gattung, das in Gefangenschaft überlebte. Das Tier wog nur vierzig Pfund. Der Artikel, der im Oktober 1914 im *New York World Magazine* erschien, gehört nicht zu ihren besten: Ein Scherz-Interview mit der Gorilladame namens Dinah. Darin fragte sie, was Dinah von den Vereinigten Staaten hält, und bekommt zur Antwort, daß die Taxameter schneller als Schimpansen klettern. Außerdem äußert Dinah den heißen Wunsch, Kaugummi auszuprobieren, diese seltsame amerikanische Leckerei, die so viele Gesichter unter den Hüten in ständig kreisender Bewegung zu halten scheint. Djuna wurde von Dinah umarmt, was sie irgendwie unpersönlich und herablassend und doch merkwürdig angenehm fand. Sie verglich das Gefühl damit, von einem Gartenschlauch umschlungen zu werden.

Viel besser gelang Barnes die Beschreibung einer Trainingsstunde für Seehunde mit einem frömmelnden Seehund, der ständig betete, aber Fisch aus dem Eimer klaute, sobald der Wärter nur eine Sekunde den Rücken drehte, um dann schluckend weiterzubeten. Auch die Beschreibung der intensiven Atmosphäre verhaltener androgyner Sexualität im Trainingscamp von Dempsey ist gut.

Häufig spürt man einen ausgeprägten persönlichen oder sozialen Standpunkt hinter ihren Arbeiten. Einige ihrer in dieser Hinsicht interessantesten Artikel sind jene, die sich mit der Frauenwahlrechtsbewegung befassen. Trotz gelegentlicher mitfühlender Bemerkungen oder Hinweise auf ihre Schwestern ist doch ganz deutlich, daß Djuna Barnes nicht aktiv mitmachen wollte.

Zum Teil lag das sicher an ihrem ausgeprägten Individualismus, der nicht zuließ, daß sie sich irgendeiner Bewegung anschloß; zum Teil mag aber auch das traurige Beispiel ihrer Großmutter zu Hause daran schuld gewesen sein, die eine aktive Frauenrechtlerin gewesen war und deren persönliches Leben und Werdegang der hohen Erwartungen spotteten, mit denen sie angetreten war. Viele der Werte, die Miss Barnes in jenen Jahren am Herzen lagen, deckten sich zwar genau mit jenen, die die Bewegung proklamierte, doch sie besaß nichts von dem Polster gutbürgerlicher Sicherheit, das so viele der Bohemiens und Suffragetten im Greenwich Village aus ihrem Elternhaus mitbrachten. Sie hatte sich hocharbeiten müssen und war noch immer dabei, sich ihr Ziel, künstlerische Anerkennung, zu erkämpfen. Sie hatte überhaupt keine Zeit, Reden über Frauenrechte zu halten, und noch weniger Geduld, sich welche anzuhören.

Einer der Artikel, den sie 1913 für den *Brooklyn Daily Eagle* schrieb, befaßt sich mit einem Frauen-Luftfahrt-Treffen, das auf Hempstead Plain abgehalten wurde. Die Frauen beschlossen, *nicht* Fliegerinnen zu werden, und der Höhepunkt der Veranstaltung war – wenigstens laut Miss Barnes –, daß es ihnen gelang, einen Dollar und fünfzig Cents für die Bewegung zu sammeln. Noch deutlicher scheint ihre Herablassung durch in einem *Eagle*-Artikel von 1913 über die Suffragettenschule einer gewissen Mrs. Catt.

Ihre größte Leistung als Reporterin vollbrachte Djuna Barnes 1914, als sie sich für die *New York World* zwangsernähren ließ, wie es zur selben Zeit mit den englischen Suffragetten geschah. Vorausgegangen waren Spekulationen in der Presse, ob eine Agitatorin der Industrial Workers of the World, die im Gefängnis in Hungerstreik getreten war, zwangsernährt werden sollte. Miss Barnes wurde auf einen Operationstisch gelegt und von vier Männern behandelt, von denen einer Arzt war. Einen Augenblick, bevor sie auf den Tisch kletterte, um mit der Prozedur zu beginnen, sah sie den einen Meter langen roten Gummischlauch und ihr eigenes, leichenblasses Gesicht im Spiegel. Drei der Männer drückten ihre

Fußgelenke, Hüften und den Kopf herunter, während der Arzt ihre Nasenlöcher mit einer Mischung aus Kokain und einem Desinfektionsmittel auspinselte und dann ihren Nasenkanal und ihren Rachen mit einer hellen Lampe untersuchte, bevor er den Schlauch in eins ihrer Nasenlöcher einführte.

Sie schrieb, sie sei entschlossen gewesen, den Test berufsmäßig kühl zu nehmen, denn schließlich hätten ihn Dutzende von Frauen in England über sich ergehen lassen, doch sie fand die Qual unbeschreiblich. Die Hände, die ihren Kopf unten hielten, preßten wie ein Schraubstock, die anderen Hände antworteten mit dem gleichen Druck, während Nerven, von deren Existenz sie nie etwas geahnt hatte, brennende Schmerzen in ihr Gesicht und ihre Brüste jagten. Dieser Schmerz floß ihr das Rückgrat hinunter und wurde allmählich verdrängt von einem dumpferen, der sich von den Schultern aus über den ganzen Körper ausbreitete. Die Augen des Arztes waren ständig vor ihrem Gesicht. Er hielt den Behälter hoch, aus dem die warme, milchige Flüssigkeit, die sie nicht schmecken konnte, in sie hineinfloß. Der Raum um sie verschwamm. Fast verlor sie das Bewußtsein, aber plötzlich wurde sie von einer unglaublich starken Welle des Widerstands durchflutet, und sie fühlte, wie sich ihre Kehle gegen den brennenden Flüssigkeitsstrom zusammenzog. Sie suchte Kraft, um die verhaßte Infusion in ihren Körper zu stoppen. Ihr Körper wurde von Schaudern geschüttelt, und sie war in kalten Schweiß gebadet. Sie hörte eine warnende Stimme, sie solle ihre Kehle entspannen, sonst würde sie ersticken, und sie fragte sich, ob das Experiment nicht vielleicht wirklich zum Tode führen könnte. Es war ganz real.

»Wenn ich schon, beim bloßen So-tun-als-ob, mein ganzes Inneres vor Auflehnung gegen diese brutale Knechtung meiner eigenen Funktionen glühen fühlte, wie müssen nicht erst sie, die diese Marter wirklich in ihrem nacktesten Grauen durchlitten, bei dieser Vergewaltigung der Heiligtümer ihrer Seelen geglüht haben!

In meiner Hysterie hatte ich die Vision von hundert Frauen in garstigen Gefängniskrankenhäusern, gebunden und in Leichentücher gewickelt, auf Tischen gerade so wie diesem, niedergehalten vom unsanften Griff gefühlloser Wärter, während weißgewandete Ärzte ihnen Gummischläuche in die zarten Windungen ihrer Nasenlöcher stießen, um ihren hilflosen Leibern den kruden Nährstoff gewaltsam einzutrichtern, der das Leben erhalten sollte, das sie sich zu opfern sehnten.«

Später, als der Arzt die Operationsmaske abnahm, bemerkte sie wie aus weiter Ferne in seinem sanften Gesicht einen winzigen roten Schnurrbart.

VI

Zwischen 1916 und 1918 ließ der Aufwand an Zeit und Energie, den Djuna Barnes auf ihre Zeitungskolumnen verwandte, erheblich nach. Mittlerweile war sie bereits eine wohlbekannte Figur in New York und konnte recht stolz auf ihre bisherige Karriere sein. Natürlich war Stanley* mit seinem afrikanischen Abenteuer schon vor ihr da, und so kann man sie nicht als die Begründerin des anteilnehmenden Journalismus bezeichnen; und doch gab es bestimmt keine andere Journalistin vor dem Ersten Weltkrieg, die dergleichen Dinge getan hätte wie sie. Aber sie hatte nie daran gedacht, daß das ihre eigentliche Karriere werden sollte. Irgendwann in der zweiten Hälfte des Jahres 1918 – das läßt sich nach ihrem letzten Zeitungsbeitrag datieren – stellte Djuna Barnes eine Liste von Skizzen zusammen, aus denen ein Buch entstehen sollte. Sie schrieb auch zumindest einen Teil des Vorworts zu diesem Buch, das nie einen Titel erhielt und nie erschien, wiewohl

* »Gunga Duhl« ist einerseits eine Verballhornung von Rudyard Kiplings literarischer Figur »Gunga Din«, andererseits eine Anspielung auf »Djuna«. [A. d. Ü.]

wir nicht wissen, ob es je einem Verleger vorgelegen hat oder ob sie einfach zu dem Schluß kam, daß ein Buch mit Charakterskizzen einen Rückschritt bedeuten würde. Ihr erstes kleines Buch, Gedichte und Zeichnungen, war schon 1915 erschienen. Es hatte ihr keinerlei Geld eingebracht, wohl aber einen gewissen Bekanntheitsgrad; seinetwegen galt sie im Village als ernstzunehmende Künstlerin. Die Skizzen, die sie für das geplante neue Buch auswählte, enthielten keine ihrer eigenen Eskapaden. Statt dessen wollte sie Dempsey und Diamond Jim und Belasco und Frank Harris darin aufnehmen. Auch Frank Crowninshield, der Herausgeber von *Vanity Fair*, sollte drin vorkommen. Die Skizzen waren oft ganz schön giftig. So beschreibt Barnes zum Beispiel *Vanity Fair* als ein Journal für ein Publikum, das nach etwas Französischem verlangt, ohne je in Paris gewesen zu sein: In der Redaktion tragen die Telefonistinnen Zobel und der Bürobote Koteletten, jeden Nachmittag wird vornehm der Tee serviert, und in einem kleinen Eichenschränkchen werden Pfefferminzpastillen aufbewahrt für den Fall, daß die Stenographin in Tränen ausbricht. Das erste Mal kam Barnes in die Redaktion in der Absicht, Crowninshield ein Bild zu verkaufen. Wie sie behauptete, versuchte er, ihre Strumpfbänder zu sehen, und als ihm das nicht gelang, lud er sie zum Mittagessen ein. Dann habe er sich, nachdem er auf französisch bestellt hatte, vorgebeugt und in ziemlich unpersönlichem Ton gesagt: »Jetzt erzählen Sie mir mal *alles* über Ihr süßes kleines Leben.«

Einige der kleinen Portraits sollten Verbrechern und der Polizei gewidmet sein. Neben dem Namen von Lieutenant Guadobossi hat sie auf der Seite mit dem Inhaltsverzeichnis trocken notiert, daß er alles ableugnete, was er ihr erzählt hatte. Auch eine Skizze – die nie gedruckt wurde und offenbar verlorengegangen ist – über die Frau des Gangsters Nicky Arnstein, Fanny Brice, war vorgesehen.

Wenigstens zwei der sechzehn Skizzen waren von einem Kaliber, das ihre Publikation durch einen angesehenen Verlag im Jahre 1918 ausgeschlossen hätte. Eine davon drehte sich um einen schlanken Knaben mit noch ungeklärten sexuellen Vorlieben, der Klavier spielte und in einer Gruppe loser Opernsängerinnen verkehrte. Er wurde schließlich auserwählt von einer gewaltigen Sängerin, die zweihundertsechzig Pfund wog und Nasenlöcher hatte wie ein Hengst. Der Knabe versucht, »in eine ihrer Spalten zu kriechen« und das Geschehen auch für sie irgendwie zum Erlebnis zu machen.

Das andere anrüchige Portrait war das einer Frau mit Namen Doris die Droge, die einen kleinen Sohn Douglas hatte und behauptete, die abgelegte Geliebte von Lord Alfred Douglas zu sein. Es ist die stärkste von Barnes' Greenwich Village-Skizzen. Doris behauptete, für den Geheimdienst zu arbeiten, und zeigte Miss Barnes gleich beim Kennenlernen ihre schwarzen Schlüpfer. Barnes beschreibt sie als lesbisch in Kriegszeiten und mehr oder weniger normal im Frieden, als Kleptomanin (freilich nur, was die besten Kleidungsstücke und seltensten Bücher anderer Leute anging) und phantasievolle Lügnerin. Sie litt an Syphilis, war abhängig von »Schnee«, rauchte ununterbrochen und war eine Anhängerin des Erzscharlatans Alastair Crowley. Wenn sie Leute zum Tee eingeladen hatte, vergaß sie manchmal, da zu sein, oder sie begrüßte ihre Gäste, nackt auf einer Matratze auf dem Fußboden ausgestreckt.

Miss Barnes büßte ein Lieblingsnachthemd an sie ein, als Doris eines Nachts ohne das Kind erschien; sie behauptete, sie hätte keine Unterkunft, und bat Djuna die Nacht in ihrer Wohnung verbringen zu dürfen. Mitten in der Nacht wachte sie auf und fragte Djuna, ob sie eine Affaire mit ihr anfangen wolle. Djuna lehnte ab, worauf Doris weiterschlief. Am Morgen war sie fort, und eine kleine Notiz erläuterte den Diebstahl: »Es gefiel mir.« Einmal kam Doris zu John Reed (Jack für Djuna) und erzählte ihm, ihr Sohn sei tot und sie brauche fünfzehn Dollar, um ihn beerdigen zu können. Ein paar Minuten später hörte er zufällig, wie sie in einem nahe gelegenen Park pfiff, und sah den Jungen aus einem Busch springen und Hand in Hand mit ihr davonspazieren. Die letzte Anekdote in der Skizze handelt davon, wie Doris sich gegenüber Courtenay Lemon brüstete, wie ein Junge pissen zu können. Eine Flasche wurde geholt und ein paar Meter weit entfernt aufgestellt. Doris hob ihre Röcke, packte beide Seiten ihrer »*petit* [sic] *soeur*« – selbst der kühnste Bohème-Verleger wäre im New York des Jahres 1918 vom Druck einer solchen Szene zurückgeschreckt – und hob sie so, daß sie die Flasche nicht nur traf, sondern tatsächlich füllte.

Damals gab es in Greenwich Village, außer der anderen Sorte, eben auch echte Bohèmiens.

Barnes und Lemon waren beide in ihrem Auftreten deutlich zurückhaltender als fast alle ihre Künstlerbekannten im Village. Barnes gelang es immer, sich elegant zu kleiden, obwohl ihre Mittel selten üppig waren. Die journalistischen Honorare, von denen mir erzählt wurde, dürften sich bestenfalls auf ein Jahr bezogen haben (für Miss Barnes war die Wahrheit zwar immer ein Fetisch, andererseits aber hatte sie auch viel Stolz); denn Peggy Guggenheims Memoiren berichten, wie Peggy von ihrer Cousine Helen Fleischman (die später Giorgio Joyce heiratete) gedrängt wurde, Djuna etwas von ihrer Unterwäsche abzugeben. Es folgte der erste Vorfall in einer jahrzehntelangen Kette von Peinlichkeiten zwischen den beiden Frauen, denn Barnes bekam Wäsche, die zwar fein, aber nicht neu, tatsächlich sogar stellenweise geflickt war. Die Empfängerin war indigniert, die Geberin verlegen, weil ihre Cousine Helen, wie sie später erfuhr, ihren eigenen eleganten Schrank einfach geöffnet und Djuna aufgefordert hatte, sich selbst auszusuchen, was ihr gefiel. Ein Stück, das Djuna bei dieser Gelegenheit auswählte, war das berühmte Cape – es war ein strapazierfähiges, gefüttertes Haute-Couture Cape –, das sie fünfzehn Jahre lang ziemlich regelmäßig tragen sollte.

Die Peinlichkeit zwischen Peggy und Barnes verstärkte sich noch, als Peggy sie an einem heißen Sommertag unangemeldet besuchte und Barnes, nur mit der geflickten Unterwäsche bekleidet, an ihrer Schreibmaschine vorfand. Das Auffallendste an Barnes' Aufmachung in jenen Jahren aber waren ihre Ohrringe. Ohrgehänge, die manchmal die Ausmaße von Quasten an einem kleineren Klingelzug erreichten. Courtenay Lemon konnte Ohrringe überhaupt nicht leiden, und so stritten sie darüber. Jahre später gab sie das, Edmund Wilson zufolge, als Grund an, warum sie Lemon verlassen mußte.

VII

Courtenay Lemon war in den Dreißigern, als Djuna ihn kennenlernte; sehr dünnes Haar, durchschnittliche Figur mit einem leichten Hang zum Dickwerden. Berenice Abbott erinnert sich an ihn als an einen freundlichen und angenehmen Mann: ein »netter Kerl«.

Er trank viel, hauptsächlich Gin. Seinen Lebensunterhalt verdiente er als Redaktionsmitglied einer Zeitschrift mit dem Titel *The New York American*, und später arbeitete er in der Redaktion der *New York Times*, wo er ebenfalls trank, und zwar aus einem Pappbecher. Er war Sozialist und schrieb Pamphlete und Artikel über Themen wie »Die freie Rede in den USA« oder »Der Klassenkampf in der Gemeindepolitik«. Was ich von diesen Artikeln gelesen habe, ist langweilig und voller Klischees. Sein eigentliches Interesse galt seinem Projekt, eine Philosophie der literarischen Kritik zu schreiben. Als Barnes ihn kennenlernte, hatte er schon sieben Jahre daran gearbeitet, und sie kam zu dem richtigen Schluß, daß er das Werk wohl nie fertigstellen würde. Lemon überschüttete die junge Djuna mit einer Menge Henri Bergson, jedoch, wie sie später meinte, ohne daß es wirklich Spuren hinterlassen hätte.

Wie Barnes hatte auch Lemon einen leisen, aber beißenden Witz. Der Theaterkritiker Harold Clurman, der ein paar Jahre später mit ihm zusammenarbeitete, erinnerte sich, daß seine Haltung den meisten Menschen gegenüber leicht sarkastisch und verächtlich war. Wie sein Vorname vermuten läßt, stammte er aus einer alteingesessenen amerikanischen Familie. Barnes erzählte Wilson, daß Lemons Klugheit und die Breite seines Wissens sie buchstäblich betäubt und erschreckt hätte, so daß sie lange nicht wußte, ob sie kommen oder gehen sollte: »Ach, man konnte mich nicht von ihm losreißen«, sagte sie zu Wilson; und dann war sie fort. Jimmy Lights Frau Susan erinnerte sich an eine Phase, in der Djuna in der 86 Greenwich Avenue nicht mit Courtenay sprach.

Wenn wir zehn Jahre vorauseilen und nach Djuna Barnes' Reaktion auf Thelma Woods Untreue urteilen, dürfen wir vermuten, daß auch Lemon ihr untreu war, vielleicht nur ein einziges Mal, denn die ganze Beziehung wurde abrupt abgebrochen. Vielleicht lag es aber auch an dem Jähzorn, dessen Maurice Sterne Lemon bezichtigte. Anfangs schien jedenfalls eine Versöhnung noch möglich, denn sie schrieb ihm am 28. Juli 1919, daß sie sich noch nicht entschieden habe. Genau das gleiche spielte sich mit Thelma ab. Djuna hielt eine Zeitlang den Kontakt (im Falle Thelma bedeutend länger als bei Lemon), machte dann eine Geste in Richtung Rückkehr, aber zu einer wirklichen Rückkehr kam es dann doch nicht. Folgender nicht datierter Brief von Lemon an Barnes ist überliefert:

»Liebe Djuna,
verzeih mir – ich kann es nicht ändern. Bitte, gib Dir keine Schuld – alles ist einfach ein unglücklicher Zufall, für den das Schicksal mehr verantwortlich ist als Du oder ich. Aber was macht das schließlich aus – ich existiere einfach nicht mehr, und damit Schluß. Versuche es einfach so zu nehmen, als wäre ich vom Bus überfahren worden. Ich würde gern mehr schreiben, aber ich kann nicht. Verzeih mir und vergiß – oder erinnere Dich nur an die glücklichen Augenblicke, die Du mir geschenkt hast, bevor ich in das Nichts zurückgefallen bin, in das wir alle früher oder später gehen müssen. Ich werfe Dir nichts mehr vor – Du wußtest und konntest nichts wissen – und ich habe alles zerstört, weil ich nicht genug Zugeständnisse gemacht habe. Ich liebe und

segne Dich und vertraue darauf, daß die Kraft Deines Intellekts Dir über alles hinweghelfen und Dich in das interessante und fruchtbare Leben führen wird, daß dieser falsche Anfang nicht verderben darf.«

Er bemühte sich, sie wiederzusehen, wurde aber an sein Versprechen erinnert, sie nicht mehr zu behelligen. Die Beziehung, teilte sie ihm mit, sei eine Qual für sie. Was aus ihrem gemeinsamen Papagei wurde, der einmal fast Lemons Nase abgebissen hatte, ist nicht überliefert.

86 Greenwich Avenue, wo sie zusammen wohnten, war in jenen Jahren genau der Brennpunkt des intellektuellen und künstlerischen Lebens im Village. James und Susan Light hatten eine Wohnung mit siebzehn Zimmern in einem alten dreieckigen Mietshaus gemietet, und die überzähligen Räume überließen sie Freunden und Freunden von Freunden, die dort auftauchten. »Alle« waren da, wenn nicht als Untermieter, dann als häufige Besucher. Als das Gebäude abgerissen wurde, entstand an seiner Stelle ein Kino mit einer Gedenktafel, die daran erinnerte, daß Georges Clemenceau nach den Ereignissen von 1871 dort gewohnt hatte. Deshalb ging das Haus als »Clemenceau Cottage« in die Geschichte ein, obwohl es zu Barnes' Zeiten noch niemand so genannt hatte.

James Light arbeitete bei George Cram Cooks Theatergruppe, den Provincetown Players. Er war Schauspieler und Regisseur, malte und schrieb aber auch für die Truppe. Sue Light war Redakteurin beim *All-Story Weekly*, und dort erschienen achtzehn von Barnes frühesten, relativ leichtgewichtigen Kurzgeschichten zwischen 1914 und 1918. Ihr Schützling Berenice lebte auch bei ihnen, das Kücken der großen Gemeinschaft und den Lights mit Haut und Haar ergeben. Sie sagte mir, wenn die Lights von ihr verlangt hätten, eine Leiche zu verstecken, hätte sie keinen Augenblick gezögert. Die Schauspielerin Ida Rauh wohnte auch dort, ebenso wie – zu verschiedenen Zeiten – Matthew Josephson, Kenneth Burke, Malcolm Cowley und ein vielversprechender Schauspieler und Maler namens Charles Ellis. Die Suffragette Dorothy Day lebte eine Etage tiefer, und Floyd Dell, der Herausgeber von *The Masses*, und Eugene O'Neill verbrachten beide viel Zeit in Clemenceau Cottage.

Djunas und Courtenays dreieckiges Zimmer lag am Ende eines langen Korridors und somit etwas abseits von den übrigen Räumen an der breiten Seite des dreieckigen Gebäudes. Man traf sich, wenn man Lust hatte, aber niemand belästigte die anderen. Djuna und Courtenay sah man selten die Küche benutzen. Malcolm Cowley erinnert sich, daß die beiden, noch kurz bevor sie sich trennten und ganz fortgingen, aus der Spitze des Dreiecks nach vorne in ein etwas größeres Zimmer umzogen. In der ziemlich großen Wohngemeinschaft seien sie die einzigen wirklich ruhigen Leute gewesen.

Josephson fand, daß die Neuen Frauen in Clemenceau Cottage von allen im Village die angenehmsten waren. Die Diskussionen konnten lang und hitzig sein, aber man bemühte sich immer, sie mit Esprit zu würzen. Kultiviert zu sein war der Standard, der gegen alles Kleinbürgerliche hochgehalten wurde. Barnes stellte eine ziemliche Ausnahme dar mit der Art, wie sie ihre Eleganz trotz begrenzter finanzieller Mittel in ausgefallener Kleidung zum Ausdruck brachte. Die meisten anderen jungen Frauen verachteten Kosmetik und bevorzugten entweder männliche Kleidung oder fließende Gewänder.

Die Clemenceau-Clique frequentierte gern »Christine's«, ein kleines nur aus zwei Räumen bestehendes Restaurant, das im ersten Stock gelegen und mit einfachen Hockern ausgestattet war. Man zog das preiswerte Lokal in der Nähe der Macdougal Street dem »Greenwich Village Inn« (oder auch »Polly's Restaurant«) in der West Fourth Street vor, das damals der turbulenteste und populärste der Bohème-Treffpunkte im Village war und einen Vorgeschmack auf Paris bot. Christine war eine füllige, stille junge Frau mit, wie Barnes fand, wunderschönem goldenen Haar, aus dem bis Mitternacht mit Sicherheit alle Haarnadeln herausgefallen waren. »Das Leben ist voll geheimer Freuden«, war Christines stehende Redewendung. Auch Polly Holladay war eine stille junge Frau. Ihren Anhang bildete ein impulsiver Anarchist namens Hippolyte Havel, und dessen stehende Redewendung war »Hélas, bébé!« Barnes schrieb einen ihrer Zeitungsartikel über »Pollys Restaurant«. Es war eine Hochburg der neuen Moral, in dem die Frauen darauf bestanden, für sich selbst zu bezahlen: in der Regel eine volle Mahlzeit zu 35 Cents.

Es gab noch weitere Treffpunkte. Neben Mabel Dodges Salon und Stieglitz' Galerie gab es noch den Salon der Bildhauerin Gertrude Vanderbilt Whitney und die eher politisch orientierten, radikalen Salons von Max Eastman und Mary Heaton Vorses Industrial Workers of the World-Gruppe in der West Tenth Street. Im Studio des damals noch unbekannten Man Ray im Village lernte Djuna Mina Loy und Marcel Duchamp kennen. Albert Bonis Buchladen in der Eigth Street war ebenfalls ein wichtiger Ort, weil man dort die Werke der Imagisten und die Fortsetzungen von *Ulysses* im *Little Review* kaufen konnte, die im Village eifrig verfolgt wurden.

Als 1919 die Spanische Grippe grassierte, war Barnes sehr krank und wurde von Lemon gepflegt; das war in den Monaten unmittelbar vor ihrer Trennung. Cowley erinnert sich, daß sie im Januar 1919 noch im Clemenceau wohnten. Aus dem März 1919 existiert noch ein Brief von Barnes an *The Little Review*, abgeschickt aus 220 West Fourteenth Street.

Lemon schloß sich der allgemeinen Abwanderung nach Europa nicht an, die 1920–21 einsetzte. 1919 war der Cheflektor der neu gegründeten Theatre Guild gestorben. Barnes und Lemon kannten viele der Guild-Mitglieder. (1916 hatte sie einen Artikel über die Gründung der Gruppe geschrieben.) Man bot Lemon den Posten des Lektors an, und er blieb zehn Jahre lang in dieser Stellung.

Am Ende distanzierte sich Lemon mit einem erbosten Schreiben an den Vorstand der Theatre Guild, in dem er gegen deren zunehmende Kommerzialisierung protestierte – »voll auf der Linie der allgemeinen amerikanischen Vorstellung, daß Größe wichtiger ist als Qualität«. Nach diesem Brief fehlte Lemons Name in den beiden folgenden Programmheften, erschien noch einmal im dritten, um dann für immer zu verschwinden. Man darf wohl vermuten, daß er gefeuert wurde, denn sein Hauptgegner war der Chef der Theatre Guild, Lawrence Langner. Lemon heiratete wieder. Eine Zeitlang hatte er Kontakte zu A.R. Orages Zeitschrift *The New Age*. Im April 1933 starb er mit fünfzig Jahren an einem Herzanfall.

Nach ihrer Trennung stürzte Barnes sich in eine Reihe flüchtiger Abenteuer. Ein paar Jahre später in Paris besprach sie ihre Techtelmechtel mit ihrer Freundin Mina Loy, deren attraktive Tochter Joella still im Hintergrund zuhörte, wie Barnes verächtlich davon sprach, daß sie neunzehn Liebhaber gehabt habe, die meisten davon Amerikaner, bis sie es schließlich aufgab und sich eine Frau als Geliebte nahm. Für diese Liste gibt es viele Kandidaten, aber nur wenige gehören mit Sicherheit dazu. Einer davon ist Laurence Vail, wie von Peggy Guggenheim in ihren Memoiren von 1946 verbürgt, wo sie ihn »Florenz Dale« nennt. Ein anderer war, nach dem Zeugnis von Kenneth Rexroth (in *Conjunctions* I, 1981–82), Horace Liveright.

Vail war in Frankreich aufgewachsen und sprach Englisch mit rollendem R. Sein goldsträhniges, langes Haar flatterte meist im Wind, da er keinen Hut trug, was damals ungewöhnlich war. Vail war eine der flottesten Erscheinungen unter den männlichen Künstlern im Village. Er war temperamentvoll und unstet. Peggy Guggenheim führt ihre eigene Faszination auf seine völlige Unberechenbarkeit zurück.

»Er erschien mir wie ein Wesen aus einer anderen Welt. Völlig ungeniert schien er sich nicht im geringsten darum zu kümmern, was andere Leute von ihm dachten. Wenn ich mit ihm die Straße entlangging, hätte es mich überhaupt nicht gewundert, wenn er sich plötzlich in die Luft erhoben hätte und davongeflogen wäre; so wenig schien er mit gewöhnlichen Verhaltensweisen gemein zu haben.«

Mit der Zeit wurde offenbar, daß Djuna Barnes sich nur von zwei Männertypen angezogen fühlte: den Wilden und den Gleichgültigen.

Laurence Vail war der Goldjunge des Village, während Marsden Hartley der große Wüstling war. Als Maler, Dichter und Kritiker war Hartley vor 1920 wesentlich bekannter als heute. 1916 beschrieb ihn Barnes in einem Artikel im *New York Morning Telegraph*. Wegen seiner hochmütigen Art, seiner durchdringenden Augen und seiner schnabelartigen Nase wurde er unweigerlich mit einem Adler verglichen. Mit Alkohol hatte er ernste Probleme (die bei Djuna Barnes eben erst begannen). Einige Jahre später, als sein Ruhm weitgehend verblaßt war, sein Benehmen jedoch sich kein bißchen geändert hatte, belebte Barnes das alte Klischee, indem sie ihn einen Adler nannte, der seine Klippe verloren hat.

Hartley und Barnes hatten eine Affäre. Die Verführung begann damit, daß er sich vor Djuna aufbaute und, wie ein geduldiger Handlungsreisender in himmlischen Waren, ihr bis ins Kleinste die überlegenen Dimensionen seiner sexuellen Ausstattung und Begabung schilderte. Das wirkte, obwohl wir nie erfahren werden, ob es die Nacht war, über die sie einer Freundin gegenüber bemerkte, sie habe den ganzen Sommer auf einen bestimmten Abend hingearbeitet, um ihr neues Nachthemd zur Geltung bringen zu können. Das war der Stil der Zeit, den man vor allem mit Millay und später Dorothy Parker verbindet, aber Barnes gab sich schon Jahre früher sehr forsch. Einem, der gern etwas mit ihr angefangen hätte und den Fehler machte, sie zu fragen, ob sie an jenem Abend frei sei, gab Barnes zur Antwort: »Ich komme sehr teuer.«

Ein großer und gutaussehender junger Europäer namens Putzi Hanfstaengl, der gerade Harvard hinter sich hatte, machte ihr sehr intensiv den Hof in der Zeit unmittelbar vor ihrer Freundschaft mit Lemon. Einer ihrer späteren Liebhaber erzählte mir, daß Putzi einmal, während er mit Djuna tanzte, eine Ader im Penis platzte, was sehr schmerzhaft war. Jahrzehnte später, 1952 schickte er ihr »Grüße von Deinem alten Verführer«. Im Lauf der Jahre äußerte sie sich gelegentlich voller Abscheu über Putzis Rolle als Hitlers Hofnarr. Doch die Romanze mit Putzi war wohl ernst, denn eine der gestrichenen Partien aus *Nachtgewächs* handelt von der ersten Liebe der Heldin zu einem Deutschen, dessen Kopf »den Fluch des Wahnsinns in sich trägt«. Diese Liebe beginnt mit einem Spaziergang über die Brooklyn Bridge und endet drei Jahre später, als der Verlobte (er hat keinen Namen) mit Zylinder zur Heldin kommt, um ihr zu eröffnen, daß er sie nicht heiraten kann, weil sie keine Deutsche sei. Sie denkt an Selbstmord, wird von einer einfühlsamen Nachbarin davon abgehalten und eilt dann zu ihm, um sich ihm hinzugeben. Er beleidigt sie jedoch mit einer kalkuliert vulgären Antwort und äußert die Vermutung, sie wolle ihn durch ein Kind zur Ehe zwingen. Das Ende ist ein erbitterter und sogar handgreiflicher Streit. Die Affäre mit Hanfstaengl fand 1914 statt, und danach kamen, nach Auskunft des Manuskripts, andere. Von einem ihrer Liebhaber schreibt sie, er habe ausgesehen wie ein enttäuschtes Pferd; einen anderen schildert sie als kaum größer als Däumling.

Floyd Dell war ein guter Freund und einer der frühesten der bekannten Kritiker von Barnes' Werk. Außer seinem Marxismus verkündete Dell eine Art bohèmehaften Vulgärfreudianismus, dessen Hauptpunkte die Forderungen nach Gruppenpsychoanalyse und sexueller Freiheit für alle waren. Edmund Wilson, obwohl zu dieser Zeit gerade mitten in eine größere Affäre mit Edna Millay verstrickt, hatte ebenfalls innige Beziehungen zu Barnes, die noch sechzig Jahre später mir gegenüber mit einiger Wärme von ihm sprach. Als Barnes 1922 von ihrer ersten Europareise zurückkam, nannte sie ihn in einem Brief einen »ungezogenen Jungen«, weil er nicht schnell genug auf einen literarischen Vorschlag geantwortet hatte, den sie ihm einige Tage zuvor geschickt hatte. Wilson war einer der umtriebigsten und energiegeladensten jungen Männer im Village. Im Jahre 1918 hatte Jane Heap vom *Little Review* ihn bereits als den ersten unter jenen erkannt, die dabei waren, »sich heranzuschleichen und Matthew Arnolds alten Mantel von Eliots Schultern zu stiebitzen«. Wilson selbst zitiert in *The Twenties* einen Ausspruch von Barnes über ihn, der ihm zugetragen wurde. McAlmon und Barnes unterhielten sich einmal über Wilson. McAlmon meinte, Wilson arbeite härter als jeder von ihnen beiden, worauf Djuna antwortete: »Aber nein! Er lebt wie ein verwöhntes Pony!«

Wilson machte Barnes einen Antrag. Im Sommer 1921 lud er sie in ein Restaurant in Montmartre zum Essen ein, bat sie, mit ihm zu leben, und schlug vor, zusammen nach Italien zu gehen. Die Romanze ging jedoch schief, weil Wilson an jenem Abend mit zäh ausdauernder Begeisterung das Werk von Edith Wharton pries, während Barnes Whartons Stil nicht ausstehen konnte.

Ihre erste Affäre nach der Trennung von Lemon hatte sie mit Jimmy Light, der sich kurz vorher von Susan getrennt hatte. Malcolm Cowley erinnert sich, wie er Djuna und Jimmy in einer italienischen Kneipe traf, in der verbotener Alkohol ausgeschenkt wurde. Er setzte sich zu ihnen, und er und Djuna verstrickten sich in eine Diskussion über die relativen Vorteile der männlichen und weiblichen Geschlechtsorgane. Cowley behauptete, die männlichen seien überlegen, weil Männer im Stehen urinieren und ihre Initialen in den Schnee schreiben könnten, worauf Djuna antwortete: »Aber ich kann menstruieren.« Die Unterhaltung ging weiter, und Cowley spürte, daß er sie ärgerte und obendrein noch schlechtes Französisch sprach. Miss Barnes machte eine schneidende Bemerkung, worauf Cowley, dem zu Ohren gekommen war, daß sie nicht zimperlich in ihrer Sprache sei, antwortete »fuck you, Djuna«. Da erhob sie sich mit großer Geste und rauschte aus dem Lokal, Jimmy Light im Schlepptau.

Die meisten von Djuna Barnes männlichen Freunden waren homosexuell oder bisexuell. Silver Carl Van Vechten, der die Schauspielerin Fania Marinoff heiratete, war einer ihrer engsten Freunde. Er war ein Mann der ebenso großen Begeisterung (eine galt Firbank, dessen Werk er in Amerika einführte) wie Maniriertheiten. Er trug Ringe und Armbänder und eine steinerne Miene, was alles zusammen ein Ausgleich war für seine großen, vorstehenden Zähne sowie die Tatsache, daß er aus Iowa stammte. Von ihm ist überliefert, daß er einmal einer jungen Frau das Kompliment machte, sie sähe aus wie eine Tochter von Sarah Bernhardt, gezeugt von einem gelben Panther. Er nannte sich selbst Carlo. Es ist höchst wahrscheinlich, daß Barnes auch mit ihm eine Affäre hatte, und zugleich ist es völlig unwichtig, wie alle Ereignisse in unserem Leben, die ein gewisses Maß an Intensität nicht erreichen – das gilt natürlich für viele Ehen ebenso wie für flüchtige Affären.

Barnes und Van Vechten blieben einander zehn Jahre lang freundschaftlich verbunden, und während dieser Zeit war aus dem eleganten Ästheten und Romancier der Musikdirektor der *New York Times* geworden und später ein Fotograf, dessen Archiv eine der vollständigsten Sammlungen von Künstlerportraits der Zeit enthält. Djuna fotografierte er 1930, und sie beklagte sich, sie sähe aus wie eine frisch ausgegrabene Mumie. In Erinnerungen, die er in einer Zeitschrift der Universität von Yale veröffentlichte, behauptete Van Vechten, er sei Djuna Barnes erster Chef bei ihrer Zeitungsarbeit gewesen; da sie jedoch immer freiberuflich arbeitete, hat er ihr wahrscheinlich nur den Zugang eröffnet.

Ein weiterer ihrer bisexuellen Freunde und einer, mit dem sie sich nicht stritt – denn sämtliche Briefe, die sie ihm schrieb, sind voll Wärme –, war Allan Ross MacDougall. Er war wie Peggy Guggenheim einer der wenigen Freunde, die nicht nur im Village und in Paris, sondern auch in England in Barnes' Nähe waren. Als Lyriker war Dougie eher zweitrangig, und seine eigentliche Stellung in der Literaturgeschichte ist die eines Dichterfreundes. Jeder scheint ihn gemocht zu haben, obwohl er einmal mit Tristan Tzara in Paris in einen Faustkampf geriet – bei dem freilich keiner von beiden auch nur den kleinsten Kratzer davontrug. Nach Millays Tod wurde er zum Herausgeber ihrer Briefe bestimmt. Das einzige, was er in Paris schrieb, war ein *Gourmet's Almanac* (1930), ein literarisches Kochbuch. In der Einleitung dankt er Barnes für ein paar alte Bücher mit Zeichnungen, die sie für das Buch zur Verfügung gestellt hatte. Auch eine eigene Zeichnung steuerte sie bei. Als er begann, für ein Modejournal zu arbeiten, neckte Barnes ihn: »Arsch, Haare, Zähne – alles weg, und dann für die ›Beauty‹ schreiben!« Ein anderer ihrer bisexuellen Freunde war Harrison Dowd, der Millay ebenfalls sehr nahegestanden hatte. Barnes und Dowd blieben in freundschaftlichem Kontakt bis zu seinem Tode. Wir wissen auch, daß Barnes einige Unterstützung von Lawrence Langner bekam, der gelegentlich gern den Mäzen spielte.

VIII

Jetzt kommen wir zu einem – nun, Freund wäre sicherlich ein zu voreiliges Wort und Bekannter ein völlig unzureichender Ausdruck, sagen wir also eine für Djuna Barnes viele Jahre lang wichtige und vertraute Figur. Sie lernte ihn um 1914 kennen. Guido Bruno war nicht sein wirklicher Name. Er wurde 1884 geboren und starb 1942. Er redete gern über seine Herkunft, doch selten war es die gleiche Geschichte. Den meisten Leuten gegenüber gab er sich als Italiener aus, manchen erzählte er, eigentlich sei er Serbe, und einigen, die er für bedeutend genug hielt, vertraute er die »wirkliche Wahrheit« an, nämlich daß er ein demissionierter Offizier der habsburgischen Armee sei. Nur dem kleinen Kreis derjenigen, die ihm wirklich wichtig und nahe waren, vertraute er an, daß er tatsächlich Böhme sei, das heißt Tscheche. In Hugh Kingsmills Biographie *Frank Harris* von 1949 ist bezeugt, daß Bruno amerikanisch mit deutschem Akzent sprach. Die bei Bruno erschienenen Publikationen weisen ihn als einen Mann aus, der mehrere europäische Sprachen beherrschte. Er druckte Übersetzungen und Wiedergaben nicht nur aus dem Deutschen und Russischen, sondern auch von montenegrischen Volkssagen, und vieles davon war sonst nirgends auf englisch greifbar. Im übrigen war sein englisch von kleinen fremdartigen Redewendungen durchsetzt.

In einem autobiographischen Essay »The Confessions of a Self-Made American« (»Die Bekenntnisse eines selbsternannten Amerikaners«) in *Bruno's Weekly* vom 29. April 1916 scheint er anzudeuten, daß er in Deutschland geboren und erzogen wurde, doch ist er sehr vage, was das Wann und Wo angeht. Als er seine amerikanische Staatsbürgerschaft bekommen sollte – »bei einem Beamten einer Stadt im Westen« (wieder erfährt man nichts Genaueres) –, zuckte Bruno die Erinnerung an seine Jugend blitzartig durch den Kopf:

»Ich sah mich, wie ich als kleiner Junge patriotische Lieder gesungen hatte. Ich sah mich, wie ich als Jüngling in Uniform mit blankem Schwert meinem König den Treueid schwor. Wie furchtbar dieser Eid war! ›Bei Tag und bei Nacht‹, so lautete er, ›zu Wasser und zu Lande, in Krieg und Frieden will ich seiner Führung folgen, in Treue zu ihm stehen. Selbst gegen meinen Vater und meine Brüder will ich in Treue zu ihm stehen.‹

Und dann dachte ich daran, wie ich auf seine Kosten meine Erziehung erhalten hatte, denn ich bekam ein Stipendium, verdankte ihm also indirekt meine Gymnasial- und Universitätsausbildung. Und ich dachte an meinen Vater und an dessen Vater und an alle meine Vorfahren, und ich dachte an meine Brüder, die seinen Rock getragen und ihr Leben in seinen Dienst gestellt hatten, und all das dachte ich in weniger als einer Minute, und ich sagte zu dem Beamten, ich würde an einem anderen Tag wiederkommen und meinen Antrag unterschreiben.«

Diese Passage mit dem angedeuteten Bild eines Studenten mit Helm und Federbusch, wenn auch von bescheidenen Geldmitteln, der durch Generationen an den Dienst eines Fürsten oder Kaisers gebunden ist, ist etwas verwirrend. Freilich, es wird nichts Direktes über eine Zugehörigkeit zum Adel gesagt, aber die Uniform und das blanke Schwert sind doch sehr starke Zeichen. Dahinter vernimmt man, so geht es mir wenigstens, das sanfte Murmeln jenes besonderen deutsch-jüdischen Selbsthasses, der die Haupttriebfeder von Felix Volkbein ist, der Nebenfigur, mit der *Nachtgewächs* beginnt. Der Vater von Felix Volkbein heißt Guido.

Bruno war ein riesiger Mann, einen Meter neunzig groß und auch sehr breit – ein wahrer Schrank. Einige Berichte sprechen von blondem Haar, andere von dunklem. Er wirkte ziemlich abstoßend, weil sein sehr großes Gesicht und seine Hände feist und immer etwas fettig waren und er seine Statur nicht zur Geltung brachte, vielmehr immer etwas gebückt stand und niemandem in die Augen sah. Seine Aufmachung wird als ziemlich grell beschrieben. So trug er gern eine braune Melone, karierte Anzüge und Halbgamaschen. Djuna Barnes beschreibt Brunos Auftauchen in Greenwich Village in einem Artikel von 1919:

»Dieser Mann schien wohlrasiert auf die Welt gekommen. Als ich ihn das erste Mal sah, stand er mitten in einem großen, hohen und dunklen Zimmer. In der Mitte dieses Zimmers stand ein Teakholztisch, und auf diesem Tisch thronte ein gewaltiger, verzierter Kuchen.

Das manikürte und frisierte Produkt des Konditors war ein Cupcake. Der Mann war Guido Bruno.

Er sagte: ›Bei euch sind, wie ich sehe, die Hintergärten vorn. Und die Vordergärten habt ihr in Blumentöpfen.‹ Und er fuhr fort: ›Wenn der Wind weht, schwirrt die Luft von Schwalbenfedern – mit anderen Worten, eure Schornsteine haben gelernt, mit Grazie zu altern. Dies ist ein Ort ungeheurer Möglichkeiten.‹ So war Guido Bruno eines Tages unter uns. Er erkämpfte sich nicht den Zutritt, er wuchs auch nicht aus unserer Mitte, eher könnte man sagen, er fiel vom Himmel.«

Er war ein Aufschneider. Albert Parry erkennt Bruno in *Garrets and Pretenders* (*Dachateliers und Aufschneider*, eine der wichtigsten Quellen für das literarische und künstlerische Leben in der Frühphase des Village) den Lorbeer des größten Aufschneiders von allen zu. Daß er auch ein raffinierter Geschäftemacher war, daran kann es nicht den leisesten Zweifel geben, und im Laufe der Zeit erregte er intensiven Haß und Abscheu durch die Art, wie er die Verwandlung von Greenwich Village in einen grellbunten Vergnügungspark für bürgerliche Tagestouristen vorantrieb. Einige der bittersten Angriffe gegen ihn erschienen in *The Quill*, einer hervorragenden kleinen Zeitschrift jener Zeit. Im Haus 58 Washington Square mietete Bruno einen großen Dachboden, der, bevor 1823 aus Potter's Field Washington Square wurde, Werkstatt und Wohnung von Daniel Megie gewesen war, dem Totengräber und Sargtischler für die Armen der Stadt. Bruno, der eine natürliche Neugier und eine feine Ader für Genauigkeit besaß, hatte im Grundbuch nachgesehen. 1906 kam er nach Greenwich Village, und anfangs arbeitete er in einer Leichenhalle, während er gleichzeitig Englisch lernte. Er war der Sohn eines Rabbiners. Sein wirklicher Name war Curt Kisch.

Der Dachboden lag genau gegenüber vom Busbahnhof in der Fifth Avenue, und so konnten die Leute, die, von den Broschüren und kleinen Schriften angezogen, die Bruno eifrig im oberen Teil von Manhattan verteilt hatte, ins Village kamen, sofort nach dem Aussteigen aus dem Bus die knalligen Schilder sehen, die den Weg zu Brunos Dachatelier auf der anderen Seite der Eisdiele wiesen. Brunos Village-Zeitschriften hatten wechselnde Titel, aber alle enthielten das Schlüsselwort »Bruno«: *Bruno's Bohemia; Bruno's Review of Life, Love and Literature; Bruno's Monthly; Bruno's Weekly; Bruno's Scrapbook; Bruno's Review of Two Worlds; Greenwich Village Edited by Guido Bruno in His Garret on Washington Square;* einfach *Bruno's*; und als bekannteste Reihe von allen *Bruno's Chap Books*. Dieser letzte Titel spiegelt Guido Brunos englische und europäische Neigungen, ist er doch entlehnt von einer bekannten englischen Zeitschrift der Beardsley-Tradition mit dem Titel *The Chap Book* (Die Flugschrift). In jüngeren Jahren trug er sein Haar im Stil von Oscar Wilde lang. Während seiner Tage in Greenwich Village konnte man ihn oft, einen grünen Filzhut auf dem Kopf, bei Vichywasser und Milch im Café sitzen und seine Flugschriften für den Druck vorbereiten sehen. Als er *Greenwich Village* herausbrachte, seine erste Reihe, lebte er ausschließlich von den Kuchenresten eines mitleidigen Bäckers in der Fourth Street. Bruno behauptete, daß *Bruno's Chap Books* auf ihrem Höhepunkt eine Auflage von 32 000 Stück erreichten.

Djuna Barnes' erstes Buch, eigentlich mehr eine Broschüre mit acht Gedichten und fünf Zeichnungen, *The Book of Repulsive Women*, kam als Nr. 20 der »Special Series« der *Chap Books* im November 1915 heraus. Zuerst kostete es fünfzehn Cents, doch wurde der Preis sehr schnell auf fünfzig Cents angehoben, als sich abzeichnete, daß das Buch auf Interesse stieß.

Nichts in den Gedichten oder Zeichnungen rief den Zensor auf den Plan, der offenbar schlief, denn es gibt kein anderes amerikanisches Buch aus den ersten zwanzig Jahren dieses Jahrhunderts, das so prädestiniert gewesen wäre, der Zensur zum Opfer zu fallen. Erst ein Jahr später schlug die Zensur zu, als Bruno für die Veröffentlichung von Kreymborgs Geschichte einer Prostituierten vorübergehend verhaftet wurde. Das verursachte einen großen Publicitywirbel, der Kreymborg bekanntmachte und weitere Wellen von Touristen anlockte, die fünfundzwanzig Cents

Karikatur Guido Brunos in seinem Dachboden (1921)

Eintritt für Brunos Dachatelier bezahlten, um einer stattlichen Zahl von Bohèmiens dabei zuzusehen, wie sie malten und einander Modell standen. Bei der Vernehmung vor dem Richter schwenkte Bruno triumphierend einen Solidaritätsbrief von George Bernard Shaw.

Die Atmosphäre von Barnes' acht »Rhythmen« entspricht genau dem Titel des Buchs. Man muß sich folgendes vor Augen halten: Obwohl wir es mit einer Epoche zu tun haben, in der die Kräfte der europäischen Dekadenz noch stark zu spüren waren, und zwar in den Vereinigten Staaten nicht weniger als in Skandinavien, Italien, Polen und Rußland, herrschte doch in der Literatur aller englischsprachigen Länder um 1915 noch eine extreme Zurückhaltung hinsichtlich sexueller Themen. Oscar Wilde schrieb nicht über seine Homosexualität; er praktizierte sie nur. *The Book of Repulsive Women* war, ein volles Jahrzehnt vor Radclyffe Halls *Quell der Einsamkeit*, das erste moderne literarische Werk in englischer Sprache, das das Thema des »bitteren Geheimnisses« der Frau (es wird nie beim Namen genannt) verschleiert ansprach:

Someday beneath some hard
Capricious star,
Spreading its light a little
Over far,
We'll know you for the woman
That your are.

See you sagging down with bulging
Hair to sip,
The dappled damp of some vague
Underlip,
Your soft saliva, loosed
With orgy, drip.

(Eines Tages unter einem harten / kapriziösen Stern / Der sein Licht verbreitet etwas / Allzufern / werden wir dich erkennen als die Frau / Die du bist.

Sehen dich bücken mit bauschendem / Haar, um zu schlürfen / Die fleckige Feuchte irgendeiner vagen / Unterlippe, / Deinen sanften Speichel, gelöst / Von einer Orgie, tropfend.)

Man muß annehmen, daß trotz des Titels der Sammlung und dem verräterischen Wort Orgie die Sumner-Kommission einfach außerstande war, zu erkennen oder zu artikulieren, was diese »vagen Unterlippen« sind, zu der die abscheuliche Frau sich beugt um zu schlürfen. Kühn und geschickt hatte Barnes sich die öffentliche Unfähigkeit zunutze gemacht, die Botschaft solcher Bilder zu entschlüsseln. So erzielte sie einen erstaunlich leichten, wiewohl bedeutungslosen Sieg über die Zensur. Wie Königin Victoria, als man sie um ihre Meinung über die rechtliche Stellung lesbischer Frauen befragte, so konnten sich auch die amerikanischen Zensoren offenbar das Vergehen selbst gar nicht vorstellen. Ironischerweise war gerade in jenen Monaten ein Prozeß gegen Theodore Dreisers züchtigen Roman *Das »Genie«* im Gange.

Die Gedichte sind in gereimten, nach der Zahl der Hebungen gepaarten Zeilen geschrieben, die man später als Eliot-Zeilen bezeichnen sollte. Es geht um eine vom Schicksal verdammte Frau oder mehrere Frauen (diese Art der Doppelbelichtung ist sehr charakteristisch für Barnes), die mit typisch großstädtischem, jedoch würdevollem Schritt durch Armut und Entkräftung in den Tod schreitet bzw. schreiten. In der Literatur über Barnes' Werk herrscht die Tendenz vor, *The Book of Repulsive Women* in die Schublade des »Frühwerks« zu verbannen, wohin diese Gedichte auch zweifellos gehören. Und doch sind einige der besten Strophen von der gleichen bleichsüchtigen Intensität wie die des frühen Eliot und enthalten Sätze, die haften bleiben:

Those living dead up in their rooms
Must note how partial are the tombs,
That take men back into their wombs
While theirs must fast.
And those who have their blooms in jars
No longer stare into the stars,
Instead, they watch the dinky cars –
And live aghast.

(Die droben lebendig tot in ihren Zimmern wohnen / müssen spüren, wie Gräber / jene Menschen bevorzugen / Die sie in ihren Schoß zurücknehmen / Während ihrer unfruchtbar bleibt. / Und jene, die ihre Blumen in Vasen stellen, / Schauen nicht mehr auf zu den Sternen, / stattdessen beobachten sie die winzigen Autos / Und leben entsetzt.)

Die Sammlung endet mit zwei Gedichten über den Selbstmord, einfache, bildhafte Beschreibungen von toten Frauenkörpern. Die Zentralfigur des Zyklus hat »gräßlich große Ringe von Gold / gefangen in deinen Ohren«. Wir können nie ganz sicher sein, von wem die Dichterin spricht, und müssen es deshalb als das verallgemeinernde Bild einer verdammten Jedefrau nehmen. In einer Vorankündigung hatte Guido Bruno die Gedichte bezeichnet als »einen Sprechgesang, der von jenen gesungen werden könnte, deren Prozession täglich durch die kleinen und großen Straßen unsrer Metropole zieht«. Einige der Gedichte sind mit Straßennamen überschrieben. *The Book of Repulsive Women* blieb ein Werk der Untergrundkultur. Es sollte mehr als ein halbes Jahrhundert dauern, bevor es überhaupt einmal schriftlich erwähnt wurde.

Guido Bruno war in Amerika vor der Zeit der Prohibition zweifellos einer der eifrigsten Matadore im Kampf gegen die Zensur. Er führte Beardsleys Werk in Amerika ein (Barnes schuf einige Zeichnungen im Beardsley-Stil, die in Brunos Dachatelier verkauft wurden), veröffentlichte Briefe und weniger bekannte Werke von Oscar Wilde sowie Materialien von und über Richard

Wagner, Lord Alfred Douglas und John Addington Symonds. Er konnte sich nicht nur rühmen, das erste wichtige Werk von Djuna Barnes publiziert zu haben mit einem Thema, das kein anderer Verleger angerührt hätte, sondern auch das Erstlingswerk von Hart Crane. Als erster brachte er *The State Forbids* (Der Staat verbietet es) auf die Bühne, ein Stück, das mit größtem Nachdruck für die Geburtenkontrolle eintritt. Kurz darauf begegnete Bruno Frank Harris, dessen literarischer Sekretär und ergebenster Schüler er schließlich wurde. Brunos Dachatelier war natürlich eine Farce und eine Karikatur, aber man darf nicht vergessen, daß es für viele junge Leute harte Zeiten waren. In seinen kürzlich erschienenen Memoiren erzählt Malcolm Cowley zum Beispiel, wie er einmal in den Straßen von New York vor Hunger ohnmächtig wurde. Bruno gab seinen Pseudokünstlern, die er vorführte, Essen und einen Platz zum Schlafen, auch wenn er das fast wieder dadurch verdarb, daß er für sein Dachatelier mit der Unterzeile »Erste Hilfe für notleidende Künstler« warb.

Alfred Kreymborg erinnert sich, wie er Bruno in »Pollys Restaurant« kennenlernte, mit leiser Stimme in Brunos Dachatelier Lyrik vortrug und dann mit großzügiger Geste die gesamte Einnahme des Abends überreicht bekam (fünfundzwanzig Personen zu zehn Cents pro Kopf). Und doch, als dann das Gericht *Edna* für unbedenklich erklärte, druckte Bruno sofort eine zweite Auflage zu stark erhöhtem Preis, ohne Krimmie auch nur einen Cent für die Rechte zu zahlen. Ein raffiniertes Schlitzohr mit literarischen Ambitionen also, doch man muß auch bedenken, daß dieser eigenartige Mann, der in der Literatur ein möglicher Nachfolger von P.T. Barnum schien, es dennoch schaffte, ein armer und echter Literat zu bleiben trotz all der krummen Dinger, die man ihm anlastete und die ihn eigentlich hätten reich machen müssen.

Sein wichtigster Wohltäter war Charles Edison, der Sohn von Thomas Alva Edison. Später, nach dem Tode seines Vaters, sollte Edison Gouverneur von New Jersey werden, aber in jenen Jahren war er noch in Wartestellung und spielte gern den Village-Bohèmien. Bruno druckte Edisons Gedicht *The Mexican Boarder* als separates Bändchen, und zusammen leiteten und förderten sie das Little Thimble Theatre in 10 Fifth Avenue gegenüber dem Breevort Hotel. Es war spezialisiert auf Shows mit Schallplattenmusik und bot Musikern gute Gelegenheit, sich bekannt zu machen. Eine Zeitlang unterhielt Bruno dort auch eine kleine Theatertruppe, die Bruno Players. Edison gab Bruno viel Geld, wovon dieser weitere Flugschriften drucken ließ, die er dann dem Publikum beim Verlassen des Little Thimble Theatre, dessen Eintritt frei war, zum Kauf aufdrängte. Da Brunos Verbindung mit Edison Anfang 1915 begann, muß *The Book of Repulsive Women* eins der Bücher gewesen sein, die mit diesem Geld gedruckt wurden. Später sollte Edison stets behaupten, Bruno sei ein hochbegabter, wenn auch skrupelloser Mann gewesen, und auf keinen Fall habe er ihm größere Beträge gegeben.

Das peinlichste der hartnäckigen Gerüchte über Guido Bruno war, daß er sich eine Reihe kunstsüchtiger Damen hielt, mit denen er schlief und denen er Geld abnahm, angeblich, um ihre Gedichte zu veröffentlichen. Wenn die Bücher dann nie erschienen, konnte er einen gelegentlich auftauchenden Rechtsanwalt in der Regel vertreiben mit der gelassenen Versicherung: »Ich, Bruno, schlafe mit allen Mädchen.« (Er sprach von sich immer als von »Ich, Bruno«.) Keine Frau hatte den Mut, sich mit solchen unverfrorenen Unterstellungen vor Gericht auseinanderzusetzen, aber eine ging doch fast so weit, und ihre Briefe sind es, die den Gerüchten einige Substanz verleihen. Sie hieß Mary Fleming und war eine irische Witwe oder verlassene Ehefrau mit dichterischen Ambitionen und einem Sohn, den sie auf der Rutgers-Universität studieren ließ. Nach ihrer Auskunft war sie damals in ihren späten Dreißigern und frühzeitig ergraut. Sie wohnte in New Brunswick, New Jersey, wo sie einst als Gerichtsstenographin gearbeitet hatte, aber inzwischen durch profitable Landkäufe zu einigem Geld gekommen war. In der *New York Evening Mail* hatte sie ein paar Gedichte veröffentlicht, und Bruno, der offensichtlich gehört hatte, daß sie reich sei (nachdem sie bei einem Immobiliengeschäft 20000 Dollar verdient hatte, kaufte sie sich ein paar Pelze und Juwelen), schrieb ihr einen Brief, in dem er ihre Geschichte lobte und vorschlug, sie in New Jersey zu besuchen. Als er am Ende tatsächlich hinfuhr – freilich erst, nachdem er sie mehrfach vertröstet hatte –, machte er ihr den Vorschlag, ihr Haus zu verkaufen und nach New York zu ziehen, wo er ihr einen Job mit fünfundsiebzig Dollar Wochenlohn beim Munsey Syndicate besorgen würde. Mary Fleming rief das Munsey Syndicate an (es publizierte eine Zeitschrift, für die Djuna Barnes einige ihrer frühen Arbeiten schrieb) und erfuhr, daß die einflußreiche Dame, die Bruno erwähnt hatte, gar nicht dort arbeitete. Trotz dieses Warnsignals zog sich Mary Fleming jedoch nicht von Guido Bruno zurück. Als schließlich ihr Anwalt Bruno aufsuchte, erklärte der gelassen, daß Mary seine Geschäftspartnerin geworden sei – es handelte sich um etwa 1500 Dollar –, sich in ihn verliebt und es »ausgiebig mit ihm getrieben« habe. Bruno behauptete, es sei ein regelmäßiges Muster, daß Frauen ihm größere Geldsummen gaben, damit er ihre Gedichte drucke, und dann mit ihm in seinem Dachatelier kopulierten. Die Folge sei, daß die Ehre ihm verbiete, vor Gericht zu ziehen und diese Seite seines Verlegergeschäfts offenzulegen. Der Anwalt und ein Priester rieten Mary Fleming dringend davon ab, die Sache weiter zu verfolgen, doch sie wollte nicht klein beigeben.

Sie hielt ihn für fünfundfünfzig, obwohl er sich ihr gegenüber für fünfunddreißig ausgab. Außerdem behauptete er, unverheiratet zu sein und in einem Acht-Quadratmeter-Zimmer im Lafayette-Hotel für zehn Dollar die Woche ein Eremitendasein zu führen. Seine persönlichen Ausgaben beliefen sich angeblich auf nicht mehr als sieben Dollar die Woche. Er forderte Mary Fleming auf, Geschichten für seine Zeitschrift zu schreiben, und schenkte ihr ein Exemplar von Balzacs *Maiglöckchen*, der Geschichte der Liebe einer Frau mittleren Alters zu einem Jüngling, in dem die zweideutigen Stellen angestrichen waren. Sie nannte ihn einen Satyr und eine Echse und schrieb an einen ihr bekannten Journalisten:

»Ich bin im Laufe meines Lebens den verschiedensten Typen von Männern begegnet, aber noch nie einem so miesen und verkommenen Schurken. Er ist gar kein richtiger Mensch, er ist eine finstere Ausgeburt der Hölle ohne Scham und Mitleid oder ein anderes Gefühl für irgend etwas außer Geld. Ich habe etwas Eigenartiges an seinen Augen bemerkt, begriff die Bedeutung aber leider zu spät, so daß es mir nichts mehr nützte. Wenn von Geld die Rede war, leuchtete ein gelbes Licht darin auf – ein seltsames, wildes Licht.«

Sie höhnte, sie sei von der Großmut seiner Herablassung hingerissen worden. Jetzt lief sie herum und stöberte nach Informationen über Bruno. Ein Mr. Gilman bei Brentano's erzählte ihr, Bruno sei ein in Europa ausgebildeter Gauner. Sie hörte, er habe versucht, Kunsthändlern in New York einige gefälschte Beardsleys anzudrehen, die er angeblich in Paris entdeckt hatte. Weiter erkundigte sie sich bei Nugent Brothers, einer der Druckereien, mit denen er zusammenarbeitete, und entdeckte, daß Bruno der Firma Hoffnung auf ein Übernahmeangebot durch ein Syndikat von acht Millionären gemacht hatte. Sie überprüfte die Namen und stellte fest, daß sie allesamt im Kittchen saßen.

Mary Fleming fand heraus, daß Bruno in Wirklichkeit verheiratet war und eine Tochter namens Eleanor hatte. In Kingsmills Biographie von Harris sagt jemand über Bruno: »Soviel sei zu seiner Ehre gesagt: in welchen Kalamitäten er auch steckte und wie knapp bei Kasse er auch immer war, seine Familie wußte nichts davon und glaubte, er sei Journalist.« Fleming verfocht die falsche Theorie, daß Brunos Frau eine Person namens Antoinette Bureau war, die verhaftet wurde, weil sie sich als belgisches Dienstmädchen bei reichen Familien verdungen hatte, denen jeweils kurz nach ihrem Weggang Kunstwerke gestohlen wurden. Weiter behauptete Fleming, Bruno habe einmal der Anderson Gallery in New York einen Turner und einen Whistler besorgt und auf ihre Frage, wo er denn so wertvolle Gemälde her habe, geantwortet: »Ach, von einer Auktion.«

In Frank Harris fand Bruno ein vollkommeneres Abbild seiner selbst. Bruno bezeichnete sich als Anarchisten im Sinne von Hippolyte Havel, der seinerseits Sekretär von Emma Goldman gewesen war. Das bedeutete, daß das Gute, das einem im Leben zufiel, in erster Linie einem selbst zustand, obwohl man es dann auch mit der Welt teilen sollte. Anarchist sein bedeutete ferner, ein Individuum zu sein, das »seinen eigenen Weg« ging. Harris vereinte in seiner Persönlichkeit aristokratische Allüren mit Anarchie, weshalb er allgemein der Tory-Anarchist genannt wurde. Nach genau diesem eigentümlichen Rezept hatte Guido Bruno sich sein ganzes Leben lang abgemüht, Ruhm und Erfolg zu erringen. Als Harris als der große englische Herausgeber und Literat in New York ankam, um *Pearson's Magazine* zu übernehmen, war er genauso ein sozialer Aufschneider und berechnender Parasit wie Bruno, aber er konnte schreiben – Bruno kannte sich gut genug, um einzugestehen, daß er das nicht konnte –, und er besaß den Stil, der Welt mit Würde, Unschuld, Idealismus und weltmüder Traurigkeit entgegenzutreten in jeweils genau der Mischung, die die Situation erforderte. Daß Bruno Harris buchstäblich verehrte, geht deutlich aus seinen Erinnerungen *My Four Years with Frank Harris* hervor, die er in *Bruno's Review of Two Worlds* veröffentlichte. In diesen Aufzeichnungen bringt er regelmäßig Kommentare wie den folgenden an: »In solchen Augenblicken zeigt sich der wahrhaft große Mann und beeindruckt uns unauslöschlich mit seinem Genie. Wir sehen die Einfachheit seines großen Geistes, die der Schönheit eines schlafenden Kindes gleicht.«

Als Bruno sein Sekretär war, lag Harris mit seinen rosigen Wangen oft mit Schlips und Kragen, aber noch im Pyjama im Bett und ergoß milden Spott über Bruno, der seiner Arbeit nachging. Bruno klagte oft über seine Unfähigkeit, Harris genügend abzuschirmen. Zusammen starteten sie alle vierzehn Tage eine Kampagne von beschwörenden Bettelbriefen mit dem Ziel, Idealisten um ihr Geld zu erleichtern. In der Regel waren diese Kampagnen sehr erfolgreich, doch manchmal kam es vor, daß ein prospektiver Wohltäter unangemeldet vorbeikam und entdeckte, wie Harris, von Bruno und einem japanischen Butler bedient, in gestreiften Hosen und Weste herumstolzierte.

Am Ende ruinierte Harris *Pearson's Magazin*, das er mit einer großen Auflage übernommen hatte; doch antwortete er voll Würde auf den Brief eines Lesers, der ihn für das, was er aus dem Blatt gemacht hatte, beschimpfte: »Pascal sagt irgendwo, daß alle großen Werke auf den Knien eines Mannes geschrieben worden sind. Was ich auf meinen Knien geschrieben habe, nennt Mr. Macaulay Faulgas.« Frank Harris, das ist deutlich, paßt genau in das Muster von Djuna Barnes' männlichen Freunden. 1917 schrieb sie im *New York Morning Telegraph Sunday Magazine* einen Artikel über ihn mit der üblichen Bandwurm-Überschrift:

ÜBER GENIES – »ICH FINDE, DASS MAN HIER IN AMERIKA LEICHTER ZUM ERFOLG KOMMT ALS IN ENGLAND«, SAGT FRANK HARRIS, SCHRIFTSTELLER UND HERAUSGEBER VON *PEARSON'S MAGAZINE* UND DER MANN, DER DAS FORTNIGHTLY REVIEW AUF ZWEI KONTINENTEN BERÜHMT GEMACHT HAT; »AMERIKA IST IM HERZEN RADIKAL, UND WENN HIER JEMALS EIN MOSES AUFTAUCHEN SOLLTE, DANN WERDEN IHM DIE AMERIKANER INS GELOBTE LAND FOLGEN. IN EUROPA DAGEGEN IST MOSES' EINZIGE CHANCE, EIN FÜHRER ZU WERDEN, SICH ZUM LAKAIEN DER HERRSCHENDEN KLASSE ZU MACHEN.

Es war Djuna Barnes, die Guido Bruno zu Harris führte:

»Djuna Barnes, eine vielversprechende junge Künstlerin, die jedoch noch nicht ganz entschieden ist, ob sie eine große Malerin oder eine große Schriftstellerin werden will, winkte mir in einem Restaurant zu, in dem ich gegessen hatte.

›Ich habe ein Bild verkauft!‹ rief sie.

›Nein ...! Wirklich?‹ gab ich ungläubig zurück. ›Welches denn?‹

›Meinen schwarz-gold-elfenbeinfarbenen Buddha‹, war die Antwort.

Ich erinnerte mich. Ein sehr merkwürdiges Bild. Ultra-Djuna, das heißt ausgefallener, als hätte man alle Modernen der extremen Linken zu einem verrückten Flickenteppich zusammengesetzt. Alles, was ich auf diesem Bild hatte erkennen können, waren ein gewaltiger Bauch und goldenen Krallen an elfenbeinweißen Händen, die im schwarzen Raum hingen wie auf dem Foto einer erfolgreichen Séance, bei der Hände geisterhaft in der Luft schweben.

›Ich hab' aber nicht viel gekriegt, nur fünfundzwanzig Dollar.‹

›Nur fünfundzwanzig Dollar!‹ wiederholte ich verblüfft. ›Wer um alles in der Welt hat dir soviel für dieses Bild gegeben?‹

›Frank Harris‹, war die Antwort. ›Kennst du ihn? Er schreibt an einer Biographie über Oscar Wilde. Ein Engländer, sehr aristokratisch und alles, was dazugehört ... Er ist sehr interessant. Kann gut erzählen. Hat viele Bücher geschrieben. Er muß sehr reich sein. Er behauptet, er sei dreiundsechzig, sieht aber aus wie fünfunddreißig. Besuch ihn doch mal!‹«

Als Harris schließlich, ertrunken in Schulden und ertappt bei Verwicklungen, aus denen ihn seine gewinnende Persönlichkeit nicht mehr retten konnte, Amerika verließ und nach Europa zurückkehrte, waren die Leute erstaunt, daß sein großer, fetter Sancho Pansa nicht mitging, und ebenso verblüfft darüber, wie Bruno dennoch verschwand. Vielleicht waren auch seine eigenen Angelegenheiten gefährlich außer Kontrolle geraten. Mary Fleming jedenfalls hatte geschworen, in ihrem Feldzug gegen Bruno niemals zu erlahmen. Es gab ein – grundloses – Gerücht, er habe sich nach Buffalo im Staat New York abgesetzt, wo er ein Buchantiquariat betreibe, doch in Wirklichkeit ging er nach Wisconsin und arbeitete dort für die Progressive Party und Senator Robert La Follette.

Er war ein schrecklicher Windhund; und doch, wenn wir uns nüchtern die Reihe seiner Publikationen ansehen und all den Klatsch beiseite schieben ... dann sind sie gar nicht so schlecht. Sie bleiben ein gewichtiges Zeugnis der »seriösen Periode« des Greenwich Village, die man gemeinhin von 1912 bis 1918 ansetzt.

Bruno war in seiner Zügellosigkeit zu berechnend und zu offenkundig geldgierig. Er hatte einen dunklen Teint und sah alles andere als gut aus. All dies war in der Einschätzung der jungen Djuna Barnes gewiß bedenklich. Doch sie nahm ihren Schriftstellerberuf sehr ernst, und Bruno seinerseits hätte nie zugelassen, daß sein sonst so verschwenderisch benutzter Name für so neckische Bändchen wie etwa die von Mary Fleming, die er gelegentlich herausgab, verwendet wurde. Tatsächlich erschien nur das Werk von noch einer weiteren Frau in den regulären Reihen des Bruno-Verlags. Das war die Malerin Clara Tice, die sich auf Zeichnungen von weiblichen Akten ohne Brüste spezialisiert hatte und die einmal eine Ausstellung von über zweihundert Karikaturen von bekannten Persönlichkeiten aus dem Village in Brunos Dachatelier veranstaltete. Die Society for the Prevention of Vice (Gesellschaft zur Verhinderung des Lasters) nahm sich ihr Werk als Zielscheibe für ihre Angriffe vor. Im Rahmen eines seiner »Cabarets Bruno«, die immer montags abends stattfanden, führte Bruno 1915 die Farce einer Gerichtsverhandlung auf, bei der Clara Tice wegen Mordes an der Kunst unter Anklage gestellt wurde.

Jeder, der mit Bruno in Kontakt kam, mußte mit gewissen Schwierigkeiten rechnen. Sein Ruf war so schlecht, daß Buchläden seine Bücher nicht führten und Zeitungen sie normalerweise nicht rezensierten. Kreymborg beschreibt in seinen Memoiren, wie klar er sich darüber war, die Feindseligkeit der literarischen Welt geradezu herausgefordert zu haben, indem er seine Werke von dieser Skandalnudel der Bohème herausbringen ließ. Bruno machte sich sogar auf den Seiten seiner Zeitschriften über seine eigenen Autoren lustig. Mary Fleming berichtet, daß Bruno ihre schlechtesten Gedichte zur Publikation aussuchte und sie dann, als er ihr den fertigen Band zeigte, verhöhnte und sagte, die Rezensenten würden darüber bloß lachen. Clara Tice wurde mit einem Vers gegrüße: »O Clara Tice / You rhyme with mice« (Oh, Clara Tice, du reimst dich auf Mäuse). Und Djuna Barnes war Gegenstand einer kleinen Glosse in *Bruno's Weekly* vom 22. April 1916, die mit einem Lob beginnt, aber bösartig endet:

»Djuna Barnes, die das Titelblatt von *Bruno's Weekly* in dieser Woche gestaltet hat, hat sich in ein stilles und ganz privates Leben zurückgezogen. Nach einigen ziemlich aufregenden Jahren der Zeitungsarbeit (als Zeichnerin und Journalistin) hat sie beschlossen, nunmehr ernsthaft zu arbeiten, unbeeinträchtigt durch herausgeberische (sic!) Eingriffe. Eine Reihe von Kriegsbildern, darunter das unheimliche, ergreifende mit dem Titel ›Die Kugel‹, sind nicht mehr bloß das Werk einer vielversprechenden Künstlerin, sondern von einer, die begonnen hat, Versprechen einzulösen.

Wie beim Zeichnen und Malen hat sie auch bei ihren literarischen Abenteuern ihren eigenen Stil. Ihre Gedichte und Geschichten kann man wirklich nur als Abenteuer bezeichnen. Sie fühlt den Rhythmus ihrer Inspiration und müht sich ab, so gut sie kann, ihn auch uns fühlen zu lassen. Ihre Inspiration flirtet ständig mit ihren schöpferischen Ambitionen. Aber Djuna Barnes ist eine schlechte Kupplerin. Tragödien entstehen aus den kleinen Dingen im Leben. Solche kleinen Dinge sind Rechtschreibung, Interpunktion, Syntax, ein Mangel an Konzentration. In Djunas Leben sind das alltägliche Tragödien.«

Bruno spielt auf die Tatsache an, daß Barnes' Rechtschreibung und Syntax wegen des fehlenden Schulunterrichts immer etwas chaotisch waren trotz ihres gewaltigen Wortschatzes, der Kraft ihrer Imagination und ihres tiefen Gespürs für den Wortklang. Brunos eigene Syntax in dieser kleinen Anmerkung liegt so weit unter seinem normalen Niveau, daß man annehmen muß, daß er entweder Barnes Rohentwürfe karikieren wollte oder betrunken war, als er das schrieb. In beiden Fällen ist klar, daß ein Ressentiment im Spiel ist.

Bruno verschwand, und Djuna Barnes ging nach Paris, aber bestimmte Züge dieses seltsamen Mannes blieben in ihrem Gedächtnis haften. Ein verwandelter Schatten des Mannes schlüpfte in *Nachtgewächs*, das mit einer Darstellung von Guido Volkbein beginnt, einem Juden italienischer Abkunft, der eine komplette österreichische Ahnenreihe erfindet mit Vorfahren, die nie existieren, und einem Wappen, auf das er kein Recht hat. Es war Volkbein gelungen, ein hinreichend vornehmes Haus im Zentrum von Wien zu erwerben, indem er sein Judentum verleugnete und das nötige Geld durch Wechselgeschäfte und den Handel mit alten Meistern und Erstausgaben beschaffte. Er erliegt einem Fieber sechs Monate, bevor sein einziger Sohn geboren wird, der den Namen Felix erhält. Dieser Felix scheint in gewissen Zügen nach Guido Bruno gestaltet. (Ein weiteres Vorbild namens Deutschbine wird von Peggy Guggenheim in ihren Erinnerungen erwähnt, doch er trug eher äußere Lebensumstände als Charakterzüge zu dem Barnes-Portrait bei.) Volkbein wie auch sein Sohn Felix teilen mit Guido Bruno eine spezifische Besonderheit, nämlich eine angeborene Neigung zum Kniefall, zur Verbeugung vor jeder Person, die irgendwie bedeutend oder von Adel scheint. Die Beschreibung von Felix' Gestalt entspricht genau Guido Bruno: Er ist sowohl groß wie schwer, und er hat ein langes, fleischiges, ovales Gesicht mit melancholischen Zügen. Er kleidet sich etwas sonderbar, so daß er den Eindruck erweckt, halb für den Tag, halb für den Abend angezogen zu sein. Er trägt Gamaschen, spricht sieben Sprachen (genau die Zahl, die Edison Bruno zuschreibt), ist ein Kenner der Volkskunst und besitzt von Natur aus eine starke Pedanterie, die ihn zwingt, vor allen Brücken, Friedhöfen, Kirchen und Schlössern stehenzubleiben.

Das Portrait von Felix Volkbein ist mit scharfen, kühnen Strichen gezeichnet. Es bildet einen starken Auftakt zum Roman, hat jedoch keine Bedeutung für die weitere Entwicklung der Geschichte. Mit Baron Felix Volkbein wird das Motiv der Erniedrigung eingeführt, aber in ganz anderer Bedeutung als bei den anderen, den Hauptfiguren. Jahre später fragte Berenice Abbott einmal Barnes, warum sie den Roman mit diesem scharf geätzten Portrait einer Figur eröffnet habe, die dann für den Roman so unerheblich ist. Sie antwortete ohne Umschweife, daß es geschehen sei, um Verwirrung zu stiften und die Aufmerksamkeit etwas von der lesbischen Liebe zwischen Nora und Robin abzulenken, die eine so überragende Rolle in *Nachtgewächs* spielt.

In *Nachtgewächs* ist Volkbein mit einer Frau namens Hedwig verheiratet (sie stirbt bei Felix' Geburt), die insgeheim Guidos Titel anzweifelt, obwohl sie nach außen hin die Tatsache, daß sie eine Baronin ist, fraglos hinnimmt. Wenn Felix im Roman Robin Vote heiratet, sagt auch er zu ihr »Jetzt bist du eine Baronin«. Darin steckt eine Anspielung auf eine andere von Djuna Barnes' höchst ungewöhnlichen Bekannten, mit der sie zuerst in Greenwich Village, dann in Paris verkehrt: die Baronin Elsa von Freytag-Loringhoven.

Wie Guido Bruno war auch die Baronin schillernder Herkunft. Janet Flanner nennt sie eine große Dame dänischer Abstammung. Die allgemeiner verbreitete Version besagt jedoch, daß sie Deutsche war, Ehefrau eines reichen deutschen Geschäftsmannes, der bis zum Krieg im Ritz Hotel im oberen Manhattan im Luxus lebte und dann nach Deutschland zurückkehrte, wo er bald Selbstmord beging, während sie ins Greenwich Village zog. In einem Buch von Charles Brooks aus dem Jahre 1921, *Hints to Pilgrims*, findet sich ein Kapitel, das ein schwach verschleiertes Portrait von Hart Crane und der Baronin enthält, die dort als Gräfin Sillivitch figuriert. Es heißt von ihr, sie sei aus Bulgarien, Estland oder sonstwoher gekommen. Ihr Adelstitel stammte vom letzten einer unbestimmten Anzahl von Ehemännern, und sogar seine Form ist ungewiß, denn in ihren ersten Jahren in Greenwich Village soll sie den Adelspartikel doppelt verwendet haben (von Freytag-von Loringhoven). Ihr erstes Gedicht, das sie dem *Little Review* einschickte, war unterzeichnet mit Tara Osrik, was durchaus ihr richtiger Name hätte sein können, aber nicht war. In Wirklichkeit hieß sie vielmehr Ploetz. Ihr Vater war Bauunternehmer in Norddeutschland, ihre Mutter Polin.

The Little Review oder, besser gesagt, die Misses Jane Heap und Margaret Anderson verfolgten eine literarisch anspruchsvolle Linie mit einer Tendenz zur ästhetischen Anarchie. Im Leben neigte die *Little-Review*-Gruppe zum Lesbentum. Das wurde freilich mit erstaunlicher Diskretion behandelt, wenn man bedenkt, daß die gröbere Bohème im Village um sie herum sich bereits so freizügig benahm, daß es ein blühendes lesbisches Bordell im Village gab. James Joyce und seine splitternde Prosa waren ihr Stolz; die Baronin Elsa von Freytag-Loringhoven und ihre verrückt stotternde, trompetende Lyrik waren ihre Lust. Sie ließen die Kenner wissen, daß die Baronin die größte Künstlerin ihrer Zeit sei. Zumindest war sie die unkonventionellste. Sie war stets umgeben von einer Aura fröhlicher Verzweiflung. Sie war sehr arm. Djuna Barnes beschreibt sehr gut das feine Wechselspiel von Armut und Exzentrizität im alten Greenwich Village:

»Gerade die Fadenscheinigkeit macht das Village zu dem, was es ist. Man ziehe ihm einen Pelzmantel an, und es ist nichts mehr als ein paar weitere Häuserblocks von Manhattan.

Es wird immer irgend jemanden geben, der bereit ist, über die Armut zu lachen, wie es immer jemanden geben wird, den die Armut so drückt, daß man über ihn lachen kann.

Die Tatsache, daß das Village arm ist, läßt den Rest der Stadt grinsen; weil der Rest der Stadt grinst, wird das Village sich dessen bewußt – und das ist alles.

Wenn man Armut *und* Ideen bewußt erlebt, wird die Welt heiter.

Wenn man bewußt für eine gute oder eine böse Sache steht, ist die Reaktion – Trotz. Der Trotz des Künstlers drückt sich nicht in einem abrupten ›Wählen Sie die Waffen, Sir!‹ aus, im Handschuh, der ins Dunkel geworfen wird, im Schluchzen der Schwerter, die aus der Scheide fahren. Nein, ganz und gar nicht; es ist ein Duell, das nur aus Angriff besteht ohne Abwehrgesten. Diese schmutzige, fadenscheinige Gestalt stößt plötzlich mit dem schlauen Dolch der Überraschung, des Schocks oder dergleichen zu … Das Village weiß es nicht mehr, aber in jeder seiner Gassen, den kurzen Häuserblocks, den alten Häusern lebt ein Geist des Widerstands gegen den Rest der Stadt, ein Gegner, der sich eine Gegnerschaft vom Leibe hält.«

Zwischen Djuna und der Baronin besteht keine Ähnlichkeit im Habitus, und doch ist die Neigung beider Frauen, sich selbst als Künstlerinnen zu sehen, die frohgemut mit dem Rücken zur Wand kämpfen, unverkennbar die gleiche.

Es ist merkwürdig. Obwohl der Baronin in allen Memoiren über jene Jahre eine flüchtige Seite gewidmet ist, gibt es doch keine wirklichen Beschreibungen von ihr. Margaret Anderson erwähnt, ihr Haar habe die Farbe eines rötlichbraunen Pferdes gehabt, aber alle anderen schreiben nur davon, daß sie sich gelegentlich den Kopf kahlrasierte und lackierte; daß sie ihre Wangen mit Briefmarken schmückte (die Zwei-Cent-Briefmarke für gewöhnliche Briefe war damals rosa, und sie hatte solche Marken im Wert von fünf Dollar aus der Redaktion des *Little Review* mitgehen lassen, was man ihr nachsah); daß sie abgenutzte, verbeulte Tee-Eier als Schmuck auf der Brust trug. Daß ihre Hutsammlung zu verschiedenen Zeiten eine Kohlenschaufel, einen Pfirsichkorb, eine Baskenmütze aus Samt mit herabhängenden Federn und Löffeln umfaßte, und einmal sogar einen Kuchen samt brennender Kerzen. Daß sie ausgestopfte Vögel trug. Daß ihr Lippenstift schwarz war, ihr Gesichtspuder knallgelb, und daß sie ihren Kopf manchmal, wenn er geschoren war, dunkelrot schminkte. Sie besaß einen geflickten alten Pelz und eine mexikanische Wolldecke und spazierte regelmäßig zwischen fünf und sechs mit nichts darunter durchs Village, was ein paar wilde Gefechte mit der Polizei auslöste. Es heißt, sie habe kräftige Fäuste besessen und schnell rennen können. Und doch, trotz solcher Selbstinszenierung herrscht in all den Memoiren selbst über ihre Körperform bemerkenswerte Unklarheit. Einer Quelle zufolge soll sie eine magere, maskuline Gestalt gehabt haben, während eine andere behauptet, ihre Figur sei vollkommen gewesen. Abgesehen von ihrer wilden Aufmachung scheint kaum jemand außer dem engeren Kreis um das *Little Review* sie je wirklich richtig angesehen zu haben.

Die schönste Geschichte über die Baronin ist die ihrer Werbung um William Carlos Williams, den gutaussehenden jungen Arzt-

Dichter aus New Jersey. Er beging den Fehler, ihre Bekanntschaft machen zu wollen, nachdem er eine ihrer Skulpturen in der Wohnung von Margaret Anderson und Jane Heap gesehen hatte – Hühnerdärme aus Wachs unter einem Glassturz, wie er schreibt. Man hatte ihm erzählt, sie sei verrückt, adlig und eine große Bewunderin seiner Lyrik. Sie saß damals gerade im Gefängnis, weil sie einen Regenschirm gestohlen hatte. Williams holte sie bei ihrer Entlassung vom Gefängnis ab und lud sie zum Frühstück auf der Sixth Avenue in der Nähe der Eight Street ein. Sie kam ihm wie über fünfzig vor – tatsächlich war sie erst Anfang Vierzig, als sie einander kennenlernten –, und er dachte, sie sei vielleicht einmal eine schöne Frau gewesen. Sie machte einen starken Eindruck auf den Doktor, so daß er bei einem weiteren Treffen einen fatalen Fehler beging. Galant sagte er ihr, er liebe sie, weil, wie er später schrieb, sie ihn irgendwie an seine »Zigeuner«-Großmutter erinnerte. Sie gab ihm den Rat, wenn er wirkliche Größe erreichen wolle, sich von ihr die Syphilis zu holen, um dadurch seinen Geist für die wahre Kunst völlig zu befreien. Sie hatte die Syphilis von ihrem Vater geerbt, der die Mutter in der Hochzeitsnacht angesteckt hatte.

Eine köstliche Geschichte berichtet von einem Ausflug, den sie nach Rutherford, New Jersey, auf der Suche nach Williams unternahm. Er aß gerade mit Robert McAlmon zu Abend, als er durch einen fingierten Anruf, der ihn zu einem kranken Baby rief, aus dem Haus gelockt wurde. Als er in sein Auto steigen wollte, legten sich die Finger einer Frau um sein linkes Handgelenk. Es war die Baronin. Dann, besagt die Fama, die zuerst von Matthew Josephson verbreitet wurde, öffnete sie ihren Pelz, enthüllte ihre Nacktheit und rief (mit deutschem w): »William Carlos Williams, ich will dich!« Aber ach – und so geht es in der Regel mit solchen Geschichten –, Williams selbst berichtet nur, sie habe gerufen »du mußt mit mir kommen«, und als er nicht wollte, habe sie ihn mit ihrer nicht unbeträchtlichen Kraft in den Nacken geschlagen.

Jemand anderes, der auch sehr für seine Freundlichkeit gegen die Baronin büßen mußte, war Berenice Abbott, die ihr ein Zimmer in ihrer Wohnung anbot. Die Baronin verlangte bald die ganze Wohnung und beschimpfte Berenice als diese sie nicht hergeben wollte, als gewöhnliche Person, die kein »Gentleman« sei.

Wallace Stevens betrat nach einer Begegnung mit der Baronin das Gebiet unterhalb der Fourteenth Street buchstäblich nur noch mit Zittern und Zagen aus Furcht, ihr wiederzubegegnen. In einer Quelle heißt es, Hart Crane, der im Stockwerk über dem *Little Review* wohnte, habe beim Anblick der Baronin regelmäßig die Flucht ergriffen, während die Biographie von Unterecker berichtet, Crane habe sie gern und sehr treffend nachgemacht und einmal, als er sich seine Schreibmaschine von ihr wiederholen wollte, statt dessen beschlossen, sich lieber eine neue zu kaufen. Ein Künstler aus dem Village namens Bill Zorach mußte eines Nachts, als er zu Bett gehen wollte, erleben, daß die Baronin nackt unter seinem Bett hervorkroch und ihn aus seiner eigenen Wohnung vertrieb.

Dr. Williams hatte einen zweiten Zusammenstoß mit ihr in New Jersey; da er aber inzwischen Boxstunden genommen hatte, schlug er sie nieder, als sie ihn tätlich angriff. Aus dem Ortsgefängnis versprach sie, es nie wieder zu tun. Williams behauptete, er sei verrückt nach dieser Frau gewesen; nichtsdestotrotz gab er ihr zweihundert Dollar, damit sie das Land verließ. Am Ende wurden vierhundert daraus, weil die ersten zweihundert tatsächlich oder angeblich gestohlen worden waren.

Wie immer auch ihre Vergangenheit ausgesehen haben mag, in Greenwich Village lebte die Baronin sehr nah an der Grenze wirklicher Armut. Für kurze Zeit arbeitete sie in einer Zigarettenfabrik, doch brachte sie ihre Kolleginnen so gegen sich auf, daß eine ihr zwei Zähne ausschlug. Später verkaufte sie Zeitungen und stahl Lebensmittel. Als sie im *Little Review* zu publizieren begann, verdiente sie ihren kargen Lebensunterhalt damit, Künstlern wie Glackens, Henri, Bellows und Genthe Aktmodell zu stehen, die sie meistens abstrakt darstellten. Trotz ihrer Armut schaffte sie es, in ihren zwei Zimmern in einer Mietskaserne zwei kleine Hunde zu halten. Einst waren es sogar drei gewesen. Später, als sie nach Paris und Berlin ging, hatte sie nur noch einen kleinen Hund, und der war bei ihr, als sie 1927 den Gashahn aufdrehte.

Elsa von Freytag-Loringhoven begann ihre Freundschaft mit Djuna Barnes auf verquere Weise. Sie sagte zu ihr: »Ich kann Ihre Geschichten nicht lesen, Djuna Barnes. Ich weiß nicht, woher Ihre Figuren kommen. Sie lassen Sie auf Zauberteppichen fliegen – und was noch schlimmer ist, Sie versuchen, Schweine fliegen zu lassen.« Das war natürlich ein sehr guter Anfang für eine Freundschaft mit Djuna Barnes. Djuna konnte die Baronin zuerst nicht leiden, zollte dann ihrer wilden Lyrik widerwilligen Respekt und wurde schließlich zur Förderin ihrer Kunst und, in den beiden letzten Jahren vor ihrem Tode, auch zu ihrer wichtigsten finanziellen Stütze, ähnlich wie sie es zehn Jahre früher für ihre Großmutter Zadel in deren letzten Lebensjahren gewesen war. Ein Foto der Baronin stand auf ihrem Kaminsims. Djuna Barnes ließ die Baronin ihren eigenen Nachruf schreiben, der mit einem kurzen Vorwort im Februar 1928 in der Zeitschrift *transition* in Form von Auszügen aus Briefen an sie erschien. All diese undatierten Briefe klingen wie Klagelieder am eigenen Sarg:

»Wir müssen dem Ungeheuer, das mein Leben ist, ins Gesicht sehen. Mir ist zugesetzt worden, als hätte ich etwas verbrochen, obwohl ich die Beraubte bin, die den leeren Titel dieses armen Toten, dieses Gauners und elenden Selbstmörders, meines letzten Mannes trägt. Djuna, ich kann es nicht mehr anders sehen. Es gibt keine Aussicht mehr. Ich werde wahrscheinlich, ja, ja, ja, wahrscheinlich muß ich sterben. Wenn kein Leben mehr möglich ist, muß man sterben. Das ist einfach, schrecklich einfach! Ich muß sterben und ich bitte Dich, nicht verbittert zu sein über den Schmerz, den ich Dir zufügen muß. Es ist nicht meine Schuld, sollte ich mir nicht doch noch irgendwie anders zu helfen wissen, kann ich nicht mehr. Bald wirst Du erleichtert sein, mein ewiges Gejammere zwischen Leben und Tod los zu sein, wie ich selbst sicher auch. Ich habe die süße Hoffnung, daß wunderbare Freuden danach auf mich warten. Das verdiene ich, und deshalb werde ich sie auch bekommen, denk daran, obwohl ich, ach, wie gern würde ich noch zusammen mit Dir die Freuden dieser Erde genießen! Aber wenn es einem versagt ist? Du würdest nicht wollen, daß ich für immer im Elend weiterlebe, so etwas ist vernünftigen Leuten wie Dir und mir unmöglich. Ich schreibe Dir diesen Abschiedsbrief nicht aus Lust am Melodrama, sondern weil ich es als meine Pflicht empfinde, mich nicht heimlich hinter Deinem Rücken davonzustehlen.«

Das kurze Vorwort von Barnes deutet an, daß dieser Tod nicht wirklich Selbstmord war, sondern »ein dummer Scherz, der noch nicht einmal die Würde der Bosheit hatte«. Es gab Gerüchte, daß sie den Gashahn nicht selbst aufgedreht habe, aber der Brief scheint diese Möglichkeit zu widerlegen. Jedenfalls war der Abschiedsbrief das ideale Genre für ihre einzigartige Sensibilität und Sprache.

Die beiden Frauen waren in verschiedenerlei Hinsicht Gegensätze. Elsa war zum Beispiel oft von einer Idee besessen, die sie dann zu Tode ritt. Djuna verwandte ihre Zeit nie auf »Ideen«, aber sie hatte einen besonderen Respekt vor Leuten wie Courtenay Lemon oder der Baronin, die sie für hochintelligent hielt. Doch in anderen wesentlichen Punkten stimmten sie genau überein, und eine Passage aus den Briefen der Baronin könnte in jeder Wendung von Djuna Barnes selbst stammen:

»Ich lüge nie, weil es das psychologische Bild der Ursachen und Ereignisse des Lebens verfälschen würde. Nur mittelmäßige, sentimentale Autoren lügen. Alle Menschen, die rücksichtslos einsam sind – durch Verinnerlichung äußerer Umstände – müssen innerhalb des gewöhnlichen Lebensgeflechts verrückt erscheinen, denn: sie sind allein – einzigartig – absolut. Ich war immer so.«

Die Baronin, die sich als begeisterte Amerikanerin fühlte, spielte im Caféhausleben von Europa nicht mehr die gleiche große Rolle wie in der Macdougal Street. Zum Teil lag das daran, daß ihre Energie und ihr Selbstvertrauen mit der Zeit nachließen. Aber es war wohl auch so, daß sie dem Europa, das Duchamp und Tzara hervorgebracht hatte und jetzt mit der Entwicklung eines Stils beschäftigt war, der Surrealismus heißen sollte, weniger zu bieten hatte als früher einem weniger raffinierten Greenwich Village, das sie mit ihren Eskapaden faszinierte. Wenn es in Amerika überhaupt so etwas wie Dada gab, dann in der Person und Lyrik von Elsa Baronin von Freytag-Loringhoven. In Europa, wo sie zweimal in eine Anstalt kam, war sie einfach eine arme, verrückte alte Dame. Elsa war eine Verbündete in der Verzweiflung, und Jahre später sagte Djuna, es gebe Augenblicke, in denen ihr nur Elsas Worte einfielen und die von niemandem sonst.

In jenen Jahren gab es im Greenwich Village starke und ungewöhnliche Frauen. Eine davon war Rihani, eine große, magere Frau mit dem Gesicht eines griechischen Knaben, die auf ihren Knien tanzte, wobei sie sich rhythmisch in der Taille wiegte. Doch das Village genoß auch den Luxus einer ziemlich großen Zahl von Frauen, die Persönlichkeit und Schönheit auf eine Weise verbanden, die das törichte Gehabe der falschen Bohème oder die Drögheit der gefürchteten Blaustrümpfe weit hinter sich ließ. Der bekannteste Blaustrumpf war Henrietta Rodman, eine High-School-Lehrerin und radikale Verfechterin der Frauenrechte, die einen Bubikopf, ein weites hemdartiges Gewand und braune Socken trug. Das wurde im Village die Uniform der Blaustrümpfe, die jedoch nicht allzu viele trugen. Die Namen vieler Village-Schönheiten, die zugleich in jeder Beziehung ihre Frau standen, sind von der Zeit fast verweht worden: Mary Pyne, Renee la Coste, Edna Kenton, Ruth Pickering und Mary Davies, die zu flüchtigem Ruhm als Tanz-Dichterin kam, weil sie einmal Worte für ein Gedicht auf der Manschette ihres Partners notierte, während sie Tango tanzten.

Die natürlichen Rivalinnen um den ersten Platz unter den

Frauen des Village waren Djuna und Edna St. Vincent Millay. Millay fiel der öffentliche Erfolg schnell und leicht in den Schoß. Ihr Gedicht *Renascence*, das mit E. St. Vincent Millay unterzeichnet war (ihre Mutter hatte sich einen Jungen gewünscht, und ihr Leben lang wurde sie von ihren besten Freunden Vincent genannt) und das sie aus Maine eingeschickt hatte, gewann den mit fünfhundert Dollar dotierten ersten Preis für die Anthologie *The Lyric Year* von 1912 – eine unerhörte Summe für Lyrik. Fast zehntausend Gedichte waren eingegangen. »Herr« Millay kam ins Greenwich Village gerauscht und stellte sich als ein rothaariges, elfenhaftes Wesen heraus, begleitet von zwei hübschen jüngeren Schwestern. Norma ging als Schauspielerin zu den Provincetown Players, Kathleen wurde Schriftstellerin. Alle zusammmen lebten im obersten Geschoß in 25 Charlton Street mit ihrer Mutter, die jemand als verwirrte kleine Henne beschrieben hat, deren Kücken sich als lauter Nachtigallen entpuppten. Abends wurden drei separate Salons geführt, doch tagsüber verwandelte sich der Millaysche Haushalt in eine ernsthafte Künstlerwerkstatt dreier Schwestern. Edna war nicht schön, aber in einer Gruppe von Schwestern fällt das oft nicht so ins Gewicht; außerdem glich sie diesen Mangel mehr als aus durch den Charme ihrer Offenheit und ihre romantische knabenhafte Wildheit. Wilson, der beide recht gut kannte, meinte, Barnes sei neidisch auf Millays Erfolg gewesen.

Djuna und Edna hatten eine ganze Menge gemeinsam. Beide kamen aus zerbrochenen Familien. Beide entwickelten schon als junge Frauen mit Leidenschaft einen ganz persönlichen Kleidungsstil, wofür wiederum beiden nur sehr begrenzte Mittel zur Verfügung standen. Beide hatten einen ausgeprägten Sinn für Humor. Der Unterschied war jedoch, daß Millays Humor leicht und pointiert war, Barnes' dagegen düster und beißend. Beide Frauen traten auf, als seien sie etwas ganz Besonderes.

Edna Millay hatte in Frankreich, kurz bevor sie 1923 heiratete, ein kurzes lesbisches Erlebnis. Ihre Partnerin war Djuna Barnes' große Liebe, Thelma Wood.

Millay war nie eine Dichterin für Dichter, obwohl man sie im Village liebte wegen ihrer verzaubernden Ausstrahlung, ihrer Heiterkeit und Wärme. Dennoch wurde sie bald die populärste Dichterin des Landes und im Laufe der Zeit die schlichtweg populärste aller Dichter und Dichterinnen in der gesamten Geschichte des Landes. Junge Frauen strömten nach New York, um wie sie die Welt innig zu umarmen, die Kerze von beiden Seiten abzubrennen und die Männer nicht wiederzuerkennen, mit denen sie bei der letzten Begegnung ein Techtelmechtel hatten. Dagegen sollte es mehr als fünfzig Jahre dauern, bis man junge Damen in Djuna-Barnes-Capes mit dreieckigen Hüten durch internationale Flughäfen schreiten sah und ein Djuna-Barnes-Buchladen in New York aufmachte. Djuna setzte alles daran, den feministischen Buchladen an der Verwendung ihres Namens zu hindern.

Während ihrer ersten Jahre im Village ging Djuna Barnes von Kopf bis Fuß in Schwarz gehüllt mit ein bißchen Weiß hier und da. Es wird berichtet, wie ihr oft, wenn sie über den Washington Square auf ihrem Weg zur Fifth Avenue schritt, Horden von pfeifenden, lachenden und grölenden Jungen folgten. Niemals drehte sie sich um oder zuckte auch nur mit der Wimper.

IX

Djuna Barnes und Edna St. Vincent Millay lernten sich durch die Arbeit am Provincetown Theatre kennen. Millay schrieb drei Versdramen für Jig Cook und das Provincetown, von denen eins, *Aria da Capo*, sehr großen Erfolg hatte.

Die Idee zum Provincetown Theatre wurde im Sommer 1915 geboren, auf der Veranda des jugendlichen, wenngleich vorzeitig weiß gewordenen Jig Cook und seiner Frau Susan Glaspell in Cape Cod. Sie wurde sehr spontan in die Tat umgesetzt, ganz ähnlich wie die Washington Square Players sich formiert hatten. Zu einem gewissen Grad war die Gründung der Provincetown-Gruppe eine Reaktion auf das, was man als die Schwerfälligkeit und die verdeckte kommerzielle Gesinnung der Washington Square-Gruppe empfand. Die Einrichtung eines Theaters auf einem Kai in Provincetown, in dem den Sommer über nicht-kommerzielle Aufführungen von Einaktern stattfinden sollten, war ein genialer Einfall. Bereits seit drei Jahren hatten Künstler und Schriftsteller dort den Sommer verbracht – eine Folge der Werbung, die Mary Heaton Vorse sowohl persönlich als auch in ihren Artikeln in *Harper's* für die Gegend betrieben hatte. Man konnte dort billig leben und Stücke inszenieren. Es wurde die Sommerresidenz der Bohème.

Das Provincetown Theatre war ein Autorentheater, doch muß man es sich vor allem als eine fröhliche Gemeinschaft vorstellen, in der jeder für alles zuständig war. Diese Atmosphäre verlieh dem Unternehmen Farbigkeit und Schwung. Die Autoren traten oft selber mit auf – Djuna Barnes spielte kleinere Rollen, ebenso Edna St. Vincent Millay zusammen mit ihrer Schwester Norma, die eine ernstzunehmende Schauspielerin war und Hauptrollen spielte –, und zugleich halfen sie beim Aufbau und Bemalen der Kulissen. Das Provincetown Theatre war eine Familie von etwas über vierzig Künstlern. Selbst Christine Ell, die eigentlich so etwas wie die Chefköchin und Flaschenwäscherin war, weil sie über dem Theater ein kleines Restaurant betrieb, pflegte die Treppe hinunterzuhuschen, um in so manchem Stück eine einzige Zeile aufzusagen, ein Auftritt, der jedesmal das Haus zu Lachstürmen hinriß. Zwei sehr gutaussehende Village-Prominente, Max Eastman und John Reed, dessen Frau Louise Bryant eine der Stückeschreiberinnen des Theaters war, spazierten einfach auf die Bühne und standen eher Modell, als daß sie spielten. Gegen dieses fröhliche Chaos kämpfte Nina Moise an, die stämmige Regisseurin, die die Proben wohl kurz unterbrechen, doch nicht unter Kontrolle bringen konnte mit ihrem heiseren Ruf: »Wo meint ihr wohl, daß ihr seid? Auf einer Teegesellschaft?«

Djuna Barnes (1914)

Wir wissen, daß Djuna Barnes gelegentlich als Platzanweiserin arbeitete, und vielleicht ist auch nicht ganz unbekannt, daß sie noch Programme für ihr Stück *Kurzy of the Sea* verkaufte, als der Vorhang schon hochgegangen war. Es war Teil eines Doppelprogramms mit Eugene O'Neill.

Da die beiden nicht wirklich Freundinnen waren, ist keine Korrespondenz zwischen Barnes und Millay überliefert, aber ein Passus aus einem Brief, den Millay im März 1921 an ihre Schwester Norma aus Paris schrieb, wirft ein Licht auf ihr Verhältnis. Er bezieht sich auf ein Stück mit dem Titel *The Lamp and the Bell*, das Millay gerade fertiggestellt und ihrer Schwester geschickt hatte. Der Brief findet sich in *The Letters of Edna St. Vincent Millay*: Millay wollte ihr Stück so lange wie möglich vor dem Zugriff der Provincetown Players bewahren, und Djuna Barnes wird besonders hervorgehoben. Millays Schwester Norma sagte mir ärgerlich, wenn ich diesen Brief als einen Beweis für mangelnde Freundschaft wertete, irre ich. Wie dem auch sei, als *The Lamp and the Bell* im Druck erschien, machte Barnes es in einer Rezension mit kargem Lob nieder. Niemand blieb von Barnes' Hochmut verschont, nicht einmal der Stardramatiker des Provincetown Theatres, O'Neill, der sich seinerseits Barnes gegenüber sehr respektvoll gab. Sie hat eine gute Federzeichnung von ihm gemacht. O'Neill hatte Barnes gegenüber geäußert, sie sei eine bessere Dramatikerin als er, und es gibt einen undatierten Brief von ihm, wahrscheinlich 1923 oder 1924 geschrieben, der offenbar auf eine verabredete Zusammenarbeit zwischen ihnen anspielt: »Kannst Du es nicht bis zum Herbst aufschieben, wenn ich für etwa drei Monate da bin – und inzwischen versuchen, Deinen Verleger mit der Zusicherung meiner Mitarbeit für einen Vorschuß zu ködern?«

Im August 1924 schrieb O'Neill Barnes nach Berlin: »Ich freue mich darauf, das neue Stück zu lesen. Wann kommst Du zu uns zurück? Ich habe den Verdacht, Du hoffst, nie mehr. Aber ach, komm doch rüber! … Ich schätze Dein Buch sehr. Es ist großartig.«

Doch trotz dieser freundschaftlichen Ouvertüren wurde die Zusammenarbeit zwischen O'Neill und dem Provincetown Theatre nicht wieder aufgenommen, und Barnes behielt über Jahrzehnte hinweg eine geringe Meinung von O'Neill als Künstler. Aus Gelbs Biographie wissen wir, daß O'Neill *Nachtgewächs* sehr hoch schätzte, aber von seiner Frau davon abgehalten wurde, seiner Bewunderung Ausdruck zu geben.

Der große Erfolg im Sommer ermöglichte es den Provincetown Players, sich als ganzjähriges Theater in einem umgebauten Stall in der Macdougal Street neben dem Liberal Club zu etablieren. Die Bühne war so klein, daß sich kaum mehr als sechs Schauspieler gleichzeitig dort aufhalten konnten. Der Geruch nach Pferd hing noch im Theater. Es war ein Stall gewesen und es würde, so sagte man, nach der Pleite des Provincetown Theatre auch wieder einer werden. Djuna Barnes schrieb im *Theatre Guild Magazine* (Januar 1929) über ihre Beteiligung an dem Unternehmen:

»Wir hockten in diesem Theater auf den unbequemsten Bänken, die sich denken lassen, und ertrugen glücklich halbgelähmte Oberschenkel und einen völligen Stau der Blutzirkulation, bloß um Ida Rauh zu hören, wenn sie aus der Kulisse trat und sagte: ›Leben, bring mir eine frische Rose!‹

Unser Privatleben geriet völlig durcheinander; tagelang aßen wir nichts, um für ein Abendessen bei Brevoort zu sparen; wir saßen im Hell Hole herum und wurden fremdländisch und philosophisch.«

Es ist interessant, daß sie in demselben Artikel über ihre Arbeit für das Provincetown sagt: »Ich schrieb aus der Gewißheit heraus, die Tochter meines Vaters zu sein.« Obwohl das Provincetown Theatre in allen wesentlichen Aspekten sehr amerikanisch war, besonders was das Repertoire und die Mitglieder anging, so war eine Neigung zur europäischen Kultur doch ein wichtiger Zug der kollektiven Gruppen-Persönlichkeit. Das ließ die Abwanderung amerikanischer Autoren nach Europa schon ahnen, die bald darauf einsetzte.

Die erste Saison in New York 1916 mit O'Neills *Im Nebel vor Cardiff* und anschließenden Stücken von Floyd Dell und Louise Bryant machte das Provincetown Theatre lebensfähig und ziemlich bekannt. Die Wintersaison 1919 wurde mit Barnes' kurzem Stück *Three from the Earth* (»Drei vom Lande«) eröffnet. Die Haupthandlung dreht sich um drei nur scheinbar einfältige Burschen vom Lande, die nach dem Selbstmord ihres Vaters gekommen sind, Briefe sicherzustellen, die er einst einer eleganten Dame geschrieben hatte. Kennzeichnend für das Stück ist eine Unergründlichkeit, die immer von neuem Erwartungen weckt und keine Entspannung zuläßt. Es war der erste Schritt in eine Richtung, die charakteristisch für Barnes' Kunst werden sollte. Der Dialog nimmt scharfe Wendungen, aber hinter jeder Biegung gibt es immer wieder nur eine neue Biegung:

»KATE: Wie geht es deinem Vater? Ich erinnere mich an ihn – er war immer etwas verrückt – trug meist einen grünen Anzug und schleppte weiße Ratten auf der Schulter mit sich herum. Ach ja, dein Vater – er war Barbier, nicht wahr?
HENRY: Nein, Drogist.
KATE *(lacht etwas verlegen)*: Ich hab' ein ziemlich schlechtes Gedächtnis. Und deine Mutter – eine Prostituierte, glaube ich?
HENRY *(ruhig)*: Manchmal.«

Das Stück wurde sehr wohlwollend von Alexander Woollcott in der *New York Times* vom 9. November 1919 besprochen. Seiner Rezension ließ Woollcott eine Parodie des Stückes mit dem Titel *Free from the Birth: A Malthusian Sardonicism in One Act* folgen. Seine Wahrnehmung des Stücks hat bleibenden Wert wegen ihrer Relevanz für *Antiphon* fast vierzig Jahre später. Über *Three from the Earth* schreibt er:

»Es ist hochinteressant zu sehen, wie fesselnd und wahrhaft dramatisch ein Stück sein kann, ohne daß das Publikum je erführe, worauf die Autorin eigentlich hinaus will, und ohne daß, wie wir plump zu vermuten wagen, die Autorin es selbst wüßte. Die Zuschauer sitzen mit angehaltenem Atem da und lauschen auf jedes Wort dieses kurzen Stückes, dessen dunkel andeutende Stichworte das Geheimnis ungelöst lassen.

Dieser Trick, Dinge anzudeuten, die nie offenbart werden, eine Handlung mit Erwartung aufzuladen, die sich nie erfüllt, Zündschnüre anzustecken, die nie zur Explosion führen – dieser Trick, sparsam eingesetzt, dient der Intensivierung einer Szene. Häufig angewandt, würde er das Publikum in Wut bringen.«

Woollcott irrte in der Annahme, daß die »unergründliche Autorin« nicht wüßte, worauf sie hinauswollte, doch ist eine solche Schlußfolgerung verständlich, da dem Publikum wirklich nichts weiter geboten wird als die beträchtliche dramatische Spannung, die aus der geheimnisvollen Situation erwächst. *Three from the Earth* war das erste von vielen lebenden Bildern, die auf Barnes' eigenartige Kindheit zurückgingen. Die dramatische Wirkung von Geheimnissen ohne Auflösung und Zündschnüren, die rückwärts ins Schweigen abbrennen, sind Effekte, die bei manchen Künstlern nur zu leicht zur hohlen Geste und zur Wichtigtuerei führen, die aber bei Künstlern wie Barnes und Albee (den Barnes vor vielen Jahren wegen der »Vulgarität« von *Wer hat Angst vor Virginia Woolf?* verwarf) eine ganz besondere und starke Dramatik zu erzeugen vermögen. Mit einiger Berechtigung darf man vermuten, daß eine Zusammenarbeit zwischen O'Neill und Barnes so etwas wie Albees *Winzige Alice* hervorgebracht hätte.

Einfach gesagt: Barnes zeigte sich von Anfang an als eine Dramatikerin besonderer Art, als eine, die Wirkungen erzielen konnte, die geradlinigeren Dramatikern versagt bleiben, die aber gerade deswegen niemals das gesamte Publikum ansprechen konnte. In ihren jungen Jahren schrieb sie viele kurze Stücke, die eher Sketche als Kammerspiele sind. Einige davon, wie zum Beispiel *Ein irisches Dreieck* (*Playboy* vom Mai 1921), ihr drittes Stück, das von den Provincetown Players aufgeführt wurde, sind das Schwächste, was Barnes je schrieb. Ihre allerersten dramatischen Versuche waren Kurzdramen gewesen, die sie 1916–17 für das *New York Morning Telegraph Sunday Magazine* geschrieben hatte. Ihr erstes richtiges Stück hieß *A Passion Play* (Ein Passionsspiel) und erschien im Februar 1918 in Kreymborgs Zeitschrift *Others*. Zwischen 1918 und 1923 verfaßte Barnes eine Folge von zehn kurzen Stücken, einige davon unter dem Pseudonym Lydia Steptoe, die in Zeitschriften wie *The Parisienne*, *Vanity Fair*, *Shadowland* und *Smart Set* erschienen. Die Lydia Steptoe-Idee stammte wahrscheinlich von Bruno, der gelegentlich unter den Namen Mildred Meeker und Maude Martin frivole Texte veröffentlichte. Zwei von den Lydia Steptoe-Stücken bekamen das Etikett »Zehn-Minuten-Stücke«. Eins davon, *Madam Collects Herself* (Madame sammelt sich; 1918), ist besser als alle übrigen und wert, in Erinnerung gerufen zu werden.

Eine Madame Zolbo hat ihren Friseur so rasend eifersüchtig gemacht, daß er seinem Gehilfen Fifine befiehlt, sie zu töten. Dieser stößt Madame eine glühende Lockenschere ins Herz. Die Eifersucht des Friseurs, eines früheren Liebhabers, hatte Madame hervorgerufen, als sie ihn bat, sich mit einer Locke besondere Mühe zu geben, die einem anderen Liebhaber gehöre. Es kommt dahin, daß sie in Stücke zerfällt wie eine Orange, denn jeder Teil von ihr gehört einem anderen Liebhaber. Am Ende bleibt nur ein Kanarienvogel als ihr Mittelpunkt übrig, aber während der Friseur noch darüber brütet, was er getan hat, fängt der kleine Vogel an, zu riesigen Proportionen anzuschwellen. Dieser surrealistische Scherz wurde geschrieben, als Ionesco noch ein kleiner Junge war.

Barnes Zehn-Minuten-Stücke fallen in die Zeit, in der sie stark unter dem Einfluß der irischen, skandinavischen und russischen Literatur stand. Es war das erste Mal, daß die Literaturen der europäischen Randgebiete einen starken Einfluß auf die europäische Kultur ausübten, und dieser Trend wirkte sich auch in Greenwich Village aus. In einem Interview von 1959 – einem von insgesamt nur vier, die sie je gab – erzählte Barnes einem schwedischen Reporter, wie sie in ihrer Jugend nach der Lektüre von *Fräulein Julie* losgestürmt sei, um die Kurzgeschichte zu schreiben, die ihr erster großer Erfolg wurde – sie gewann damit 1918 einen O. Henry-Preis –, *Eine Nacht mit den Pferden. The Beauty*, eins von »Steptoes« Zehn-Minuten-Stücken, ist eine heitere Farce darüber, wie zwei russische Aristokraten, Ivan und Katrina, mit ihrer Langeweile fertig werden. Das ist Dostojewski, aber Dostojewski, durch Firbanks Brille gesehen:

»IVAN: Ich bekreuzige mich und frage mich: ›Ist es möglich, Ivan Volovain, daß du so leidest?‹ Die Schlittenglocken sind noch schlimmer als das Kommen und Abfahren der Schlitten, und Frauen von hier bis Moskau werfen sich ihren Geliebten in die Arme. Ich aber, nur ich allein, lebe einsam und verlassen in diesem Lande, in dem es nur eine Katrina, nur eine Schönheit gibt.

KATRINA *(indem sie sich zurücklehnt und eine neue Zigarre anzündet)*: Unser Seelenleben ist fast zu reich für diese Welt, nicht wahr, Ivan?

IVAN: Genau.

KATRINA: Wir müssen aufpassen. Ich bin kopfmüde. Du darfst mich küssen.«

Das kleine irische Stück aus dem folgenden Jahr, *Ein irisches Dreieck*, ist dick aufgetragener Synge. Es enthält das, was man das Barnessche Grunddreieck nennen kann (in dem die betrogene Frau stolz und gleichgültig ist), aber leider klingt der scherzhaft irische Ton falsch:

»Natürlich ein glückliches Mädchen, das bin ich, und recht stolz auf den Glanz und die Schönheit meiner Glieder und die kecke Art meiner Brüste und die kleinen, munteren Lichter in meinen beiden Augen, die Funken schlagen tun und hierhin und dahin blitzen.«

In den frühen zwanziger Jahren entstanden noch etliche weitere Barnes-Stücke, *Die Taube, Vor die Hunde gehn, Anna of the Portuguese* und *The Biography of Julie von Bartmann*, offensichtlich das Stück, das Barnes O'Neill schicken wollte. *Die Taube* wurde 1925 vom Studio Theatre des Smith College inszeniert und dann im Mai 1926 im Wettbewerb des Little Theatre Tournement in New York gespielt, jedoch ohne Erfolg. Norma Millay trat darin auf. Etliche dieser frühen Stücke waren in dem großen Schrankkoffer mit Barnes' Pariser Papieren, der im Zweiten Weltkrieg verlorenging.

X

Die Dichterin Miss Barnes war in den frühen Jahren ihrer Karriere nur wenig erfolgreicher als die Dramatikerin. In der Form waren ihre Gedichte traditionell und – mit Ausnahme derjenigen im *Book of Repulsive Women* – im Sujet selten ausgefallen. Von den neununddreißig zwischen 1911 und 1923 veröffentlichten Gedichten nahm Barnes nur sechs in *A Book* von 1923 auf (das später den Titel der preisgekrönten Geschichte *Eine Nacht mit den Pferden* erhielt), die alle nach 1918 entstanden waren. Die übrigen, veröffentlicht in *All-Story Cavalier Weekly; Smart Set, The New Republic, The Dial* und – etliche der frühesten – in *Harper's* sind nur kleine Miniaturen. Barnes hat recht daran getan, diese Gedichte ebenso wie die meisten ihrer frühen Geschichten in ihren buntscheckigen Publikationsorganen ruhen zu lassen.

Eins von Barnes' besten frühen Gedichten – aufgenommen in *A Book* – ist *Antiquität*, zuerst 1918 erschienen. Sein altmodisch korrektes Zeilenschema hat zumindest oberflächlich etwas von jenem Neu-England-Stil, den ihr Zeitgenosse Robert Frost (sie kannte ihn flüchtig und hat auch einmal eine Portraitskizze von ihm angefertigt) sich aneignete. Wie der Titel andeutet, bezieht sich das Gedicht vermutlich auf ein altes Portrait, doch der »bernsteinfarbene« Zopf könnte auch ein Hinweis sein, daß es sich um ein Selbstbildnis handelt oder um das Bild einer rothaarigen engen Freundin.

A lady in a cowl of lawn,
With straight bound tabs and muted eyes,
And lips fair thin and deftly drawn
And oddly wise.

A cameo, a ruff of lace,
A neck cut square, with corners laid.
A thin Greek nose, and near the face
A polished braid.

Low, sideways looped, of amber stain,
The pale ears caught within its snare.
A profile like a dagger lain
Between the hair.

(Eine Dame in einer Spitzenhaube / Mit straff gebundenen Bändern und stummen Augen, / Und feinen Lippen, schön gezeichnet, / Und seltsam weise.

Eine Gemme, eine Spitzenkrause / Ein eckiger Ausschnitt mit umgelegtem Kragen. / Eine schmale griechische Nase, und nah am Gesicht / Ein glänzender Zopf.

Tief seitlich fallend, bernsteinfarben, / Die blassen Ohren gefangen in seiner Schlinge. / Ein Profil wie ein Dolch umrahmt / Vom Haar.)

Die gleiche Strenge und Unterkühltheit zeichnet auch die besten von Barnes' frühen Geschichten aus. Sie enthalten sehr wenig äußere Handlung, oder, wenn man so will, vielleicht auch allzu viel; ganze Lebensläufe und Jahrzehnte verdichten sich auf ein paar Seiten voll beiläufiger Anspielungen. Die Baronin hatte vielleicht gar nicht so unrecht; die Figuren scheinen aus dem Nichts aufzutauchen, und ihre Fremdartigkeit, europäisch und auch wieder nicht europäisch, ersetzt in etlichen von Barnes' Geschichten das Erzählerische. Das ist der auffälligste Zug an ihren frühen Werken. Von allen amerikanischen Schriftstellern ihrer Generation war Barnes diejenige, die sich am intensivsten und erfolgreichsten darum bemühte, die Welt mit europäischen Augen zu sehen und sie mit europäischer Empfindsamkeit wiederzugeben.

Charakteristisch für die besten ihrer frühen Geschichten ist, daß Anfang und Ende stark miteinander verflochten sind. Das gibt ihnen Form und eine gefällige Symmetrie, um so mehr als jeder erzählerische Bogen von einem voraufgehenden oder folgenden blinden Bogen unterstützt wird, sozusagen einem Schatten der Substanz. Die Geschichte *Oscar* zum Beispiel, 1920 entstanden, beginnt mit einem idyllischen Bild von Fichten und Gartenpfaden, bevor es nach drei kurzen Absätzen heißt: »Seltsame Dinge hatte dies Landstädtchen gesehen. Mord, Diebstahl, und weinende kleine Mädchen und verdrossen schweigende Jungen, die mit finsterer Miene, die sonnverbrannten Lider halb geschlossen, im Jakobskreuzkraut vor sich hin starrten.« Mit dieser Passage ist die Richtung eingeschlagen, die zum Mord am Ende der Geschichte führt. Und wenn der Mord dann geschieht (der Sohn der Heldin schneidet unerwartet seiner Geliebten die Kehle durch), versickert die Handlung und könnte wieder von vorn beginnen, als Oscars Mutter auftaucht, um herauszufinden, was der Leser gerade erfahren hat: »Sie standen und starrten einander so lange an, daß Emma irgendwann nervös wurde und den Gartenweg herabkam, um zu erfahren was da los war.«

Diese erzählerische Strategie lieferte ursprünglich sogar den Titel für eine Geschichte von 1919, *Beyond the End* (Über das Ende hinaus), die dann später in *Spillway* (Kopfunter) umbenannt wurde. Die ganze Handlung – die Rückkehr einer Frau zu ihrem Ehemann nach vielen Jahren der Abwesenheit und mit einem Kind von einem anderen Mann – ist nebensächlich. Als man am Ende einen Schuß hört, denkt die Frau an ihren Mann: »Sein

Blut gerät rasch in Wallung...« Die Grundbedeutung von »spill« ist »verschütten« und hat mit Vergeuden und Tod zu tun, doch das Ende der Geschichte sagt nichts Eindeutiges über seinen Tod aus. Der Ehemann hat auf dem Boden des Hauses einen Übungsschießstand, und der Leser weiß nicht mehr als die Frau, als sie, über ihren Kleidersaum stolpernd, die Treppe hinaufeilt, nachdem sie den Schuß gehört hat, der auch nur ein Übungsschuß gewesen sein könnte. Sicherlich die beste der Geschichten, die ihren Faden »über das Ende hinaus« spinnen, ist die Erzählung *Mutter* von 1920. Sie handelt von einem kleinen Engländer und seiner unattraktiven, großen, schon etwas bejahrten Geliebten, die plötzlich stirbt. Der Titel ist eigentlich eine Fußnote zu den beiden letzten Sätzen: Der Liebhaber merkt, daß er zum ersten Mal die volle Gewalt seiner Leidenschaft für sie fühlt und daß es irgendwie eine Leidenschaft »in Gegenwart eines Angehörigen« ist. Er wirft sich aufs Gesicht wie ein Kind und schläft in dieser Nacht mit angezogenen Knien ein. Der Titel »Mutter« wird zum Schlüsselwort der Geschichte, denn er erklärt die Beziehung zwischen dem Mann und seiner Geliebten, die sonst nirgends erläutert wird.

XI

So viel ist ganz deutlich in Barnes' Frühwerk: Sie hat gelesen – die *Dubliner*, Tschechows Kurzgeschichten, die Stücke von Strindberg und Synge, Dostojewskis Romane –, und die Einflüsse ihrer Lehrjahre sind überall zu erkennen. Schwach ist ihre Leistung dort, wo sie sich auf philosophische Erörterungen einläßt. In *Oscar* zum Beispiel lassen sich die Mutter und einer ihrer Freier ausführlich über das Leben aus:

»›Sie müssen jedoch davor auf der Hut sein, eigentlich könnte ich sagen: sich dagegen wappnen, wenn Sie Gutes tun, das geringste Vergnügen zu empfinden. Das ist sehr schwierig, das weiß ich, doch es läßt sich bewerkstelligen. Man kann gehen und vergehen und sanftmütig dulden, wie beiläufig, könnte man sagen, bis es zur zweiten Natur geworden ist.‹

›Da haben Sie's … dulden – wer will denn Duldsamkeit oder eine zweite Natur? Na schön, lassen wir das auf sich beruhen. Ich fühle mich wie ein Kind.‹

›Es ist schwierig, sich nicht wie ein Kind zu fühlen.‹«

Am besten gelingen ihr derlei Dialoge in dieser Geschichte noch, wenn sie – wie auch in *Three from the Earth* – eine zynische Absurdität erreichen:

»›Nein, nein!‹

›Doch, doch‹, widersprach er mit sanfter, leiser Stimme. ›Ja, schlecht, jämmerlich und schwach.‹ Er schien sich an irgend etwas erinnern zu wollen. ›Was habe ich bloß übersehen?‹ Er stellte die Frage in solch verwirrtem Ton, daß sie verblüfft war.

›Ist es Haß?‹ fragte sie.

›Vermutlich, ja, vermutlich ist es das.‹

›Kahn, versuchen Sie doch nachzudenken – da muß noch etwas anderes sein.‹

›Wahnsinn.‹«

Das Philosophieren war Miss Barnes nicht in die Wiege gelegt; irgendein intellektueller Verdauungsprozeß verwandelt bei ihr Gedanken in eigentümliche und recht reizvolle, nichtsdestoweniger leere Stilisierungen. Ihr ganzes Leben lang haben immer wieder Freunde von ihr gesagt, sie sei das Gegenteil einer Intellektuellen, doch sei eine starke, zur Schau getragene Intellektualität eins der wenigen Mittel, das ihren Hochmut ein wenig dämpfen könne. Es war eine Zeit der Diskussionsleidenschaft, und obwohl Barnes selbst das Aphoristische mehr lag als der Diskurs, gibt es doch

Hinweise, daß sie einiges von den hochfliegenden Gesprächen im Greenwich Village sammelte und für ihre Prosa benutzte. In seinen Memoiren *A Victorian in the Modern World* berichtet etwa Hutchins Hapgood, wie Barnes den Satz »Gewissensbisse sind der Pfad, auf dem das Böse die Macht ergreift« von ihm übernahm und in *Oscar* einbaute.

Der Geist Tschechows ist besonders deutlich zu spüren. *Die Taube* ist im wesentlichen eine Parodie der *Drei Schwestern*. Es gibt zwar nur zwei Schwestern, Amelia und Vera, zwei unverheiratete Frauen mit der Sehnsucht nach einem perversen Leben; doch taucht eine dritte auf, eine junge Frau, eben »die Taube«, die die zwei im Park kennengelernt haben. Das Stück ist ein Kampf um die richtige Definition von »Perversität«, und die rothaarige Taube versucht, die beiden Schwestern zwar nicht nach Moskau, wohl aber ins Leben und weg von ihren perversen Hemmungen zu locken. Mit der unerfüllten Ankündigung eines Todes durch das Schwert tastet das Ende des Stückes nach einem geeigneten Ausdruck der Gewalttätigkeit, doch der eigentliche Knall ereignet sich, als die Taube »Amelias linke Brust und Schulter entblößt«, ihre Zähne hineinschlägt, dann hinter die Bühne marschiert, wo sie eine Pistole abfeuert (das alles erinnert sehr an Tschechows *Iwanov*) und schließlich mit einem durchbohrten Bild zurückkommt, das sie hochhält und ruft: »Das ist obszön!« Dieses Urteil gilt nicht der Kunst oder deren Zerstörung, sondern es wird denjenigen entgegengeschleudert, die sich mit der Erfahrung hübscher Bilder zufriedengeben. Bei aller Unterschiedlichkeit lassen sich viele Parallelen ziehen zwischen den Frauen in Tschechows und in Barnes' Geschichten, die ebenfalls leicht komische Provinzlerinnen sind, jedoch stärker und stolzer. Viele kleine Details, wie zum Beispiel die Watte, die der Beerdigungsunternehmer in *Finale* vergessen hat, aus dem Ohr der Leiche zu entfernen, sind reiner Tschechow.

Barnes' Figuren leben im Umkreis von Tod und Gewalt; dies und nicht Sexualität ist ihr eigentliches Thema, wenn das auch bisweilen recht gut verschleiert ist. Der Triumph des Todes, der schön ist im Vergleich zur Unordnung des Lebens, war natürlich das zentrale Thema der stolzen *crepusculari* oder Dekadenten, die etliche Jahre früher in Europa ihren Höhepunkt hatten (D'Annunzio, Sologub, Villiers de l'Isle-Adam). Barnes' einziger echter amerikanischer Vorgänger ist Poe. Im Februar 1919 schrieb sie einen Artikel im *New York Sunday Tribune*, der zum Teil von Poes Fordham Cottage handelte.

In vielen von Barnes' Todesszenen spielen Tiere eine Rolle. Die beiden dramatischsten sind die wilde Flucht der Pferde in *Eine Nacht mit den Pferden* und der Schluß von *Niemandes Stute*, in dem ein altersschwaches Wildpferd in einem Leichenzug den Toten tragen soll, aber plötzlich durchgeht und zum Meer galoppiert. Die Bewegung der Wellen scheint die Leiche wiederzubeleben, deren Arme wild herumwirbeln, während beide untergehen. Sie träumte von Tieren. Ihr Leben lang.

Die früheste von Barnes' bedeutenderen Geschichten ist *Das Kaninchen*, 1917 erschienen. Darin erwürgt ein armenischer Freier ein Kaninchen, das er von einem Schlachter in der Nachbarschaft gestohlen hat, zum Beweis, daß er ein Held ist und etwas vollbringen kann, wie seine herrische Geliebte es von ihm verlangt hatte. (Sieben Jahre später sollte Isaac Babel eine seiner berühmtesten Kurzgeschichten, *Meine erste Gans*, über ein auffallend ähnliches Thema schreiben.) Manchmal ist der Tod bei Barnes gar nicht dramatisch, sondern bringt nur ein Element von Frieden und gesteigerter Schönheit. In diesen frühen Geschichten ist der Tod selten erschreckend.

Guido Bruno schrieb im Dezember 1919 in *Pearson's Magazine* einen Artikel über *Three from the Earth* (unter dem Titel »Fleurs du Mal à la Mode de New York«); beigegeben war diesem das erste Interview, über ihr Schreiben, das Barnes je gab. Als Bruno ihr vorwarf, sie schreibe zu morbide, entgegnete sie: »Morbide? … Da kann ich nur lachen. Dies Leben, das ich schreibe und zeichne und portraitiere, ist das Leben, wie es ist, und folglich nennen Sie es morbide. Sehen Sie sich das Leben um mich herum doch an. Wo ist denn die Schönheit, die bei mir angeblich fehlt?«

XII

The Little Review, in dem viele dieser Geschichten erschienen, war dafür genau der rechte Ort. Djuna Barnes wurde bekannt durch das *Little Review*, und sie war sicher hoch geschätzt bei der Zeitschrift, doch ihr Schutzmantel aus unbändigem Stolz und Hochmut schloß wirkliche Wärme und Parteinahme für sie aus. Es gab genügend Gründe zu erwarten, daß Margaret Anderson und Djuna Barnes sich gut verstehen würden. In den frühen Chicagoer Tagen des *Little Review* hatte Anderson die gleiche leidenschaftliche Entschlossenheit zur Unabhängigkeit an den Tag gelegt, wie Barnes, als sie Amy Lowells finanzielle Unterstützung ablehnte, die mit ihrer Dienerschaft in der Absicht angereist kam, die Sparte Dichtung der Zeitschrift zu übernehmen. Miss Anderson zog verlauste Chicagoer Hotels und einmal sogar ein Zelt vor, um ihre Zeitschrift für sich zu behalten. Zwischen zwei Menschen, die beide nichts mehr fürchten, als die Herablassung des anderen, gibt es jedoch wenig Aussicht auf Freundschaft. Die berühmte Antwort von Barnes auf einen Fragebogen im *Little Review* von 1922 war mit Sicherheit verletzend.

EINE GEWISSE ZEITSCHRIFT

Bitte schreiben Sie

Wir lieben die Gefahr, aber wir sind es ein wenig leid, unser einziger Sieg zu sein. Wir liefern nicht bloß die Gewehre und das Ziel, wir sind auch gehalten, das Leichenhemd zu entwerfen.

AN JENE, DIE AN DER TÜR SCHELLEN

Ja, wir lieben Fanatiker: Sie sind gewöhnlich mit etwas beschäftigt, das sie hinreichend interessiert, während wir selbst auch etwas fanatisch sind…

DJUNA BARNES

(Für das L. R.)

Gefühlsmäßig hatte Barnes diesen Text mit Sicherheit schon seit 1918 im Kopf, als das *Little Review* nach Greenwich Village zog. Die Freundschaft sollte einfach nicht zustande kommen. In ihren Memoiren *My Thirty Years War* schrieb Margaret Anderson:

»Zwischen Djuna und *The Little Review* begann eine Freundschaft, die tief hätte werden können, hätte Djuna nicht immer unserem Leben, unseren Gesprächen grundsätzlich mißtraut. Ihre ausgeprägte Modernität überdeckte diesen Vorbehalt im ersten Jahr oder noch etwas länger ... Für die wichtigeren Luxusempfindungen der Seele hatte sie taube Ohren. Djuna wollte nie offen reden. Und sie ließ nie zu, daß man mit ihr offen sprach. Der Grund sei, sagte sie, daß sie sehr reserviert sei. Aber sie war in Wirklichkeit gar nicht reserviert – sie war unaufgeklärt. Das führte dazu, daß sie Mythen über sich selbst erfand, die zu revidieren sie nie für nötig hielt.

Es war ihr unangenehm, sich auf ein unpersönliches Gespräch über persönliche Dinge einzulassen. Uns wiederum war es unangenehm, eine Beziehung zu einer Frau herzustellen, die die Auseinandersetzung mit ihrer eigenen Psyche scheute. Ihr Denken kennt keine Abstraktion. Gegenüber diesem Aspekt ist sie ohne Verständnis.«

In den Einzelheiten irrte Miss Anderson mit ihrer Kritik – das Barnessche Werk kann als eins der besten Beispiele tiefgreifender Selbstanalyse außerhalb des freudianischen Kanons in der modernen englischen Literatur gelten –, doch die gesellschaftliche Positionsbestimmung, die Djuna Barnes' Stellung unter den Künstlern und Intellektuellen des Village beleuchtet, trifft nichtsdestoweniger genau zu. Barnes machte sich über Anderson und Heap lustig: sie seien derart penibel, daß sie die Seife vor der Benutzung wüschen.

Jahrzehnte später schrieb Margaret Anderson in einem privaten Brief:

»In unseren jungen Jahren fand ich sie, im Gegensatz zu vielen anderen, nie sehr hübsch, aber jetzt ist sie schön – ich meine, wirklich schön. Ihr ernstes Gesicht ist von schöner Tragik gezeichnet, und ihr Lächeln hat einen bezaubernden, sehr anrührenden Charme.«

Was Margaret Anderson die ganzen Jahre hindurch bewunderte, war Djuna Barnes' Stimme, die, wenn sie zu sprechen geruhte, würdevoll und herb klang, bis sie nach einer witzigen Bemerkung in ein kurzes, aber schallendes Gelächter ausbrach, um dann fortzufahren wie vorher.

Im Jahre 1918 stand Miss Barnes im Mittelpunkt eines kleinen Vorfalls auf dem Frühlingsfest, das zugunsten vom *Little Review* bei »Christine's« gegeben wurde.

Das Fest wurde veranstaltet von den Souls in Revolt (Seelen im Aufruhr) (einer »unorganisierten Organisation«), und es gelang ihnen, ungefähr hundert Leute zu je zwei Dollar Eintritt zu gewinnen. Ein Reporter der *New York World* beschrieb die Versammlung als vor allem aus hübschen jungen Damen und häßlichen Männern bestehend. Allen Tanner begleitete Lieder auf dem Flügel, und der japanisch-deutsch-amerikanische Schriftsteller Sadikichi Hartmann, der in Guido Brunos Publikationen stark vertreten war, hielt eine Rede (im übrigen zeichnete er sich noch dadurch aus, daß er den alten Walt Whitman gekannt hatte). Unter dem fälschlichen Eindruck, es handle sich um ein Kostümfest, hatte sich Hartmann als eine Figur aus einem bekannten zeitgenössischen Theaterstück verkleidet. Er sprach ziemlich lange, bis Hippolyte Havel rief: »Setz dich, Kichi!«, was er auch tat. Aber aus irgendeinem Grunde sprang er kurz darauf wieder auf, wobei er gegen eine Portion Hühnchen nach Königsart stieß, die sich in Djuna Barnes Schoß ergoß. Ein langhaariger Jüngling sprang auf, um Djuna zu rächen. Es wurde Platz gemacht, aber die Schläge fanden ihr Ziel nicht. Schließlich wurde Hartmann zum Sieger erklärt wegen der überlegenen Art seiner Beschimpfungen und der Gewandtheit, mit der er auswich, wann immer der

Kampf ernst zu werden drohte. Am Ende umarmten sich die Kombatanten und versöhnten sich. Alle amüsierten sich prächtig mit Ausnahme von Djuna Barnes.

Margaret Anderson hatte wahrscheinlich recht, wenn sie um 1918–19 eine Veränderung in Barnes' Verhalten beobachtete. Das hatte gewiß etwas mit den Fehlschlägen und Enttäuschungen in ihrem Leben zu tun, aber man kann es auch anders sehen: Ihre Lebhaftigkeit in den Jahren zwischen 1915 und 1918 könnte einfach eine vorübergehende Überlebensstrategie gewesen sein.

XIII

Sie war ernsthaft, aber es gab noch nicht viele Leute, die sie ernst genug nahmen. Wenn sie in jenen Jahren geliebt wurde – und das wurde sie –, dann deshalb, weil sie (wie Edna Millay) unverkennbar eine wirkliche Künstlerin war in einem Greenwich Village, das von jungen Möchtegern-Künstlerinnen wimmelte. In den ersten Jahrzehnten dieses Jahrhunderts Künstlerin zu sein, war nicht leicht. Maxwell Bodenheim, die bedeutendste Figur des Village und ein Mann von beträchtlichem kritischen Urteilsvermögen, hatte noch 1919 im *Little Review* seine respektvolle Langeweile über Barnes' Werk ausgedrückt. Und doch sollte er nur vier Jahre später über sie schreiben:

»Sie ist die einzige gute Schriftstellerin, die ich kenne, eine, die nicht in kleinkarierte poetische Sentimentalität verfällt und das mit stundenlangen Passagen verfehlter Schroffheit wieder auszugleichen versucht. Selbst de Gourmont und Dostojewski sind in diesem Punkt nicht ganz unschuldig, aber Djuna Barnes schwankt nie. Menschen sind für sie nicht mehr als kleine Unterschiede der Anatomie und der Rundungen; alle haben in sich die Pranke, die sich selbst zerfleischt, indem sie andere Objekte zerreißt, und sie stürzen benommen zu Boden, erdrückt vom Gewicht trügerischer Gedanken. Ihre Substantive und Adjektive sind stets sich wandelnde Nervenzentren, in denen dieser Kampf sich abspielt.«

Ob es nun an ihrer einzigartigen Ungezähmtheit lag und an ihrer Abneigung, ihre Waren zu Markte zu tragen, die wuchs, je mehr sie im Wert stiegen, oder ob es einfach Pech war, jedenfalls entsprach Djuna Barnes' öffentlicher Ruhm nie den mit den Jahren immer zahlreicher werdenden ausgefallenen Lobsprüchen von ihresgleichen. Sie führte ein Schattendasein und genoß doch Ruhm, so daß sie 1960 mit einigem Stolz erklären konnte, die berühmteste unbekannte Schriftstellerin der Welt zu sein.

Nach dem Erscheinen von *Nachtgewächs* schrieb Edwin Muir in seiner ausgezeichneten Geschichte der frühen Moderne *The Present Age from 1914*:

»Miss Barnes' Prosa ist die einzige eines lebenden Autoren, die sich mit der von Joyce vergleichen läßt, und in einem Punkt ist sie dieser überlegen: im Reichtum der genau treffenden und lebendigen Bilder, die nichts von der Gefälligkeit haben, die sich so leicht in einen irischen Stil schleicht. In ihrem Umgang mit der Sprache gibt es, anders als bei Joyce, auch nicht die geringsten Zeichen eines Bruchs zwischen der Sache selbst und der Art, wie sie gesagt ist; nirgends hat man das Gefühl, etwas hätte anders gesagt werden können, hätte die Autorin es nur gewollt. Ein Stil, der zugleich zwingend notwendig und innovativ ist, ist der stärkste von allen, denn er überwindet unseren Widerstand und gewinnt uns durch seine Neuheit. Miss Barnes hat die Gabe eines solchen Stils.«

Und doch konnte, nachdem sie nur wenige Jahre in Paris war, H.L. Mencken herablassend seine Leser fragen: »Wer kann sich noch an Djuna Barnes aus den alten Tagen von Greenwich Village erinnern?« In der Tat, wer.

Drittes Kapitel

Zeichnung von Djuna Barnes
für eine Zeitung (ca. 1914-1916)

I

»Ich bin nicht lesbisch. Ich habe Thelma einfach geliebt«, sagte sie sehr viel später zu einer Zeit, als sie in resigniertem Schmerz auf das zurücksah, was sie getan hatte; nur auf das, nie darauf, was sie war und was sie darüber geschrieben hatte (*Nachtgewächs*). Sie gingen miteinander, groß und attraktiv, und ihre Farbe war schwarz. In den Straßen und Cafés von Paris, wo sich die Amerikaner in den zwanziger Jahren zu treffen pflegten, konnte man nicht umhin, sie zu bemerken. Aber es kam auch vor, daß sie getrennt ausgingen, meistens abends, nur selten über Tag. Dann war Thelmas Mund schmal und hart, und ihr Verhalten hatte etwas Animalisches. Ihre hellen Silberohrringe und -armbänder waren gefährlich in der Nacht. Ein langes, boshaftes Ausholen mit ihrem Handgelenk konnte eine Blutspur auf die Wange eines unglücklichen Mannes zeichnen, der geglaubt hatte, einen fabelhaften Abend vor sich zu haben. Manchmal, wenn Thelma reichlich getrunken hatte, ließ sie sich von einem Mann mitnehmen, aber eigentlich war sie auf andere Frauen aus. Barnes folgte ihr in blinder, verzweifelter Suche.

Wenn Djuna Barnes aufgelöst von Bar zu Bar lief und nach Thelma suchte, verlor sie ihre ganze gebieterische Haltung. Es gab viele Abende, an denen Thelma nicht aufzufinden war, und dann gab Djuna irgendwann auf und betrank sich. Bei einer solchen Gelegenheit soll sie, als sie aus einem Café kam, betrunken in den Rinnstein gestürzt sein, doch glücklicherweise waren Freunde dabei, um sie aufzuheben. Weit häufiger war es jedoch Thelma, die, wenn man sie gefunden hatte, gestützt und nach Hause gebracht werden mußte.

II

Die Liebe zu Frauen stammte – genau wie das gefütterte schwarze Cape – aus Greenwich Village. Nicht Thelma Wood war die Ursache und auch nicht Paris. Ihre Mutter freilich schob es auf diese beiden Kräfte, als Djuna wieder in New York war, nachdem alles zu Ende gegangen war – die Liebesaffäre wie auch die letzte Kolonie der Auslandsamerikaner ihrer Generation in Paris. Ihre Mutter prophezeite ihr, sie werde es nie mit dieser Stadt aufnehmen können. Die vierziger Jahre nach ihrer unfreiwilligen Heimkehr nach New York waren für Djuna Barnes die erste Periode klösterlichen Schweigens. »Das lag an Paris! Das brauchst du mir gar nicht erst zu sagen. Weiß ich denn nicht, was diese Stadt anrichten kann? Ich habe deinen Vater unter dem Arc de Triomphe erhört, und sieh dir an, was aus uns allen geworden ist!«

Wir wissen, daß Barnes in den Tagen von Greenwich Village schon einmal eine Frau sehr geliebt hatte. Das einzige Zeugnis dieser Liebe ist eine kurze Passage in den Memoiren des Künstlers Maurice Sterne, *Shadow and Light* von 1952:

»Manchmal aß ich abends mit Djuna Barnes, der Avantgarde-Schriftstellerin. Gewöhnlich sprach sie sehr wenig; sie war mehr daran interessiert, die Leute zu beobachten, mit denen sie zusammen war. Eines Abends, als wir in Polly's Restaurant in Greenwich Village waren, rief sie plötzlich, da sei jemand, den sie kenne. Sie nahm mich mit an einen Tisch, wo ein unscheinbares Mädchen mit ein paar Freunden aß. Djuna zischte sie an, ›ich hasse dich, ich hasse dich, ich hasse dich‹, immer und immer wieder. Die braungebrannte Maus lächelte honigsüß, aber ihr Lächeln sprühte elektrische Funken, und sie fochten einen rätselhaften stummen, aber heftigen Kampf aus, bis Djuna mit ihren langen Schritten davonstolzierte.«

Die »Maus« war Margaret Anderson, und es ging bei dem Blickduell um deren Geliebte, Jane Heap. In Paris erzählte Barnes Charles Ford, daß sie jahrelang einen tiefen Groll gegen Jane Heap gehegt habe. In Briefen an Emily Coleman aus dem Jahre 1938, die darauf hindeuten, daß sie eine vorübergehende Affäre mit Jane Heap hatte, nennt Djuna sie ein Miststück. Der dreieckige Hut, für den Barnes in Paris berühmt war, sah genau aus wie der, den Jane Heap im Village getragen hatte. Sterne fährt in seinen Memoiren fort:

»Djunas engste Freundin war die bezauberndste junge Frau im Village, eine Schönheit mit tizianrotem Haar, die todkrank war. Nach Mary Pynes Tod kam ich dazu, wie Djuna, den Kopf in den Armen vergraben, herzzerreißend schluchzte und immer und immer wieder klagte, über diesen Verlust werde sie nie hinwegkommen. Das waren die einzigen Male, bei denen ich einen Blick auf die wahre Intensität ihrer Gefühle hinter der kontrollierten Fassade erhaschte.«

In Barnes' erstem wichtigen Werk *A Book* (1923) sind zwischen die Kurzgeschichten zwanzig kurze Gedichte eingestreut. Für sich genommen, sind sie einfach Gedichte zu verschiedenen Themen, wie beispielsweise *Antiquität.* Elf davon aber, wenn man sie herauslöst und in Folge liest, erzählen eine Geschichte. Es ist eine Liebesgeschichte, die in Glückseligkeit beginnt und mit der Beschreibung der Krankheit und des Todes des Geliebten in immer größerem Schmerz versinkt. Der Zyklus endet mit Gedichten, die das Grab beschreiben und die Verwandlung des toten Körpers in einen Garten mit Weißdorn, und

> ... beneath her armpits bloom
> The drowsy passion flowers of the dead

(... unter ihren Achseln blühen / Die trunkenen Passionsblumen der Toten)

Unvermittelte Gefühle artikulieren sich in diesen Gedichten selten. Vielmehr werden Schmerz und Liebe abstrahiert und ins Christliche gewendet:

> The only pattern in the mind
> Is the cross behind the Christ.

(Als einziges Muster bleibt im Herz / Hinter Christus nur das Kreuz.)

Das letzte kurze Gedicht *Finis* steht am Ende von *A Book* und der Satz »Wenn wir einst tot sind«, der das Versprechen lebenslanger Treue zu dieser Liebe und ihrem Gedächtnis enthält, fügt sich ein in das Thema der Unvergänglichkeit des Lebens, das den ganzen Zyklus durchzieht.

Das längste der Gedichte besteht aus sechs Teilen und ist überschrieben *Six Songs of Khalidine* (Khalidines sechs Gesänge). Sie sind »Der Erinnerung an Mary Pyne« gewidmet, und auf diese Widmung zusammen mit Sternes Memoiren gründet sich die Vermutung, daß Djuna Barnes Mary Pyne geliebt hat. *Six Songs of Khalidine* sind kurz nach Mary Pynes Tod entstanden; Djuna schickte sie an Harriet Monroe von der Zeitschrift *Poetry*, doch wurden sie nicht gedruckt. Eine der Zeichnungen in *A Book* wurde von Charles Norman in seinem Buch *Poets and People* (1972) als ein Portrait von Mary Pyne identifiziert. Es ist zwar keineswegs das Bildnis einer Schönheit, doch das konnte Leuten schon passieren, wenn Djuna Barnes sie portraitierte. Die Dichterin hält Nachtwache bei der Sterbenden. Beide Frauen küssen sich in wahnsinniger Verzweiflung angesichts des Todes, den sie beide nur allzu deutlich herannahen sehen.

Zwei der voraufgehenden fünfzeiligen Gedichte, *Hush Before Love* (Stille vor der Liebe) und *Paradise* (Paradies) scheinen von erfüllter Liebe zu sprechen. Die erste Zeile des zweiten Gedichts lautet: »This night I've been one hour in Paradise« (»Heut' nacht war ich eine Stunde lang im Paradies«). Und doch ist die Erfüllung überschattet von Betrug – es wird auf den Hahn angespielt, der dreimal krähte, als Petrus Christus verleugnete, und auch auf den Judaskuß.

Mary Pyne war – wie Djuna Barnes – eine rothaarige Dichterin, die allerdings kaum etwas von ihrem Werk veröffentlichte. Harry Kemp hatte in ihr seine Idealfrau gefunden. Kemp stilisierte sich selbst zum »Troubadour« des Village, eine Rolle, in der er jedoch, wie man sagen muß, von dem berühmteren Bodenheim auf den zweiten Platz verwiesen wurde. Kemp und Barnes mochten sich nicht besonders. Mary Pyne wird meist nur beiläufig in Biographien über Eugene O'Neill erwähnt, weil sie mit ihm befreundet war und sich um seinen Alkoholkonsum sorgte. In seinem frühen Stück *Vor dem Frühstück* hatte sie eine Rolle. Pyne wird beschrieben als eine zarte, geheimnisvolle Frau mit sanfter Stimme, die immer in ihrer eigenen Welt schwebte. In *The Street I know* von Harold Stearns (1935) gibt es eine kurze Beschreibung von Barnes und Pyne bei der *New York Press*. Eins ihrer Gedichte, *Grieve Not*, erschien postum in *Bruno's Weekly* am 28. August 1915:

> … For in they heart is naught of bitterness
> And all is well; play thou but on and on
> Until some time when, bending low thy head
> In reverence in humility,
> Thou seest about thee in the Silences
> Rapt, list'ning faces where before were none;
> Not men – ah no, but more – the Souls of Men.

(… In deinem Herz ist keine Bitterkeit / Und alles gut; spiel du nur fort und fort / Bis zu dem Tag, wenn du, den Kopf gebeugt / In Demut und Verehrung / Um dich herum, in Schweigen / Eingehüllt, siehst lauschende Gesichter, wo vorher keine waren, / Nicht Menschen – oh nein, mehr noch – der Menschen Seelen.)

Man darf annehmen, daß dieses Gedicht von Miss Barnes zur Veröffentlichung vorgeschlagen wurde, und auch, daß es an sie gerichtet war.

III

Das erste Mal fuhr Djuna Barnes im Auftrag von *McCall's Magazine* und des Scripps-Howard Syndicates nach Europa. Weiter ist überliefert, daß ihr Reisegeld von Peggy Guggenheim und Helen Fleischman bezahlt wurde. Der Auftrag von *McCall's* war vermutlich nur eine lockere Verpflichtung, denn ihr erster Artikel erschien dort erst 1925. Er handelte von amerikanischen Frauen, die europäische Adlige geheiratet hatten, und von deren Gefühlen in einer fremden Kultur.

Barnes setzte ihre Empfehlungsschreiben ein. Die Hohenpriester der englischsprachigen Auslandskultur waren um 1920 James Joyce, Ezra Pound, Gertrude Stein und T. S. Eliot. Miss Barnes schrieb an Miss Stein und bat sie um ein Foto, um danach eine Portraitskizze anzufertigen, doch als sich die beiden dann begegneten, bestand keinerlei Aussicht auf eine Freundschaft. Abgesehen von Alice Toklas, die alle Freundschaften in der Rue de Fleurus wirksam kontrollierte, gab es im Steinschen Zirkel keine regelmäßigen weiblichen Mitglieder. Jahre später erinnerte sich Miss Barnes noch immer empört an die Art, wie Stein sie geschnitten hatte:

»Wissen Sie, was sie zu mir gesagt hat? Daß ich schöne Beine hätte! Was hat das mit irgend etwas zu tun? Hat gesagt, ich hätte schöne Beine! Ich meine, warum, warum hat sie *das* gesagt? Ich meine, wenn man etwas über jemanden als Person sagen will ... Ich konnte sie nicht ausstehen. Sie mußte immer im Mittelpunkt stehen. Ein monströses Ego. Ihr Bruder – wie hieß er noch? – Leo. Leo Stein. Armer Kerl. Er war ein netter Junge. Sie hat ihn einfach aufgefressen.«

In einer Rezension, die Barnes 1945 über Steins *Kriege, die ich gesehen habe* für das *Contemporary Jewish Record* schrieb, nennt sie Stein eine Oberschwester, die eine Fibel geschrieben hat; ihr

Stil sei »eine Art statische Flucht«: »man kann sie anschubsen, doch man wird sie nicht zur Eile bewegen«. Sie macht sich lustig über Steins Mangel an Bescheidenheit und den ihr fehlenden Kontakt zum gesunden Menschenverstand und zum wirklichen Leben.

Gertrude Stein
Zeichnung von Djuna Barnes

T. S. Eliot wurde Barnes 1921 in einem Pariser Café vorgestellt, doch lernte sie ihn erst bei der Herausgabe von *Nachtgewächs* näher kennen.

Etwas Hilfe erfuhr Miss Barnes in ihren ersten Pariser Jahren von Ezra Pound, dem großen Helfer. Unter dem Namen Old Glory schrieb Pound an Ford Madox Fords *Transatlantic Review* eine Beurteilung der ersten fünf Nummern dieser Zeitschrift, und der Brief fing an mit: »Aprilnummer gut. Besonders Hem. und Djuna.« Pound kleidete sich damals wie ein vollendeter Pariser Ästhet – oder besser gesagt, wie sich ein Außenseiter einen Pariser Ästheten vorstellte –, mit windzerzaustem Haar, Samthosen, offenem Hemdkragen und lose gebundener Krawatte, die über seine Schulter flatterte. Sein Antiamerikanismus war auf dem Höhepunkt, und trotzdem war er bei weitem der amerikanischste unter den Amerikanern in Paris. Viele fanden es schwierig, sich seinen Rang als Dichter zu vergegenwärtigen angesichts seines zwanghaft schlechten Cowboybenehmens. Ford Madox Fords damalige Freundin, die Malerin Stella Bowen, schrieb über ihn:

»Für mich war er anfangs eine beunruhigende Erscheinung. Seine Bewegungen waren, wenn auch nicht direkt unkontrolliert, so doch abrupt und eckig, und seine dröhnende amerikanische Stimme war, wenn sie vor Nachdruck förmlich explodierte, kaum zu verstehen, wenn er uns über den Weg, die Wahrheit und das Licht in der Kunst aufklärte. Er ließ sich von uns das Tanzen beibringen und entwickelte schnell einen höchst eigenwilligen und sehr derben Stil, zu dem viel Auf- und Abgehopse sowie Hin- und Herschwanken gehörte. Ihm bereitete das größtes Vergnügen, obwohl ich sagen muß, daß es seinen Lehrern nicht gerade zur Ehre gereichte.«

Pound machte allen attraktiven Frauen den Hof auf eine ebenso liebenswert intensive wie wirkungslose Weise. Bryher* beschreibt

* Bryher: Pseud. für Annie Winifred Ellerman. [A. d. Ü.]

den Vorgang anschaulich in ihren 1962 erschienenen Memoiren *The Heart to Artemis*:

»Er stand schnell auf und legte den Arm um meine Schultern. Die Position war höchst unbequem, und im elisabethanischen Zeitalter hätte eine Frau wohl geschrien oder zum Dolch gegriffen, aber ich beschloß, wachsam und ruhig zu bleiben.

›Schönes Haar ... schönes Haar‹ ... er gab mir einen keuschen Kuß auf die Wange. Ich zerbrach mir den Kopf, was um alles in der Welt ich jetzt tun sollte, und beschloß, ihn schweigend und wie geistesabwesend anzustarren.

So starrten wir uns denn gegenseitig geraume Zeit an; jedenfalls kam es mir so vor. Dann fragte er fast feierlich: ›Haben Sie nicht ein paar Pralinen für mich?‹«

Barnes ging offenbar durch das gleiche merkwürdige Ritual, denn Jahrzehnte später, als sie dieses Erlebnis Bryhers las, bemerkte sie, ihr sei genau das Gleiche widerfahren: »Anscheinend hat er es bei uns allen versucht.« 1967 in Venedig brach Ezra Pound wieder einmal sein lautstark öffentlich kommentiertes (und, wie Barnes an ihre ältere Freundin Natalie Barney schrieb, reichlich übertriebenes) Schweigen und erzählte von seiner kurzen Werbung um Djuna Barnes: »Waall, sie war nicht gerade sehr schmusig, das kann ich Ihnen versichern.«

Dennoch konnten sie einander gut leiden. 1928 trug Pound durch mündliche Empfehlung zur Verbreitung ihres *jeu d'esprit Ladies Almanach* bei. Vier Jahre später schrieb Barnes ihm, um sich für seine Bemühungen zu bedanken, nachdem Mina Loy sie wegen des Versäumnisses ermahnt hatte. Sie lud ihn ein, sie zu besuchen, wenn er das nächste Mal in Paris sei. Sie hatte ihm noch kein Exemplar ihres ersten Romans *Ryder* geschickt, und fragte in ihrem Brief, ob er ihm zufällig unter die Augen gekommen sei. Später schickte sie ihm ein Exemplar (da war er »Ezra, mein Lieber«) und mahnte ihn: »Du mußt es mögen, Du Schurke.« Doch die Überlieferung schweigt, ob er folgsam war oder nicht.

Sie scheinen sich nur auf Parties und bei besonderen Gelegenheiten gesehen zu haben. Pound lud sie 1925 zu der berühmten, äußerst turbulenten Privatvorstellung von George Antheils *Ballett Mécanique* im Théâtre des Champs-Élysées ein, eine Aufführung, die gekennzeichnet war durch das ständige Geschrei und Gezänk im Auditorium und die großen Industrieventilatoren, die gegen Ende der Aufführung auf der Bühne zu surren begannen und mit der Kühle, die sie brachten, das rüpelige Publikum etwas beruhigten. Eliot, Hemingway und Joyce besuchten ebenfalls diesen Abend der *musique américaine*. Barnes und Thelma Wood waren auch auf einer Party dabei, als Pound sich und alle Gäste in Verlegenheit brachte, indem er scherzhaft behauptete, Joyce' ernste Gönnerin Harriet Weaver sei betrunken, weil man sie überredet hatte, ein halbes Glas Wein zu nippen.

Pound ist unter anderem dafür berühmt, sich energisch für Schriftsteller und Dichter eingesetzt zu haben, die er manchmal kaum kannte und deren Kunst seiner eigenen durchaus diametral entgegengesetzt sein konnte. Auch die lose Bel Esprit-Gruppe, die zusammen das Geld aufbrachte, das Eliot von seiner Arbeit in der Bank befreite, war von Pound zusammen mit Natalie Barney ins Leben gerufen worden. Und doch – muß man hinzufügen – finden sich keine Künstlerinnen auf der Liste derjenigen, deren Ruhm während dieses Jahrzehnts nachhaltig von Pound gefördert wurde. Gertrude Stein erklärte sich außerstande, ihn zu empfangen, obwohl sie ihn durchaus mochte:

»Er braucht nur hereinzukommen und sich für eine halbe Stunde hinzusetzen. Wenn er geht, ist der Stuhl kaputt, ist die Lampe kaputt … Ez ist in Ordnung, aber ich kann es mir nicht leisten, ihn im Hause zu haben, das ist alles.«

Was Barnes angeht, so hielt Pound am Ende gar nichts von ihrem Werk, meinte vielmehr, sie genösse einen übertriebenen Ruhm, der einen Dämpfer brauchte. In einem Brief an Eliot aus dem Jahre 1937 verfaßte Pound einen Limerick über Barnes:

There once wuzza lady named Djuna,
Who wrote rather like a baboon. Her
Blubbery prose had no fingers or toes,
And wie wish Whale had found this out sooner.

(Es gab eine Frau, die hieß Djuna, / Die schrieb kaum so gut wie ein Huhn, da / ihr blubbriger Schmus hat nicht Hand und nicht Fuß. / Hätt' der Wal das nur seh'n woll'n schon früha.)

Zur Erklärung der Stichelei (der »Wal« ist eine Anspielung auf Ford Madox Ford) fügte er hinzu: »Das übertreibt ebenso nach der einen Seite, wie Ihr Burschen nach der anderen.«

Für Barnes war Joyce der wichtigste Autor in Paris. Das traf zwar auch für die meisten anderen ausländischen Künstler zu, doch sie verehrte seine Begabung mehr als alle. Ihre Bemerkung, als der *Ulysses* im *Little Review* zu erscheinen begann, machte Furore: »Ich werde nie wieder eine Zeile schreiben. Wer hat danach noch den Nerv dazu!« Sehr wahrscheinlich wurde dieser Ausspruch auch Joyce selbst von irgend jemandem zugetragen, vielleicht schon bevor sie ihm ihr Empfehlungsschreiben überreichte. Die Tatsache, daß sie von seiner Kunst zwar überwältigt war, aber dennoch nicht geneigt, ihm (oder irgend jemand anderem) gegenüber unterwürfig zu sein, dürfte nach seinem Geschmack gewesen sein. Er hatte relativ wenige literarische Freundschaften. Djuna kam auch sehr gut mit Nora aus.

Es gibt keinen verbrieften Bericht über ihre Freundschaft, nur eine Reihe herzlicher, aber förmlicher Einladungsbillets mit der Aufforderung, ihn in seiner dunklen, muffigen Wohnung zu besuchen.

Ein Vorfall beweist schlagend, daß Joyce seinerseits Barnes hoch schätzte. Im Jahre 1923 schenkte Joyce ihr ein Exemplar der Erstausgabe von *Ulysses* mit vielen handschriftlichen Randbemerkungen. Einige Jahre später, als sie Geld brauchte, weil sie für jemanden sorgte (vermutlich die Baronin), verkaufte Barnes das Buch. Lange Jahre danach, als James Scott, Autor der ersten literaturwissenschaftlichen Monographie über Barnes, sie interviewte, brachte sie die Geschichte etwas durcheinander und erzählte ihm, Joyce habe ihr das Manuskript des Romans geschenkt. (Das Exemplar mit seinen Randbemerkungen befindet sich heute im Besitz der Houghton Library von Harvard.) Zur Zeit des Interviews war sie bereits sehr alt, und das Ereignis lag siebenundvierzig Jahre zurück. Doch daß Joyce ihr sein eigenes Exemplar mit seinen handgeschriebenen Notizen schenkte (die erste Auflage bestand nur aus wenigen Exemplaren), ist ausreichender Beweis für seine starke Freundschaft.

Zufällig wurde Miss Barnes Zeugin einer dramatischen Szene in Joyce' Leben, kurz vor der Veröffentlichung des *Ulysses*. Burton Rascoe erzählt die Geschichte in *A Bookman's Daybook* (1929). Barnes spazierte mit Joyce und seiner Frau Nora durch den Bois de Boulogne, als ein Fremder sie streifte und Joyce etwas zumurmelte, was Barnes nicht verstehen konnte. Joyce erbleichte und begann zu zittern. Als Barnes ihn fragte, was geschehen sei, antwortete er: »Dieser Mann, den ich noch nie gesehen habe, hat im Vorbeigehen zu mir auf lateinisch gesagt ›Sie sind ein miserabler Schriftsteller.‹ Am Tage vor der Veröffentlichung meines Romans ist das ein schreckliches Omen!« Es ist so gut wie sicher, daß der Fremde ein Ire und der Vorfall inszeniert war. Joyce wurde von den Amerikanern und von vielen der englischen Schriftsteller verehrt, doch nicht von seinen Landsleuten – und zwar, das muß man offen sagen, zumindest teilweise wegen des Hochmuts, mit dem er ihnen begegnete. In Erinnerung an Yeats bemerkte er einmal zu Barnes: »Ein guter Junge und ein hervorragender Dichter, doch hält er sich zu viel auf seine Kleidung zugute und ist überhaupt zu sehr für's Ästhetische eingenommen – und was die übrigen angeht – Irish Stew!«

Zwei der wenigen Charakterskizzen, die Barnes während ihrer Pariser Jahre für Zeitungen oder Zeitschriften schrieb, waren Joyce gewidmet. Eine wurde unter dem trockenen Titel »James Joyce: Ein Portrait des Mannes, der zur Zeit einer der bedeutenderen Gestalten der Literatur ist« 1922 in der Aprilnummer von

Vanity Fair veröffentlicht. Die andere erschien ebenfalls 1922 als Teil einer impressionistischen Skizze von Paris mit dem Titel »Vagaries Malicieuses« in *The Double Dealer.* Barnes kannte Joyce zu diesem Zeitpunkt seit knapp zwei Jahren. Sie beschrieb ihn als einen »ruhigen Mann, diesen Joyce, mit dem Hinterkopf eines afrikanischen Götzen, lang und flach. Dem Hinterkopf eines Mannes, der mit der vulgären Notwendigkeit geistigen Stauraums gebrochen hat.« Er lebte, so meinte sie, »in einer Art dem Zufall überlassener Zurückgezogenheit«, und wenn er lächelte, zeigte er »eigenartig verdorbene und zu ihm passende Zähne«. Die Artikel berichten, wie Joyce über Synge, Tagore und den Ursprung griechischer Namen sprach, über die griechische Mythologie und eine alte Frau, die Joyce ein paar pornographische Stiche schenkte, die vor Jahren einem ihrer Liebhaber gehört hatten. Tatsächlich findet sich eine der bekanntesten Äußerungen von Joyce zur Kunst in dem *Vanity Fair*-Artikel, zitiert nach einer Unterhaltung, die er mit Barnes führte: »Ein Schriftsteller sollte niemals über das Ausgefallene schreiben, das ist Sache des Journalisten.« Im Einklang mit der erwähnten Überschrift ist der Ton beider Artikel völlig frei von übertriebener Ehrfurcht, vielmehr erzählt sie dem Leser sogar, wie ihre Aufmerksamkeit zu wandern begann, während Joyce mit ihr sprach, weil er »von einem Thema zum nächsten gleitet, ohne eindeutige Unterteilungen vorzunehmen«, bis sie schließlich »jede Verbindung zu diesem Mann verlor, der traurig, ruhig und unablässig an der Arbeit war«.

IV

Die Grundzüge von Joyce' künstlerischer Entwicklung haben deutliche Spuren auch in Barnes' schriftstellerischen Strategien hinterlassen, und es ist nicht übertrieben zu sagen, daß man einiges über Joyce wissen muß, um gewisse Dinge bei Barnes zu verstehen.

Der amerikanische Lyriker Jack Hirschman hat in seiner Doktorarbeit (Indiana 1961) einige wichtige Details des Einflusses von Joyce auf Barnes herausgarbeitet. Zunächst einmal stellte er fest, daß die Wortspiele und die Metaphorik vom *Ladies Almanach* ganz deutlich jenem Teil des *Work in Progress* verpflichtet sind, der 1927 in *transition* erschien. Auch das Muster des Heiligenlebens sowie die Kalenderform könnte man auf Joyce' Freundschaft mit Barnes zurückführen: bekanntlich hatte auch er eine Vorliebe für beides. Einige der von Hirschman entdeckten Parallelen lassen keinen Raum für Zweifel wie z. B. folgende Stellen aus Barnes' *Ladies Almanach* und *Finnegans Wake*. Bei Barnes heißt es: »Enträtsel mir dies oder vermuschel mir das, und denk dir das Gebräu, wie immer du magst, hicks hic iacet.« Und im Vergleich dazu bei Joyce: »Latinier mir das mal, du Dreifallt-Scholar, aus eurem Sanskrypt in unser Airisch! Hircus c civis Eblanensis!« Joyce las ihr aus *Finnegans Wake* vor. Sie lachte. Er war entzückt.

Vor allem bei der Ausweitung der Grenzen literarischer Sprache erwiesen sich Barnes und Joyce als verwandte Geister. Joyce' frühestes Werk war elisabethanisch in der Form, und die Sprache des elisabethanischen und jakobinischen Zeitalters spielt im Werk beider Autoren eine wichtige Rolle. Von den englischsprachigen Schriftstellern des frühen zwanzigstens Jahrhunderts arbeiteten nur wenige so kontinuierlich mit historischen Sprachschichten und schwierigen geschichtlichen Anspielungen wie Joyce, Eliot und Barnes. Joyce hat dem Roman eine neue Form gegeben; Eliot hat der englischen Lyrik einen neuen Klang verliehen. Barnes war vergleichsweise benachteiligt, weil ihr wichtigster Erzählstoff ihre ziemlich ausgefallene Familiengeschichte war – sicherlich eine große, wenn auch schmerzliche Mitgift für sie als Künstlerin, doch eine Mitgift, die nicht unbedingt allgemein interessierte und ansprach –, und da sie eine Frau war, dazu noch eine höchst ungewöhnliche.

Die Parallelität der Entwicklung von Barnes und Joyce – sie natürlich einen Schritt hinter ihm – ist auffallend. Beide speisten ihre Kunst aus musikalischen Wurzeln. Beide hatten eine Leidenschaft für das Vergangene und für eine dunkle Sprache, die sie auf eine nicht allzu weit zurückliegende Gegenwart übertrugen. Beide entfernten sich entschlossen von klassisch einfachen ästhetischen Ausdrucksmitteln hin zur Erfindung neuer, gemischter Genreformen. Die berühmten Joyceschen Epiphanien, äußerlich unbedeutende, doch mit Gefühl und Bedeutung aufgeladene Momente, finden eine Entsprechung in ähnlichen Augenblicken in den besten von Barnes' frühen Kurzgeschichten (wenn freilich auch in ihrem Fall diese intensiven Momente meist an den Anfang oder das Ende der Geschichte gebunden sind). Wahrscheinlich entstanden die meisten dieser Geschichten, bevor sie die *Dubliner* gelesen hatte. Wie Joyce sich von der Lyrik in *Kammermusik* zu den Kurzgeschichten der *Dubliner* fortentwickelte, so schritt auch Barnes weiter von den Gedichten in *The Book of Repulsive Women* zu den Geschichten in *A Book*. Dann gehen beide Künstler über zur Romanform, und beider »Romane« quellen über von Parodie und Travestie und fügen sich nur noch mühsam dem Etikett »Roman«. Beide Autoren spielen beiläufig mit dem Drama, und keiner von beiden legt viel Wert auf einen erzählerischen Faden im traditionellen Sinn. Hirschman geht jedoch zu weit, wenn er meint, daß diese ganze Schaffensphase in Barnes' Leben wesentlich imitativ gewesen sei. Gewiß gibt es in ihrer frühen Kunst einen starken imitativen Zug, doch abgesehen von wenigen Ausnahmen, wie zum Beispiel ihren eindeutig an Beardsley orientierten Zeichnungen vor 1920, ist die unbestreitbare Originalität in allem, was sie in den ersten zehn Jahren ihrer künstlerischen Aktivität schuf, weit markanter.

Nach 1928 folgte fast ein Jahrzehnt des Schweigens, das 1936 mit dem Erscheinen ihres Meisterwerks *Nachtgewächs* endete. Es kann kein Zweifel geben, daß dieser Roman, wenn er auch nicht ganz frei von Einflüssen ist, im wesentlichen seine ganz eigene Sprache spricht. Hier ist keine Spur mehr von Joyce zu finden. Doch ebenso wahr ist auch, daß das nächste große Barnessche Werk, das nach weiteren zwei Jahrzehnten des Schweigens folgte, das poetische Drama *Antiphon* (1958), mit seiner scheinbar hermetischen Dichte der Sprache und des Gehalts wieder stärker an Joyce erinnert als irgendein anderes ihrer Werke. Djuna Barnes und James Joyce teilten eine starke Vorliebe für sprachliche Verrätselungen. Beide strebten mehr danach zu verhüllen als zu enthüllen oder »mitzuteilen«, und bei beiden Schriftstellern muß man diese Eigenart akzeptieren lernen, wenn man ihre dichterische Intensität genießen will. Dieser wichtige Aspekt ist bei Djuna Barnes eine natürliche Eigenart und nicht das Ergebnis irgendeines Einflusses. Obwohl beide Stücke sonst ganz verschieden sind, teilt *Antiphon* von 1958 dies allgemeine Charakteristikum mit dem schon 1919 entstandenen Drama *Three from the Earth* (bei dem es Alexander Woollcott bereits damals scharfsinnig diagnostizierte), und beide Werke teilen es wiederum mit *Ulysees* und *Finnegans Wake*.

Über die literaturstrategischen und stilistischen Parallelen ihrer Kunst hinaus bestehen auch gewisse Ähnlichkeiten in der Lebensweise von Joyce und Barnes; sie sind vielleicht nicht unmittelbar zu erkennen, aber doch sind sie ganz real. Beide Schriftsteller waren außergewöhnlich zurückhaltend, außer wenn sie übermäßig tranken, was freilich (zu) häufig vorkam. Beide hatten auch eine ziemlich ungewöhnliche (wenigstens für diese Periode des Exilantenlebens) Vorliebe für einfache, geordnete häusliche Verhältnisse. Joyce war darin erfolgreich, während Barnes scheiterte, doch das war eine Frage des Schicksals.

V

Ihre Überfahrt nach Europa gegen Ende 1919 oder 1920 hat Barnes folgendermaßen geschildert:

»Es war ein Ein-Klassen-Schiff – für Menschen ohne Unterscheidungsvermögen. Die Fracht bestand hauptsächlich aus enttäuschten Lehrern aus dem Mittleren Westen, die an Deck saßen und mit höhnischer Miene Gratisobst aßen. Am Abend wechselten sie dann in den Salon, wo sie Triple sec tranken und beim Kartenspiel zu gewinnen versuchten. Ein paar dachten, sie seien festlandeuropäisch, wenn sie ausländischen Umarmungen nachgaben.«

Sie teilte ihre Kabine mit einer Französin und verbrachte einen Großteil der Zeit mit einem gefühlvollen, auf seine amourösen Eroberungen ungemein stolzen französischen Professor in den Vierzigern, der nach einem langjährigen Amerikaaufenthalt nach Paris zurückkehrte. Sie saß mit dem Professor am Tisch des Kapitäns, und sie bemerkte, wie ihr ziemlich lautes Lachen, das in ungewöhnlichen Augenblicken erschallte, die Aufmerksamkeit des ganzen Speisesaals erregte und die Versammelten zu allerlei Mutmaßungen animierte. Nach der Ankunft in Le Havre fuhr sie mit dem Professor im Zug nach Paris – verbrachte offensichtlich einige Tage in seiner Gesellschaft, wobei sie sich distanziert und hochmütig gab. Er nahm sie mit zu einer seiner Bekannten, die im Ruf einer eleganten Französin stand, doch Miss Barnes, wenn auch in gewisser Hinsicht durchaus beeindruckt (»Wie viele Lebensjahre hatte ich damit hingebracht, mir genau solch ein Zimmer auszumalen!«), tat so, als sei sie von kleinen Zeichen schlechten Geschmacks und Affektiertheit abgestoßen. Als sie den Salon verließ, brachte die Tochter, ein Backfisch, sie zur Tür und sagte in bezauberndem Englisch: »Ich hoffe, Sie werden in Paris hübsch zu leiden haben!« Der Professor führte ihr, wie sie sich erinnert, alle Sehenswürdigkeiten von Paris vor, doch nichts konnte sie beeindrucken. Nur die Einstellung der Franzosen zu Parfums und Kosmetika nahm sie aus, Cluny, die Kirchen und die Art, wie die Franzosen gehen – »mit einem gewissen Respekt für die Art, wie die Beine befestigt sind«. Als schwaches Gegengewicht zu diesem Ton amerikanischer Herablassung gegenüber Paris und französischer Kultur beklagt sie sich darüber, daß die Pariser Cafés ganz verdorben seien durch Frauen, die Englisch mit Männern sprächen, die auf amerikanisch antworteten.

Am besten gefielen ihr die Kirchen, die sie von ihren ersten Pariser Tagen an häufig besuchte. Weder damals noch zu irgendeinem anderen Zeitpunkt war sie bekennende Christin, wenn sie auch später sagte, sie sei im Grunde ein religiöser Mensch. Doch war das wahrscheinlich nicht der Grund für ihre Besuche in den Pariser Kirchen. Aus einer kurzen Passage in ihren »Vagaries Malicieuses« wird klar, daß die Kathedralen eine Metapher für sie selbst sind – die großartige und doch traurige Entrücktheit, die sie besaßen, war auch ihr eigen:

»Und so kam ich denn nach Paris, wo ich ein paar Stunden später aus meinem Fenster in der Rue Jacob lehnte und all die unbekannten Kirchen in meinem Herzen bewegte, und indem ich das tat, zog ich meinen Mantel an und ging im traurigen, eben hereinbrechenden Zwielicht nach Notre Dame und lief unter den Bäumen entlang und dachte an eine andere Stadt auf verräterische Weise, bis ich auf eine alte Frau traf, die Orangen verkaufte, und mir der Gedanke kam, wie bitter und flüchtig der Duft war und wie bezaubernd überflüssig es von ihnen war, so zu sein – und mit dieser Überflüssigkeit war mir Genüge getan. Notre Dame läßt einen jedoch vergleichsweise unberührt; aus Angst, lästig zu fallen, mag man sich gar nicht an sie erinnern. Sie ist bevorzugtermaßen ein einsames Geschöpf. Sie wird nicht behelligt von jenen Andächtigen, die in zwei Kategorien zerfallen: jene, die auf den Glauben zugehen, und jene, die von ihm herkommen. Sie befindet sich in jenem Zustand in der Mitte, wo es kein Kommen und Gehen gibt.

Vielleicht ist das der Grund, weshalb für mich in der Kirche von Saint-Germain-des-Prés, der ältesten Kirche von Paris, mehr möglich war. Das ist ein Ort für diejenigen, die ›nur ein Weilchen bleiben können‹ – auch sie ist entrückt, doch hat sie die Entrücktheit einer Frau, die von nur einem Hund und vielen Männern ge-

Djuna Barnes
Photo von Man Ray

liebt wird. Und hierher trägt man seine Tränen, die man unvergossen läßt, um die dünnen Kerzen zu zählen, die sich um die Füße der Jungfrau erheben wie Blumen aus Feuer.«

In den Kirchen traf man keine Amerikaner, sondern nur ein paar einheimische Pariser und gelegentlich den einen oder anderen Russen. Diese waren zu jener Zeit in Paris die einzigen echten Emigranten, und viele der russischen Künstler und besonders der Intellektuellen teilten ihre Zeit auf zwischen den Kirchen und der Bibliothèque Nationale, da es ihnen schwerfiel, allzu oft den Luxus auch nur eines einzigen Francs für einen Kaffee und ein Croissant im Café aufzubringen. Der Lärm in Paris in den Jahren 1920–21 – danach flaute er etwas ab, hielt aber noch ein Jahrzehnt an – stammte hauptsächlich von den Amerikanern in den Cafés. Autos gab es damals in Paris noch nicht einmal ein Zehntel so viele wie heute. 1921 schrieb Matthew Josephson an einen Freund in New York: »Die Cafés an der Ecke der Boulevards Montparnasse und Raspail sind *vollgepackt* mit Amerikanern. Sie hängen dermaßen zusammen, daß man in Gefahr ist, all das Französisch zu vergessen, das man in den Vereinigten Staaten gelernt hat.«

Djuna Barnes war voll in diesem Kreis integriert, und so erscheint sie auch in einigen Memoiren wie etwa in McAlmons *Being Geniuses Together*. Doch wäre es absurd anzunehmen, sie hätte ihre ganze Zeit so verbracht, wenn auch einige der Auslandsamerikaner, einschließlich Barnes selbst, diesen Mythos gerne verbreiteten. Alan Tate ist – wie auch Hemingway – einer der Emigranten, die in ihren Memoiren der weniger rosigen Wahrheit über die ernstzunehmenden Schriftsteller jener »fidelen« Zeiten den gebührenden Platz einräumen. Wie die Handvoll anderer wirklich guter und ernsthaft bemühter exilamerikanischer Künstler in einem Heer von Dichterlingen und Gaffern verbrachte auch Barnes die meiste Zeit mit Schreiben. Sie schrieb im Bett, vor allem morgens. Ein überarbeitetes junges Zimmermädchen, das einen steifen, kleinen Besen unter den Armen geklemmt hielt, während sie das Tablett balancierte, brachte ihr jeden Morgen das Frühstück. Das Zimmermädchen besaß Phantasie und auch eine Geschichte, und Miss Barnes muß ihre Zuhörerin geworden sein, denn sie schrieb später, sie habe manch schwierige Stunde mit ihr verbracht.

Das Hotel d'Angleterre in der Rue Jacob 44 war ziemlich klein und heruntergekommen; dennoch war es einer der Hauptlandeplätze für die Leute aus Greenwich Village, wenn sie in Paris ankamen. (Die anderen beiden von den amerikanischen Künstlern bevorzugten Hotels waren das Hotel des Écoles und ein weiteres in der Rue Chaumière.) Als Djuna Barnes im Hotel d'Angleterre eintraf, befand sich Alfred Kreymborg gerade in der Halle, daneben einige andere junge Schriftsteller aus dem Village. Sie alle gehörten zum Umkreis der Zeitschrift *Broom*, die man in New York in den Händen der tüchtigen australischen Dichterin Lola Ridge zurückgelassen hatte und deren Verbreitung die Herausgeber Harold Loeb und Matthew Josephson gerade auf den Kontinent ausdehnen wollten. Wenn man Kreymborg glauben will, kam Barnes in die Halle geschritten, sah die *Broom*-Autoren und rief dramatisch: »Das also ist Paris!« Man Ray, Berenice Abbott, Sherwood Anderson, Marcel Duchamp und Marsden Hartley – letzterer in blendender Laune nach einer New Yorker Versteigerung einiger seiner Gemälde, die ihm kurz vor seiner Abfahrt um die fünftausend Dollar eingebracht hatte – wohnten alle im selben Hotel.

Thelma Wood dagegen wohnte nicht im Hotel d'Angleterre. Sie lebte im Récamier, und wahrscheinlich war auch sie im Sommer 1920 nach Paris gekommen. Eine ihrer Skulpturen war 1921 in der Zeitschrift *Gargoyle* abgebildet. Angeblich verfügte sie während ihrer ganzen Pariser Jahre über ein kleines, aber regelmäßiges Privateinkommen. Das könnte stimmen, denn sie gehörte zu den Amerikanern, die ihr eigenes Autor fuhren, einen flotten roten Bugatti, von dem sie den Auspuff hatte entfernen lassen. In diesem laut knatternden Vehikel soll sie äußerst geschickt, aber wie eine Verrückte herumgebraust sein. Wir wissen nicht genau, wann und wo sie Djuna Barnes zum ersten Mal begegnet ist, vermutlich im Rahmen der amerikanischen Clique in einem der Cafés. Aber wir wissen, daß Barnes Thelma Wood bei ihrem ersten Pariser Aufenthalt kennenlernte. Danach fuhr sie noch einmal wegen einer Veröffentlichung nach New York zurück und kam dann 1923 wieder nach Paris. Bald darauf lebten sie zusammen.

Wieder in New York (die Überfahrt war stürmisch gewesen), fand Barnes die ersten sechs Wochen in Paris nicht mehr so schrecklich und nannte sogar das Leben dort im Ganzen reizvoll. Anfangs hatte sie, wie viele andere Amerikaner, in Paris hauptsächlich von Omelettes gelebt, weil das alles war, was sie ohne französische Sprachkenntnisse bestellen konnte. Dem *Greenwich Villager* gab sie ein Interview über ihre Reise, in dem sie behauptete, La Rotonde sei genau wie das Breevort, nicht nur wegen der amerikanischen Kundschaft, sondern auch in der Ausstattung einschließlich der amerikanischen Bilder. »Es ist schrecklich schwierig, in Paris zu arbeiten«, stellte sie fest. »Edna Millay hat mehr geschafft als wir anderen. Alle übrigen sitzen einfach herum und sagen: ›Mein Gott, ist es nicht fabelhaft, hier zu sein!‹« Weiter merkte sie an, daß die Lebenshaltungskosten zwar nur halb so hoch seien wie in den Vereinigten Staaten, »aber man gibt natürlich alles, was man spart, für Kleidung aus«.

Als der Sommer kam, stiegen die Lebenshaltungskosten für die amerikanischen Bohèmiens in Paris allerdings gewaltig, weil als Reaktion auf weitere Wellen von Amerikanern die Zölle kräftig erhöht wurden. Viele der Leute aus dem Village zogen weiter nach Deutschland, wo man mit Dollars noch auf großem Fuß leben konnte. Barnes begab sich auf eine Rundtour, die sie kurz nach Budapest und Wien führte, bevor sie schließlich in Berlin landete, wo sie gegen Ende 1921 mehrere Monate verbrachte. Es gibt ein Foto von ihr mit Putzi Hanfstaengl und Charles Henri Ford von einer späteren Reise nach Wien, das etwa 1931 entstand. Zum letzten Mal sah sie Putzi 1938 in London, und sie muß zu den ersten gehört haben, die von ihm Hitlers Geheimnis erfuhren, denn in einem Brief an einen Freund bemerkt sie, sie habe gehört, Hitler habe in seiner Hose nicht mal das, was einem Mäuserich zusteht.

Über die Berliner Zeit gibt es einige Zeugnisse. Barnes hatte damals an Robert McAlmon geschrieben und ihm zugeredet, dorthin zu kommen, und als der alternde und kranke McAlmon fünfunddreißig Jahre später die Korrespondenz in einem Koffer wiederentdeckte, schrieb er aus Sarasota Springs an Barnes, um sie an ihre gemeinsamen Erlebnisse in der Weimarer Republik zu erinnern. Sie schalt ihn für die Art, wie er sich in Paris mit jedem Schritt vorwärts zu werfen schien. Er revanchierte sich, indem er sie an die dramatischen Gesten erinnerte, mit denen sie in Berlin ihr Cape zu schwingen pflegte. Sie hatte ein Zimmer In den Zelten 18 gemietet. Als McAlmon gegen Ende September nach Berlin kam, nahm er sich im selben Haus ein großes Zimmer. Ebenfalls dort oder in der Nachbarschaft wohnten Marsden Hartley, Berenice Abbott, Thelma Wood und Harrison Dowd. Dowd litt damals gerade an einer Gelbsucht und war, wie Barnes McAlmon mitteilte, knallgelb geworden, eine ihrer Lieblingsfarben. Isadora Duncan und Charlie Chaplin, den Barnes von einem Besuch her kannte, den er den Provincetown Players in Cape Cod abgestattet hatte, waren 1921 auch in Berlin und verbrachten einige Zeit mit der kleinen Gruppe. Barnes und Chaplin aßen zusammen Mittag und besuchten Dowd im Krankenhaus. Chaplin erinnerte sich später voller Freude an diesen Besuch, weil zum ersten Mal seit Jahren niemand seinen Namen oder sein Gesicht erkannt hatte, so daß er zum Schluß, bevor sie gingen, frohlockend eine Krankenschwester umarmte.

Hartley war der Doyen des Berliner Freundeskreises, da er noch viele Bekanntschaften aus der Vorkriegszeit hatte, aus seiner Periode als expressionistischer Maler, und so über die richtigen Kontakte verfügte, um interessante Theater- und Nachtclubbesuche zu organisieren. Barnes ging oft ins Theater. Im Hotel Adlon trank man viel und schlürfte Tee mit Absinth. Einmal richtete eine alte Dame, die ebenfalls dort ihren Tee nahm, ihr Lorgnon auf Barnes, die daraufhin eine Gabel ergriff, um die alte Dame ihrerseits dadurch zu mustern. Hartley hielt Hof vor einer vorüberziehenden Schar hungernder Deutscher aus gutem

Hause, denen er jeweils ein paar Mark schenkte, die zwar nur ein paar amerikanische Cents wert waren, aber ausreichten, um den Nahrungsbedarf eines Tages zu decken.

Djuna nutzte ihren plötzlichen wirtschaftlichen Vorteil, um sich Brokatsamt zu kaufen, dazu eine Menge alten russischen Schmuck und einige eiserne Ketten und Armbänder. In McAlmons Brief von 1952 heißt es sogar in einer Anspielung auf die Berliner Zeit, daß sie »auf Orchideen geschritten« sei. Der Dollar hatte damals in Berlin ungefähr die zwanzigfache Kaufkraft wie irgendwo anders. Zu Schleuderpreisen konnte man Menschen kaufen, und jeden Abend sah man Unter den Linden eine Parade aller sexuellen Spielarten und jede nur erdenkliche Verkleidung. Die meisten Memoiren schildern die Atmosphäre als deprimierend. Barnes behauptete, sie habe nicht viel Leid gesehen. McAlmons Memoiren zufolge verbrachte sie die meiste Zeit mit Schreiben in ihrem Zimmer. Vielleicht war es aber eher in Berlin als in Paris – das wird nicht ganz deutlich aus McAlmons Brief –, daß Barnes ihre Bemerkung über die zweite Portion europäischer Kultur machte, auf die sie gern verzichten wollte.

Allmählich zogen die Emigranten zurück nach Paris, und Djuna Barnes ging mit. Während ihres Aufenthalts in Europa hielt sie sich immer an eine der Gruppen der amerikanischen Schriftsteller- und Künstler-Kolonie. Wir wissen, daß sie einen kurzen Abstecher nach Freiburg machte, um einen Artikel über den Heilschlaf zu schreiben, doch er wurde nicht gedruckt. Bis alle aufbrachen, erklärte sie jedoch ihre Absicht, solange in Berlin zu bleiben, wie ihr Geld reichte, wenn sie auch andererseits zu McAlmon sagte, sie *müsse* unbedingt London sehen und ganz besonders »den Bankangestellten sprechen«*.

* Mit »dem Bankangestellten« ist T.S. Eliot gemeint, der diesen Beruf bis zu seinem Eintritt in den Verlag Faber and Faber (1926) ausübte. [A.d.Ü.]

VI

In den zwanziger Jahren begannen Djuna Barnes' Anfälle von Hysterie, wenn sie auch die Symptome noch einige Zeit verbergen konnte. Ihre Maske saß noch fest, doch sie trank stark, und gelegentlich rauchte sie auch Marihuana. Freunden gegenüber klagte sie, daß sie manchmal unter furchtbaren Angstgefühlen litt, die ihr den Magen zusammenkrampften, und manchmal starrte sie lange ins Leere. Zu nahen Freunden sprach sie von einer schrecklichen Angst vor dem Altwerden.

Paris war, sagt man so leichthin, in den zwanziger Jahren eine gute Adresse für Künstler. Djuna Barnes machte sich wenig Illusionen. Man nahm zwar ihren Witz zur Kenntnis, ebenso aber ihre unglaublich langen Schweigepausen in den Cafés. Auch das hatte schon in New York begonnen, wo sie manchmal im Café des Breevort saß und »mürrisch und verächtlich auf die Menge« starrte. Ein unbekannter Journalist namens Calhoun erinnerte sich 1923 in einem Artikel in der kalifornischen Zeitschrift *The Argonaut* an ihre Nachtwachen im Breevort: »Viele bewunderten sie, doch vermutlich sagten es ihr wenige, denn sie reagierte auf alle Annäherungsversuche mit trotziger Schroffheit, die einen völlig verwirrte, denn wer ahnte schon, daß das nur die groteske Schutzmaske einer Seele voller Zartheit, Phantasie und Poesie war?«

John Glassco beschreibt in seinen schönen *Memoirs of Montparnasse* (1970), in denen Djuna Barnes als die Romanautorin »Willa Torance« figuriert, wie Djuna ihn in genau dieser Laune in Paris empfing.

Als man ihn Barnes mit den Worten vorstellte, er käme aus Montreal, warf sie ihm höhnisch und in schwacher Nachahmung von Dr. Johnson an den Kopf: »Warum?« Und obwohl sie in einer großen Runde von Frauen saß, wurde es Glassco unbehaglich bei ihrem lastenden Schweigen. Bei schönem Wetter erschien Barnes manchmal früh in den Cafés, um sich zu sonnen, und viele erinnern sich daran, wie sie ganz allein dasaß, vor sich einen wachsenden Stapel von Untertellern.

In dieser Phase ihres Lebens, 1922, erschienen auch die ersten unvorteilhaften Beschreibungen von ihr. In einem Artikel in der *Chicago Literary Times* wird ihr Gesicht folgendermaßen beschrieben:

»Ein Gesicht, dessen hohe Wangenknochen an versteckte Fäuste unter dem betäubten Mitgefühl der großen Augen denken lassen: ein Gesicht, kalkweiß wie vor Entsetzen, mit Ausnahme des scharlachroten Martyriums ihrer vollen Lippen, die sich nie an das Leben gewöhnt haben. Djuna Barnes' Gesicht ist auf eine chinesisch anmutende Weise abgezehrt, die dem letzten Kampf ihrer Jugend etwas Unwirkliches verleiht, und wirkt gezeichnet von allzu vielen Kämpfen mit abendländischer Weltlichkeit.«

Djuna Barnes war erst zweiunddreißig, als dieses Portrait erschien, und vielleicht spielte auch das Alter des Schreibers eine gewisse Rolle. Doch es ist klar, daß dieses Gesicht sich langsam verwandelte in eins, das ihren eigenen gnadenlosen Portraitskizzen glich, und sie ließ das zu.

John Glassco, der sie als Schriftstellerin bewunderte, wenn er auch ihre Schreibweise gefühlig bis an den Rand der Hysterie fand, erschien sie als ein Mensch mit einer leicht asexuellen Ausstrahlung und dennoch eindrucksvoll, trotz »eines schlecht sitzenden, schäbigen dunkelroten Kleides und eines formlosen Napoleonhuts«. Diesen Eindruck gewann er 1928, einem der dunklen Jahre der zerstörerischen Liebesbeziehung zwischen Djuna Barnes und Thelma Wood.

VII

Wo kamen all die Frauen her? Im Anhang zu einer späteren Ausgabe seiner Chronik der zwanziger Jahre, *Exile's Return*, stellt Malcolm Cowley eine Liste von 236 zwischen 1891 und 1905 geborenen Schriftstellern zusammen und merkt an, daß nur vierundvierzig Namen prominenter Frauen darunter seien. Daraus schließt er, daß Frauen, die zu jener Zeit geboren wurden, wahrscheinlich weniger Chancen hatten, ihre Begabung zu entwikkeln, als die Vor- und Nachgeborenen. Unter anderem hält er sie deshalb für besonders benachteiligt, weil nur wenige von ihnen Gelegenheit hatten, aktiv am Ersten Weltkrieg teilzunehmen. Das ist der einzige große Irrtum in einer sonst ausgezeichneten Chronik.

Wenn man die Auswahlkriterien nur ein wenig erweitert, d.h. über Amerika hinaus, dann findet man in Colette, Virginia Woolf und Barnes ein Trio, das eines Tages seinen Platz auf dem Parnaß seiner Zeit – neben Proust, Eliot und Joyce – unangefochtener einnehmen dürfte als viele andere Autoren, deren Werk schon jetzt deutliche Anzeichen der Vergänglichkeit zeigt. Millay. Mary Butts. Katherine Anne Porter. Achmatowa. Nelly Sachs. Zwetawa. Frances Newman. Christina Stead. Bryher. H.D. Nein, es war beileibe keine schlechte Zeit für Schriftstellerinnen. Tatsächlich hat es noch keine günstigere Zeit wieder gegeben.

Besonders bemerkenswert an der damaligen Situation der Frauen in der Kunst war die Rolle, die Mäzenatinnen und ihre Salons spielten. Alle Welt weiß, wie Margaret Anderson und Jane Heap Zensoren und Gerichten trotzten, um Joyce zu veröffentlichen, ganz zu schweigen von der Unterstützung, die Joyce bei der Veröffentlichung des *Ulysess* von Harriet Weaver und Sylvia Beach bekam. Shakespeare & Co. war das Parlament der Auslandskolonie. Andere Emigrantinnen in Paris, die unbekannte Autoren mit Geld sowie Hilfe bei der Publikation unterstützten, waren Stein, Natalie Barney, Nancy Cunard und Peggy Guggenheim. Es gab zahlreiche interessante kleinere Salons, wie z.B. jener, der aus Gurdjeff-Jüngern bestand und von Jane Heap und Georgette Le Blanc, Maeterlincks Lebensgefährtin, geführt wurde. Man braucht bloß die Memoiren von Bravig Imbs mit dem passenden Titel *Confessions of Another Young Man* zu lesen, um zu erkennen, wie der Strom der »expatriate«-Kunst auf allen Ebenen durch die mehr oder weniger regulären Salons dieser Frauen floß. Sie spielten eine noch viel wichtigere Rolle als die öffentlichen Cafés und Bars, in denen es oft ziemlich rüde zuging, und sie knüpften die einzigen tragfähigen Maschen im sozialen Netz der Auslandskolonie.

Die Salons der Emigranten lassen sich am besten charakterisieren, wenn man sie mit anderen vergleicht. In den wenigen New Yorker Salons trafen die Reichen auf Autoren von Rang. Außer bei Mabel Dodge durfte man dort nichts Ausgefallenes äußern. Die französischen Salons dagegen setzten ihren Ehrgeiz in eine geistsprühende Atmosphäre, ruhten aber gleichzeitig auf einer Basis stabiler sozialer Beziehungen. Sie wurden oft von Ehepaaren geführt und waren um entspannte Beziehungen zwischen den Geschlechtern wie zwischen den Geistern bemüht. Die englischen Salons wiederum waren weit mehr eine Klassenangelegenheit und Stätten eines sozialen Rituals; der Geist mußte auf die Wochenenden warten, die man mit Freunden auf dem Land verbrachte. Im Gegensatz zu all diesen Spielarten waren die Emigrantensalons und -cliquen in einer geradezu verzweifelt wichtigen Position, fungierten sie doch nicht nur als Zentrum für den Austausch von Ideen und Stilen, sondern mußten auch eine Ersatzheimat und -familie bieten sowie zur Rechtfertigung einer bestimmten Lebensart dienen.

Der älteste und erlesenste ausländische Salon in Paris war der von Natalie Clifford Barney. Er wurde 1919 eröffnet und existierte zehn Jahre lang. Barney, Erbin eines großen Vermögens aus Cincinnati, war eine Ausnahme unter den Amerikanerinnen, nicht nur wegen des frühen Zeitpunkts, zu dem sie ihren Salon initiierte, sondern auch wegen ihrer ausgedehnten Kontakte zur französischen Gesellschaft. In gewissen Kreisen war sie nicht willkommen, doch bei vielen führenden französischen Künstlern verwandten Geistes war sie voll akzeptiert, wie zum Beispiel bei Pierre Louÿs, André Gide, Marcel Schwob, Paul Valéry und Colette. Besonders enge Beziehungen unterhielt sie zu den Autoren des *Mercure de France*. Für französische und englischsprachige Autoren gab es drei mögliche Begegnungsstätten: Shakespeare & Co. durch Sylvia Beachs Verbindung mit Adrienne Monnier; den Literaturagenten William Aspinall Bradley wegen seiner französischen Frau Jenny; und Natalie Barneys Salon. Von diesen dreien war ihr Salon bei weitem der wichtigste, da sie für ihren Jour Fixe am Freitag immer sorgfältig eine gute Mischung aus Berühmtheiten und interessanten neuen Leuten zusammenstellte.

Natalie Barney war nicht ehrgeizig und hatte nichts von Steins Arroganz und Herrschsucht. Mit einigem Stolz behauptete sie, in ihrem Salon herrsche niemand, sie am allerwenigsten, und alle Berichte scheinen das auch zu bestätigen. Viele Jahre später wohnte Gertrude Stein ganz in ihrer Nähe, und die beiden Damen führten manchmal Gertrudes Pudel zusammen aus, doch enge Freundinnen wurden sie nie. Barney war eine von den Auslandsamerikanern, die nie zurückgingen, obwohl sie sich oft ausmalte, wie es wohl sein würde. Sie versuchte sich etwas in der Literatur, experimentierte mit Aphorismen, Erinnerungen, Gedichten, meist auf französisch, doch ließ sie ihre Werke entweder gar nicht oder nur in sehr kleiner Auflage drucken. Einer ihrer besten Aphorismen besagte, daß Ruhm nichts anderes bedeute, als daß einen Leute kennen, die man selbst nicht kennen möchte.

Ihr kleines Palais im Herzen von Paris in der Rue Jacob mit einem geräumigen, etwas verwilderten Pavillon und einem Freundschaftstempelchen im Garten war in Teilen während des Directoire erbaut worden. Der seltsame kleine Tempel datierte von kurz vor der Revolution; der Garten hatte einst Racine gehört. Es war ein wirklicher Salon, in dem es vor echter, nicht bloß fingierter intellektueller Hochspannung knisterte; doch es gab auch theatralische Ereignisse wie den Auftritt des Literaturnobelpreisträgers Rabindranath Tagore in seinen Gewändern oder den der berüchtigten Mata Hari. Alkohol wurde nie serviert, nur Tee und eine besondere Art kleiner Schokoladenkuchen.

Natalie Barney war eine Hedonistin. Ihre Geliebten waren schöne Künstlerinnen, doch genoß sie auch die Gesellschaft eleganter Männer. Die beiden großen Lieben ihres Lebens waren die Dichterin Renée Vivien und die englische Malerin Romaine Brooks, mit der sie die längste Zeit ihres Lebens zusammenlebte. Brooks war auch eine gute Freundin von Barnes.

In ihrer Leidenschaft konnte Natalie Barney offenbar schrecklich sein, denn sie ist die ungenannte Figur im Hintergrund von Colettes Erinnerungen an Renée Vivien:

»›Ich gehe weg‹, sagte sie.

›Wirklich? Wohin gehst du?‹

›Ich weiß nicht. Aber ich bin in Gefahr. Sie wird mich umbringen. Oder sie nimmt mich mit ans andere Ende der Welt, in Länder, wo ich ihr ausgeliefert bin … Sie wird mich umbringen.‹

›Gift? Revolver?‹

›Nein.‹

In vier Worten erklärte sie mir, wie sie zugrunde gehen könnte. Vier Wörter von einer Offenheit, die mir den Atem nahm. Es würde sich nicht lohnen, das zu erzählen, hätte sie nicht folgendes hinzugesetzt: ›Bei ihr wage ich nicht, mich zu verstellen oder zu lügen, denn im selben Moment legt sie ihr Ohr auf mein Herz.‹«

Doch außerhalb ihres Boudoirs war Natalies Verhalten ebenso sanft wie ihre Gesichtszüge. Es scheint sie niemand gehaßt zu haben, obwohl Barnes sie ein Miststück nannte. Doch ungeachtet dessen schrieb sie im August 1924 ein Gedicht mit dem Titel *Die Liebe und das Biest*, das sie ihr widmete.

An einem der Freitage in Barneys Salon erschien Djuna betrunken, doch man vergab ihr, weil sie eine der Favoritinnen in Barneys Gefolge war. Wenn ein Dichter oder eine Dichterin am Freitag vorlas, stand er oder sie in einem halbkreisförmigen Alkoven an einer Wand des Wohnzimmers. In dem Alkoven hing ein antiker Wandteppich und darüber ein Gipsfries, den Barney von dem Mann geschenkt bekommen hatte, der Proust als Modell für Charlus gedient hatte. Das Wohnzimmer war bescheiden eingerichtet. Barney erzählte gern, ihre Mutter habe ihr diese Möbel hinterlassen, weil sie ihr nicht gut genug waren, um sie mit nach Amerika zurückzunehmen. In verschiedenen Ecken des Raums waren vier Harfen aufgestellt. Die meisten Möbel wirkten ein wenig schäbig.

1927 beschloß Natalie Barney, eine besondere Reihe von Abendveranstaltungen einzurichten, um französische und angelsächsische Schriftstellerinnen miteinander bekannt zu machen. Dafür mußten auch Übersetzungen von kleineren Auszügen angefertigt werden, die dann neben den Originalen vorgelesen wurden. Bei Gertrude Stein war das schwierig. Colette spielte eine Szene aus *La Vagabonde*. Weitere Autorinnen in dieser Reihe waren Mina Loy, Lucie Delarue-Mardrus, Rachilde und die angloaustralische Dichterin Anna Wickham. Barnes las am 3. Juni, zusammen mit Rachilde, die Einführung machte Ford Madox Ford.

Für ein Buch mit dem Titel *Aventures de l'Esprit*, das sie 1929 herausbrachte, verfaßte Barney eine Portraitskizze von Barnes:

»Djuna Barnes, aufrichtig, unberührt und ungeschliffen, erblaßte unter der Zumutung der Ehre, die ihr erwiesen wurde. Wenn jemand schuld wäre, daß sie unterging, bevor sie das ›andere Ufer‹ erreichte, dann sie selbst. Ich hatte noch nie eine Autorin vorgestellt, die sich so linkisch benahm und so unfähig war, sich selbst ins rechte Licht zu setzen ... Djuna Barnes besitzt einen Freimut und einen Humor, die über Cervantes direkt auf Rabelais zurückverweisen. Für eine Frau, die erst in den Dreißigern ist, eine ungewöhnliche Mischung. Auch ihr Aussehen ist höchst eigenwillig: eine Nase, spitz wie ein Eversharp-Bleistift, einen Mund, der unwiderstehlich ist, wenn sie lacht, und kastanienbraunes Haar, das sie unter einen Hut à la Manet stopft, so daß sie einer seiner gelungensten Skizzen ähnelt. Ihren großen, knochigen Händen sieht man an, daß sie Pferde gelenkt haben, und keiner hat diese besser beschrieben als sie (und Degas). Sie ist groß und schlank, und ihre Kleider fallen in geraden Linien über ihre kräftigen Beine ...

Sie ist zu starker Freundschaft fähig, die sie auf zwei oder drei Menschen konzentriert, mit denen sie dann ständig zusammen ist und in deren Gesellschaft sie sogar ihre Furcht vor dem Rest des Universums vergißt.«

Barney war in der Pariser Zeit eine dieser zwei oder drei engen Freundinnen, und wir dürfen annehmen, daß sie etwas dergleichen auch sagte, als sie 1927 ihren französischen Gästen Ford und Barnes vorstellte. Natalie und Djuna hatten im ersten Sommer, den Miss Barnes in Europa verbrachte, eine kurze Affäre miteinander und blieben für immer enge Freundinnen. Der Komponist Virgil Thompson stellte die Sache in einem Interview im Jahre 1972 falsch dar, als er sagte: »Djuna war für Natalie eine Art Sozialfall, und ich glaube, Natalie gab ihr Geld.« Obwohl sie ihr – wie auch Peggy Guggenheim – tatsächlich etwas Unterstützung zukommen ließ, verband beide Frauen doch wirklich Zuneigung.

Mindestens in einem Punkt war Barney auch Djuna zu Dank verpflichtet, denn sie war es, die Berthe Cleyrergue entdeckte, die Barney ihr ganzes Leben lang dienen sollte. Berthe war eine hervorragende Köchin und im Barney-Kreis die einzige Frau mit Ehemann. Janet Flanner berichtet, daß in späteren Jahren Berthe ausnahmslos zur Begrüßung sagte: »Et Mademoiselle Djuna, que fait-elle maintenant? Ah, quelle femme!«

Natalie Barney wurde zuerst dadurch bekannt, daß der alternde Remy de Gourmont ihr eine Reihe Briefe widmete, und ihre Berühmtheit wuchs durch ihr Portrait als Valerie Seymour in Radclyffe Halls *Quell der Einsamkeit*. Doch ihre bei weitem wichtigste Rolle als literarische Figur spielte sie im *Ladies Almanach*, den Barnes 1928 unter dem Pseudonym »A Lady of Fashion« veröffentlichte.

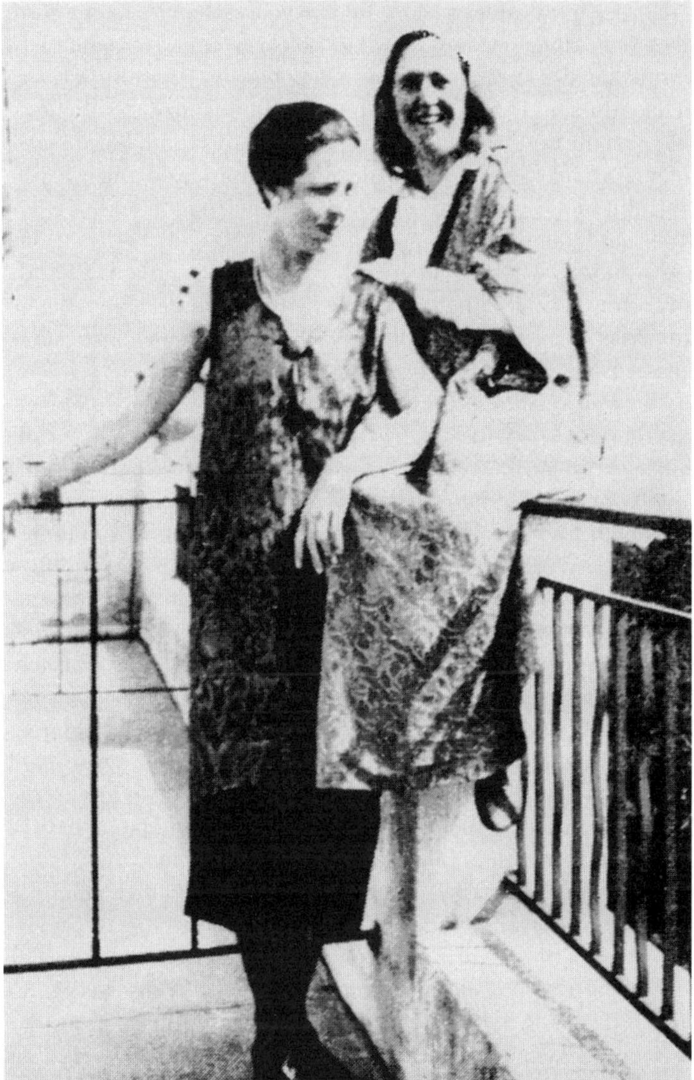

Djuna Barnes und Nathalie Barney in Nizza (etwa 1928-1930)

Es ist ein seltsames kleines Buch. Die Geschichte, in der Form nach dem Kalender und dem Tierkreis gestaltet, schreitet nicht wirklich in der Zeit fort, obwohl das Leben der Hauptfigur Evangeline Musset bis zu ihrem Tod im achtundneunzigsten Lebensjahr erzählt und besungen wird (eine ziemlich gute Voraussage, denn Natalie Barney wurde tatsächlich fünfundneunzig). Das Buch tut nichts weiter, als ohne Entwicklung oder Handlung den Kreis der Frauen zu beschreiben, über den »Dame Musset« gebietet. Natalie Barney zeichnet nicht wirklich erkennbare Charakterportraits. Eher ähneln die Personen Figuren der alten Typenkomödie, die ohne Tiefendimension auskommen; dennoch gab es für die Eingeweihten genügend Fingerzeige.

Mir wurde Natalie Barneys eigenes Exemplar des Buchs gezeigt, in dem sie fein säuberlich am Rande alle Personen für die Nachwelt identifiziert hat. Patience Scalpel, deren Stimme sich mit der der Erzählerin abwechselt, ist Mina Loy. Hinter Señorita Fly-About, »ein rechter Schwirrvogel römischer Destination«, verbirgt sich Mimi Franchetti, das schwarze Schaf einer adligen italienischen Familie. Sie wird mit Doll Furious in Beziehung gebracht, in Wirklichkeit Dorothy oder Dolly Wilde, die sich auch Oscaria nannte und eine Nichte von Oscar Wilde war. (Tatsächlich sah sie Oscar Wilde bemerkenswert ähnlich). Die beiden englischen Frauen des Monats März, Lady Buck-and-Balk mit ihrem Monokel und Lady Tilly-Tweed-in-Blood mit einem Stetson, sind Lady Una Trowbridge und Radclyffe Hall. Sie glauben an die Ehe, aber nur zwischen Frauen, und würden den Mann am liebsten ganz abschaffen. Bounding Bess, verfolgt von Dame Musset und den Mitgliedern ihrer Sekte, damit »sie ordentlich gebrandmarkt (werde) am Hinterteil, Flanke oder erhabener Verzierung«, ist Esther Murphy, die mit Verve die Überlegenheit der Frauen vertrat und gelegentlich mit einer großen Peitsche herumspazierte. Cynic Sal, die »sich kleidete wie ein Kutscher aus der Periode Pecksniffs«, Dame Mussets endgültige Liebeswahl, ist Romaine Brooks, die einen Zylinder trug. Unter den Nebenfiguren findet sich Natalies Schwester Laura als »Sister« und eine

»Dear old Countess«, hinter der sich Ilse Baroness Deslandes verbirgt, eine alte Liebe, mit der Natalie sich regelmäßig heftig zu streiten pflegte. Die Pagenfiguren, die durch den Text hüpfen, sind Janet Flanner und Solita Solano, die mehrere Jahrzehnte zusammenlebten. Von all den Frauen, die im *Ladies Almanach* auftauchen, hat nur Janet Flanner öffentlich und mit offensichtlichem Vergnügen in ihren Erinnerungen *Paris Was Yesterday* auf ihre Rolle in diesem Buch hingewiesen.

Die gesamte Auslandskolonie der Künstler wußte von dem Buch; und doch blieb es, genau wie *The Book of Repulsive Women*, über vierzig Jahre lang der Literaturgeschichte wohlverborgen, bis Barnes, besorgt, daß das anonyme Werk als Raubdruck erscheinen könnte (kurz zuvor war ein solcher vom *Book of Repulsive Women* herausgekommen), 1972 ihre Erlaubnis für einen Faksimilenachdruck durch Harper & Row gab.

Die Originalausgabe wurde privat von Robert McAlmon bei der Darantière Press in Dijon gedruckt. Maurice Darantière hatte 1922 auch den *Ulysses* gedruckt. McAlmon besaß genug Geld, um als Verleger sehr aktiv sein zu können, weshalb einige ihn wenig schmeichelhaft Robert McAlimony (McAlimente) nannten, eine Anspielung auf seine flüchtige Ehe mit Bryher, der Erbin eines britischen Reedereivermögens. Im Scheidungsvertrag wurden ihm von seinem Ex-Schwiegervater vierzehntausend Pfund zugesprochen, und mit diesem Geld, das er großzügig einsetzte, wurde er der führende ausländische Verleger am Montparnasse. Seine erste bedeutende Publikation war die *Contact Collection of Contemporary Writers* von 1925, eine Anthologie mit Beiträgen von Barnes, Joyce, Ford, Pound, Stein, Hemingway, Butts sowie auch von Norman Douglas und Havelock Ellis. McAlmon brachte auch Steins *The Making of Americans* heraus und war einer der frühen Verleger Hemingways und Nathanael Wests.

Der *Ladies Almanach* erschien in einer Auflage von 1050 Exemplaren. Er enthält zweiundzwanzig Tusche-Zeichnungen, und die ersten fünfzig numerierten Exemplare kolorierte Barnes selbst von Hand. Die Illustrationen sind in Nachahmung einiger alter französischer Alben, die Barnes in Pariser Buchläden aufgestöbert hatte, ohne Perspektive und Tiefe gezeichnet. »Ich sollte eigentlich meine Geheimnisse nicht so verraten«, sagte Miss Barnes, als sie mir eins dieser Alben zeigte, das sie all die Jahre über gehütet hatte. Ursprünglich sollte der *Ladies Almanach* von Edward Titmus vertrieben werden, doch dieser trat ängstlich von dem Projekt zurück. Und so wurde das Büchlein mit ebenso viel Vergnügen wie Erfolg von mutigen jungen Damen auf dem linken Seineufer verkauft.

Wir haben das Glück, in John Glasscos *Memoirs of Montparnasse* einen Bericht über den Augenblick der Veröffentlichung zu besitzen, denn der junge Glassco wurde Barnes just in dem Moment vorgestellt, als die Druckfahnen im Fallstaff Café herumgereicht wurden. Zwischen der bedrückten Stimmung der Szene, die Glassco schildert, und der Ausgelassenheit des Buches klafft ein eigenartiger Gegensatz.

Es ist ein lebenspralles Buch, doch macht die verschnörkelte Sprache es schwierig, dies immer deutlich wahrzunehmen. Sowohl *Ladies Almanach* wie der um die gleiche Zeit entstandene Roman *Ryder* sind voller Wortspiele in Joyce-Manier. Sein Einfluß ist offensichtlich. Barnes selbst hatte in einem ihrer Artikel über Joyce von 1922 beschrieben, wie er ihr einprägte, daß alle großen Erzähler in der Sprache von Sterne, Swift und der Restaurationszeit gesprochen hätten. Ihre eigene Beschreibung des *Ulysses* als einer »großen rabelaisschen Blüte« paßt auch auf den *Ladies Almanach*. Die Sprache ist aus den unterschiedlichsten Zutaten gemischt: Vokabular und Diktion sind im wesentlichen die des siebzehnten und achtzehnten Jahrhunderts, doch es finden sich auch Neologismen und Wendungen, über die jeder Linguist die Stirn runzeln dürfte, und auch die Zeichensetzung weist Eigenwilligkeiten auf:

»Dies ist also die Geschichte von einem Mägdelein, so fein wie nur je eins das Bett genäßt, welches Evangeline Musset geheißen und innerlich ein einzig großes Rotes Kreuz war, das für die Verfolgung, Erleichterung und Zerstreuung solcher Mädchen glühte, die an ihren hintern oder auch vordern, oder welche Partien sonst ihnen gar arg zu schaffen machen, grausam zu leiden haben, sei's nun es juckt sie in der Hand, seien da gräßlich brennende Bezirke, was häufig vorkommt in der Frühjahrszeit, oder wenn sie auf behaglich warmem Stoffe niedersitzen, mag sein auf Pelz, mag sein auf dicken Brücken, orientalischen (die schon vom Muster her, so scheint es, Hüftbezirk und Hinterviertel ein solches Sehnen anbefehlen, daß es ganz unerträglich ist), oder wenn sie, wieder anders, auf warmen Öfen sitzen, wovon man weiß, daß eines aufflog mit einem ›O du mein Gott! ...‹«

Dieser Ton listiger sexueller Anspielung am Anfang, in dem die weibliche Sexualität mit einem verschlugenen persischen Teppichmuster verglichen wird (und der schließt mit dem »Trost, den jede Frau in den Fingerspitzen hat«), zieht sich als Leitmotiv durch das ganze kleine Werk. Die weiblichen Geschlechtsteile werden mit verschiedenen Blumen verglichen oder auch mit dem Garten der Venus. Dann werden sie wieder beschrieben als Windungen und Höhlen, als Wappenschild, Schlupfwinkel, Pfad, hohler Baum, Furche und noch etliche andere Dinge. Viele der Umschreibungen sind rundweg zotig: eine Zollschranke, eine leere Kerbe, ein Trog für Rinder, ihre lustigen Teile, ein Schwert ohne Rost und ihr Nichts. Frauen, die ihre Periode haben, sitzen »auf einem Haufen Löschpapier«. Doch viele dieser Umschreibungen verstecken sich in langen, verschlungenen Sätzen, die ebenso neutralisierend und flächig wirken wie die Illustrationen.

Tatsächlich stellt das Werk einen Protest gegen die damalige Verrohung der sexuellen Sitten dar. Dame Musset wird als Pionierin dargestellt, die darüber klagt, daß Scheu und Zurückhaltung ordinärer Forschheit gewichen sind. Von Zeit zu Zeit hört man auch die Erzählerin traurig ihre Mißbilligung äußern, während ihre Gefährtin, Patience Scalpel, ihr Mißfallen noch entschiedener ausdrückt und keinerlei Verständnis zeigt. Mina Loy war als einzige Heterosexuelle im Kreis der Barney-Frauen akzeptiert.

Es gibt in *Ladies Almanach* auch einige wunderliche Passagen, die auf seltsame und traurige Weise anrühren, wie etwa der Schluß des Aprilkapitels, wo Freuds Grundannahme über die Frau zum ironisch-poetischen Profil der unerweckten Jedefrau wird, für die der Tod nur die zweite Kastration ist:

»Auf solche kann man zu jeder Stunde zählen, und sie werden, wenn sie tot sind, mit dem Ausdruck einer wackeren Standuhr begraben, die niemals nach- und niemals vorgegangen ist, sondern für die Dauer der Sterblichkeit exakt die Stunde geschlagen
hat und nur dadurch und schnöde
zum Schweigen gebracht wird, daß der
Herr seine große Schere zückt und
die Gewichte abschneidet.«

Die besten Stellen im *Ladies Almanach* handeln von Melancholie, und die Worte Anatomie und Melancholie tauchen hinreichend häufig auf, um uns zwangsläufig an Burtons *Anatomie der Melancholie* zu erinnern, ein Titel, der in einigen Zeichnungen buchstäblich Gestalt geworden scheint, wenn uns Teile des weiblichen Körpers wie abgetrennte Stücke einer Leiche entgegenschweben. Die *Anatomie der Melancholie* war eins von Barnes' Lieblingsbüchern.

VIII

Erst nachdem ihr Roman *Ryder* ein Opfer der Zensur in New York geworden war, nutzte Barnes die größere Freiheit in Frankreich und ließ ihre Werke dort in englischer Sprache drucken. Freunden hatte sie erzählt, »ich schreibe gerade den weiblichen Tom Jones«. Zusammen mit Charles Friede, einem Lektor von Liveright, hatte sie das Manuskript von *Ryder* in Paris überarbeiten müssen, um gewisse Passagen (und einige Illustrationen) zu streichen, vor allem solche, die auf Körpersäfte anspielten. Sie war wütend und bestand darauf, daß die ausgelassenen Stellen im ge-

Kate Careless aus »Ryder«
Zeichnung von Djuna Barnes

druckten Text deutlich markiert würden, was auch geschah. Das ursprüngliche Manuskript gehört zu jenen Papieren, die während des Zweiten Weltkriegs bei der Lagerung verlorengingen. Sie verfaßte für den Roman ein Vorwort, das einen frostigen Vorwurf an die amerikanische Zensur enthielt sowie einen selbstbewußten Hinweis an die Adresse der Leser, daß man mit Hilfe der Auslassungssternchen erkennen könne, wo Sinn, Zusammenhang und Schönheit gelitten hätten. So könne man wenigstens ahnen, wie ein echtes literarisches Kunstwerk aussähe im Gegensatz zu den geklitterten Versionen, die nach der »Verwüstung durch diese Pingeligkeit« den Leuten untergeschoben würden. Auf einer der zensierten Zeichnungen war eine Sopranistin zu sehen, die nach einer hohen Note ringt und sich, wie man deutlich unter ihrem Rock sehen kann, dabei vor Anstrengung naß macht.

Das zensierte Motiv benutzte Barnes dann freilich für den Monat April im *Almanach*, und 1979 setzte sie das Bild der pinkelnden Diva beim Neudruck von *Ryder* auch wieder an seine ursprüngliche Stelle. Doch die stärkste Zeichnung setzte sie nicht wieder ein; sie zeigt eine Frau mit Tierzitzen und Pferdefüßen und ist ein beredtes Zeugnis für die Bestialität ihres Vaters und den nie gelösten »Ödipuskomplex«, der sich hinter ihrem Haß auf den Vater verbarg.

IX

Unter den Emigranten herrschte ein ständiges Kommen und Gehen von und nach Amerika. Von dort mußten für die meisten von ihnen die Dollars kommen, und so geriet Amerika selbst bei denen nie ganz aus dem Blickfeld, die wie Barnes manchmal davon träumten, nie mehr auf Dauer zurückzugehen. Vor ihrer endgültigen Heimkehr fuhr Miss Barnes dreimal nach Hause.

Die erste Reise erfolgte im Interesse der bevorstehenden Publikation von *A Book*, doch nutzte Barnes auch die Gelegenheit, ihre Kontakte als Journalistin auszubauen. Im August 1922 schrieb sie zum ersten Mal unter dem Pseudonym Lydia Steptoe in *Vanity Fair*, einem Name, den sie fortan für leichte, unverbindliche Artikel in verschiedenen Zeitschriften benutzte. (Jahre später griff sie wieder auf ihn zurück, als sie für *The Theatre Guild Magazine* schrieb, doch da war sie Lady Lydia Steptoe.) 1922 und 1923 schrieb sie vor allem für *Vanity Fair*, meist humorige Texte wie zum Beispiel einen Artikel über schicke Formen des Selbstmords, sowie Theaterrezensionen für den *New York Tribune*. Sie knüpfte auch Kontakte zu der Zeitschrift *Charm*, für die sie viele Interviews und Artikel verfassen sollte. Kiki und Mme. Lanvin waren zwei ihrer interessantesten Themen. Sogar Theater spielte sie während dieser ersten Reise. Einmal trat sie in einer kleinen Rolle in Tolstois *Die Macht der Finsternis* auf und dann als eine der Nonnen in Claudels *Verkündigung* in einer Weihnachtsaufführung der Theatre Guild im Dezember 1922.

Das zweite Mal reiste sie in die Staaten, um die Veröffentlichung von *Ryder* vorzubereiten. Sie fuhr Ende 1926 und kehrte im April des folgenden Jahres nach Paris zurück. Von Liveright kam ein Telegramm mit der Nachricht, der Roman habe es auf die Bestsellerliste geschafft, doch wurde die Freude gründlich verdorben durch ein zweites mit der Vorwarnung, es bestehe große Gefahr, daß selbst die gereinigte Fassung verboten werden könnte wie zehn Jahre früher Cabells *Jurgen*. Vorübergehend bestand für Barnes die Hoffnung, Bestsellerautorin zu werden. »Das Buch wird Sie berühmt machen«, sagte ein Reporter zu ihr, worauf sie antwortete: »Ruhm ist mir egal, ich will nur das Geld.«

Nach der Rückkehr von dieser Reise schrieb sie einen ihrer Steptoe-Artikel für *Charm*, »Rückkehr aus dem Ausland«, einen verschmitzten Text:

»Mein Heimatland roch schon so ganz anders! Der Abfall in den Straßen und Gossen kündete von einer anderen, besseren Herkunft. Dies war meine Stadt, sie rief mir zu wie ein Schrecken dem anderen. Paris hatte nur geschnurrt wie eine Katze, die nicht mir gehörte ... Lange, zu lange war ich von zu Hause fort gewesen! Ich lechzte nach einem Sodawasser ...«

Trotz der Ironie dürften das ihre wahren Ansichten gewesen sein. Barnes' dritte Reise in die Vereinigten Staaten hatte einen ganz anderen Grund: Sie folgte Thelma. Fast ein Jahr blieben sie, zuerst in 45 Grove Street, dann in 62 Washington Square South (direkt neben dem »Haus der Genies«, so genannt, weil zu verschiedenen Zeiten Willa Cather, O. Henry und Theodore Dreiser dort gewohnt hatten). Zu dieser Zeit hatte Barnes einen Job als regelmäßige Kolumnistin beim *Theatre Guild Magazine*. Im September oder Oktober 1931 kehrte Barnes allein nach Europa zurück.

Wenn man nicht gerade Dramatiker war, konnte man in jenen Jahren eine literarische Karriere ebenso gut von Paris wie von New York aus steuern. Vielleicht war es sogar einfacher. Die wohlbekannte Geschichte, nach der Liveright Hemingways *In unserer Zeit* durch ein Telegramm kaufte, das bequem vor Scribners förmlicherem Angebot per Brief hereinflatterte, führte verständlicherweise dazu, daß sich die Verleger in Paris etablierten. In Paris lebten weit interessantere Autoren als in New York. Es wurden zwar keine eigentlichen Niederlassungen eingerichtet, doch es gab eine ständige Fluktuation von wichtigen englischen und amerikanischen Lektoren, oft sogar der Verleger selbst. Sie sammelten sich im vornehmen Domizil von William Bradley auf der Île Saint-Louis, das zugleich Wohnung und Büro war. Einer der wichtigsten Chronisten des englischsprachigen Paris, Sisley Huddleston, sah sich um und entdeckte Alfred Knopf beim Mittagessen im Trianon, Jonathan Cape im Chaumière, Thornton Butterworth in der Coupole, »Harper« Wells und Jefferson Jones von Lippincott, Harcourt, Liveright. Er fragte sich, ob die Bevölkerung von Montparnasse nicht mittlerweile hauptsächlich aus Verlegern und ihren Abgesandten bestand.

Djuna Barnes wurde von Liveright verlegt. Unter den New Yorker Verlegern besaß Alfred Knopf die seriöseste Autorenliste mit leicht konservativer und klassischer Tendenz, während Liveright, was Aktualität und aufregende junge Autoren anging, noch vor Scribner führte. Horace Liveright hatte mit vierzig eine erfolgreiche Wall-Street-Karriere abgebrochen, um sich mit den Verlegern und Buchhändlern Albert und Charles Boni aus dem Village zu der Firma Boni und Liveright zusammenzutun. Er war ein Spieler, der viel riskierte, was letztlich zum Zusammenbruch seines Imperiums führte. Doch für kurze Zeit, bevor er dazu überging, Broadway-Stücke zu lancieren, hatte Liveright eine glänzende Schar von Autoren versammelt: Dreiser, Faulkner, Sherwood Anderson, Bertrand Russell, O'Neill, Eliot, Pound und noch viele andere, kaum weniger illustre Namen. Die Modern Library wurde von Liveright begründet, doch war er, um einige seiner Schulden zu decken, 1925 gezwungen, sie an seinen jungen Lektor Bennett Cerf zu verkaufen.

Vermutlich sind Spekulationen sinnlos, wie anders die Karriere einer Schriftstellerin hätte verlaufen können, deren Stil und Ton so ausgefallen waren wie die von Djuna Barnes, wäre sie wirklich energisch gefördert worden. Der Zufall wollte es, daß sie zwar immer erstklassige Verlagshäuser hatte – später Faber & Faber und New Directions, danach Dial, dann Farrar, Straus und schließlich Harper & Row –, doch nie eins, das mehr tun konnte oder wollte, als ihrem Werk die Chance zu bieten, sich selbst durchzusetzen. Über die Jahre blieb sie ihre eigene Herrin, aber arm, und wenn nur das Wort Verleger fiel, reagierte sie höchst reizbar, was ihrer Karriere nicht gerade förderlich war. In einigen mir bekannten Situationen schadete es ihr sogar ausgesprochen.

X

In den Pariser Cafés gab es nicht viele Franzosen. Ein Witzbold sagte, einer sei zwar mal gesehen worden, doch das sei während des Zweiten Empire gewesen. Busladungen von Amerikanern fuhren vor der Rotonde vor, um die Hundertschaften amerikanischer Künstler zu begaffen, hauptsächlich in der Hoffnung, einen Blick auf Scott Fitzgerald zu erhaschen. Gewöhnlich wurden sie statt dessen mit einer Suada ordinärer Beschimpfungen von Flossie Martin empfangen, einem früheren Ziegfeld-Girl, das seine Figur eingebüßt hatte, aber noch immer eindrucksvolles goldenes Haar und rosige Wangen besaß und Amerika haßte. In einem Artikel von 1922, als er noch als Reporter für den *Toronto Star* arbeitete, beschrieb Hemingway die Szene verächtlich als so ähnlich wie »im Vogelhaus des Zoos«. Er und die meisten anderen seriösen ausländischen Autoren hielten sich fern. »Sie strengen sich alle derart an, sich lässig individuell zu kleiden«, schrieb er, »daß dabei eine Art uniformierter Ausgeflipptheit herauskommt.« Zu anderen Zeiten hatten Lenin und Trotzki in der stillen Rotonde gesessen.

Ein paar Maler besuchten die Rotonde noch, und es waren auch stets eine ganze Anzahl Skandinavier dort versammelt, doch die meisten Künstler gingen lieber in die Bars und Cafés am Boul' Mich', wo sie sich zufrieden unter die Studenten von der Sorbonne und die Prostituierten mischten. Als Reaktion auf den Massenansturm von Fremden hatten die meisten Cafés mehr Stühle und Tische auf die Trottoirs gestellt. Natürlich gibt es diese Cafés noch heute, und es gehen auch noch immer viele Ausländer dorthin, doch die Phase, in der sie als Zentrum der ausländischen Literaturszene galten, wird gemeinhin nur von 1922 bis 1929 angesetzt. An der Ecke gegenüber der Rotonde lag das Dome und daneben die Coupole. Das Dome, wohin die Rotonde gewissermaßen überschwappte, war ebenfalls überwiegend in amerikanischer Hand. In der Coupole dagegen war das Klima internationaler. Für eine kurze Weile herrschte in den zwanziger Jahren so etwas wie ein Guerillakrieg zwischen gewissen Amerikanern im Dome und der Geschäftsführung der Rotonde. Der temperamentvolle Laurence Vail war in eine Prügelei verwickelt gewesen und hinausgeflogen. Auch Cowley hatte etwas gegen das Etablissement – er glaubte, es werde von einem Polizeispitzel geführt – und wurde eines Tages bei einer Schlägerei dort verhaftet. Andere interessante Bars waren das Jockey, das eine Zeitlang von einem Freund von Barnes geführt wurde, dem Amerikaner und künstlerischen Tausendsassa Hilaire Hiler (er bemalte die Wände des Jockey und arbeitete viele Jahre an einer Kulturgeschichte der Kleider und Kostüme), sowie das Deux Magots, dem es gelang, zugleich volkstümlich zu bleiben und internationaler Treffpunkt zu werden. Später ging Djuna Barnes oft ins Flore, weil es (freilich nicht lange) weniger überlaufen war.

Auch Robert McAlmon gehörte zu den besonders flegelhaften Amerikanern. Er ging meist ins Select, wo er einmal für kurze Zeit Hausverbot erhielt wegen eines Vorfalls, bei dem viel Glas zu Bruch gegangen war. Ein paar der Zwischenfälle in den Cafés, die sich in den verschiedenen Erinnerungen an diese Jahre finden, sind amüsant, doch meist sind es einfach nur Rüpeleien. Einmal wurde sogar eine Schlägerei für den Kameramann einer amerikanischen Wochenschau buchstäblich inszeniert. Einen aufschlußreichen Vorfall erzählt dagegen Nina Hamnett in ihren Memoiren *Laughing Torso* (1932), in dessen Mittelpunkt ein Teppichhändler steht, der vor den Cafés zu Spottpreisen kleine Teppiche, Mäntel und Ketten feilbot, darunter manchmal sehr schöne Dinge. Solche Händler gab es viele. Ein mürrischer Amerikaner sagte zu ihm: »Hau ab, ich will keinen von deinen verfluchten, stinkenden Teppichen.« Worauf der Marokkaner mit gequälter Stimme antwortete: »Sir, was da stinkt, sind nicht meine Teppiche; das bin ich.«

Hemingway war häufig Gast im Dingo, einer ursprünglich französischen Bar. Von einem kanadischen Barmixer war sie in einen Treffpunkt der Auslandsamerikaner verwandelt worden, und dieser wiederum wurde von dem Engländer Jimmy Charters abgelöst. Charters brachte es zum berühmtesten Barmixer der Stadt. In seinen im Plauderton gehaltenen Memoiren *This Must Be the Place* (1934), für die Morrill Cody als Ghostwriter fungierte, nennt Jimmy Djuna Barnes eine gute Freundin, die ihm viele Kunden zuführte, und eine Frau, die »ganz und gar Dame war und sehr beliebt«. Im weiteren Verlauf beschreibt Jimmy das, was Hemingway angeblich als sein »größtes Prügelabenteuer auf dem Montparnasse« bezeichnet hat. Djuna Barnes und Thelma Wood waren darin verwickelt.

Es war Jimmys freier Tag im Dingo, und er tauchte sehr spät im Select auf zu einem letzten Drink vorm Schlafengehen. Außer Djuna Barnes und Thelma Wood, die mit einem weiteren Mädchen, deren Namen er nicht nennt, zusammen etwas tranken, waren seiner Erinnerung nach nur noch McAlmon und ein Freund im Lokal. Da platzte plötzlich ein, wie Jimmy sich ausdrückt, »international bekannter amerikanischer Zeitungsmensch« volltrunken herein. Er schwankte hinüber zu den drei Frauen und setzte sich ohne Umschweife neben Miss Barnes, die er zu betatschen und abzuküssen begann. Der Journalist war einer von Jimmys besten Kunden. Jimmy gelang es, ihn an einen anderen Tisch zu lotsen, wo er ihn auf einen Drink einlud und versuchte, ihn von Djuna Barnes abzulenken, jedoch ohne Erfolg. Dann forderte er ihn auf, zu einem kleinen Boxkampf hinaus auf die Terrasse zu kommen. Auf diese Weise hoffte er, zugleich Djuna und Thelma zu besänftigen und den Journalisten aus dem Café zu locken. Unglücklicherweise folgte ihnen aber Miss Barnes hinaus, um ihre Meinung über den Charakter ihres Angreifers zu sagen, worauf der sich flink Jimmys Griff entwand und sie mit einem wohlplazierten Schwinger aufs Kinn niederstreckte. Die beiden anderen Frauen, sowie McAlmon und sein Freund wurden ebenfalls niedergeschlagen, doch McAlmon sprang wieder auf, schlug seinerseits den Journalisten nieder und setzte sich auf ihn. Der Bösewicht versprach feierlich, sich anständig zu benehmen, doch sobald McAlmon aufstand, fing er wieder an, um sich zu schlagen. Jetzt warf sich Jimmy Charters in den Kampf. Er mußte den Journalisten dreimal zu Boden schicken, bevor er endlich gebändigt war, mit einer Platzwunde, die mit drei Stichen genäht werden mußte.

Diese Episode hatte vielleicht mit den seltsamen und ziemlich gehässigen kleinen Nachrichten zu tun, die ab und zu in den Klatschspalten der New Yorker Presse unter dem Namen Walter Winchell erschienen. In einer berichtete Winchell, daß die »Frauenschriftstellerin« Djuna Barnes einen Spucknapf auf dreißig Fuß treffen könne. In einer anderen Notiz von 1932 erzählt er, Barnes sei in einen schicken Pariser Nachtclub gegegangen, Le Boeuf sur le Toit, den die Amerikaner und Engländer allmählich von den Franzosen übernommen und in eine teure Saufhöhle verwandelt hatten. Weiter heißt es, sie habe ihren Begleiter gerettet – »vor den kräftigeren Kellnern«. Dahinter steckte offensichtlich nichts weiter, als daß Barnes und Charles Henri Ford, die beide etwas getrunken hatten, auf dem Tanzboden ausgerutscht und hingefallen waren. Und es hatte ein paar klärende Worte zu einem Kellner bedurft, um ihn zu überzeugen, daß sie nur beschwipst und keinesfalls sinnlos betrunken waren.

Barnes ging nicht oft in die Homosexuellentanzclubs und -bars, die der Fotograf Brassai in *Le Paris secret des années 30* verewigt hat. Zwei der Amerikaner, die regelmäßig diese Etablissements in der Rue de Lappe besuchten, waren Hilaire Hiler und Hart Crane. Diese Bars waren nicht ganz ungefährlich; einmal wurden Berenice Abbott und Gwen Le Gallienne bei einer Polizeirazzia abgeführt. Henry Miller, der das Dome und die Coupole haßte, ging lieber in Arbeiterkneipen und geriet in Begeisterung, wenn man ihn für einen Pariser Arbeiter hielt. In den Lesbenbars der zwanziger Jahre ging es, Brassai zufolge, ruhig und diskret zu. Das kühn offenherzige Le Monocle und das Frauenbordell für weibliche Kundschaft Le Sphinx öffneten erst in den dreißiger Jahren, als die Beziehung zwischen Barnes und Wood sich schon im Zustand endgültiger Auflösung befand. Dieser Aspekt des Pariser Lebens spielte in ihrer Beziehung keine Rolle.

Mehr noch der Alkohol als die künstlerischen und intellektuellen Kontakte macht die zentrale Bedeutung der Bars und Cafés in unserer Geschichte aus. Vor dem Ersten Weltkrieg tranken die englischen und amerikanischen Künstler und Auswanderer nicht sehr viel, und wenn überhaupt, dann vor allem leichten französischen Wein. Nach dem Krieg änderte sich alles. Absinth, Cognac und Pernod wurden die bevorzugten Getränke der »expatriates«, aber sie tranken sie auf andere Weise als die Franzosen. Pernod wurde zum Lieblingsgetränk der amerikanischen Frauen, die die Gläser oft hintereinander wegkippten, als wäre es Saft. Mitte der zwanziger Jahre war freudloses Trinken ohne viel Unterhaltung fast schon zur Regel geworden. Als Kneipentouren in Mode kamen, war es günstig, daß die Bars nicht sehr weit voneinander entfernt lagen.

Das Leben der »expatriates« hatte etwas Karikaturhaftes, besonders was ihre Sexualität angeht. Für die meisten kam die sexuelle Freiheit zu plötzlich, und der Puritanismus, vor dem auf unterschiedliche Weise die Amerikaner wie die Engländer flohen, hatte sie schlecht auf die Freiheiten von Paris vorbereitet. Das Bühnenbild war großartig, doch die meisten wußten ihre Rolle nicht zu spielen. Diejenigen, die die Greenwich-Village-Periode mitgemacht hatten, waren vermutlich etwas besser dran. Ironischerweise war Djuna Barnes praktisch die einzige unter all den Ausländern, die eine Lebensgeschichte ausagierte, die schon in furchtbarer Freiheit *begonnen* hatte.

XI

»Ich bin bisexuell wie Michelangelo, und es ist mir total schnuppe, wer das erfährt«, grölte der selig besoffene McAlmon und schleuderte sein Glas auf das Trottoir, wo es vor den Füßen eines gerade vorübergehenden älteren Franzosen zerschellte. Er war der Anführer einer Gruppe von Leuten, die er »die Horde« nannte, und tatsächlich folgten ihm viele gern von Café zu Café und auch auf anderen Wegen. In New York hatte er als einer der ersten Männer bei der Cooper Union vor Aktklassen nackt Modell gestanden. Dort lernte er Bryher kennen, die nach den Bestimmungen eines Testaments einen Ehemann brauchte, um in den Genuß einer Erbschaft zu kommen, und sie bat ihn, sie pro forma zu heiraten.

Er hatte keine Geduld beim Schreiben und war einer der ersten der modernen Amerikaner, der Eigenpropaganda mit künstlerischer Leistung verwechselte. Joyce, der oft mit ihm zechte, äußerte einmal dem kanadischen Schriftsteller Morley Callaghan gegenüber, er halte McAlmon für begabt, doch sei er zu desorganisiert. Sein Verhalten roch stark nach Überheblichkeit. Manchmal war er zu betrunken, um sich von seinem Caféhausstuhl zu erheben. Für jeden hatte er scharfe und herablassende Worte, sogar für Joyce, den einzigen Künstler, über den sonst keiner der Emigranten etwas Abfälliges zu sagen wagte. Und doch kam er mit Barnes recht gut aus. Ihre Freundschaft begann, wie auch Djunas Freundschaft mit der Baronin, damit, daß McAlmon in einem Brief an das *Little Review* eine Stichelei gegen ihren Stil losließ: Er fragte, wie es komme, daß Barnes' Geschichten zugleich so russisch und so Synge-artig irisch seien. Er behauptete, Jane Heap habe den Brief vor Djunas Nase herumgewedelt, um sie in Schach zu halten, und sie habe daraus geschlossen, er könne sie nicht leiden. Barnes ihrerseits witzelte, bei *Contact* (McAlmon war die treibende Kraft dieser Zeitschrift) könne man sich nur einer Sache ganz sicher sein, nämlich, daß dadurch keine Kontakte zustande kämen.

Als McAlmon Barnes 1922 zum Tanzen aufforderte, warf sie ihm vor, er hasse sie, doch Jahre später verriet sie ihm, daß sie gerade die Art seiner Zurückhaltung ihr gegenüber schätze. Als Verleger setzte sich McAlmon aktiv für sie ein, und doch lästerte er zugleich über ihr Talent in seinen Pariser Memoiren *Being Geniuses Together.*

Die Freundschaft zwischen Barnes und Hemingway war sehr ähnlich wie die mit McAlmon: durchaus existent, doch eher marginal. Heute wird gern vergessen, daß Hemingway sich in den frühen zwanziger Jahren gewisse bohèmienhafte Gesten gestattete. Die berühmteste davon war wahrscheinlich sein einzeiliges Gedichtchen: »The Lord is my shepherd, I shall not want him for long.« (»Der Herr ist mein Hirte, ich werde ihn nicht lange brauchen.«)

In einer frühen Geschichte, *Wetterumschwung*, beschreibt er erstmals die lesbische Liebe in der Literatur der »expatriates«. Ein Mann und eine Frau führen in einer Bar (der Barmixer ist Jimmy Charters) ein Abschiedsgespräch, und das Thema ist sehr anspielungsreich. Der Schwerpunkt der Handlung liegt offenkundig außerhalb des Rahmens der Erzählung:

»›Es tut mir leid‹, sagte sie.
›Wenn es ein Mann wäre ...‹
›Sag das nicht. Es könnte kein Mann sein. Das weißt du ...‹«

In Djuna Barnes' Pariser Zeit ereignete sich eine Episode, die wesentlich eindeutiger zu Hemingways *Fiesta* beigetragen hat als die Tatsache, daß er vielleicht ihren Namen für Jake Barnes benutzte. Hemingway selbst war nicht Zeuge dieses Vorfalls, der sich im Hotel Jacob abspielte, doch wußte er mit Sicherheit davon, denn er betraf Harold Loeb, einen Bekannten von ihm, den er als Vorbild für Robert Cohn in *Fiesta* benutzte. Die Geschichte wird von Bertram Sarason in *Hemingway and the Sun Set* erzählt, und die Rolle, die Djuna Barnes spielte, wird einer nicht näher identifizierten Romanautorin mit Namen June zugeschrieben. Djuna hatte sich mit einer jungen Frau namens Frances von der New Yorker Redaktion des *Broom* angefreundet, die auch in der Rue Jacob wohnte. Sie sollte in Europa als Loebs Sekretärin arbeiten und teilte auf der Überfahrt mit der S. S. Rotterdam eine Kabine mit ihm und den Kreymborgs.

Es gibt zwei Versionen. Der einen zufolge soll Frances entschlossen gewesen sein, den angeblich schwerreichen Loeb ent-

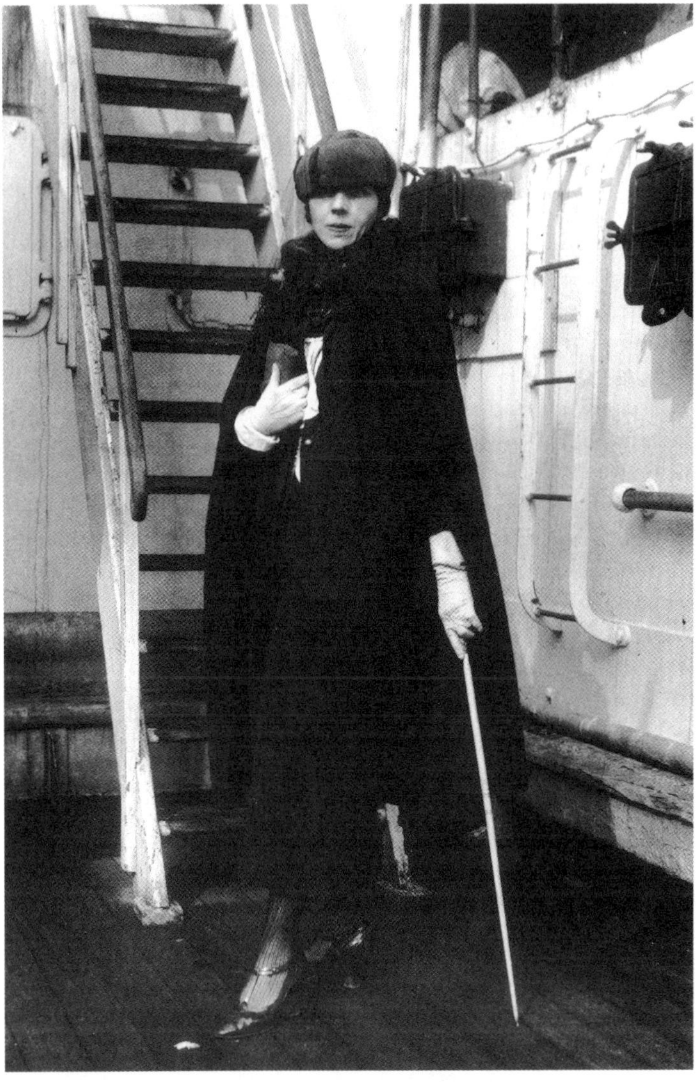

Djuna Barnes (1922)

weder als Ehemann zu angeln oder in eine kompromittierende Situation zu bringen. Die andere dagegen – die durch ein Interview, das Loeb Sarason gab, in gewisser Weise bestätigt wird – besagt, die junge Frau sei ihrerseits auf der Rotterdam von Loeb kompromittiert und gedemütigt worden, indem Loeb vor den Augen der Kreymborgs in der Kabine mit ihr schlief (Sarason gegenüber gab er zu, daß es passiert sei, behauptete aber, es sei alles nur ein Scherz gewesen). Da Loeb Frances kurz nach der Ankunft in Europa die versprochene Stellung kurzerhand kündigte, hatte sie Anlaß zu echtem Groll. Beide wohnten in verschiedenen Zimmern im Hotel d'Angleterre. Er hatte ihr angeblich nur fünf Dollar vom versprochenen Lohn ausbezahlt, so daß sie buchstäblich ohne einen Pfennig in dem Hotel saß.

Djuna Barnes nahm sich der Sache ihrer beleidigten Freundin an und entwarf einen Plan, wie man Loeb in Frances' Zimmer stellen könnte. Nach diesem angeblich von Barnes ausgeheckten Plan sollte das Mädchen um Hilfe schreien, so daß man sie beide zusammen entdeckte, worauf Frances erklären sollte, sie sei schwanger, und verlangen, daß Loeb sie heirate.

Der Rest wurde Sarason von einem anderen Redaktionsmitglied des *Broom* erzählt, offensichtlich nicht gerade einer Freundin von Loeb. Frances soll Loeb tatsächlich in ihr Zimmer gelockt haben, während Djuna auf dem Treppenabsatz mit einem gezückten Knüppel auf ihn wartete. Doch die Person, die die Treppe heraufkam und fast zu ihrem Opfer wurde, war, so will es die Fama, der melancholische Marsden Hartley.

Wie Loeb sich erinnert, lockte ihn Frances tatsächlich zweimal in ihr Zimmer. Beim ersten Mal schloß sie die Tür ab und machte eine Szene. Beim zweiten Mal blieb er, wie er erzählt, vorsichtshalber im Türrahmen stehen und weigerte sich, das Zimmer zu betreten, weil er ein Komplott argwöhnte. Dieser ganze Vorfall, wie er sich nun auch immer genau abgespielt haben mag, wurde in *Fiesta* eingebaut, dessen Heldin ebenfalls Frances heißt. Sie erzählt, wie Robert Cohn seine Sekretärin aus Kalifornien mitgebracht und in Provincetown hat sitzen lassen.

Die Bekanntschaft zwischen Hemingway und Barnes beschränkte sich auf die frühen zwanziger Jahre und war auf beiden Seiten von Respekt und leichter Verachtung geprägt. Als 1964 *Paris – Ein Fest fürs Leben* erschien, bemerkte Barnes fast im Hemingwayton zu Peggy Guggenheim, der Bursche habe sich endlich selbst verraten.

Man muß aufpassen, daß man das, was am Pariser Leben der »Emigranten« wirklich vital und originell war, nicht unterschätzt. Es gab unter den Möchtegerns echte Künstler und wahrhaft freie Geister, vielleicht nicht allzu viele, aber doch mehr als in manch anderem Jahrzehnt. Als ich eine der Herausgeberinnen des *Gargoyle*, Florence Gilliam, in Paris besuchte, strahlte die über neunzigjährige und äußerst gebrechliche alte Dame noch immer bei der Erinnerung an Nina Hamnetts aus dem Stegreif vorgetragene Caféhausgedichte und fröhliche Balladen, zu denen sie sich selbst auf der Gitarre begleitete. Florence Gilliam stützte sich auf ein streichholzdünnes Ärmchen, um mit Hingabe etliche Strophen zu deklamieren: »We went down to Buenos Aires / Where all the men are fairies.« (»Wir fuhren nach Buenos Aires / Wo alle Männer schwul sind.«) Hamnett trat im Dingo und in einem italienischen Restaurant auf der gegenüberliegenden Straßenseite auf. Man sah sie in der Begleitung von Prinzen und Grafen, doch wenn die U.S. Marine größere Gruppen von Matrosen nach Paris auf Urlaub schickte, zog sie einen Matrosenanzug an und spielte nicht nur gutherzig die französische Kokotte, sondern tat auch deren Arbeit.

XII

Djuna Barnes saß gern in den Cafés nur einfach still da, meist im Le Flore in St.-Germin-de-Près, um die Leute zu beobachten und ihren Gesprächen zuzuhören. Wie der Dichter Edouard Roditi als erster bemerkte, waren sie und die englische Autorin Mary Butts die beiden großen Einzelgängerinnen unter den ausländischen Künstlern, wenn auch beide durchaus zu gelegentlichen Ausbrüchen von Übermut fähig waren. (Tanzte der gesetzte James Joyce *wirklich* an einem feuchtfröhlichen Abend in einer Pariser Bar eine Gigue?) Barnes' bester Freund in der Welt der Cafés war der freieste Geist unter allen Ausländern in Paris. Er war kein müde verglühender Stern wie Harry Crosby oder Nancy Cunard, sondern ein Mann, der – wenn auch unter Qualen – sich selbst parodierte, um sich zu schützen. Barnes hörte ihm stundenlang zu, und schließlich schuf sie nach ihm ihre größte literarische Figur, den redegewandten, skandalösen und pathetisch philosophischen Doktor-Matthew-Mächtig-cum-grano-salis-Dante-O'Connor. Die Rede ist von dem legendären Dan Mahoney.

Djuna benutzte ihn zweimal als Vorbild, zuerst in *Ryder* und dann in *Nachtgewächs*, wo seine poetischen und philosophischen Monologe bei weitem den breitesten Raum einnehmen, obwohl er eine Nebenfigur ist und bleibt. Flüchtig taucht Mahoney auch in McAlmons *Being Geniuses Together* auf, wo freilich sein Name nicht genannt wird, sowie in den *Memoirs of Montparnasse*, in denen Glassco ihn, wie er mir erklärte, in Maloney umtaufte, weil er Mahoneys Leidenschaft für Prozesse nur zu gut kannte. Seinen allerersten literarischen Auftritt hatte Mahoney in Jimmy Charters *This Must Be the Place* als »Doc Mahoney, der witzigste Mann auf dem ganzen Montparnasse«.

McAlmon war empört über Barnes' Portrait von Mahoney, das er für unzutreffend und unfair hielt:

»In ihrem Roman *Nachtgewächs* läßt sie eine allseits bekannte Figur in Qualen der Seelenerforschung und der Pseudophilosophie zappeln, und das hat er einfach nicht verdient. Das leibhaftige Vorbild hatte zweifellos schon genug zu leiden, auch ohne diese angedichteten unglaublichen Tauchversuche in tiefere Bedeutungen. Hätte sie ihn als Zoten reißenden und oft sehr witzigen Komiker dargestellt, wäre sein Bild eindrucksvoller ausgefallen.«

Dan Mahoney selbst freilich sonnte sich geradezu in dem von seiner guten Freundin Djuna geschaffenen Portrait und zehrte noch jahrelang in Paris davon. Als eine Nachbarin, eine reiche alte Dame, mit der er zerstritten war, anfing, mit spitzen Anmerkungen versehene Exemplare von *Nachtgewächs* zu verschenken, um seinen Ruf zu schädigen, schrieb Mahoney darüber höchst vergnügt an Barnes und entwarf Pläne, wie man ihren Vorrat an Exemplaren vergrößern könne, um die Verbreitung des Buches in Paris zu fördern. So war er. Wenn ein Bekannter oder ein Freund starb, konnte man darauf wetten, daß Mahoney ausrief: »Gut so!« Doch es war nicht nur einfach so, daß er seine Verwandlung zur literarischen Figur durch Barnes genoß. Als bei der Vorbereitung von *Nachtgewächs* für die Veröffentlichung sowohl Barnes selbst als auch T.S. Eliot, ihr Lektor bei Faber, an dem Manuskript feilten, und sie eine Passage streichen wollten, die die Kindheit des Doktor O'Connor betraf, bat Mahoney Djuna brieflich, doch von der Streichung abzusehen. Mir ist in der Literaturgeschichte kein anderer Fall einer solchen Korrespondenz zwischen Autor und literarischer Figur bekannt.

McAlmons Entrüstung war nicht ganz lauter. Er selbst hatte Mahoney schon früher in seiner Kurzgeschichte *Miss Knight* von 1923 portraitiert, die in der Sammlung *Distinguished Air* erschienen war. Sie handelt zwar von einem Transvestiten, aber John Glassco, der in jenen Jahren häufig mit McAlmon zusammen war, bestätigt, daß die Figur auf Mahoney basierte. Die Geschichte ist inzwischen zurecht vergessen, auch wenn McAlmon selbst viel von ihr hielt und beim Schreiben große Hoffnungen in sie setzte.

Die drei Darstellungen von Mahoney sind auffallend unterschiedlich. McAlmons Queen (die Geschichte spielt in Berlin) benutzt etliche der schlüpfrigen Aussprüche aus Mahoneys Repertoire, die unfehlbar von jedem, der ihn je in einem der Cafés in Aktion gesehen hat, berichtet werden. Mahoney sagte zum Beispiel Dinge wie »ich wußte nicht, daß er nacktes Fleisch hat« nach dem Erlebnis einer Nacht mit einem unbeschnittenen Mann. In *Miss Knight* sagt der Transvestit genau dasselbe: »Wissen Sie, ich mag das nicht – na, Sie wissen schon – nacktes Fleisch – Sie verstehen, was ich meine.« In *Memoirs of Montparnasse* erzählt Glassco, wie Mahoney einmal ins Schwärmen geriet über ein Rendezvous mit einem Totengräber, das er als den Triumph des Lasters über den Tod feierte. Glassco meint, etliche der Reden von Miss Knight seien noch einem weiteren erotischen Exzentriker aus der Paris-Berlin-Szene, einem Mann namens Barner, abgelauscht. Doch die Monologe sind zum größten Teil in genau dem Ton gehalten, in dem, ebenfalls Glassco zufolge, Mahoney redete:

»›Ich bin so froh, daß ich ein richtiger Mann bin‹, kreischte sie ab und zu quer durchs Zimmer oder Café, um die Spannung der Langeweile zu zerreißen, die sich gelegentlich und allerorten über die Stimmung legt. Sie sah sich als reisende Komödiantin und war bereit, zum Beweis ihrer Daseinsberechtigung dafür zu sorgen, daß eine ernste Stimmung nicht zu lange anhielt und in Langeweile ausartete.

Wenn ihr Blick auf einen Mann in Uniform fiel, einen Polizisten, einen Soldaten oder einen jungen Kadetten, und er nicht gerade ein besonders finsteres Gesicht machte, dann rief sie ihm zu oder hinter ihm her: ›Komm, mein Liebling, hol dir dein Abendessen, na komm schon‹, wobei sie kokett den Kopf in den Nacken warf.

›Ich hab' mit so 'nem Typen gesprochen – einem von diesen Hochgestochenen, du weißt schon, rein wissenschaftlich interessiert und so weiter, du verstehst schon – und der sagt zu mir: Sind Sie bei der Armee schwul geworden? und ich sag' zu ihm: Heilige Mutter Gottes, ich war schon schwul, bevor du in den Windeln lagst.‹«

Vornehme Manieren verabscheut McAlmons Figur abgrundtief, und stets spricht sie in aggressiv grober amerikanischer Weise. Dan geriet 1933 in die Spalten der amerikanischen Presse, weil er verlangt hatte, Frankreich solle sich mit der Rückzahlung der Kriegsschulden an Amerika gefälligst etwas beeilen.

Zwischen McAlmons Mahoney und den Monologen von Barnes' erstem O'Connor in *Ryder* gibt es keinerlei Berührungspunkte:

»… denn wenn ich in meinen innersten Eingeweiden verloren bin und wie ein kleines Kind gegen die große Dunkelheit meiner selbst weine, dann denke ich an jene glorreiche Mieze und an den Weihrauch, wie er den Vögeln gleich zum Sitz aller Danksagung aufsteigt, und großer Frieden ist in mir, und meine Tränen sind in Licht und Hitze und Erwartung eingefangen, und meine Füße gehen mit mir, und ich sage zu mir: Matthew O'Connor, es wird kein schlechtes Ende mit dir nehmen, denn ich bin ein Weib von einigen tausend Gesten und hundert Wörtern und sie gehen eins nach dem anderen in die Ränge der Seraphim ein, mitten im mächtigen Heer der Kirche, und eins nach dem anderen werden sie davonfliegen in die Vergebung, Stock und Hemd und Hose, erlöst ins Königreich des Himmels, und wer bin ich, daß ich auf immer und ewig verdammt sein sollte, Amen?«

Der erste Dr. O'Connor ist Familienarzt der Ryder-Familie, doch vor allem stellt er die sympathische männliche Alternative zu dem verdorbenen, ganz und gar lasziven Wendell Ryder dar, dessen Geist, Herz und Seele in seinem Geschlechtsorgan wohnen. Und natürlich ist Dr. O'Connor in *Ryder* nur schwach maskulin; in seinen Sehnsüchten und seinem Wesen ist er eine Frau. Dieser Dr. O'Connor ist Ryders Frauen ein guter Geist. Die Männlichkeit ist durch Ryder besudelt worden, und in der Alternative O'Connor wird sie vollends ausgeschaltet.

Der zweite Dr. O'Connor bei Barnes ist eine weit klarer umrissene und dominantere Figur. Er hält lange philosophische Monologe, wo dem früheren und etwas jüngeren O'Connor nur kurze Bemerkungen zugestanden wurden. Er stürzt sich in Fragen des Mythos und der Geschichte, von denen auch in *Ryder* schon die Rede war, doch wurden sie dort nicht Matthew O'Connor in den Mund gelegt. Der neue O'Connor in *Nachtgewächs* spricht in einer Art, die weit weniger stilisiert, künstlerisch aber dafür um so wirkungsvoller ist:

»›Was du soeben erfährst‹, sagte er und prüfte dabei den Wein zwischen Unterlippe und Zähnen, ›ist die Inzucht des Schmerzes. Die meisten von uns fordern sie nicht heraus. Wir feiern Hochzeit mit einem Fremden, und damit ‚lösen' wir unser Problem. Aber wenn du mit dem Leid Inzucht treibst (was eigentlich nur bedeutet, daß du von jeder Krankheit befallen bist und daher deinem Fleisch vergeben hast), dann wirst du bis in dein Gefüge angefressen – wie ein alter Meister unter dem Messer des Wissenschaftlers dahinschwindet, der über die Malmethode Bescheid haben möchte. So, stelle ich mir vor, wird auch dem Tod vergeben werden: durch denselben Prozeß der Identifikation. Wir alle tragen das Haus des Todes mit uns herum, das Skelett; aber ungleich der Schildkröte ist unsere Sicherheit innen, unsere Gefahr außen. Zeit ist eine große Konferenz, die unser Ende plant, und Jugend ist nur die Vergangenheit, die ein Bein nach vorn setzt...‹«

In solchem Ton, aus dem der Einfluß von Montaigne und Pascal herauszuhören ist, spricht der letzte O'Connor, und noch seine derbsten Einfälle und Analogien sind von tiefem Ernst erfüllt. So etwa der folgende Passus, in dem er in einer Kirche Zwiesprache mit seinem Penis hält:

»In einer dunklen Ecke knieend, den Kopf vornüber und hinabgeneigt, so sprach ich denn zu meinem Kleinen Meister, denn nun war er an der Reihe, alles andere hatte ich versucht. Diesmal blieb mir nichts anderes mehr übrig, als ihn mit dem Mysterium zu konfrontieren, auf daß es ihn ebenso klar erkenne wie mich selbst...

Da war ich, hielt den Kleinen, neigte mich und weinte und stellte die Frage, bis ich sie vergaß, und weinte weiter. Und dann packte ich den Kleinen ein, wie einen kaputten Vogel, und verließ diesen Platz, und ich ging und sah in die Sterne, die flimmerten, und ich fragte: ›Bin ich einfältig gewesen wie ein Tier, mein Gott? Oder habe ich nachgedacht?‹«

Matthew O'Connor in *Nachtgewächs* ist eine großartige Figur von shakespeareschem Zuschnitt und gewiß eine der einprägsamsten Gestalten der Literatur unseres Jahrhunderts. Trotzdem bleibt er, um es noch einmal zu wiederholen, im wesentlichen eine Nebenfigur, die über ihre Rolle hinauswächst, bis sie die eigentliche Haupthandlung, die tragische Liebesgeschichte zwischen Nora und Robin, überschattet. Wenn wir von unserem Wissen darüber ausgehen, wie Barnes die Geschichte von Felix Volkbein einsetzte, um vom allzu schmerzlichen Kern ihres kurzen Romans abzulenken, dann ist es durchaus möglich, daß auch die Figur des Dr. O'Connor vor allem der Ablenkung dienen sollte.

Bleibt noch die Frage nach dem Verhältnis zwischen dem literarischen O'Connor und dem echten Dan Mahoney, der übrigens die Abtreibung bei Djuna vornahm. Es gibt einige Zeugnisse, sechs kurze Briefe an Djuna Barnes, geschrieben zwischen 1935 und 1950, die zufälligerweise erhalten geblieben sind. Sie sprechen zwar nicht mit der authentischen Stimme des Café- und Barbesuchers Mahoney, der uns hier vor allem interessiert, doch auch ihr Ton ist echt: hier spricht Dan, der Briefschreiber. 1937 schrieb er an sie aus seiner Wohnung in der Rue de Seine 40. (In nicht allzu ferner Vergangenheit hatte man dort ein Bordell neben dem anderen gefunden, und in den späten dreißiger Jahren gab es noch immer ein paar: Mahoney verdiente – genau wie O'Connor – seinen Lebensunterhalt mit illegalen Abtreibungen.) Mahoney berichtete Djuna über die alte Dame, die die annotierten Exemplare von *Nachtgewächs* verteilte, und schloß:

»Kannst Du Dir so eine Schlampe vorstellen? Sie würde sich wundern, wenn sie wüßte, wie wenig mich das kratzt. Ich will versuchen, sie noch ein bißchen mehr zu ärgern, damit sie noch mehr Bücher kauft und herumschickt, denn sie ist sehr reich.

Alles Liebe von Minty Manure«

Wir sind immer Gefangene der uns überlieferten Texte, und es magdurchaus sein, daß Mahoney in seiner Art tatsächlich Dr. O'Connor ähnlicher war, als aus diesen Briefchen deutlich wird. Doch eher will es scheinen, daß es McAlmon und nicht Djuna Barnes war, der die Reden des echten Mahoney einfach transkribierte, und daß es vom künstlerischen Standpunkt gesehen ziemlich dürftiges Material war.

Unter den noch lebenden Zeugen dieser Zeit weichen die Meinungen über Dan Mahoneys Redegewandtheit sehr stark voneinander ab. Ein enger Freund von ihm mit Namen O'Connor, der 1923 nach Paris gekommen war, um Klavier zu studieren, verkehrte viele Jahre mit ihm. Dieser Robert O'Connor erzählte mir, Mahoney sei »brillant und anspielungsreich« gewesen; »er war sehr belesen und konnte seine Meinungen über Dinge und Personen äußerst witzig ausdrücken.« Und Edouard Roditi erinnert sich in einem Interview in *Anataeus* an einen Mahoney, der sogar noch eindrucksvoller war als der O'Connor in *Nachtgewächs*: »Er war ein bemerkenswerter Mann. Jammerschade, daß das Tonband zu spät erfunden wurde. Djuna Barnes hat ihr bestes gegeben, ihre Leistung ist glänzend, und doch konnte er noch gewandter schwätzen und schmeicheln als selbst in *Nachtgewächs*.« Im Gegensatz dazu sagte John Glassco mir ganz trocken: »Er war ein Typ, mit dem es Spaß machte, sich fünf Minuten zu unterhalten; dann wurde er ziemlich langweilig.«

Mahoney stammte aus San Franzisco aus einer recht großen katholischen Familie. Sein Vater war ein Rauhbein irischer Herkunft und hatte gerade mit diesem Sohn wenig Geduld. Einer der zwölf noch lebenden Klassenkameraden aus Mahoneys Jahrgang 1914, William M. Callaghan, Vizeadmiral der U.S. Marine, sagte mir, da Mahoney geistig viel weiter war als der Rest der Klasse und auch schon mehr Bartstoppeln hatte, habe er Mahoney für etliche Jahre älter gehalten als die übrigen Klassenkameraden. Er wurde ungefähr 1895 geboren, war also mit Barnes nahezu gleichaltrig.

Selbst in der Schule fiel Mahoney schon aus dem Rahmen. Er

hatte eine Frauenstimme, keinerlei Neigung, sich beim Sport zu echauffieren, und benutzte Make-up, um den Nachmittagsbart zu überdecken, der seine noch jungen, doch bereits ausladenden Kiefer bedeckte. Seine ausgesprochen erdverbundene und derbe Sprache, die so ganz und gar nicht dem entsprach, was man von einem »Schwulen« erwartete, bildete ein Gegengewicht zu seinen Extravaganzen. Dies zusammen mit seiner Fähigkeit, sehr gut nach dem Gehör Klavier zu spielen, machte ihn für die Klassenkameraden akzeptabel. Trotzdem muß es gelegentlich auch Schwierigkeiten gegeben haben, selbst im damals verhältnismäßig aufgeschlossenen San Franzisco. Mit einem anderen Klassenkameraden, Vincent Hallinan, der in der Bay Area ein prominenter Anwalt wurde, hielt Mahoney später noch Verbindung. Besonders gut stand er mit Hallinans Frau Vivian (Jahre später, als die Hallinans nach Paris kamen, zeigte er ihnen die Stadt), und sie erwähnt ihn in ihren Memoiren *My Wirld Irish Rogues* von 1952, freilich ohne seinen Namen zu nennen. Admiral Callaghan erinnert sich, Mahoney habe in seiner Jugend nie Andeutungen gemacht, daß seine Exzentrizität bis zur Homosexualität gehen könnte. Mit Frauen kam er immer sehr gut aus, wenigstens mit einigen, und es entwickelte sich ein Muster, nach dem er von der Freundschaft mit einem Mann überwechselte zu einer viel engeren Freundschaft mit dessen Frau. Ein Pariser Freund von ihm, Gabriel Javsicas, erzählte mir, seine Frau Erma und Mahoney hätten sich oft lange darüber unterhalten, daß Männer im allgemeinen und er, Mahoney, im besonderen nichts taugten. Dabei habe er immer »wir Mädchen« gesagt.

Nach Jimmy Charters Darstellung lebte er eine Zeitlang mit einem amerikanischen Ehepaar Woods zusammen und streifte dann, als ihr Mann nach Amerika zurückgekehrt war, mit Mrs. Woods durch die Cafés. »Wir sind die Witwen Woods«, soll er sich und sie dabei vorgestellt haben. Jimmy hat allerdings auch eine von Mahoneys dicksten Lügen geschluckt, nämlich daß er verheiratet gewesen und Witwer sei. Eine andere häufige Begleiterin war die verlassene Frau eines Korrespondenten der *New York*

Times. Roditi weiß auch zu berichten, daß er mit einer etwas verschrobenen alten Malerin namens Lilian Fisk gut befreundet war und manchmal mit ihr nächtliche Streifzüge in den Pariser Straßen unternahm. Insgeheim genoß er es, an den Bridgezirkeln älterer Damen teilzunehmen, unter denen so manche Adlige und so manche Lesben waren. Er soll verheerend schlecht gespielt haben.

Als Mahoney im August 1941 mehr oder weniger gezwungenermaßen nach Hause zurückkehrte, war er, Roditi zufolge, wütend darüber, wieder in Amerika leben zu müssen. Er ging zurück nach San Franzisco, wo er das Black Cat zu seiner Stammkneipe machte, eine ziemliche Spelunke mit billigen und oft furchtbaren Getränken. Der Slogan des Black Cat lautete: »Wir behalten uns das Recht vor, jedermann Abfall zu servieren.« Saroyan hing dort viel herum, und manchmal schaute Steinbeck herein. Es war der Ort an der Westküste, dessen Atmosphäre angeblich Paris am nächsten kam, vor allem, weil man sich dort völlig ungeniert benahm. Samstagsabends freilich fielen die High-Society-Grüppchen vom Nob Hill dort ein, um die skandalösen Szenen zu beobachten, die Stammgäste oft extra inszenierten, um sie zu schockieren. Aber es war eben doch nicht Paris. Mahoney kehrte nach Paris zurück und starb an Krebs in einer kleinen Wohnung in der Rue Cels, die ihm eine seiner Freundinnen überlassen hatte.

In der Öffentlichkeit sah man ihn selten ohne ein Gefolge von Lesbierinnen, bei denen er sehr beliebt war. Seine Hände zitterten, und er liebte flüchtige körperliche Berührungen.

Mahoney soll fließend französisch und deutsch gesprochen und sich in der Literatur außerordentlich gut ausgekannt haben. Doch ein Schriftsteller war er nicht. Nur einmal wurde etwas von ihm gedruckt, ein Essay mit dem Titel *Perfumes*, der in *The Ignatian* (vol. 6, no. 3) erschien. Es ist eine kurze Geschichte und eine leidenschaftliche Verteidigung des Parfums. Für den jungen und extrem individualistischen Mahoney war das Parfum die einzige Kunst, die völlig frei ist von der Kontrolle durch irgendwelche kritischen Schiedsrichter: »In der bildenden Kunst ist unser Geschmack meistens konventionell, ebenso in der Musik. Uns gefällt, was uns gefallen soll. Literaturkritiker sagen uns genau, was uns zu gefallen hat, was nicht. Doch bei unserer Auswahl von Parfums ist es ganz anders.« Nach St. Ignatius soll er auf die Stanford University gegangen sein, um Medizin zu studieren. Er ist dort jedoch nicht registriert, und so müssen wir uns auf die Barnessche Version von O'Connor in *Nachtgewächs* verlassen, wonach er als nicht examinierter Arzt in Paris praktizierte.

Wenn man von Daniel A. Mahoney spricht, bewegt man sich auf äußerst schlüpfrigem Parkett, was die Wahrheit angeht. Es heißt von ihm sowohl, daß er immer knapp bei Kasse gewesen sei, als auch, daß er über ein unabhängiges Einkommen verfügte und seine Abtreibungen umsonst vornahm. Ich bin geneigt, der ersteren Version zu glauben, denn Robert O'Connor erzählte, daß Mahoney eine Zeitlang in einer Dienstmädchenkammer auf dem Dachboden eines Appartementhauses am linken Ufer gewohnt habe. Und dann ist da auch die Szene in *Nachtgewächs*, in der Dr. O'Connor heimlich Geld einsteckt, das auf einer Kommode herumliegt, während er Robin Vote behandelt. Niemand hat jedoch je Zweifel an seiner Behauptung geäußert, er habe in einem französischen Krankenhaus gearbeitet.

Hier ist eine Geschichte, die Mahoney selbst von sich erzählte. Er hatte sich mit einem französischen Bauern und dessen Frau angefreundet, die bis über die Ohren in Hypothekenschulden steckten. Die Frau hatte ihm gegenüber geklagt, sie fröre im Winter, weil sie nicht einmal einen warmen Mantel besitze. Bei einem Besuch bei seiner Mutter in San Franzisco (diese Reise nach Hause kommt zwar in McAlmons *Miss Knight* vor, doch nicht in Barnes' Versionen) entdeckte er einen häßlichen, alten grauen Pelzmantel, packte ihn ein und schickte ihn der französischen Bäuerin. Kurze Zeit darauf begann seine Schwester sich zu wundern, was aus dem alten Chinchilla-Mantel ihrer Mutter geworden sei. Er sagte nichts, doch kaum zurück in Frankreich, holte er sich den Mantel von der Frau zurück und brachte ihn zu einem

Kürschner. Der gab ihm dafür »ein riesiges Vermögen«, womit er die Hypotheken des Bauern bezahlte. Immer wenn er Leuten in Paris etwas über seine Vergangenheit in San Franzisco erzählte, ließ er durchblicken, er stamme aus einer wohlhabenden Familie. Sicher ist jedoch, daß Dan Mahoney ausgesprochen großzügig war, denn Mitgefühl ist die Haupttugend von Matthew O'Connor, und was O'Connor zur tragischen Figur macht, ist eher seine grenzenlose geistige Großzügigkeit als ein wüster Auftritt in einem Tanzpalast der Weimarer Zeit.

Über Dan Mahoney gibt es noch viele Geschichten. Während des Zweiten Weltkriegs war er in Chantilly interniert, wo er offensichtlich sehr angenehm lebte. Eine Geschichte besagt, der Grund sei eine Freundschaft mit einem Nazi-Offizier gewesen, während eine andere zu berichten weiß, er habe seine ganze Zeit damit zugebracht, eine Gruppe von Chassidim im Englischen zu unterrichten, die ihm versicherten, als Lehrer werde er Gnade vor Gott finden, selbst wenn er dem falschen Gott in der falschen Religion huldige und auch sonst noch eine Menge bei ihm nicht in Ordnung sei. Wie dem aber auch gewesen sein mag, er wurde, wutschnaubend über die Umstände seiner erzwungenen Heimkehr, per Schiff nach Amerika verfrachtet. Doch blieb er nicht lange in Los Angeles und San Franzisco und besuchte vor seiner Rückkehr nach Paris noch seinen Freund O'Connor in Nantukket. Aus Kalifornien schrieb er an Barnes, zwei junge Schwarze machten ihm zu schaffen. Er hatte sich mit ihnen im Internierungslager angefreundet, wo er ihnen geholfen hatte, und jetzt waren sie ihm nach Kalifornien gefolgt. »Sie sind Engel, aber ich bin sicher, sie halten mich für ihren Vater! Gott helfe uns.«

Mahoney behauptete, im Ersten Weltkrieg ausgezeichnet worden zu sein. Es gibt keine schriftlichen Beweise, daß er tatsächlich in der Armee diente, doch seine schönste Geschichte hat mit seinem angeblichen Kriegsdienst zu tun. Er erzählte gern, er sei so schockiert gewesen, als er seiner Homosexualität inne wurde, daß er sich freiwillig zur Armee meldete als eine relativ elegante Weise des Selbstmords. Doch er überlebte, und, um die Sache schlimmer zu machen, beauftragte man ihn, wie er behauptete, als Stabsarzt fast fünfhundert Soldaten zu beschneiden. Doch wir sollten nicht vergessen, daß Dr. O'Connor zu Nora sagt, er sei der größte Lügner diesseits des Mondes, »um Leute wie dich« abzulenken, »um sie von der Todesangst zu befreien, die ihnen in den Eingeweiden sitzt. Um sie zu halten, wenn sie sich am Boden krümmen, die Füße hochziehen und schreien. Wenn die Augen über das Handgelenk stieren, voller Qual, die sie abzuwehren suchen! Sie schreien: ›So sag doch etwas, Doktor, um Gottes willen!‹ Und ich rede darauf los, wie ein Irrer – siehst du: das und sonst nichts hat mich zu dem Lügner gemacht, der ich bin.«

Die beste und ausführlichste Beschreibung von Dan Mahoney stammt von John Glassco und fußt auf alten Aufzeichnungen, die er sich 1929 in Paris machte. Sie stimmt genau überein mit der Zeichnung, die Djuna Barnes von Dr. O'Connor für *Ryder* anfertigte:

»Etwa 1,72 m groß, kurze Beine, breite Schultern, kräftig gebaut. Breites Gesicht, eine Kreuz-As-Nase, schmale und sehr bewegliche Lippen, die ständig dunkel geschminkt waren, schwere Kiefer. Trug einen kleinen Schnurrbart von einem halben Zentimeter Länge und sein widerspenstiges, drahtiges Haar war zu einer Bürste geschnitten, beides offenbar tiefschwarz gefärbt, wiewohl eisengrau an den Wurzeln. Die Augen groß, grau und vorstehend mit schweren, blau geschminkten Lidern und stark getuschten Wimpern; der Blick wanderte ständig unruhig umher. Sein Gesicht war mit leichenblassem Puder bedeckt, durch den ein starker schwarzer Bart schimmerte. Er trug stets ein weißes Hemd mit gestärktem Kragen und Manschetten, eine schwarze Krawatte und einen schwarzen Anzug ohne Weste, der ihm zu groß schien, mit Hosen, die hinten zu weit waren, und einer zu langen Jacke, so daß das ganze wie ein Rock wirkte. Kleine schwarze, spitze Schuhe; häßliche, behaarte Hände. Sein Gang war eine Art hüftenschwenkendes Watscheln; er stand immer mit leicht eingeknickten Knien da, die Arme vorgestreckt und mit herabfallenden Handgelenken, wie ein Hund, der auf den Hinterbeinen geht (Djuna Barnes und ich kamen unabhängig voneinander auf diesen Vergleich: die Ähnlichkeit war zu auffallend). Er war ein ausgezeichneter Tänzer, sehr leichtfüßig. Seine Stimme war ein heller Tenor, sein Akzent ein echt New Yorker Näseln mit ein paar ›schwulen‹ Intonationen und einem künstlichen Lispeln. Es wurde gemunkelt, daß er einmal Berufsboxer gewesen sei, und tatsächlich war er ein respekteinflößender Champion der Barszene: ich war selbst Zeuge, als er einem jungen Amerikaner, der sich in der Dingo-Bar in der Rue Delambre über ihn lustig gemacht hatte, das Handgelenk brach. Sein Jähzorn galt als gefährlich.«

Es scheint also klar, daß O'Connor seine Gestalt tatsächlich Mahoney verdankt, doch die *Worte* und der *Ton* und der *Gehalt* dessen, was O'Connor sagt, gehören allein Djuna Barnes: Samenkörner für seinen Diskurs lassen sich in den besten ihrer frühen Kurzgeschichten und Theaterstücken finden, die lange, bevor sie ihn kannte, geschrieben wurden. Nach seiner eigenen einfachen, aber beredten Lieblingsbeschreibung von sich selbst war er die arme Minnie Mahoney »die andere Frau die von Gott vergessen wurde«.

XIII

Neben Eliots Urteil über *Nachtgewächs* gibt es noch eins, das eine ähnlich weite Verbreitung erfahren hat. Es stammt von Joseph Frank, erschien zuerst 1945 in der *Sewannee Review* und wurde später in seinem einflußreichen Buch *The Widening Gyre* nachgedruckt. Die Hauptthese von *The Widening Gyre* ist, daß allen großen Werken der Moderne ein eher räumliches Erzählkonzept gemeinsam sei anstelle des traditionellen, zeitlich linearen Erzählens. Es ist eine der großen Leistungen von Franks Buch, daß er Barnes so einfach und selbstverständlich den anerkannten Meistern der Moderne, Eliot, Joyce und Proust, an die Seite stellt: Frank zufolge gründet *Nachtgewächs* auf den gleichen Bauprinzipien wie *Ulysses* und *Auf der Suche nach der verlorenen Zeit.* Barnes Zuordnung zu diesem Namen ist viel wert, wenn auch etliche Behauptungen, mit denen Frank seine These zu stützen sucht, fraglich scheinen. So schreibt er zum Beispiel über den Roman, »das naturalistische Prinzip (sei) gänzlich aufgegeben; es wird keinerlei Versuch unternommen, uns zu überzeugen, daß die Figuren wirkliche Menschen aus Fleisch und Blut sind«. Ein anderer Kritiker, James Scott, nimmt die entgegengesetzte Position ein (und damit eine, die meinen eigenen Ansichten und meinem Beweismaterial mehr entspricht). Scott betont, daß Miss Barnes trotz der starken Stilisierung von Form und Sprache an einer »durchgehend naturalistischen Sicht« festhält. Es geht auch nicht an, um der Theoriebildung willen den kaleidoskopischen Stil von *Ryder* bloß verspielt und anomal zu nennen und zu behaupten, das neue räumliche Konzept sei erst in *Nachtgewächs* zu einem klaren und erkennbaren Muster ausgeformt.

Djuna Barnes hat in ihren Werken immer schon eher zur gerahmten Szene als zum fließenden Erzählen geneigt. In einem Brief an Charles Henri Ford vom 10. April 1934 haben wir sogar die Aussage von ihr selbst, daß es ihr immer außerordentlich schwergefallen sei, Handlungen zu erfinden. In *Nachtgewächs* gibt es genauso viel und so wenig Handlung wie in allen anderen Werken von Barnes, angefangen mit *Passion Play* von 1919. Die Konzepte der »räumlichen Erzählweise« und des »architektonischen Romans« (der Ausdruck eines weiteren Interpreten von Barnes) sind zwar durchaus nützlich, doch sollte man sie nicht überstrapazieren.

Der wichtigste Satz in Franks Darstellung argumentiert freilich nicht theoretisch, sondern beschreibt die Form von *Nachtgewächs* mit einem Bild, das tatsächlich die Wahrheit sehr gut trifft:

»Die acht Kapitel von *Nachtgewächs* sind wie Scheinwerfer, die das Dunkel aus verschiedenen Winkeln durchforschen und doch letztlich dieselbe Verstrickung der menschlichen Seele erfassen und beleuchten.«

Dieser Satz ist ohne Frage richtig, denn wie Frank und andere gezeigt haben, führen die Anfangskapitel die Hauptfiguren ein, eine nach der anderen: Felix Volkbein, den törichten Juden, der sich dadurch auszeichnet, daß er sich vor allen Zeichen angeblicher Aristokratie verneigt; Robin Vote, die sprachlose tierhafte Schönheit, die von allen anderen Figuren des Romans umworben wird; Nora Flood, Heldin und Opfer der Geschichte; Jenny Petherbridge, eine Kapitalistin der Seele, die Menschen und Gipsmadonnen sammelt; und Dr. O'Connor, der sehr viel redet. In der Mitte des Romans übernehmen Nora und Dr. O'Connor buchstäblich das Erzählen, und ihre Klagen und seine langen Antwortreden spielen immer wieder wie Wellen über den einen Zeitabschnitt, in dem sich die Geschichte ereignet hat. Die Handlung schreitet nicht voran, sie ist einfach da, wie die Portraits der einzelnen Figuren oder ein Bild in einem gläsernen Briefbeschwerer.

Joseph Frank irrt jedoch gründlich, wenn er behauptet, *Nachtgewächs* habe überhaupt keine Handlung im gewöhnlichen Sinn und ließe sich nicht zum Zwecke der Erklärung auf eine Abfolge von Aktionen reduzieren. Was immer auch »im gewöhnlichen Sinn« bedeuten mag, es gibt in *Nachtgewächs* durchaus eine einfache Haupthandlung, die darüber hinaus noch ziemlich genau einer Kette von Ereignissen folgt, die sich tatsächlich abgespielt haben. Diese Geschichte besteht aus der tiefen und unmöglichen Liebe einer nachdenklichen und einsichtigen Frau zu einer rasenden und zerstörerischen Frau. Zugegeben, diese Handlung ist beim ersten Lesen vielleicht etwas schwierig herauszuschälen, besonders weil etliche erzählerische Stränge begonnen, aber nicht weitergeführt werden. Daneben haben wir noch das große Problem der Perspektive, weil Dr. O'Connor einerseits zur Handlung gehört, andererseits auch wieder nicht. Dr. O'Connor ist ein ganzer griechischer Chor in einer Person, und diese Person steht auch noch sehr dicht vor dem Leser, so daß er in stark vergrößerten Dimensionen erscheint. Aber wenn man das einmal erkannt, den Maler-Trick mit der Perspektive begriffen hat, durch den die Haupthandlung in den Bühnenhintergrund gerückt wird und somit etwas verkleinert erscheint, dann hat *Nachtgewächs* durchaus eine Handlung. Sie ist zwar etwas in die Ferne verschoben, doch ihr Feuer ist darum nicht weniger intensiv. Seine Hitze mag abgeschwächt sein, aber das Licht, das – abgesehen von einer bestimmten lesbischen Liebesaffäre – noch auf eine ganze Reihe anderer Dinge fällt, leuchtet um so heller.

XIV

Thelma Wood erzählte gern, sie habe indianisches Blut, eine relativ gängige Behauptung unter den Emigranten aus dem Mittleren Westen. Eine der Pariser Bars, das College Inn, hatte sogar einen leibhaftigen Vollblutindianer als Barmixer eingestellt. Eine Generation früher dagegen erfanden Amerikaner wie etwa Whistler oder Henry Harland, der Herausgeber des *Yellow Book*, gern eine geheimnisvolle Herkunft aus St. Petersburg.

Als Thelma Wood im Dezember 1970 mit Krebs im Sterben lag, fiel Berenice Abbott, die sie in Connecticut besuchte, auf, wie indianisch ihr Gesicht und ihr Ausdruck jetzt wirkten. Miss Wood war fast siebzig und ziemlich fett geworden, beides Dinge, von denen Djuna, wie sie einmal an eine Freundin schrieb, überzeugt gewesen war, daß sie Thelma nie widerfahren würden.

Thelma wurde 1901 in St. Louis, Missouri geboren. Der Mädchenname ihrer Mutter war Crawford. Es hieß, sie habe in Paris eine Apanage von fünfundzwanzig Dollar in der Woche zur Verfügung gehabt, und danach sowie nach dem roten Bugatti zu schließen, dürfte die Familie wohlhabend gewesen sein. Sie hatte eine Schwester namens Wilma. Thelma behauptete, ihr Examen habe sie an der Washington University in St. Louis gemacht, doch dort ist sie nicht registriert. Wahrscheinlich hat sie tatsächlich dort angefangen, aber schon vor Abschluß des ersten Jahres abgebrochen, um nach Paris zu gehen.

Sie war einen Meter achtzig groß, jungenhaft und eine äußerst beeindruckende Erscheinung. Bei den Beschreibungen amerikanischer Damen in den verschiedenen Memoiren ergibt sich ein gewisses Problem: sie sind alle einfach zu schön, und am Ende verliert die Aussage ihre Bedeutung. Doch selbst vor diesem Hintergrund kann es wenig Zweifel geben, daß Thelma tatsächlich eine Schönheit war.

Wieder einmal erweist es sich als Glück, daß wir John Glasscos *Memoirs of Montparnasse* haben, denn in ihnen spiegelt sich auch der reale Hintergrund von *Nachtgewächs*. Er nennt Thelma »Emily Pine« (ein seltsamer Zufall) und beschreibt sie als »ein großes, schönes, verträumt dreinblickendes Mädchen ..., mit den größten Füßen, die ich je gesehen hatte. Später erfuhr ich, daß Emily Pine eine gefährliche Frau war, wenigstens was Willa Torance anging, und außerdem eine Art weiblicher *bourreau des cœurs*.« Der zweiundzwanzigjährige Glassco lockte sie mit einem Trick von ihrer weiblichen Bewachung in einem Café weg, indem er sie ans Telefon rufen ließ. Doch der junge Mann war von seiner Eroberung fast abgeschreckt, als die blendend schöne junge Frau herauskam und über das, was er getan hatte, befremdlich laut und wiehernd lachte.

»Mit einem einzigen respektheischenden Schluck« kippte sie ihren Pernod runter, und dann gingen sie los, den Boulevard du Montparnasse hinunter. Zuerst besuchten sie eine Arbeiterkneipe. Als Thelma zu ihm sagte, seine knabenhafte Art gefiele ihr, merkte er sofort, daß sie nur wie ein Kind etwas nachplapperte, was jemand einmal zu ihr gesagt hatte. Er zerbrach sich den Kopf, wie er sie ins Bett bekommen könnte. Und schließlich erzählte er ihr, sie erinnere ihn an einen Leoparden:

»›Warum?‹ fragte sie, wobei ihre Augen zum ersten Mal aufleuchteten.

›Weil Sie unabhängig, genußsüchtig und ruhig sind.‹

Ihre Reaktion auf diesen Eröffnungsschachzug war erstaunlich. Ihre Lider senkten sich über die Augen, dann packte sie plötzlich meine Hand und quetschte die Knöchel heftig zusammen. Sie hatte bemerkenswerte Kraft, und es tat so weh, daß ich instinktiv den Hacken hob und ihr gegen das Schienbein trat. Sie ließ meine Hand fallen, zeigte ihre Zähne und lachte: ›Habe ich Ihnen weh getan?‹«

Schließlich gingen sie ins Petite Chaumière, eine der teureren Bars mit Tanzfläche. Sie fuhr ihn mit ihrem gefährlich aussehenden Bugatti in ihrem gewohnt rasanten Stil dorthin. Eine ihrer Freundinnen erzählte mir, Thelma habe fahren können wie eine Rennfahrerin, doch nur, wenn sie betrunken war. Glassco stellte fest, daß sie miserabel tanzte. So konzentrierte er sich ganz auf ihren herrlichen Körper und darauf, ihren riesigen Füßen auszuweichen. Endlich forderte er sie rundheraus auf, mit ihm ins Bett zu gehen, und setzte hinzu: »Entschuldigen Sie, ich hoffe, ich habe Sie nicht erschreckt.« Worauf sie antwortete: »Mich erschreckt? Niemand erschreckt Thelma Wood.« Sie ging fort, um mit Madame Maillot zu sprechen, und ein paar Minuten später waren sie oben in einem stickigen kleinen Zimmer voller Spiegel, rotem Plüsch und Troddeln. Thelma schwankte vor Trunkenheit und klammerte sich an Glassco. Er entfernte sich diskret aus dem Zimmer, und dann:

»Als ich ein paar Minuten später zu ihr zurückkam, hatte sie sich ausgezogen und lag mit fest geschlossenen Augen auf dem Bett. Ich hatte noch nie einen so schönen Körper gesehen; die Entdekkung, daß er völlig frigid war, war eine herbe Enttäuschung.«

Zwischen der irdischen Wirklichkeit dieser wirklich schönen Frau – und John Glassco ist ein viel zuverlässigerer Portraitist als

Robert McAlmon – und der von Barnes geschaffenen literarischen Figur gibt es nur wenige Berührungspunkte.

Robin Vote aus *Nachtgewächs* wird uns nicht in ihrer Sexualität vorgeführt. Es gibt zwar vage Anspielungen auf Liebesbegegnungen und leidenschaftliche Umarmungen zwischen Robin und Nora, doch findet sich in dem Roman keine einzige erotische Szene. Eher wird Robins Tierhaftigkeit hervorgehoben. In *Nachtgewächs* geht es ganz wesentlich um den Gegensatz zwischen den Kräften der Liebe und des Animalischen, doch die sexuellen Aspekte dieses Kampfes zwischen den Hauptfiguren sind nicht so sehr wichtig. Nora weiß zwar nur allzu gut über Robins Promiskuität Bescheid, doch ist sie etwas, daß sich fern von ihr abspielt mit Ausnahme der Situationen, wenn sie zufällig die betrunkene Robin eng umschlungen in einem Café entdeckt. Nora schleicht häufig um die Cafés herum, in denen Robin zwischen den Kunden umherstreicht.

In ihrer Tierhaftigkeit ist Robin Vote zugleich wild und häuslich. Sie will auf keinen Fall gegängelt werden, und doch hat sie gleichzeitig ein starkes Bedürfnis, gehütet und beschützt zu werden, wie ein wildes Tier, das man im Haus hält. Nora steht der Erzählerin am nächsten, und letztere hält Robin Vote ein wenig auf Distanz, indem sie das Muster in ihrem Verhalten hervorhebt:

»In den Jahren ihres Zusammenlebens wurden Robins Ausgänge zu einem allmählich anwachsenden Rhythmus. Anfangs ging Nora mit Robin; doch mit der Zeit erkannte sie, daß die Spannung in Robin wuchs. Als sie das Bewußtsein nicht mehr ertrug, im Wege oder vergessen zu sein, als sie Robin von Tisch zu Tisch gehen sah, von Glas zu Flasche, von Person zu Person, als sie erkannte, daß, wenn sie selbst nicht dabeisei, Robin zu ihr zurückkehren könne, als der einzigen, die fern der ganzen ungestümen Nacht noch nicht von ihr verbraucht war, blieb Nora zu Hause, lag wach oder schlief. Robins Abwesenheit wurde mit fortschreitender Nacht zu einem körperlichen Verlust, unerträglich und unersetzlich. Wie eine amputierte Hand nicht verleugnet werden kann, weil sie eine Zukünftigkeit erfährt, deren Opfer ihr Vorfahr ist, so war Robin eine Amputation, von der sich Nora nicht lossagen konnte.«

Das heißt nichts anderes, als daß Robin Vote für Nora noch etwas bedeutet, das über ihre Person hinausgeht. Unter anderem verkörpert sie einen Aspekt von Noras eigener Persönlichkeit, der existiert und auch wieder nicht mehr existiert: Mit anderen Worten, die »Zukünftigkeit« von Robin ist zu einem wichtigen Teil die verkleidete Vergangenheit.

XV

Im Roman begegnen sich Robin und Nora zufällig im Zirkus. In einer der frühen journalistischen Arbeiten von Djuna Barnes findet sich eine auffallende Vorwegnahme dieser Begegnung in *Nachtgewächs*, und zwar in ihrer Beschreibung des New Yorker Hippodrome-Zirkus in der *New York Press* vom 14. Februar 1915. Nach der Vorstellung bleibt sie zurück, um mit den Tieren allein zu sein:

»Danach ging ich in die Keller hinunter zu den Tieren und schlich mich endlich allein an die Käfige heran – nicht mehr vor aller Öffentlichkeit, nicht mehr im Rampenlicht – ich trat heran, blieb stehen, sah mich um, ob irgendwo ein Dompteur, ein Wärter, ein Eindringling sei, und als ich mich ganz allein sah, abgesehen von meiner ungeheuerlichen Vergangenheit, hob ich langsam und behutsam meine Hand – zum Gruß!«

Der einzige Unterschied zu der entsprechenden Episode im Roman ist, daß es ein Tier, ein Löwe ist, der Robin erkennt und stumm grüßt.

Die bemerkenswertesten Gegenstände in Noras Wohnung in *Nachtgewächs* sind die beiden Karussellpferde im Schlafzimmer, die Nora und Robin auf den Pariser Flohmärkten aufgestöbert haben. Sie flankieren beide Seiten des großen Bettes. In der Inventarliste für die Wohnung, die Barnes in der Rue St.-Romain 9 besaß (fünfter Stock, Treppenaufgang D – das Haus steht noch; »direkt neben Proust«), fand ich keine Karussellpferde, obwohl ich das Gefühl hatte und erwartete, daß sie da gewesen sein müßten. Freilich muß man bedenken, daß Barnes schon einige Jahre mit Thelma Wood in einem gemieteten Appartement Boulevard St.-Germain 173 gelebt hatte, bevor sie die Wohnung in der Rue St.-Romain kaufte. Gewisse Züge dieser ersten Behausung, insbesondere der Garten, fanden ebenfalls Eingang in das Interieur von *Nachtgewächs*.

Pferde spielen eine wichtige Rolle. Natalie Barneys Berühmtheit begann mit ihren Ausritten im Bois de Boulogne, die Remy de Gourmonts Aufmerksamkeit erregten und ihr den Beinamen »die Amazone« einbrachten. Und Barnes, die seit ihren Tagen auf dem Lande in Cornwall-on-Hudson und auf Long Island eine gute Reiterin war, beschwört das Pferd in ihrer stärksten Kurzgeschichte, *Eine Nacht mit den Pferden* (1923). Ein Stallknecht wird von seinen eigenen Pferden zertrampelt, zu denen er sich betrunken und in vollem Abendanzug geflüchtet hat vor der Herrin des Hauses, die nur mit ihm spielte.

Colette hat die Bedeutung der Pferde für diese Frauen scharfsinnig erkannt:

»Diese männischen Frauen, an die ich denke, liebten tatsächlich die Pferde, diese warmen, rätselhaften, störrischen und sensiblen Geschöpfe, fast ebenso wie ihre jungen weiblichen Schützlinge. Mit ihren starken, schlanken Händen konnte sie ein Pferd zähmen und zureiten, und wenn Alter und Not sie der Peitsche beraubten, verloren sie damit ihr eigentliches Zepter … Der aufregende Duft nach Pferd, dieser so männliche Geruch, wich nie ganz von diesen Frauen; nach dem Ausritt blieb er an ihnen haften.«

Wenn es in *Nachtgewächs* auch keine Pferde gibt, so scheint die von Colette geschilderte Stimmung doch auf das Nest der Häuslichkeit im Roman zu passen. Nora spürt, daß das Haus von entscheidender Bedeutung für ihre Liebe ist; wenn nur irgend etwas darin verändert würde, könnte Robin verwirrt sein, die Witterung verlieren wie ein Tier und nicht mehr zurückkehren.

Gegenstände wie die venezianischen Lüster, Cherubim aus Wien und Behänge aus römischen Kirchen aus *Nachtgewächs* werden von der Inventarliste der Rue St.-Romain sogar noch in den Schatten gestellt. Die Einrichtung war das wahre Museum einer Beziehung und deutlich das Ergebnis zahlloser Beutezüge durch die alten Les Halles und ihre Umgebung. Es gab viele Spiegel in der Wohnung, in der die Farben rot, gelb und gold vorherrschten, vor allem durch die vielen Dekorationsgegenstände klerikaler Herkunft. Im Salon lagen überall Kirchenpolster herum. Die Vorhänge waren aus Seide und Baumwolle, gelb mit roten Blüten. An der Wand hingen zwei herzförmige Spiegel und ein Glaskreuz. Zwei Kandelaber aus gläsernen Trauben und Birnen korrespondierten mit zwei passenden gläsernen Wandarmen. Die Eßzimmerstühle um den bäuerlichen Eichentisch herum hatten Gobelinbezüge. Auf der großen Couch in diesem Zimmer lag ein gelber Überwurf. Im Korridor, der in den Salon führte, hing ein weiterer großer Spiegel, ein kleines, braunes, hölzernes Bücherregal wurde von zwei roten und goldfarbenen Stühlen eingerahmt, und ein gelb-roter Glaskandelaber, mit einer zerbrochenen roten Lilie hing von der Decke. Es gab drei goldgerahmte Bilder: den heiligen Claudius, den heiligen Johannes und Gargantua.

Ich kann mir vorstellen, daß die Atmosphäre, warm und etwas schwül, wie die einer Künstlerkapelle wirkte. Die Farben im Schlafzimmer, d. h. des großen Doppelbetts, das den Raum beherrschte, und zweier satinbezogener Stühle, waren rosa und blau; und doch war das sakrale Element in diesem Raum noch stärker durch mindestens sechzig Bilder mit vorwiegend religiösen Motiven und einen Kirchenläufer, der über den Sims eines unbenutzten Kamins drapiert war. Ein venezianischer Spiegel, der größte in der ganzen Wohnung, hing ebenfalls dort, und der dreiteilige Spiegel der Frisierkommode sowie ein weiterer, kleinerer venezianischer sorgten für weitere Spiegeleffekte. Außerdem fanden sich dort ein auf Glas gemaltes Bild des heiligen Stephan sowie eine Porzellanmadonna. Auch im Schlafzimmer hing ein leicht angeschlagener Glaskandelaber.

Die Liste der Küchengeräte beweist, daß das Kochen im Barnes-Woodschen Haushalt durchaus ernst genommen wurde. Es wurde eher amerikanisch als kontinentaleuropäisch gekocht. Ein einziges der Menüs ist uns erhalten geblieben dank eines indignierten Briefes, in dem Allen Ross MacDougall für seine unerhörte Unverschämtheit gescholten wird, eine Essenseinladung vergessen zu haben, die Djuna und Thelma ihm gegenüber auf der Beerdigung der Baronin 1928 aussprachen. Das Essen, das ihm entging, bestand aus Rehkeule und Kirschauflauf. Ihren Kaffee mahlten sie selbst. In einem Brief an Djuna nach der Trennung schrieb Thelma, sie wünschte, sie könnte ihnen beiden jetzt ein Hähnchen braten, vor dem Kamin mit ihr sitzen und dann Karten spielen, wie in alten Zeiten.

Sie besaßen eine rote Katze, die sie Dilly tauften. Der Name war abgeleitet von »dilli-darling«, einem Kosenamen für das jüngste Kind in einer Familie (und auch eine zärtliche Bezeichnung für eine Dirne), der im sechzehnten und frühen siebzehnten Jahrhundert gebräuchlich war. Djuna könnte den Ausdruck in Urquharts Version von Rabelais gelesen haben; möglicherweise war es auch eins der Wörter, die sie von ihrer Großmutter lernte. Eins von Dillys Kunststücken war, daß sie immer vor allen anderen merkte, daß der Fahrstuhl hochkam, und sich dann in den Korridor setzte und wartete. Dilly sollte Djuna Barnes' letztes Haustier sein. Als der Haushalt auseinanderbrach und Djuna sich auf Reisen begab (nach München, Wien, Budapest, Tanger und England), wurde Dilly bei Mina Loy untergebracht, die im zweiten Stock desselben Hauses wohnte. Als Djuna nach New York ging, übernahm Thelma Dilly. Nach Dillys Tod schrieb Barnes an Loy, die noch in Paris lebte, daß sie mittlerweile zu einer völlig ungeselligen, altjüngferlichen Person geworden sei, die nicht einmal mehr den unverwandten Blick eines Tieres ertragen könne.

Das eigentliche Kind in der Rue St.-Romain aber war eine Puppe. Auch das kommt in *Nachtgewächs* vor. Als Nora Robins neue Geliebte, Jenny Petherbridge, aufsucht, ist sie sicher, die richtige Person und den richtigen Ort gefunden zu haben, weil sie gegen ein Kissen gelehnt eine Puppe sitzen sieht. Robin hatte ihr eine ähnliche Puppe geschenkt. Nora erzählt Dr. O'Connor:

»›Wir schenken einem Kind den Tod, wenn wir ihm eine Puppe schenken; sie ist Sinnbild und Leichentuch. Wenn eine Frau sie einer Frau schenkt, so bedeutet sie das Leben, das sie zusammen nicht führen können: es ist ihr Kind, heilig und profan. Und deshalb – als ich die andere Puppe sah – –‹ Nora konnte nicht weiter sprechen. Sie begann zu weinen. ›Welcher Teil des Ungeheuerlichen bin ich denn, an dessen Seite ich für immer weinen muß!‹«

Nora erzählt dem Doktor, wie Robin manchmal den ganzen Tag zu Hause saß und mit Spielsachen, mit Tieren und Aufziehautos spielte, während sie in Wahrheit nur mit Argusaugen darüber wachte, daß Nora keine Post bekam, keine Besucher empfing und ganz unter ihrer Kontrolle blieb. Als Robin die Puppe zerstört, bedeutet es das Ende der Beziehung:

»Manchmal war sie am Abend schon betrunken; dann fand ich sie, wie sie in Knabenkleidern inmitten des Zimmers stand, von einem Fuß auf den anderen wippte und dabei die Puppe, die sie uns geschenkt hatte – ›unser Kind‹ – hoch über den Kopf hielt, als sei sie dabei, sie zu zerschmettern, ihr Blick verzerrt von Wut. Und eines Nachts, als sie gegen drei Uhr morgens heimkam, war sie zornig, weil ich ausnahmsweise nicht die ganze Zeit zu Hause geblieben war, um auf sie zu warten. Sie nahm die Puppe und schleuderte sie zu Boden, setzte ihren Fuß auf sie und zerstampfte sie mit dem Absatz. Und als ich weinend hinter ihr herlief, versetzte sie ihr einen Tritt – der Porzellankopf war schon Staub, das Röckchen zitterte in letzter Steifheit – und ließ sie quer über den Boden wirbeln, hin und her, das blaue Schleifchen bald oben, bald unten.«

Als Zeitpunkt dieses Geschehens wird in *Nachtgewächs* – wie bei einem Begräbnis – das Jahr des Herrn neunzehnhundertundsiebenundzwanzig angegeben, und Barnes' Korrespondenz aus dieser Zeit bestätigt das. Im August 1928 schreibt sie an McAlmon, sie freue sich, daß bei ihm alles gut zu laufen scheine, denn für sie sei das Leben eine Hölle. Und in ihrem Briefwechsel mit Emily Coleman erwähnt sie, daß Thelma sie töten wolle, ohne es jedoch weiter auszuführen.

Während all dieser furchtbaren Jahre war Mina Loy für Djuna Barnes eine sehr wichtige Freundin. Ihre helle und warme Persönlichkeit machte den Umgang mit ihr leicht und angenehm, zusammen mit der Tatsache, daß sie sich nie ein Urteil über die Eskapaden im Leben von Barnes oder irgendeiner anderen ihrer Freundinnen anmaßte.

Vielleicht war es nur natürlich, daß Barnes, die eigentlich heterosexuell veranlagt war (genauso urteilt übrigens Dr. O'Connor über Nora), Mina Loy näher stehen sollte als irgendeiner anderen Frau unter den Emigrantinnen, und sicherlich näher als Natalie Barney, die anscheinend niemals ihren Fuß in die Rue St.-Romain gesetzt hat. Obwohl die Rolle des Trösters in *Nachtgewächs* Dr. O'Connor zugeteilt ist (der überdies voller Schuldgefühle steckt, weil er es war, der Robin Vote Jenny Petherbridge vorgestellt hat), übernahm diese Rolle in Djunas Leben wahrscheinlich ihre Nachbarin Mina. Mehrere Jahre lang sahen sie einander so gut wie täglich.

Loy, die ein feinknochiges jüdisches Gesicht hatte und ihr jüdisches Blut haßte, war zusammen mit ihren beiden Töchtern Anwärterin auf den Schönheitspreis unter den »expatriates«. Sylvia Beach schreibt in *Shakespeare & Company*:

»Wir hatten drei hinreißende Schönheiten in der ›Horde‹, alle aus einer Familie, was nicht gerecht war. Mina Loy, die Dichterin, und ihre Töchter Joella und Faby (das ist bestimmt die falsche Schreibweise) waren so bezaubernd, daß sie überall, wo sie hinkamen, angestarrt wurden, was sie schon gewöhnt waren. Aber ich glaube, wenn es zur Abstimmung gekommen wäre, wäre Mina gewählt worden als die Schönste der drei.«

Djuna nahm warmen Anteil an den Kindern. In gewissen Kreisen kursierten bösartige Andeutungen und Äußerungen gespielter Besorgnis für die Sicherheit der Töchter, besonders Joellas. Es war absurd, und Mina, deren einzige Sorge war, daß Joella keinen Homosexuellen heiraten sollte, von denen es unter den Auslandsamerikanern nur so zu wimmeln schien, kümmerte sich überhaupt nicht darum.

Viel boshafter allerdings war die – unter reichlich Alkoholeinfluß stattfindende – Gründung eines Komitees zum Schutz der jungen Gwen Le Gallienne, einer begabten Bildhauerin und Stieftochter von Richard Le Gallienne, vor den angeblichen Nachstellungen von Djuna Barnes. Der »Vorsitzende« dieses »Komitees« war Ford Madox Ford, ein begabter Künstler, aber ein schwacher und windiger Mensch, der es in verschiedenerlei Hinsicht hätte besser wissen sollen.

Mina Loy war Lyrikerin (ihre wichtigste Gedichtsammlung wurde von McAlmon verlegt unter dem falsch geschriebenen Titel *Lunar Baedecker* – schuld daran war McAlmon, nicht Loy), aber hauptsächlich werkelte sie zufrieden in den Grenzbereichen der Kunst herum und verdiente ihren Lebensunterhalt damit, »collagierte« Lampenschirme zu basteln. Eine Zeitlang waren sie ziemlich in Mode, und Peggy Guggenheim half ihr, einen kleinen Laden zu eröffnen, um sie zu verkaufen. Die Wohnung der Loys war vollgestopft mit diesen Lampenschirmen, und man mußte sich seinen Weg zwischen ganzen Stapeln hindurch bahnen. Barnes und Loy liebten beide das Haus, wenn Miss Barnes auch unter einem alten Teufel aus dem sechsten Stock zu leiden hatte, der jedesmal ein Riesentheater machte, wenn jemand es wagte, lauter als im Flüsterton zu sprechen.

Aus der Barnes-Wohnung im fünften Stock schaute man hinab auf ein trauriges Drama: Zwei alte Damen wohnten in einem kleinen Häuschen im Hof, wo ein neuer Flügel gebaut werden sollte. Das Häuschen war von dem Bauherrn gekauft worden, doch die Mieterinnen weigerten sich auszuziehen. Ein paar Handwerker wurden hingeschickt, um das Dach angeblich »zur Reparatur« zu entfernen. Natürlich brachten sie es nicht wieder und überließen die alten Damen ihrem mutigen Kampf mit den Elementen in einem offenen Puppenhaus. Sie wurden vertrieben. Jahrzehnte später sah sich Natalie Barney mit einer ähnlich massiven Räumungsdrohung konfrontiert, als das Haus in der Rue Jacob, in dem sie über sechzig Jahre gelebt und ihren Salon geführt hatte, um dessen Erwerb sie sich jedoch nie bemüht hatte, von einem Kabinettsmitglied gekauft wurde. Der Räumungsbefehl wurde ihr im August zugestellt, dem einzigen Monat, in dem traditionsgemäß in Paris solche Dinge nicht eingeleitet werden, weil alle verreist sind. Das bezaubernde Haus und der Garten, die Djuna und Thelma im Sommer 1927 für Natalie gehütet hatten, waren verloren. Natalie starb 1972 mit sechsundneunzig Jahren.

Als Djuna Barnes im Sommer 1930 wieder in New York war, dachte sie mit großer Anhänglichkeit an die Rue St.-Romain und mit noch größerem Schmerz an das Durcheinander, das sie aus ihrem Leben gemacht hatte. Und sie sah auch, daß sie wahrscheinlich nicht würde zurückkehren können. Sie erinnerte sich daran, wie einmal ein kleineres Feuer alle im Haus in Aufregung versetzt hatte. Sie aber rührte sich nicht vom Fleck und las Mina weiter aus ihrem Werk vor, während das Feuer unter Kontrolle gebracht wurde. Neben der Qual hatte es dort auch viel Spaß gegeben. Das war die Vergangenheit. Jetzt waren bereits einige geliebte Antiquitäten, darunter ein schöner, alter bemalter Schrank, vom Holzwurm und Verfall bedroht. So gab sie widerwillig Auftrag zum Verkauf von Wohnung und Einrichtung, obwohl sie sehr gut wußte, daß im teuren New York der Erlös kaum für ein Jahr reichen würde.

XVI

Wenn sie unter sich waren, hieß Thelma – bald Kind, bald Mann – Simon. Robin Vote in *Nachtgewächs* hat ebenfalls einen Kosenamen, der freilich nicht genannt wird. Dr. O'Connor kennt ihn aber und rät Nora, daran zu denken, daß Robin »nichts als einen Kosenamen hat, und zwar deinen Kosenamen, um sie aufrecht zu halten. Denn Kosenamen bieten Schutz gegen Verlust wie primitive Musik.« Die klangliche Verwandtschaft von Robin und Simon ist kaum zu überhören. Mit noch besseren Gründen lassen sich die Schatten von Ibsen und Joyce' Frau hinter dem Namen Nora entdecken. Djunas geheimer Kosename war Irene.

Als sie ihre Papiere für den Verkauf ans Archiv ordnete, schrieb Miss Barnes an eine Freundin, beim Wiederlesen der alten Briefe habe sie gemerkt, daß sie ganz vergessen hatte, wie furchtbar die Romanze mit Thelma war. Und sie fragte sich, was die Leute wohl eines Tages davon halten würden.

Wie viele Fakten sind nötig, um die Geschichte eines Lebens zu erzählen? Was ist ein Faktum und was ist eine Lebensgeschichte? In *Nachtgewächs* wird auf diese Frage eine Antwort gegeben: »Je mehr Fakten wir über einen Menschen erfahren, um so weniger wissen wir.«

In einem Brief, der undatiert ist, aber offensichtlich kurz nach der ersten großen (doch noch nicht endgültigen) Trennung 1927 geschrieben wurde, klammert Simon sich noch an die Hoffnung auf eine Fortsetzung der Beziehung, und sie scheint bereit zu versuchen, etwas an den falschen Phantasieelementen ihres bisherigen gemeinsamen Lebens zu ändern. Colette hat einmal weise bemerkt, daß zwei Frauen lange glücklich zusammenleben können, solange keine von ihnen der Versuchung erliegt, den Mann spielen zu wollen. Doch es sieht nicht so aus, als sei es Thelma mit dem Wunsch, diese Rolle aufzugeben, wirklich ernst gewesen. Simon war keine friedfertige Dame von Llangollen*. Sie schrieb:

»Ich sage immer zu mir – Simon, du mußt ein Mann sein und deine Medizin schlucken – aber dann geht mir durch den Kopf: Es gibt keinen Simon und keine Irene, und ich kann es nicht ertragen und werde verrückt …

Ich mag kaum etwas sagen, weil ich Angst habe, es klingt nach Entschuldigung, und das will ich weiß Gott nicht – aber ich habe alles überlegt und denke, wenn ich vielleicht nicht trinken würde, dann wäre alles nicht passiert – immer dann laß ich mich auf etwas ein –

Simon wird keinen Tropfen mehr anrühren, bis Du nach Amerika kommst und ich meine Ausstellung hinter mir habe – und ich will versuchen, finanziell unabhängig zu werden – und dann vielleicht, wenn Du dir noch was aus mir machst – und ihn Dir anschaust – und er Dir noch gefällt. Vielleicht könnten wir einen neuen Weg finden – vielleicht ginge das besser – und wenn Du willst, werde ich, solange Du mich liebst, nie wieder einen Tropfen von etwas anrühren, das stärker ist als Tee.

Wenn das alles für Dich, mein Liebling, nach Unsinn klingt – schreib mir ein paar Zeilen und sag, es hat keinen Zweck. Aber wenn es noch eine winzige Chance für Simon gibt, wenn er sich Mühe gibt, dann schreib mir das auch – mein Engel, der einzige Grund, warum Dein Simon nicht über Bord springt, ist, daß ich Dich schon unglücklich genug gemacht habe –

… Du mußt wissen, ich leide doppelt, weil alles meine Schuld ist – wenn Du meinst, Du könntest Simon noch eine Chance geben, würdest Du mir sehr helfen – und wenn das noch möglich ist, dann hör nicht auf das, was man Häßliches über ihn sagt, und

* *The Ladies of Llangollen* ist der Titel einer Biographie von Elizabeth Mavor über die romantische Beziehung zweier Frauen, die zusammen durchbrannten und mehr als fünfzig Jahre zusammenlebten. [A. d. Ü.]

vergiß alles übrige – Meine Liebste, ich verlange nicht von Dir, daß Du irgendwelche Versprechungen machst oder dich verpflichtest oder so was – Aber auf der anderen Seite hätte ich gern was Eindeutiges – ach, geh zur Hölle – Und wenn Du …«

Mehr brauchen wir gewiß nicht über die Liebe zwischen Barnes und Wood zu wissen, außer daß es eine sehr tiefe und von vornherein zum Scheitern verurteilte Beziehung war. In *Nachtgewächs* nennt Nora es die größte Liebe ihres Lebens. Es ist wichtig, den Zusammenhang zwischen der realen Liebe und der kristallisierten, hochstilisierten Beziehung im Roman richtig zu sehen: Die eine entstand aus der anderen, doch beweist der uns vorliegende Text – wie bei der Gestalt des Dr. O'Connor –, daß die wirkliche und die fiktionale Romanze in Ton und Art stark voneinander abweichen.

XVII

Djuna verwandte viel Kraft auf Versuche, Thelma vom Alkohol wegzubringen. Am Ende wurde das Trinken für sie selbst zum ernsten Problem. Sie trank nicht zur Entspannung, sondern um zu fliehen. Über lange Zeiträume kam Thelma nur nach Hause, um ihren Rausch auszuschlafen. Eine gute Freundin von ihr (es war »Jenny Petherbridge«) erzählte mir, in Thelma Woods engster Familie habe es allerlei Probleme gegeben. Obwohl sie aus dem Mittleren Westen stammte und ihre Briefe sie nicht gerade als eine Meisterin der Sprache ausweisen, heißt es, sie habe mit vornehmem amerikanischen Akzent gesprochen – vielleicht eine Folge davon, daß sie gern unter den Engländern in Paris verkehrte. »Blendend schön«, »warm und großzügig« sind die Worte, die verschiedene Leute mir gegenüber wählten, um sie zu beschreiben; doch in einer Unterhaltung, die ich mit Janet Flanner kurz vor ihrem Tode führte, beschrieb sie Thelma als »das größte Biest aller Zeiten«. Der amerikanische Künstler Hilaire Hiler wiederum soll sich unsterblich in sie verliebt haben. Barnes in *Nachtgewächs* beschreibt Robin Vote wie ein Wesen aus Urzeiten. Sie ist »die verseuchte Trägerin der Vergangenheit, neu und alt zugleich«, und Noras Gesicht – ein hübscher Einfall von leiser Ironie wie auch der Titel selbst – ist »Holz bei der Arbeit; der Baum, der in ihr ans Licht trat: unverzeichnetes Material im Archiv der Zeit«.

Sicherlich hatte Thelmas Wildheit wie auch ihre drakonische Herrschaft über ihre Geliebte etwas Dämonisches und Verzweifeltes. In Guggenheims Erinnerungen *Ich habe alles gelebt* sehen wir sie, wie sie Peggy Guggenheim auf den Knien in aller Öffentlichkeit einen unsittlichen Antrag macht. Miss Barnes beklagte sich andererseits bei einer Freundin darüber, daß Thelma Eifersuchtsanfälle bekam und sie mit Liebesentzug bestrafte, wenn sie Peggys damaligen Ehemann Laurence Vail auch nur sah (in Glasscos Buch sind sie »Sally« und »Terrence Marr«). Vor sehr langer Zeit hatten Vail und Barnes ein Verhältnis miteinander gehabt, doch will das nicht viel besagen, denn er war mit fast jeder Frau aus ihrem Freundeskreis im Bett. 1925 machte Barnes mit ihm Ferien, als sie mit einer großen Gruppe amerikanischer Maler und Schriftsteller den Winter in Cagnes verbrachte. Jetzt waren sie nur noch gute Freunde, Peggy, Laurence und Djuna, aber Thelma wollte es nicht dulden. Als die Romanze mit Thelma zu Ende war, sah Barnes Vail in den dreißiger Jahren wieder häufig. Das letzte Mal traf sie ihn 1938 bei einem kurzen Besuch in Mégève, wo Vail mit Kay Boyle lebte. Um 1938 war Barnes erschöpft von dem Jahrzehnt, das *Nachtgewächs* hervorgebracht hatte. Der Dichter David Gascoyne, der auch in Mégève war, erinnert sich, wie sie auf einem Diwan direkt neben den Rohren der Zentralheizung ruhte und murmelte: »Was treibt Leute nur dazu, auf Berge klettern zu wollen? Wie stellt man es bloß an, wenn man beim Klettern mal muß?« Sie klagte, sie habe das schlechteste Zimmer im Haus, über der Küche und sieben jaulenden jungen

Thelma Wood (1920)
Photo von Berenice Abbott

Hunden. In dieser Zeit entwickelte sie eine starke Abneigung gegen Kay Boyle, die sich ihrer Meinung nach nur nett gab, um besser durchs Leben zu kommen, aber in Wirklichkeit ein Herz aus Stein hatte.

Laurence Vail war für das Leben von Djuna Barnes nur aus einem Grunde wichtig: wegen eines französischen Buches. Er war ein Bewunderer und Übersetzer des französischen Schriftstellers Charles-Louis Philippe (1874–1909). Philippes Ruhm hat sich in Frankreich über die Jahre erstaunlich gut gehalten, aber aus irgendeinem Grund ist er nie über Frankreichs Grenzen hinausgelangt. Vail übersetzte eins von Philippes besten Werken, *Bübu von Montparnasse* (1901), einen Roman über ein Pariser Straßenmädchen. Nach ihren eigenen Worten konnte Djuna Barnes nie mehr als ein paar Brocken Französisch, auch wenn *Nachtgewächs* reichlich mit französischen Ausdrücken gewürzt ist. Ohne Frage hat Barnes Philippes Roman in Vails Übersetzung gelesen, die 1931 herauskam. Das Buch war unter den ausländischen Literaten in Paris sehr bekannt. Eliot hielt es für einen sehr bedeutenden modernen französischen Roman und schrieb eine Einleitung zur englischen Ausgabe. Es kann keinen Zweifel geben, daß Philippes Art zu schreiben, Auswirkungen auf Barnes' Schreibweise hatten, und zusammen mit ihrer eigenen großartigen, altertümlichen Sprache für ein wesentliches stilistisches Element von *Nachtgewächs* mitverantwortlich ist:

»Sie ging ohne Hut, die Hände in den Schürzentaschen, den Leib vorgewölbt und die Füße nachschleifend, wie man Pantoffeln schleift. Seit ihrer Kinderzeit, in der sie ihrer Herrin hundert Sous gestohlen hatte, war ein Tag gekommen, an dem sie in einem Hotel ihre Jungfernschaft in den Händen eines Zuhälters gelassen hatte, und andre Tage, an denen alle Gaben ihres Leibes und ihres Geistes sie der Laufbahn entgegenstießen, die sie später freiwillig wählte. Sie lebte zufrieden in ihrer Welt, nahm unwillkürlich deren Benehmen und Sprache an, ganz jung noch wurde sie öffentliches Mädchen, wie Musset Dichter wurde, ganz jung noch. Syphilitisch von Beruf, ohne einen Blick des Bedauerns zurückzuwerfen, hatte sie den Kopf voll Läuse, ohne daß ihr der Wunsch nach Sauberkeit kam, und ihre Röcke verbreiteten einen Geruch von Laster und Schmutz um sich, der die Männer anzog. Sie lebte vergnügt und skrupellos … Sie war ihre eigene Herrin …«

In ähnlicher Weise hatte Barnes seit fünfzehn Jahren Figuren gezeichnet. Es war ein glückliches Zusammentreffen. Beide Schriftsteller hatten eine Neigung zu zufällig wirkenden und doch eigentümlichen Metaphern und grandiosen sprachlichen Wendungen. Sicher wird man bei keinem anderen modernen Autor Frauengestalten finden, die den »Barnesschen Frauen« so ähnlich sind, wie die im Werk von Charles-Louis Philippe. Doch Barnes ist die größere Künstlerin von beiden und macht in *Nachtgewächs* aus den wenigen von Philippe übernommenen Fertigkeiten etwas Großartiges.

Das wichtigste Charakteristikum, das beide Autoren verbindet, ist die Fähigkeit zur Distanz. Die Anlässe tiefer Gefühle und Schmerzen werden mit scharfkantiger und zugleich komischer Schönheit dargestellt, so daß eine sehr eigentümliche Wirkung entsteht: wie ein Fischgeschäft oder das Schaufenster eines Metzgers, dekoriert von Huysman oder Wilde.

Trotz der gewaltigen Unterschiede in Zeitalter, Geschlecht und Kultur gibt es sogar gewisse Ähnlichkeiten der Persönlichkeit zwischen beiden Autoren. Beide wählten die Einsamkeit. Und Philippes berühmter Ausspruch »Hätte ich das Glück gefunden, wäre ich kreuzunglücklich geworden« könnte sehr leicht auch von Djuna Barnes stammen oder von einer ihrer Figuren.

XVIII

Einen wichtigen Aspekt von Thelma Woods Leben hat Djuna Barnes bei der Figur der Robin Vote weggelassen: Thelma Wood war Künstlerin. Sie fing als Bildhauerin an, doch das einzige Werk, das wir aus dieser Schaffensphase kennen, ist die schöne Figur einer knienden Frau mit sehr großen Füßen, die 1921 in *Gargoyle* abgebildet war. Füße tauchen gelegentlich auch in *Nachtgewächs* als Motiv auf. Im wirklichen Leben waren sie in den zwanziger Jahren sogar ziemlich in Mode, weil Greta Garbo bemerkenswert große Füße hatte, etwas, das auch immer wieder von Thelma erzählt wird. Auf Anraten von Barnes, wie »Jenny Petherbridge« zu berichten wußte, wechselte Thelma über zum Silberstiftzeichnen, und bei dieser Technik blieb sie für den Rest ihrer künstlerischen Karriere. Sie arbeitete auf hohem, professionellen Niveau, und ihre Werke fanden auch Käufer, doch wurde keine

Silberstiftzeichnung von Thelma Wood

ihrer Ausstellungen ein größerer Erfolg, und die Kritik beachtete sie wenig. Silberstiftzeichnen ist eine sehr anspruchsvolle Technik, weil keine Linie gelöscht werden kann und deshalb jeder Strich gleich auf Anhieb sitzen muß. Ein einziger Ausrutscher der Hand kann das Werk eines ganzen Tages verderben. Die wilde Robin Vote hätte so etwas nicht machen können.

Ausschließliches Thema von Thelma Woods Kunst waren »rätselhafte, aber wunderbar phantasievolle Pflanzen- und Tiermotive« (*The Arts*, Vol. 16, 1930, pp. 493–94). In ihren Pflanzen und Blumen spiegelt sich deutlich die Pathologie ihrer Sexualität, insbesondere in den vaginalen Orchideen, die oft von Menschenhänden liebkost werden. In der Zeichnung eines hohen Lederstiefels, um den sich Orchideen ranken, kommt ihr Narzißmus klar zum Ausdruck; dies Bild schenkte sie Berenice Abbott. Die magischen Tierbilder von Thelma Wood geben einen Hinweis auf die vermutlich stärkste gemeinsame Neigung der beiden Frauen. Thelma war kurze Zeit in Afrika und fertigte viele Zeichnungen

Silberstiftzeichnung von Thelma Wood

von Elefanten und zarten Giraffen mit melancholischen Augen an. Die quälenden Ängste des Unbewußten sind verkörpert in stumm überwältigenden Insektenfiguren und furchtbaren, finsteren Fischen von der Art, wie sie die äußersten Tiefen des Pazifik bewohnen.

Thelma Wood war gewiß eine Künstlerin von geringerem Rang, doch sie *war* eine Künstlerin. Und deshalb hatte sie Grund zu besonderem Entsetzen, als ihre Liebe zerbrach und sie sehen konnte, wie Djuna sie verewigte. Nora gibt in *Nachtgewächs* den passenden Rat: man solle aufpassen, in wessen Seele man einen Platz einnimmt. Sie erzählt O'Connor, daß sie einmal wünschte, Robin würde sterben; doch indem sie sie zum Gegenstand der Kunst macht, wird ein unendlich sich wiederholender Mord inszeniert. Sie sagt zum Doktor:

»Vielleicht, Matthew, gibt es böse Geister? Wer weiß, ob es böse Geister gibt? Vielleicht haben sie in den Unbehausten Fuß gefaßt. War ich ihr böser Geist, als ich ihr Trost zu bringen suchte? Ich trete zu meinen Toten ein und bringe keinen Trost, nicht einmal in meinen Träumen. Dort in meinem Schlaf war meine Großmutter, die ich über alles liebte, zerflochten im Gras des Grabes, Blumen wucherten um sie und durch sie hindurch. Sie lag da, im Grab, im Wald, in einem Sarg aus Glas, und in tiefem Flug darüber mein Vater, der noch lebt; er tauchte tief und ging nieder ins Grab an ihre Seite, den Kopf zurückgeworfen, die Locken ausgebreitet – er kämpfte einen schrecklichen Kampf mit ihrem Tod, und ich schritt um den Grabesrand, schritt und klagte lautlos; herum und herum, und ich sah sie mit diesem Tod kämpfen, als kämpften sie mit der See und mit meinem Leben. Ich weinte und war unfähig etwas zu tun oder mich loszureißen. Da lagen sie im Glas des Grabes und im Wasser des Grabens, in den Blumen des Grabes und der Grabeszeit, einer lebte und die andere war tot und eine, die schlief. So ging es für immer weiter, obgleich es still stand; mein Vater hörte auf zu schlagen und lag nun neben ihr, schwebend, unbeweglich, dennoch Treibgut in engem Raum, und als ich erwachte, dauerte es an; es sank hinab in die dunkle Erde meines Wachens als wolle ich sie beide mit der Erde meines verlorenen Schlaf begraben. Das also habe ich meines Vaters Mutter angetan; ich habe durch meinen Vater hindurchgeträumt und sie mit meinen Tränen und mit meinen Träumen gequält: denn wir alle vollziehen den Tod noch einmal im Schlaf eines anderen. Und das habe ich Robin angetan: nur durch mich wird sie immer und immer wieder sterben, und durch mich, als einzige meiner ganzen Familie, stirbt mein Großvater, immer und ewig.«

Kunst bedeutet nicht Unsterblichkeit. Vielmehr ist sie eine Exekution ohne Blutvergießen, und der Künstler immer zugleich Herrscher und Henker. Der furchtbare Fluch des Künstlerblicks, der zuerst in *Nachtgewächs* anklingt, wird in *Antiphon* zu einem von Barnes' größten Themen. Das geliebte Opfer Robin weiß und fürchtet mehr als alles andere, daß ihr Schicksal ins Monumentale gesteigert wird. »Jenny Petherbridge« erzählte mir, Thelma habe die Gestalt der Robin Vote »allzu treffend« gefunden und sei darüber sehr erbittert gewesen. Im Gegensatz zu Dan Mahoney gab sie sich offenbar viel Mühe, ihre Freunde von der Lektüre des Romans abzuhalten. Schließlich wußte sie, daß sogar der Name Robin von einem der Hunde Peggys übernommen war.

XIX

Jenny Petherbridge, die »Andere«, die Robin in *Nachtgewächs* fortlockt, ist eine weitere Figur des Romans, die recht genau nach dem Leben gezeichnet ist. In diesem Roman, in dem die Rhetorik der Leidenschaft kocht, wird ihr Portrait an Intensität nur noch von Dr. O'Connor übertroffen. Hier steckt die Leidenschaft freilich nicht in der Figur selbst, sondern im Haß der Autorin auf sie.

Wie Matthew O'Connor und Felix Volkbein ist Jenny Petherbridge eine weitere Nebenfigur, die in den Vordergrund gerückt wird, zum Teil vielleicht auch wieder in der Absicht, vom leidenschaftlichen Drama der Haupthandlung abzulenken. Sie ist ein menschlicher Einsiedlerkrebs, bereit, jedes erreichbare Gehäuse zu stehlen, und eine Person, die, wie es heißt, jede Wahrheit verdrehen könnte. Jenny Petherbridge verkörpert den Triumph menschlicher Trivialität und Gemeinheit. Sie ist der mächtige niedere Dämon der Anti-Liebe, der so vieles und so viele im Leben verdirbt. Barnes sagte, sie habe *Nachtgewächs* geschrieben, indem sie Verse in Prosa umgewandelte, doch das eine Kapitel über Jenny sei von vornherein in Prosa entstanden. Sie beschrieb sie so, wie sie war.

Im Roman klagt Nora Matthew, daß sie die gequälten Liebhaber von Robin auf ihrem Schoß trösten müsse. Im Leben war die Geschichte noch verwickelter, denn Barnes gestattete sich anscheinend die flüchtige Rache zu demonstrieren, daß sie durchaus fähig war, »Jenny« Thelma abspenstig zu machen. Thelma erzählte das ganze Trauma der Trennung aus ihrer Sicht in einem Brief an Djuna, der undatiert ist, aber wahrscheinlich im Juni 1930 geschrieben wurde.

»Ich kann einfach nicht verstehen, was Du damit beabsichtigst, (›Jenny‹) in einem solchen Zustand ›verwirrter Hoffnung‹ schweben zu lassen. Sie fragt sich das anscheinend auch – Was um Himmels willen kann ich noch mehr sagen, als ich schon gesagt habe – An dem Morgen, als Du uns gesehen hast, hatte ich so schreckliche Dinge gesagt, daß ich mich selbst haßte – und weil ich nicht mit Euch beiden gehen wollte, sagtest Du ich ›kneife‹.

Wie konnte ich bei meinen Gefühlen für sie – und vor Dir? Ich hab' sie gebeten, nicht mehr herzukommen, bekam aber einen Brief nach dem anderen, in dem sie schrieb, es werde noch alles gut – und daß ich sie liebe – ich wurde fuchsteufelswild – dann wie hypnotisiert und resigniert – wie bei den Masern …

… Ich wollte nicht, daß Du etwas von dieser Geschichte erfährst – eine Geschichte, die mir nicht wirklich tief geht – ich schämte mich, daß so eine dumme Sache uns auseinanderbringen sollte – ich wollte meine Untreue nicht zugeben, und als Du aus New York zurückkamst, liebte ich Dich so schrecklich – und mein einziger Gedanke war, die Tatsache, daß ich was Dummes gemacht hatte, auszulöschen – Ich habe mich verzweifelt bemüht – bei ihr bettelte und tobte ich abwechselnd, war grausam und dann wieder sanft – und alles ohne Erfolg – immer, wenn ich sie nicht besuchen kam oder anrief, schickte sie mir was oder einen Brief – und das machte Dich unglücklich – und ich sah das – bis ich dachte, ich würde verrückt. Einmal habe ich von morgens bis sechs Uhr nachmittags damit zugebracht, sie zu beschwatzen, daß sie sich nichts antat – und zugleich darauf bestanden, daß ich sie nicht wiedersehen wollte. Und dann kriegte ich eine Nachricht von Ros, daß sie hohes Fieber habe – und ich war dumm genug, darauf reinzufallen. Ich sagte ihr, ich würde Dir jetzt alles sagen – ich sah, daß ich Dich verlor – und ich hatte das Gefühl, ich könnte uns retten, wenn ich zu Dir ginge – und wieder habe ich auf sie gehört – Sie schwor, es würde alles gut, sie würde Dich kennenlernen und Deine Freundin werden, wie ich sie immer gebeten hatte.

Dann hat sie getrickst und wieder geschrieben – und Du wolltest gerade ausgehen und fragtest mich, ob ich mit wolle, und ich wollte so gern – und traute mich nicht – und Du warst so schön – und wir kauften eine Blume für Dich – dann ging ich zu ihr und weinte und tobte zwei Stunden lang – und wieder versprach sie, lieb zu sein und Deine Freundin zu werden – Aber sie ist verrückt – sie erfindet das Blaue vom Himmel herunter – Sie sagt und schreibt mir Dinge, die ich nie gesagt oder getan habe – Dich habe ich angelogen, mein Herz, aber, das schwöre ich, sie niemals …

Was den Rest unserer acht Jahre angeht, war es anscheinend eine ziemlich schlimme Zeit für Dich – wegen meiner Rücksichtslosigkeit und – es tut mir leid – so leid – jetzt sagst Du, Du ›kennst mich so schrecklich gut‹. Irgend etwas stimmt zweifellos mit mir nicht – mir fehlt ein Gewissen oder Fingerspitzengefühl oder Gedächtnis oder Logik oder alles zusammen – als ich Frankreich verließ, fühlte ich mich, wie Du sagst, menschenunwürdig…

… Ich wollte Deine Freundschaft nicht zurückweisen – die hielt ich nach allem, was zwischen uns war, für selbstverständlich – weil wir uns geliebt haben – Aber vielleicht ist alles in Deiner Sicht so ungeheuerlich geworden, daß Du nicht einmal das mehr willst – denn schließlich wozu eine unzuverlässige Freundin, die sich nicht benehmen kann?

Einen Kuß an Dilly,
Dein Simon.«

Thelma hoffte und wartete auf Vergebung, die jedoch ausblieb. Barnes sagte zu Mina Loy, Thelma habe nur noch nicht begriffen, daß sie sie nicht brauche. Von ihrer – Djunas – Warte sei nicht einmal ein dicker Schlußstrich nötig, auch wenn die Liebe zu Ende sei, da in ihrem Leben nichts anderes an diese Leerstelle getreten sei. Sie war nur einfach lieber allein; das war viel in ihren Augen und zugleich nichts. Zuguterletzt blieben Thelma und sie in Telefonkontakt; es schien die einzige Erleichterung, die ihnen noch möglich war, persönlich und doch unpersönlich.

Und »Jenny«? Sie stammte ursprünglich aus dem Mittleren Westen, war aber stolz auf die Anerkennung, die sie, wie sie behauptete, in der französischen Gesellschaft genoß. Sie erzählte mir, die Franzosen hätten immer hinter dem Rücken der Amerikaner gelacht, aber zu ihr habe man gesagt, wenn sie protestierend einwarf, schließlich sei auch sie Amerikanerin: »Ach ja, aber Sie haben ein französisches Herz!« Sie arbeitete in Paris für die Condé Nast-Organisation, und zu ihren Aufgaben gehörte es, wenn Frank Crowninshield beschlossen hatte, jemand von der europäischen Belegschaft zu feuern, mit dieser Person essen zu gehen und die Botschaft zu überbringen. Sie behauptete auch, als erste schwarze Entertainer nach Paris geholt zu haben. Jetzt, in ihren Achtzigern, engagiert sie sich sehr für den Tierschutz. »Jenny« war eine ziemlich vermögende Witwe. Ihr Mann war in den ersten Jahrzehnten dieses Jahrhunderts ein recht bekannter Künstler gewesen. Sie nahm Thelma in ihrem Landhaus in Neu-England auf, wo sie dann fast zwanzig Jahre lang als Gast lebte. Danach verließ Thelma »Jenny« und zog in eine Stadt in der Nähe, wo sie die letzten fünfzehn Jahre ihres Lebens mit einer Frau zusammenlebte, der die Ehre des letzten Wortes zukommen soll, denn ich fürchte, in dieser Chronik – und vor allem auch in ihren Selbsteinschätzungen – ist Thelma Wood nicht immer gut weggekommen:

»Thelma wurde mit einem Überschuß an Liebe geboren; sie liebte die Künste, Tiere, Blumen und Menschen mit der Freiheit, ihre eigenen Entscheidungen zu treffen, was ihr Werk tief geprägt hat. Sie verschenkte sich großzügig, teilte, was immer sie besaß, und verlangte dafür nichts zurück.«

XX

Die Rache war furchtbar, denn Djuna Barnes wandte sich nicht nur von Thelma als Person ab, sondern auch von den ganzen Umständen ihrer Liebe. Auch das kommt in *Nachtgewächs* vor. Nora gibt sich in ihrer Verzweiflung einem Matrosen hin. Im Leben fing Djuna im Sommer 1931 eine enge Beziehung mit Charles Henri Ford an, als sie aus New York, wo sie mit Thelma am Washington Square gewohnt hatte, nach Paris zurückkehrte. Ford hatte 1929 die High-School in Mississippi abgebrochen und mit der Herausgabe seiner kleinen Zeitschrift *Blues* begonnen. Er war sehr hübsch (Barnes meinte, seine riesigen Augen reichten um seinen Kopf herum bis zur Seite, wie bei Tieren) und ziemlich grob. Da er fast zwanzig Jahre jünger war, nahm Barnes seine Huldigung besonders gnädig auf. Er lernte sie 1929 in Greenwich Village kennen. Ford hatte in jenem Jahr eine nicht unterzeichnete Rezension von *Eine Nacht mit den Pferden* in *Blues* Nr. 7 geschrieben und genau den richtigen Ton getroffen:

»In diesen Geschichten der Anomalität erzielt Miss Barnes eine Raffinesse der Machart und eine intellektuelle Spannung, die zuweilen an Genie oder Wahnsinn grenzt. Abgesehen von der Lyrik, die in den meisten Beispielen epigonal wirkt, ist jeder Text in diesem Buch fast zu tief aufwühlend.«

Mit Sicherheit blieb das in Barnes' Gedächtnis haften, denn vier Jahre später lobte sie den Roman *The Young and Evil*, den Ford zusammen mit Parker Tyler verfaßt hatte, mit den Worten: »Dieser Roman könnte nur von einem Genie oder von Charles Henri Ford geschaffen sein.« Gertrude Stein empfahl den Roman mit weit weniger zweideutigen Worten, aber irgendwie fand er, obwohl eine der kühnsten Veröffentlichungen der Emigrantenliteratur, nicht die gebührende Beachtung.

Einmal kam es zur Begegnung zwischen Barnes, Stein und Ford. Djuna und Charles waren mit Margaret Anderson in deren Wagen losgefahren, und Margaret hatte geparkt und war in einen Laden gegangen. Während Djuna und Ford auf dem Rücksitz warteten und plauderten, kam Stein mit ihrem Hund vorbei. Sie blieb stehen, und man unterhielt sich. Dann ging Stein weiter. Ford hatte Gewissensbisse, weil er sie nicht aufgefordert hatte, auf dem Vordersitz Platz zu nehmen, aber Barnes war in bester Stimmung: »Hast du gesehen, wie neidisch sie mich angeguckt hat?« fragte sie ihn.

Bei unserem ersten Treffen behauptete Ford, in *The Young and Evil* stehe *viel* über Djuna, doch in späteren Jahren und bei weiteren Unterhaltungen kam er zu dem Schluß, es stehe eigentlich sehr wenig über sie darin. Die Heldin Theodosia, die in gewisser Weise an Barnes erinnern könnte, sei im wesentlichen nach einer unbekannteren Lyrikerin seiner Bekanntschaft gestaltet. Barnes' Name fällt beiläufig im Roman. Ziemlich am Anfang des Romans gibt es eine Unterhaltung zwischen Karel, der im wesentlichen Parker Tyler ist, und Julian, hinter dem Charles Ford steckt:

»›Julian sagte, ich denke wie Djuna Barnes, und das ist eine gute Art des Denkens.‹

Karel schlug die Beine übereinander und kreuzte die Unterarme, das Glas in der linken Hand. ›Ja, und wenn Miss Barnes an meiner Tür vorbeikäme, würde ich sagen, kommen Sie in meinen Garten, Miss Barnes, setzen Sie sich auf die Veranda, und ich will Ihnen den Tee bringen, und wenn Sie mir eins Ihrer Gedichte vortragen wollen, werde ich es mit Freuden rückwärts auswendig lernen.‹

›Sie nimmt natürlich alle Dinge rückwärts wahr‹, sagte Julian.«

Die Bemerkung ist sehr scharfsinnig, besonders wenn man den frühen Zeitpunkt bedenkt, zu dem sie gemacht wurde; doch möglicherweise ist sie auch bloß die Wiederholung eines Ausspruchs von Djuna über sich selbst. Theodosia besitzt eine »beunruhigende Schönheit, Sarkasmus, gequälte Augen«.

An einer Stelle sagt Theodosia in *The Young and Evil*:

»... weißt du, wo die bodenlosen Orte und ihre Wirklichkeit sind? mußtest du je hinuntersteigen zur kahlen Mauer des Todes (ich bin so oft gestorben, sagte sie, daß das Leben mir steif und unnatürlich vorkommt) und kam dir auch, als du dort warst, sogar die Wirklichkeit etwas gekünstelt vor?«

Wenigstens dieser Aspekt Theodosias ist ohne Frage Djuna Barnes.

The Young and Evil spielt ganz in Greenwich Village. In *The Divine Comedy of Pavel Tchelitchew* (1967), einer Biographie von Parker Tyler über den emigrierten Maler Pawel Tschelitschew, wird ein Streit zwischen Tschelitschew und Ford wiedergegeben:

»›Dämon! Ich sage nicht wie Djuna, Parker sei der Engel in eurem Gespann gewesen, auf jeden Fall bist du aber der Teufel; schlimm genug, um Lucifer persönlich zu sein!‹

›Djuna‹, entgegnete Ford ruhig, ›hat ihre Meinung in Paris geändert. In New York hielt sie mich für den Engel.‹

›Ich weiß!‹ rief der Künstler. ›Sie tat klug daran, ihre Meinung zu ändern, und jetzt ändere ich meine. SATAN!‹«

Charles zog mit Djuna zusammen, als sie 1931 nach einer Blinddarmoperation aus dem amerikanischen Krankenhaus in Paris entlassen wurde. Er hatte sie dort besucht und ihr angeboten, eine Zeitlang für sie zu sorgen. Sie nahm an, und er wurde im obersten Stock in dem Dienstbotenzimmer untergebracht, das zur Wohnung gehörte.

In Charles' Augen war Djuna Barnes eine der unbürgerlichsten Frauen, die er je kennenlernte. Er behauptete, sie habe nicht mal ein Ei kochen können, und so müssen die Rehkeule und der Kirschauflauf wohl Thelmas Werk gewesen sein. Ford und Barnes kamen lange gut miteinander aus, was nicht so verwunderlich war, da beide ungewöhnlich stolze Einzelgänger waren. Der heißeste Streit ihrer gemeinsamen Zeit entbrannte, als Miss Barnes eines Tages nach Hause kam und Charles mit Tylia Perlmutter, einer attraktiven polnischen Jüdin, mit der er befreundet war, auf ihrer Bettkante sitzen und plaudern sah. (Barnes benutzte sie in einer Kurzgeschichte.) Es war alles ganz harmlos, aber im darauf folgenden Sturm wurde unzweideutig klargemacht, daß ihr Bett Tabuzone war.

Djuna feierte ihr Arrangement des Zusammenlebens 1931 mit einem großen Essen. Der Anlaß war schlicht Charles' Geburtstag, doch im Quartier wurde scherzhaft verbreitet, es handle sich um ihre Verlobungsfeier. Ausgerechnet auf dieser Party lernte Ford Tschetlitschew kennen, der mit Tyler und Serge Nabokov in einer Ménage à Trois gelebt hatte. Barnes hatte Tschetlischew durch Margaret Anderson und Jane Heap kennengelernt. Kurz darauf lud Pawel Ford zum Essen ein, und die Romanze zwischen ihnen wurde die stürmischste Beziehung im Leben des russischen Malers.

Ende 1931 unternahmen Barnes und Ford zusammen eine Reise nach Wien (es wurde ihre Lieblingsstadt), Budapest und München, wo das Foto von ihr mit Ford und Putzi Hanfstaengl aufgenommen wurde.

Djuna Barnes, Putzi Hanfstaengl und Charles Henri Ford in Wien (1931)

Dann fuhr Charles, angesteckt von Paul Bowles' Begeisterung, Anfang 1933 nach Tanger und schrieb darüber in glühenden Farben an Djuna.

Barnes war gerade auf Peggy Guggenheims Einladung in England. Die Pariser Wohnung sollte an eine Freundin von Natalie Barney vermietet werden. Barnes hatte wie besessen an *Bow Down* gearbeitet, und das Manuskript, obwohl noch nicht ausgefeilt, war schon sehr weit gediehen. Ford tippte für sie. Und so beschloß sie, ihm nachzureisen.

Der Besuch stand unter keinem guten Stern. Man hatte ihr Tanger als spottbillig geschildert, doch es stellte sich heraus, daß eine einigermaßen vernünftige Unterkunft ziemlich teuer war. Darüber hinaus bekam sie Nachricht von Natalie, daß es Schwierigkeiten mit der Wohnung gäbe, weil der Concierge behauptete, er habe keinen Schlüssel, um die Mieterin einzulassen.

Die ersten acht Tage in Tanger verbrachte sie, wie sie in einem Brief an Mina Loy berichtete (der sie den schlichten Rat gab: »Komm nie nach Tanger!«), in einer Hütte ohne Wasser und Licht, in der sie auf einem Strohlager auf dem Boden und ohne ausreichende Decken schlafen mußte. Nach diesem schauderhaften Beginn trafen sie und Ford ein Arrangement, ein Haus, das Bowles gehörte und das er benutzte, um dort an seiner Musik zu arbeiten, für monatlich tausend Franc zur teilweisen Benutzung zu mieten. Jeden Tag mußten sie es auf bestimmte Stunden verlassen, während Bowles komponierte. Doch das Haus, das auf dem Marshan lag, war praktisch unmöbliert bis auf einige Schakalfelle und die Haut einer riesigen Python an den Wänden. Die ließ Djuna sofort entfernen; die Schlangenhaut rollte sie eigenhändig zusammen. Zum Haus gehörte ein arabischer Koch, der ihrer Ansicht nach nichts von seinem Metier verstand. Nach nur einem Monat ergriffen sie die Flucht, nachdem Ratten in ihren Koffer eingedrungen waren und ihre Strümpfe angeknabbert hatten. In seinen Memoiren *Rastlos* schildert Bowles, wie sie oft im Café Central in der Zoco Chico saßen und wie Djunas blau, dunkelrot und grünes Make-up die faszinierten Blicke des ganzen Cafés auf sich zog. Bowles erinnert sich auch, daß es ihr überhaupt nichts ausmachte, angestarrt zu werden, und daß sie sogar einmal mit einer Imitation von Sir Francis Rose das Café buchstäblich in ein Theater verwandelte.

Das dritte Haus in Tanger versprach, sie für die beiden ersten zu entschädigen. Es war ein herrliches Haus in der Kasbah mit Blick über die Bucht, auf zwei Ebenen gebaut. In der Mitte eines wunderschönen Innenhofes wuchs ein gewaltiger Feigenbaum. Es gehörte einem Engländer, der die Miete immer für drei Monate im voraus verlangte. (Ein weiterer bekannter Mieter des Hauses war Cecil Beaton.) Aber Djuna Barnes war dort nur kurze Zeit vergönnt.

Kurz nachdem sie eingezogen waren, merkte sie, daß sie schwanger war. Sie war damals einundvierzig. Sofort wurden Vorbereitungen für die Rückkehr nach Paris und für eine Abtreibung getroffen.

Unter den Ausländerinnen in Paris löste ihre Schwangerschaft ziemlichen Wirbel aus. Jene lesbischen Damen, die Djuna nicht ausstehen konnten, waren voller Schadenfreude. Noch Jahrzehnte später »rutschten« einer von ihnen einige Informationen darüber in der durchsichtigsten Absicht heraus, worauf sie dann heftig über ihre unglückliche Indiskretion zu klagen begann. Ihre gute Freundin Janet Flanner auf der anderen Seite war voller Groll gegen Ford, den sie – fälschlich – für den Schuldigen hielt. Immerhin hatte Ford, wie er mir bestätigte, Djuna vorgeschlagen, mit ihr ein Kind zu haben. In Wahrheit war die Schwangerschaft das Ergebnis einer kurzen Liebschaft, die Djuna Ende 1932 mit dem französischen Maler Jean Oberle hatte. Er war ein bekannter Künstler aus der Dufy-Schule, den sie durch Peggy Guggenheim kennengelernt hatte. Eine Anspielung in einem Brief an Natalie Barney, die sich auf Oberle beziehen dürfte, weist darauf hin, daß er von ziemlich ungezügeltem Temperament war. Ford erinnert sich, wie rasend eifersüchtig Oberle auf seine Anwesenheit in der Rue St.-Romain reagierte. Für Djuna Barnes selbst war die Romanze offenbar nichts Ernstes.

Sie kehrte nach Devonshire in den großen Haushalt zurück, den Peggy Guggenheim dort unterhielt. Später sollte sie nach Paris zurückgehen und von dort 1939 endgültig nach Amerika. Im wesentlichen war ihre Pariser Zeit vorüber. Ford fand Djuna in der Erinnerung ein bißchen zu puritanisch für seinen Geschmack. Er erzählte mir auch, daß sie »einen übertriebenen Wahrheitsfimmel hatte«. Barnes hielt auch Ford für sehr ehrlich, wiewohl in anderer Weise. Als Dougie MacDougall sich einmal bei ihr beklagte, Ford habe in seiner Wohnung eine wilde Party veranstaltet, bei der etliches zu Bruch ging, und dann kategorisch abgestritten, dort gefeiert zu haben, zeigte Djuna sich erstaunt über Fords Leugnen, denn normalerweise sei ihm alles viel zu gleichgültig, um zu lügen. Sie sagte, sie habe niemand anderen gekannt, der sich so wenig um andere Menschen und deren Gefühle scherte. »Locker?« sagte sie. »Locker wie ein durchgeschnittenes Suspensorium.« Für sie war er Charles Impossible Ford (Charles Unmöglich Ford). Am Ende war es mit Ärger nicht mehr getan; es blieb nur noch die Trennung. Doch sie vergaß nie, wie bezaubernd er sein konnte, wenn er wollte. Was sie am meisten verband, war ihr gemeinsamer Drang nach Unabhängigkeit und Freiheit. In einer vierzeiligen Strophe aus *Reptilia*, einem seiner besten Gedichte, schrieb Ford:

> Nothing, Nothing is so valuable
> as freedom, Dante said,
> Nothing, nothing is less haveable:
> ask anyone. Dante's dead.

(Nichts, nichts kann so viel gelten / wie Freiheit; so Dantes Wort. / Nichts, nichts ist so selten: / frag jeden. Dante ist fort.)

Wie durch Zauber sollte Charles Henri Ford mehr von dieser Freiheit genießen dürfen, als den meisten zuteil wird. Im Alter von fünfundsechzig konnte er sich mir gegenüber rühmen, nie in seinem Leben einer regulären Arbeit nachgegangen zu sein, obwohl er von Haus aus nicht vermögend war. (Pawel beklagte sich, Ford sei mit seiner Zahnbürste angekommen und habe sich mit dem Oldsmobile aus dem Staub gemacht.) Djuna Barnes sollte nie in den Genuß solcher Freiheit kommen. Doch um 1934 hatte sie sich zumindest einen soliden Anspruch auf Anerkennung erworben, mit ihrer Ausdauer, ihrer Einsamkeit und einer gewissen verborgenen Größe.

XXI

Die paar Jahre mit Charles und das kurze Techtelmechtel mit Jean Oberle betrachtet man vielleicht am besten nur als eine Art dunkler Sonnenwendzeit, die nötig war, ihren Schmerz zu lindern und den Roman zu schreiben. Die Leidenschaft, die Selbsterforschung und die Rache von *Nachtgewächs* befreiten sie erstaunlich schnell von ihrer Liebe. Thelma Wood war nun nicht mehr als das Gespenst einer verflossenen Geliebten, und Djuna Barnes' Geist, den in Paris nichts mehr hielt, konnte mit der Intensität von einst zurückschweifen aufs Land, nach Storm King und Long Island, zur Geschichte ihrer Kindheit und Familie. Sie hatte noch fast ein halbes Jahrhundert, um über die Freiheiten ihres Vaters und ihrer Großmutter nachzugrübeln. Doch die zerbrochene Puppe bewahrte sie auf und behielt sie bis zu ihrem Tode.

Viertes Kapitel

Zeichnung von Djuna Barnes
für eine Zeitung (ca. 1914 - 1916)

I

Hab nie, nie, nie Kinder! Und Gott verzeih mir.‹
›Verzeih?…‹
›Daß ich dich sterblich gemacht habe. Wenn du lebst, wirst du eine Närrin sein. Eine Frau muß stark sein, um zu sterben, bevor sie eine Närrin gewesen ist. Keine hat Einbildungskraft; ich hatte sie nicht, und du wirst sie nicht haben.‹

So spricht die Mutter von Amelia, der Frau Wendell Ryders, zu ihrer Tochter. Kinderlosigkeit ist bei Barnes eines der durchgängigen Themen und eins, das sie meines Wissens mit keinem anderen großen zeitgenössischen Schriftsteller teilt. Es war eine tiefe Überzeugung, die ihr Leben wie ihre Kunst prägte.

Die einzige Fußnote dieser Geschichte:
In der Antike war dies keine ungewöhnliche oder verachtete Einstellung. »Enkratiten« ist der kollektive Sammelname, mit dem jene frühchristlichen Ketzer bezeichnet wurden, die – neben anderem – der Fleischeslust und Ehe entsagten, weil sie glaubten, die Materie sei an sich böse und müsse bekämpft werden. In den Apokryphen gibt es eine Legende, die von einer Begegnung zwischen Jesus und Salome erzählt und offenbar in den ersten Jahrhunderten nach Christi Tod unter den Enkratiten große Bedeutung hatte. Darin fragt Salome Jesus, wie lange noch der Tod über die Menschheit herrschen werde. Und der antwortet: »Solange ihr Frauen Kinder gebärt. Denn ich bin gekommen, die Aufgaben der Frau abzuschaffen.« Worauf sie sagt: »Dann habe ich recht gehandelt, denn ich habe keine Kinder geboren.«

Noch im vierten Jahrhundert vor Christus empfahl eine Sekte mit dem Namen Abeliten eine rein geistige Bindung für die Ehe und lehnte jede Fortpflanzung ab. Ihr Name ging auf Abel zurück, der, wie sie glaubten, ein Weib nahm, doch nie versuchte, von ihr Kinder zu bekommen. Die Abeliten adoptierten, um ihre

Lehre zu verbreiten, Kinder, die sie sexuelle Enthaltsamkeit lehrten. Es war eine starke Sekte, die freilich allmählich infolge ihrer eigenen Glaubenssätze während der Regierungszeit Theodosius' des Jüngeren (A.D. 408– 450) ausstarb.

Die bekanntesten Verfechter der Kinderlosigkeit aber waren die Saturniner, die gegen Ende des ersten Jahrhunderts nach Christus den Lehren des Gnostikers Saturninus folgten. Sie sahen Kinder als das Ergebnis wirrer Schöpfungsvisionen der Erzengel. Gott erbarmte sich ihrer unvollkommenen Geschöpfe und fügte seinen göttlichen Funken hinzu, der nach des Menschen Tod zu ihm zurückkehrt. Die Saturniner maßen der Verwandtschaft zwischen Mensch und Tier größeres Gewicht bei als irgendeine andere Richtung westlichen Denkens vor Darwin. Wegen des Nachdrucks, den Djuna Barnes auf das Bestialische im Menschen legt sowie auf die Notwendigkeit, die Welt nicht zu ernst zu nehmen und sich der Fortpflanzung zu enthalten, müßte man ihr Denken, wenn man es denn irgendwie systematisch einordnen möchte, christlich-saturninisch nennen. Es läßt sie wie ein vorgeschichtliches Mammutwesen erscheinen, das, obwohl eigentlich ausgestorben, plötzlich aus einer fernen Zeit wieder sehr lebendig auftaucht. Sehr lebendig, und mit Vorbehalt lachend und trauernd zugleich. Diese Verbindung von Miss Barnes zu frühchristlichem Sektierertum ist kein bloßes Hirngespinst meinerseits. Ihr Großonkel Thomas Cushman Buddington, einer von etlichen Spiritualisten in der Familie, veröffentlichte 1886 ein Buch über Julianus Apostata und die Beziehung zwischen Heidentum und Christentum. Diese Ideen waren in der Familie lebendig. In *Nachtgewächs* erfahren wir: »Ihrer Veranlagung nach war Nora eine Frühchristin...«

Barnes Überzeugung war die bittere Frucht eines windzerzausten Familienstammbaums.

II

Djuna Barnes' Großmutter Zadel Barnes stammte wie die meisten Träger dieses Familiennamens in Amerika von drei Brüdern Barnes ab, die im frühen siebzehnten Jahrhundert aus England nach Amerika eingewandert waren. In der frühen amerikanischen Geschichte der Familie gibt es eine Hexe, die ich gern für meine Chronik reklamieren würde, aber leider gehört sie in die Familie eines der beiden anderen Stammbrüder. Es war Mary, die erste Frau von Thomas Barnes aus Hartford, und sie wurde gehängt; später heiratete er eine Vierzehnjährige. Der Familienzweig von Zadel Barnes hatte sich ursprünglich in East Hampton angesiedelt und war Anfang des achtzehnten Jahrhunderts nach Connecticut gezogen.

Zadel wurde am 9. März 1841 in Middletown, Connecticut, als das vierte von vierzehn Kindern geboren, die Duane Barnes mit zwei Ehefrauen zeugte.

Noch einmal müssen wir uns mit dem Thema Namensgebung befassen. Die gewöhnlichsten Namen unter allen Brüdern und Schwestern von Zadel hatten die Schwester Lillian, die als nächste nach ihr 1844 geboren wurde und ein Jahr später starb, und der erstgeborene Sohn, der einen verhältnismäßig einfachen Namen hatte, nämlich Llewellyn. (Llewellyn Barnes wurde 1864 im amerikanischen Bürgerkrieg gefangengenommen.) Die übrigen Brüder und Schwestern, die Duane Barnes' erste Frau Cynthia Turner gebar, hießen Marilla, Hinda, Reon, Gaybert, Culmer, Kilmeny, Justa und Everet. Die Kinder der zweiten Frau, Frances Tibbals, erhielten noch seltsamere Namen: Urlan, Niar und Unade. Sie sind so ausgefallen, daß man noch nicht einmal ihr Geschlecht danach erraten kann, obwohl die Entdeckung des Grabsteins wenigstens in Urlans Fall beweist, daß es ein männlicher Name war.

Eine so individuelle Namensgebung war im neunzehnten Jahrhundert in Amerika nichts Unübliches, und derlei Namen in der

Familie Barnes helfen bei ihrer sozialen Einordnung. Solche Namen wurden in Neu-England vor allem in Familien bevorzugt, die, obwohl oft durchaus alt und manchmal auch wohlhabend, sozial eher am Rande standen und durch Enthusiasmus wettmachten, was ihnen an Bildung fehlte. In einem Zeitalter, in dem der Geist des Individualismus über ehrwürdige Traditionen zu triumphieren begann, sollten Namen oft etwas ganz Einmaliges sein. Die englischen Namen Barns oder Barnes gehen auf das altnordische Bjorne zurück. Unser amerikanischer Zweig der Familie Barnes war sich des nordischen Ursprungs offensichtlich bewußt, denn der Familienstammbaum wurde immer mal wieder mit skandinavischen Vornamen geschmückt, die jedoch selten ganz richtig sind, wobei es schwer zu sagen ist, ob das absichtlich oder aus Unkenntnis geschah. Der Name von Djunas älterem Bruder Thurn ist so ein semiskandinavischer Name, und der ihres Großonkels Urlan vielleicht ein weiterer. Nur ein Familienmitglied, ein Sohn von Hinda namens Odin, trägt einen skandinavischen Namen in seiner gängigen und korrekten Form.

Die meisten Namen in Zadels Familie scheinen durch die bizarre Kombination zweier gebräuchlicher Vornamen entstanden. So könnte Marilla z.B. aus Margaret und Priscilla zusammengesetzt sein, Hinda aus Helen und Linda, Reon aus Robert und Leon und so weiter. Die historische Literatur über Vornamen in Amerika legt von diesem Phänomen reichlich Zeugnis ab. Wegen der implizierten klassenspezifischen Bedeutung begegnet man in Geschichte und Literatur solchen kombinierten Namen nicht gerade häufig. Die Kinder etablierterer amerikanischer Familien, falls sie keine englischen Standardnamen trugen, hatten meist biblische, griechische oder Präsidentennamen.

Wenn die Taufnamen völlig abstrus werden wie im Falle von Urlan, Niar und Unade, ist das gewöhnlich ein Hinweis auf spiritualistische Praktiken in der Familie. Die Darstellung der Kindheit der Zadelfigur in *Ryder* läßt vermuten, daß es auch in der Familie Barnes spiritualistische Neigungen gab. Sie erzählt ihrem Sohn im Roman, er sei von Beethoven empfangen worden, der auf geheimnisvolle Weise durch sie hindurchging. Als sie sechzehn war, sollte Zadel Barnes, wie wir noch sehen werden, einen (weit weniger frivolen) Berufspiritualisten namens Henry Aaron Budington heiraten.

Zadels Vater Duane Barnes wäre das ideale Mitglied einer Bürgerinitiative gewesen, wenn es so etwas schon gegeben hätte: Das *Commemorative Biographical Record of Middlesex County, Connecticut* (1903) berichtet, daß er etliche der schönen, schattenspendenden Bäume in Middlesex stiftete und eigenhändig pflanzte und sich auch aktiv für die Einrichtung einer Bahnlinie sowie die Verbreiterung der Narrows einsetzte. Für sich selbst baute er ein Steinhaus im gotischen Stil auf der High Street, das als das »künstlerischste« Wohnhaus in der Stadt galt. Obwohl er nicht auf der Universität studiert hatte, unterrichtete er in seiner Jugend als Lehrer und arbeitete in seinen reiferen Jahren als Buchhändler. Es heißt, er habe sich geweigert, irgendein Buch zu verkaufen, von dem er glaubte, es könne einen schädlichen Einfluß ausüben. Außerdem dichtete er, so daß Djuna Barnes tatsächlich eine Lyrikerin der vierten Generation ist. Miss Barnes behauptete, ihre Urgroßmutter sei eine Zeitlang geisteskrank gewesen, aber wieder gesund geworden.

In Zadel Barnes' Jugend vollzog sich in der amerikanischen Literatur ein entscheidender Wandel. Die frühen amerikanischen Schriftsteller hatten über das Leben in ihrem neuen und provinziellen Land in Standardenglisch geschrieben. Emerson, Irving, Thoreau, Hawthorne und Melville hatten keine Zweifel darüber, wo ihre künstlerischen und sprachlichen Wurzeln lagen. Selbst Poe, der den Bohèmiens einer späteren Generation in Greenwich Village als Ausnahme erschien, wandte lediglich einige Vorschläge Byrons auf amerikanischem Gelände an. Doch nach dem Ende des Bürgerkriegs zeichnete sich innerhalb eines Jahrzehnts eine Spaltung unter den amerikanischen Literaten ab. Einige besangen begeistert Amerika; andere spürten zum ersten Mal die kulturelle Armut ihrer Lage und den unerwarteten Schmerz des Bruchs mit der europäischen Kultur, den Amerika bedeutete.

Zu dieser letzteren Gruppe gehörten James Whistler, Henry James und schließlich T.S. Eliot und Djuna Barnes selbst; alle waren sie Amerikaner, die auf Distanz gingen. Nach dem Bürgerkrieg begann die große Debatte über die Lebensfähigkeit der amerikanischen Kultur, die bis weit in die zwanziger Jahre unseres Jahrhunderts andauern sollte. Sie brachte auch die Flutwelle hervor, die Djuna Barnes nach Paris führen sollte, und sicherlich ist in diesem Licht auch Hemingways berühmter Ausspruch zu sehen: »In einem gewissen Alter passiert etwas mit unseren guten Schriftstellern. Wir zerstören sie auf verschiedene Weisen.« Eine etwas manirierte, doch kritisch-wache neue Zeitschrift *The Double Dealer* (der Titel war von Congreve entlehnt; sie brachte unter anderem auch Beiträge von Djuna Barnes, die jedoch nicht viel von dem Blatt hielt, sowie von Edmund Wilson Jr.), die 1920 in New Orleans gegründet worden war, fragte 1921: »Gibt es im Werk von Poe, Emerson, Hawthorne, Bierce irgend etwas spezifisch Amerikanisches?« Die Fragenden waren ganz offensichtlich gegenteiliger Ansicht. Es gab die weit verbreitete Meinung, wie Calvin Tomkins in *Living Well Is the Best Revenge* bemerkte, Amerika sei noch nicht auf der Höhe des neuen Jahrhunderts angekommen, und das Beste, was dort entstehe, sei nicht notwendigerweise als »amerikanisch« einzustufen.

Zadel Barnes Budington, eine der Schlüsselfiguren in Djuna Barnes Leben, kam dagegen aus der Unterströmung des literarischen Nationalismus, der nach dem Bürgerkrieg blühte. Bemerkenswert an dieser Generation war die Rolle der Frauen. Die schon etwas ältere Harriet Beecher Stowe nahm den Ehrenplatz ein. Zadel Barnes rühmte sich ihrer Bekanntschaft sowie der mehrerer führender Feministinnen. In den Erinnerungen von Elizabeth Cady Stanton wird sie beiläufig erwähnt. Unter wirtschaftlichem Druck lockerten sich einige der sozialen Beschränkungen der Frauen, so daß sich ihnen zum ersten Mal gewisse Möglichkeiten zu ökonomischer Selbständigkeit boten.

Glühender Nationalismus existierte damals Seite an Seite mit einer ebenso leidenschaftlichen Verehrung europäischer Kultur;

in dieser Form sollte das in der Geschichte der amerikanischen Kultur so bald nicht wiederkehren. Oscar Wilde hatte seine berühmte Zeile in *Eine Frau ohne Bedeutung* (»Lady Hunstanton, man sagt, wenn gute Amerikaner sterben, kommen sie nach Paris.«) tatsächlich von dem Amerikaner Oliver Wendell Holmes aus seinem Stück *The Autocrat at the Breakfast Table* gestohlen. Es war noch eine Zeit der leichten, unproblematischen Berührung der Kulturen, ganz anders als die Einstellungen der leiblichen und geistigen Kinder der folgenden Generation. Irgend etwas war mit dem gefühlvollen Patriotismus der Großmutter Barnes auf dem Weg durch die Zeit bis zu ihrer Enkelin geschehen, obwohl Zadel Barnes mit Djuna zusammenlebte und zu einem großen Teil für ihre Erziehung verantwortlich war, bis sie von zu Hause fortging. Wald Barnes trug sein ganzes Leben eine unmißverständliche Abneigung gegen die europäische Kultur zur Schau. Djuna Barnes aber suchte die Verbindung mit dieser Kultur und hatte nur knappe Worte der Anerkennung für das Land ihrer Geburt, auch wenn sie schließlich nach Amerika zurückkehrte.

Während ihrer zwanzigjährigen Ehe mit Henry Aaron Budington arbeitete Zadel Barnes als Journalistin mit einer Neigung zu feministischen Themen und Problemen. Wie die Großmutter in *Ryder* schrieb sie Beiträge und Leitartikel für *The Springfield Republican*, die Lokalzeitung von Springfield, Massachusetts, ihrem Wohnort. Die Sängerin Genevieve Ward sagte im März 1880 zu ihr in Anerkennung der fürchterlichen Biographie, die Zadel gerade über sie verfaßte: »Ich habe volles Vertrauen zu dir, als Frau und Literatin...« Anzeichen für lesbische Neigungen kann man in Texten und Briefen des neunzehnten Jahrhunderts natürlich höchstens ahnen. In Barnes' Kurzgeschichte *Oscar* von 1920, die in *The Little Review* erschien, gibt es eine Witwe, die zweimal verheiratet war: »über ihre beiden Ehemänner äußerte sie sich selten. Einmal hatte sie die Bemerkung gemacht: ›alles nur Einbildung, sie haben, was mich betrifft, nie das Mindeste begriffen.‹« Amerikanische Frauen, ausgeschlossen von so vielen Bereichen männlichen Lebens und Ausdrucks, schlossen in jener Zeit enge Freundschaften untereinander. Es gibt wenige Anhaltspunkte, doch immerhin einige: die Gedichte der Sappho erzielten in der zweiten Hälfte des neunzehnten Jahrhunderts in Amerika hohe Verkaufszahlen.

Genau ein Jahr nach ihrer Scheidung 1877 heiratete Zadel Axel Gustafson, den sie nach ihrer Rückkehr nach Middletown kennengelernt hatte. Er war sieben Jahre jünger als sie, ein schwedischer Überläufer. In *Ryder* wird »Axel Axelson« von einem Priester »›erwachsen‹ gemacht«. Sie gingen zusammen nach Europa und arbeiteten 1888 gemeinsam an einer quasi-spiritualistischen Schrift *The Foundation af Death*, die fünf Auflagen erlebte. Nach dem Zeugnis von *Ryder*, dem unveröffentlichten Stück *The Biography of Julie von Bartmann* und der Notiz »About the Author«, die Miss Barnes selbst für die Neuauflage des *Ladies Almanach* bei Harper & Row verfaßte, führte Großmutter Zadel einen literarischen Salon am Grosvenor Square, den sogar Oscar Wilde besuchte. Oscars Mutter Speranza soll ebenfalls dort zu Gast gewesen sein. Angeblich reiste Zadel auch nach Schweden und wurde dort dem König vorgestellt. Das alles mag auch wirklich so gewesen sein; doch was ihren Salon in England angeht, regen sich gewisse Zweifel, denn er ist bis heute absolut nirgends in Briefen oder Erinnerungen an diese Zeit erwähnt worden. Dagegen gibt es stichfeste Beweise, daß sie mit Karl Marx' Tochter Eleanor befreundet war.

Die Passagen in *Ryder*, die von den Tagen des englischen Salons erzählen, finden sich im vierten Kapitel, das Wendells Jugend gewidmet ist:

»Er erinnerte sich an die Soireen seiner Mutter (sie war gerade von einer Tour mit Elizabeth Stanton durch die Staaten zurückgekehrt). Wie sollte er sie auch vergessen? Hatte ihn dabei nicht einmal keine Geringere als Lady Mary Glynn ›Prophet in der Wüste‹ genannt, und nicht der Erzbischof Benson geruht, mit ihm, unseren Heiland betreffend, Gespräch zu pflegen, am selben

Abend, derweil er mit der gewichsten Schuhspitze auf den Teppich klopfte? Hatte nicht Oscar Wilde selbst, mit damals unbestreitbar seiner Rechten, seine, Wendells, rotbraune Stirnlocke hochgestrichen und gemurmelt: ›Wunderschön, wunderschön!‹ Das hatte er wirklich.«

Im Roman finden sich noch etliche weitere solche Anspielungen auf die höheren Sphären, in denen die Zadel-Figur verkehrt: »... so gewandt wie ein Schimmer von Stahl unter den Präraphaeliten.« Mir ist es gelungen, einen Besuch von Zadel in einem von Oscar Wilde veranstalteten Salon im Falstaff Club im Juni 1882 nachzuweisen. Es ist sehr gut möglich, daß Zadel und Axel Gustafson nach Shepherd's Bush zogen (wo Wald Elizabeth Chappell kennengelernt hatte, die zusammen mit ihrer Schwester ganz in der Nähe in einer Parterrewohnung mit Garten im Cromwell Grove wohnte, einer Seitenstraße der Shepherd's Bush Road), nachdem die Tantiemen für *The Foundation of Death* ausgelaufen waren und sie sich die elegantere Residenz mit ihrer »vornehmen Marmortreppe« nicht mehr leisten konnten.

Der nicht verbriefte Salon kann also durchaus existiert und geblüht haben; vielleicht bestand er aber auch nur aus ein oder zwei Abendveranstaltungen. (Zadels Londoner Anschrift war übrigens nicht wie in *Ryder* Grosvenor Square, sondern Brunswick Square.) In *Ryder* greifen Ehefrau und Erzählerin den Satyr-Vater an, doch Julie (Djuna) ist es, die ihre Großmutter so sieht, wie sie wirklich ist. Wenn man das Leben von Zadel Barnes verfolgt, stößt man überall auf Legenden, die sich nicht belegen lassen. Angeblich soll sie eine der ersten Studentinnen am Mount Holyoke College gewesen sein, doch ist sie dort nicht registriert. Sie ist, zumindest im Roman, eine Intrigantin und schamlose Bettlerin, die sich von verflossenen Liebhabern bezahlen läßt, deren unüberlegte Briefe sich in ihrem Besitz befinden. Aber trotz allem ist sie heroisch in ihrer ganzen Absurdität und verdient Liebe und Vergebung.

Zadel verstand sich auf einprägsame Gesten im richtigen Moment. Eine von Djunas frühesten Erinnerungen betrifft den Tod eines Kanarienvogels, als sie fünf oder sechs Jahre alt war. Ihre Großmutter bereitete ihm ein feierliches Begräbnis und beerdigte ihn, in ihren allerbesten rosa Seidenschal von Liberty's gehüllt. Und später, als eine Halbschwester namens Shila mit neun Monaten starb, begrub Zadel sie in einer guten Schaffelljacke, weil Djuna sich sorgte, Shila könne unter der Erde frieren.

Die bei Harper & Row erschienene autobiographische Notiz mißt Zadel und Wald bei der Erziehung von Walds Kindern, die vom öffentlichen Schulsystem in Cornwall-on-Hudson ferngehalten wurden, gleich große Bedeutung bei. Doch Mina Loys Tochter erinnert sich, daß Djuna ihrer Mutter erzählte, eigentlich sei sie nur von ihrer Großmutter Zadel erzogen worden, und von ihr habe sie sowohl ihre Begabung geerbt wie auch viel Ermunterung bekommen. Ein beispielhafter Moment aus dieser häuslichen Erziehung (der uns durch die flüchtige Erwähnung in einem Brief überliefert ist), zeigt Zadel, wie sie ihr Thackerays *Die Rose und der Ring* vorliest. Der Vater las ihr Kiplings Erzählung von dem Tier vor, das wie ein Mensch gehen konnte. Die Art, wie *Ryder* mit wirklichen Namen aus der Familie durchsetzt ist – selbst bei Nebenfiguren wie etwa Elisha und Gaybert –, beweist, daß die mündliche Überlieferung der Familiengeschichte mit Sicherheit zu ihrem Bildungsprogramm gehörte. Djuna erzählte Charles Ford, ihre Großmutter habe ihr Shakespeare und die Bibel vorgelesen. (Hemingway sagte, das Alte Testament sei alles, was ein Schriftsteller braucht.) Es kostet einige Mühe, aber ich glaube, der Leser kann durch die penetrante, schmalzige Prosa von Zadel Barnes hindurch in weiter Ferne die scharf geätzte, aber ebenso extravagante Diktion ihrer Enkelin ahnen. In einem Roman mit dem Titel *Can the Old Love?* (1871) schreibt Zadel zum Beispiel:

»Das Buch des Lebens war mit Goldrand, goldenem Verschluß und kostbarem Einband in seine Hände gelegt worden. Er hatte selbst den Verschluß geöffnet und vielleicht einen Blick auf das

Titelblatt geworfen. Die Liebe, die die ersten Kapitel leise durchwehte, hatte ihre glänzenden Finger in die Regenbogenfarben der Hoffnung getaucht und Versprechen geschrieben. Jetzt aber lastete die Sorge schwer auf ihm, hielt das Buch weit offen und schrieb dort, wo das Pergament farblos und grau war, Tod, Trennung, Verlassenheit – Kapitelüberschriften, die Paul, im unersättlichen Hunger des Herzens, lesen mußte, immer wieder lesen und allein lesen.«

Dieser blumige Stil scheint Vorbild für Djuna Barnes' Art zu schreiben geworden zu sein und mitverantwortlich für ihre größten Stärken wie ärgsten Schwächen; doch krankt Djunas Prosa natürlich nie an dem verlogen warmen Ton, mit dem Zadels Schriften durchtränkt sind.

Miss Barnes' Großvater väterlicherseits, Henry Aaron Budington, war ebenfalls Schriftsteller, freilich von ganz anderem Schlag, wenn es auch thematische Beziehungen zu seinen Arbeiten gibt, besonders bei einigen Motiven in *Ryder*. Er bezeichnete sich selbst als Spiritualisten, obwohl er der Sohn methodistischer Eltern »der stillen Art« war, die strikt abstinent lebten. Sein Vater, Aaron Budington, war ein recht erfolgreicher Farmer gewesen, seiner politischen Richtung nach ein Abolitionist Republican (Befürworter der Abschaffung der Sklaverei), der sechzehn Hektar Land besaß, auf denen er Merinoschafe hielt. Mit achtzehn verließ Henry die Farm und ging, nach kurzem Aufenthalt auf einem Seminar auf Rhode Island, auf die Wesleyan University, damals eine der besten kirchlichen Universitäten Neu-Englands. 1857 machte er sein erstes Examen auf der Wesleyan und wurde Mitglied der Vereinigung Phi Beta Kappa (im selben Jahr heiratet er Zadel); 1860 erwarb er seinen Magistergrad. Ein paar Jahre lang war er Lehrer an höheren Schulen in Washington, D. C., New Jersey und Connecticut. Während des Bürgerkriegs arbeitete er als behördlicher Steuerprüfer in Massachusetts. Nach 1869 verkaufte er Versicherungen und gründete eine Zeitung in Greenfield, Massachusetts, bevor er nach Springfield zog, wo er als

Reporter und Anzeigenwerber bei dem nämlichen *Springfield Republican* arbeitete, für den Zadel Leitartikel schrieb.

Seine spiritualistischen Schriften sind alle sehr streng moralisch. Eine Art Mischung aus Sittenlehre und Darwinismus. Der Einfluß von Faraday ist recht stark. In seinem 1889 erschienenen Werk *Man Makes His Body; or The Ascent of the Ego Through Matter* (»Der Mensch formt seinen Körper, oder der Aufstieg des Ichs durch die Materie«) doziert Henry Budington:

Henry Budington 1857

»Durch richtiges Denken entstehen gute Köpfe, durch schlechtes Denken schlechte. Die Gehirnmasse wächst bis weit ins mittlere Lebensalter hinein, wenn die Person fleißig denkt. Viele Menschen haben mit fünfzig Jahren größere Köpfe und tiefere Gehirnfurchen als mit zwanzig, besonders wenn sie über reiche Erfahrungen nachdenken und sich viel mit intellektuellen und geistigen Themen beschäftigen.

Wenn jemand jedoch ausschweifenden körperlichen Gewohn-

Zadel Barnes Gustafson und Axel Gustafson 1888

heiten frönt: dem Genuß von Tabak, Alkohol, Opium oder Haschisch, der Völlerei oder sexuellen Exzessen – dann veranlassen alle diese Süchte den Geist, im betreffenden Teil des Gehirns Protoplasma abzulagern, um den Gehirnteil zu vergrößeren, der zur Verstärkung der Sucht notwendig ist. Alle Fähigkeiten geraten aus dem Gleichgewicht; die Sucht nach der abnormen Erfahrung steigert sich, der für die spezielle Leidenschaft zuständige Gehirnteil vergrößert sich, und der Geist, aus der natürlichen Bahn geworfen, beeilt sich immer mehr, jene Struktur aufzubauen, die die Sucht befriedigt, bis diese so übermächtig wird, daß der Geist den entsprechenden Gehirnteil nicht mehr versorgen kann und dieser zusammenbricht, so daß der Geist den Körper schließlich in einen abnormen Zustand versetzt.

Wenn während eines solchen ausschweifenden Lebens eine Samenzelle sich mit einem Ei vereinigt, ist diese Samenzelle von den Exzessen und Defekten des Mannes geprägt, und keine noch so glücklich verlaufende Schwangerschaft könnte die Spuren dieser Exzesse und Defekte auslöschen.«

Und so weiter. Die Gedanken Budingtons, eine Art Phrenologie des Inneren, die typisch für seine Zeit war, haben offenbar keinen großen Einfluß gehabt (wenn er auch Harry Houdini* zu seinen Schülern zählte). Völlig außer Frage steht, daß sowohl seine frühere Frau wie auch sein Sohn ein Leben führten, das in genauem Gegensatz zu allem stand, was er war und wofür er stand. Während Henry Budington für den Aufstieg des menschlichen Geistes kämpfte, wählten Wald Barnes und später dessen Tochter als ihr Thema den Menschen, der sich seiner tierhaften Natur unterwirft. Dieser Teil der Familiengeschichte ist etwas, das in solchen Familien häufig genug vorkommt – nämlich heftige Rebellion gegen die Restriktionen eines strengen Methodismus. Henry Budington starb 1921 mit neunzig Jahren. Nach der Trennung seines Sohnes von der Schwiegertochter pflegte er die Beziehung zu Eli-

* Harry Houdini (1874-1926). Amerikanischer Entfesselungskünstler. [A. d. Ü.]

zabeth weiter, bedachte sie auch in seinem Testament (das er auf die Rückseite einiger Notenblätter mit Kirchenliedern schrieb), und stand vor seinem Tode auch mit Djuna selbst in Kontakt. In seinem Testament wird Miss Barnes' Mutter Elizabeth Chappell Budington genannt. Sie lebte mehrere Jahre lang in East Orange und Summit im Staate New Jersey.

Henry Budington war der Ahnenforscher der Familie, und seinem kleinen Büchlein *The Leyden Branch of the Budington Family* haben wir es zu verdanken, daß wir uns ein vollständiges Bild von der gesellschaftlichen Position der Familie Budington machen können. Die Budingtons waren ursprünglich eine Walfängerfamilie aus Groton und New London. Henrys Großvater, der 1810 starb, war Kapitän und segelte zu den westindischen Inseln und nach China. Seine finanzielle Lage verschlechterte sich jedoch erheblich durch den Unabhängigkeitskrieg, denn er besaß mehrere tausend Dollar in der alten kontinentalen Währung, die die neue Regierung nicht anerkannte. Henry Budington erinnerte sich, als Kind im Hause seines Großvaters eine chinesische Teekiste gesehen zu haben, die fast bis zum Rand voll mit diesem Geld war. Später war sein Großvater Mitglied der demokratischen Partei und Anhänger Jeffersons und half als Grundbesitzer, in der Gemeinde Streitigkeiten zu schlichten und Verträge aufzusetzen. Nachdem er mehrere Jahre in einem Blockhaus gelebt hatte, baute er sich ein großes Steinhaus, in dessen Souterrain er einen Kramladen einrichtete. Er war nach Leyden in Massachusetts gezogen, weil er dort Land anstelle von nicht rückzahlbaren Schulden angenommen hatte. Ein paar spätere Familienmitglieder brachten es zu einigem Ansehen, vor allem in der Medizin, aber im wesentlichen erholte die Familie sich im Laufe des neunzehnten Jahrhunderts nicht von dem frühen wirtschaftlichen Rückschlag. In Henry Budingtons Beschreibung seines Großvaters findet sich folgende interessante Passage:

»Er besaß den schönsten Zweispänner im Ort, der sehr schwer und stabil war. Meine Großmutter pflegte zu sagen, die zwei

Pferde schafften es gerade eben, ihn den Hügel hinaufzuziehen zur alten Methodistenkirche (die ursprünglich von den Baptisten erbaut worden war), die auf dem hübschen und luftigen Hügel beim West Center stand und später den Spitznamen ›Sodom‹ erhielt.«

In dieser realen Kapelle läßt Djuna Barnes das imaginäre Ende von *Nachtgewächs* spielen, denn wir hören, daß Robin auf ihren Streifzügen sich in immer engeren Kreisen dem Teil des Landes nähert, in dem Nora lebt, und schließlich konnte sie »auf der Kuppe des Hügels, schwach gegen den Himmel abgesetzt, das verwitterte Weiß der Kapelle sehen«. Im Leben freilich zog Thelma Wood, als sie in die Staaten zurückkehrte, nach Connecticut zu »Jenny Petherbridge«. Connecticut ist über beide Zweige ihrer Familie sehr stark »Djunas Teil des Landes«.

Die ziemlich verwirrende Schlußszene, in der Robin Vote mit einem Hund auf dem Boden der ländlichen Kapelle fast einen Akt der Sodomie begeht, hat also sehr konkrete Bezüge zum letzten Wohnort von Thelma Wood und zu jener Kapelle mit Namen Sodom, die Barnes wohlvertraut war. Thelma Wood betrat diese Kapelle nie, ebenso wenig wie Dan Mahoney je etwas mit der Familie Barnes zu tun hatte wie sein Ebenbild in *Ryder*, doch das ändert nichts an der Tatsache, daß alle Komponenten der Schlußszene von *Nachtgewächs* einen realen Kern haben. Wieder einmal haben wir es mit einer nachweisbaren Seite aus der Barnes-Budington-Familienmythologie zu tun, und ein wirklicher Akt der Sodomie wäre auch ebenso vulgär wie unnötig für Barnes' Zwecke gewesen, die viel »proustischer« waren als so etwas.

Die von Henry Budington zusammengestellte Genealogie und der Stammbaum der Familie Barnes aus Middletown enthüllen Muster, die für das Leben und die Kunst von Miss Barnes sehr prägend waren. Scheidungen und Beispiele einsiedlerischen Lebens kommen relativ häufig vor. In der Familie Barnes gab es sogar schon im siebzehnten Jahrhundert eine Scheidung, als so etwas noch fast überhaupt nicht vorkam, obwohl es in etlichen der neuenglischen Kolonien und in New York bereits sehr früh entsprechende Gesetze gab. Für die Zeit um 1875, als Henry und Zadel sich scheiden ließen, gibt es zuverlässige Scheidungsstatistiken, die zum Beispiel für jenes Jahr eine Scheidungsrate von nur 0,3 % der Bevölkerung ausweisen. Elizabeth Cady Stanton hatte bei ihrem Kampf für das Recht der Frau auf Scheidung noch nicht die Mehrzahl der Feministinnen hinter sich. Und doch trennten sich beide Söhne Henrys von ihren Frauen. Miss Barnes' Vetter William Budington erzählte mir, die Scheidungen ihrer beiden Großmütter Zadel und Ida seien mit viel Bitterkeit verbunden gewesen und alle Erinnerungsstücke aus der Zeit ihrer Ehen seien verbrannt worden. Man gewinnt das Bild einer Familie, die sich zusammensetzt aus frommen Kirchgängern einerseits – einschließlich eines Geistlichen, der ein »lebhafter, laut tönender Methodist« war, und eines anderen Familienmitglieds, das ebenfalls für seine freudigen Rufe in der Kirche berühmt war –, und auf der anderen Seite nüchternen Agnostikern, die nicht zögerten, ihren Gefühlen und Überzeugungen entsprechend zu handeln. Es wäre ungerecht zu behaupten, daß alle Mitglieder der Familien Barnes oder Budington labil waren, aber in beiden Familien gab es ohne Frage bemerkenswerte Beispiele exzentrischen Verhaltens und ausgefallener Überzeugungen. Djuna Barnes steht sehr deutlich in einer Tradition.

Die Familie, in der Djuna Barnes aufwuchs, war ein Matriarchat, in dem die »Mutter« Zadel hinter ihrem merkwürdigen Sohn mit gütiger, aber beträchtlicher Macht herrschte. Der Liebhaber von Miss Barnes aus ihrer englischen Zeit, S., erzählte mir, Djuna habe ihren Vater sehr klar und entschieden als den typischen verwöhnten amerikanischen Sohn einer starken Mutter gesehen. Seine Geschichte ist einfach die eines Verzweifelten auf der Suche nach sich selbst. In *Ryder* grübelt Sophia nach ihrer Rückkehr nach Amerika zugleich kühl und verständnisvoll über ihren Sohn Wendell:

»Mein Sohn ist schwach, er ist hoch begabt, aber leben wir ewig? Das Leben ist ihm fremd. Er ist wie der Verbrecher in einem berühmten Mordfall, der in Vergessenheit geriet. So habe ich, die ich ihn gebar, sein Schlafen mit vierzig gesehen, das alternde Symbol einer vergessenen Tat. Er spielt, er schreibt, er versteht sich auf vieles; er hat, stellen Sie sich nur vor! Opern als Sicherheit, vollständig geplante Orchesteranweisungen, und konzipiert inmitten des Getöses hungriger Kinder, an einem Tannentisch, mit nichts anderem übersät als dem Immer-in-Sicht-der-Mühseligen-und-Beladenen, Brot und Wasser.«

Die verschiedenen Quellen, aus denen sie im voraufgehenden Jahrzehnt ihren poetischen Lebensunterhalt bezogen hatte, waren alle aus verschiedenen Gründen versiegt. Djuna war der legitime Nachkomme und das Wunderkind, das die literarischen und feministischen Ambitionen Zadels erfüllte. Wer konnte ahnen, daß ein Teil des Preises für diese Leistung die epische Darstellung und Beurteilung ihrer Familie sein würde, komisch und bitter zugleich, bei der sie niemanden ausließ?

III

Wenn man die psychologische Literatur zum Thema liest, ist nichts Ungewöhnliches an den Umständen, die Djuna Barnes auf ihren Weg führten. Ihre Kindheit lud ihr große Hypotheken auf, was die statistisch relevanten Faktoren angeht: eine exzentrische Familie und ein Gefühl sozialer Isolation und Andersartigkeit. Eine negative Einstellung zum Vater, der ihr immer schwächer schien, je weiter sie zum jungen Mädchen heranwuchs. Stark ambivalente Gefühle gegenüber der Mutter, die sich zur Märtyrerin in einer Ménage-à-trois machen ließ. Und schließlich als Ergebnis von alledem ein heftiges Bedürfnis nach völliger Unabhängigkeit in jeder Hinsicht – wobei Großmutter Zadel als Identifikationsfigur dienen konnte. Die Fachliteratur hat mich überzeugt, wonach in solchen labilen Familienkonstellationen häufig ein Band gleichgeschlechtlicher Seelenverwandtschaft entsteht zwischen Großmutter und Enkeltochter, die mit statistisch stark erhöhter Wahrscheinlichkeit homoerotische Neigungen entwickeln wird. Ich glaube, etwas ganz Ähnliches hat sich in der jungen Djuna Barnes abgespielt.

Nach ihrer Trennung von Axel Gustafson zog Zadel mit Wald und ihrer Schwiegertochter auf das Landgut ihres anderen Sohnes Justin, der die Cornell University besucht hatte und in New York ein erfolgreicher Augenarzt geworden war. Seine Spezialität waren schwierige Staroperationen. Die Figur des Onkels in *Antiphon*, die eine Vorstellung davon vermittelt, wie ein relativ normales Leben aussehen könnte, ist nach Justin gestaltet. Auf einem Gelände, das zu Justins sehr schönem Haus in grandioser Lage am Abhang des Berges Storm King in Cornwall-on-Hudson gehörte, baute Wald Barnes mit seinen eigenen Händen, wie es sein Urgroßvater getan hatte, sein sehr viel bescheideneres Haus. Hier wurde sein zweites Kind, Djuna Chappell Barnes, am 12. Juni 1892 geboren. Und dort lebte sie bis zu ihrem sechzehnten Lebensjahr.

Cornwall-on-Hudson war vor allem eine Sommerfrische. Dieser Teil des Hudsons war bei Künstlern, die entweder zu Geld gekommen oder einfach seßhaft geworden waren, so populär geworden, daß man es scherzhaft als das »schwangere Greenwich Village« bezeichnete. Außerhalb der Sommermonate bewohnte Justin sein Haus nur sporadisch mit seiner Geliebten, so daß Wald die Rolle des Hausverwalters übernahm. Unter dem Einfluß Zadels benutzten Justin Budington und seine beiden Söhne eine Zeitlang auch den Namen Barnes, doch kehrten sie zu Budington zurück, und dabei ist dieser Zweig der Familie bis heute geblieben.

In seiner Familienchronik gerät Henry Budington über seinen älteren Sohn ins Schwärmen:

»Er erbaute ein schönes Heim am Hang des Bergs Storm King am Hudson, wo er in den wenigen Mußestunden, die ihm die geschäftigen Tage seines beruflichen Lebens ließen, seiner intensiven Liebe zum Wald, zu Bächen, Tälern, Vögeln, Blumen, zu den mondbeschienenen, sternklaren Nächten und sonnigen Tagen leben konnte; einer Liebe, ererbt und gewachsen in den Tagen seiner Kindheit, die er in der Gebirgslandschaft um den Familienstammsitz im alten Massachusetts verlebte.«

Über den Müßigang seines jüngeren Sohnes geht er elegant hinweg mit den Worten:

»... seine große Familie bietet ihm Arbeit, Gesundheit, körperliche und geistige Entfaltung. Ein Immobilienmakler, ein Musiker und Maler, ein Agnostiker und politischer Freidenker.«

Die Aussage, Wald Barnes habe mit Grundstücken gehandelt, findet in *Ryder* keine Bestätigung. Im Gegenteil: es wird kräftig betont, daß Wendell überhaupt nichts tut, um Geld zu verdienen. Er ging fischen, züchtete im Keller Champignons und hielt Geflügel und ein paar andere Tiere. In guten Zeiten, als Djuna sieben Jahre alt war, reiste er mit seiner Familie nach England und Jamaica.

Wald Barnes' wichtigste Geliebte, oder vielleicht sollte ich besser sagen, seine einzige berühmte Geliebte, denn wir können nicht wissen, ob es sich für ihn nur um eine flüchtige Liebschaft oder um eine tiefer gehende Beziehung handelte, war Marguerite Amelia d'Alvarez, die auf der Flucht vor Oscar Hammerstein nach Cornwall-on-Hudson gekommen war. Sie war eine der herausragenden Opernsängerinnen, die Hammerstein nach Amerika holte. Ihre verschwommene Autobiographie *Forsaken Altars* (1954) behandelt die Beziehung zu Hammerstein äußerst genierlich. Sie behauptet, er sei in sie verliebt gewesen, aber sie habe, obwohl vertraglich gebunden, sich ihm zu entziehen versucht. Angeblich bestürmte Hammerstein sie mit Versprechungen, Drohungen und Vorwürfen und baute sogar, um sie zu gewinnen, ein Theater ganz speziell für sie.

Sie war eine Walküre und hatte eine Altstimme, die oft mit einer gewaltigen Orgel verglichen wurde. Sie behauptete, Peruanerin zu sein, Tochter eines Adligen mit spanischem und Inkablut und einer französischen Mutter. Ihrer Autobiographie zufolge hatte sie in den Jahren, bevor sie sich Hammerstein entzog, schon Belgien verlassen müssen, um den Nachstellungen des Königs zu entgehen. Obwohl Opernsängerin, interessierte Mlle. d'Alvarez sich auch für Jazz und zog mit einer lockeren Schar umher. 1909 sagte sie in einem Interview: »Ein Franzose oder ein Spanier verlieben sich vielleicht in ein entzückendes Hand- oder Fußgelenk. Amerikaner ... scheinen ehrlicher als die meisten Europäer. Freilich auch ein bißchen grob in der Liebe.«

Vielleicht dachte sie dabei an Wald Barnes, der immer einen feuchten Schwamm auf seinem Sattel bei sich trug, um sich nach einem Geschlechtsverkehr abwischen zu können, falls sich die Gelegenheit ergab, was offenbar an verschiedenen Stellen in der Gegend der Fall war. Diese Anekdote über ihren wüsten Vater erzählte Miss Barnes mehreren ihrer Freunde in Paris und London.

Djuna haßte die d'Alvarez. Das bestätigen mehrere ihrer Bekannten sowie das Zeugnis ihrer Werke. D'Alvarez wird zum ersten Mal in der Kurzgeschichte *Ein Junge stellt einer Dame eine Frage* von 1933 portraitiert, und zwar als Carmen la Tosca, eine »phantastische« Sängerin, die die Königin in *Aida* gesungen hat (eine von d'Alvarez' berühmtesten Rollen) und nun in einem Landstädtchen auftaucht, das »ans Vorgebirge geschmiegt lag«, um sich mit Diener und Dienstmädchen in ein ziemlich großes Haus einzumieten.

»Es gab natürlich eine Menge Klatsch über sie. Sie legte es nicht auf Rätselhaftigkeit an und war doch auf Schritt und Tritt davon umgeben. Die Leute meinten, sie sei nicht gerade schön, doch häßlich war sie auch nicht. Beide Elemente hielten ein vollkommenes Gleichgewicht in ihrem Gesicht. Sie war auf rohe Weise faszinierend.«

In dieser Geschichte sitzt sie viel im Bett und liest französische und spanische Zeitungen und Journale. Die kleine Erzählung mit ihrem unzusammenhängenden Dialog ist ein typisches Beispiel für Barnes' frühe Geschichten. Die Dame verläßt die kleine Stadt ebenso plötzlich, wie sie gekommen ist, und die Geschichte ist aus.

1923 arbeitete Miss Barnes fast fünf Monate lang, zuerst in Paris und dann in Cagnes, an dem Dreiakter *The Biography of Julie von Bartmann*. (Den Namen benutzte sie später in der veröffentlichten Geschichte *Aller et retour*.) Das Stück, das fast vollendet ist, ist recht gut. Es wurde nie gespielt oder gedruckt, vielleicht weil ihr der Blickwinkel später nicht mehr gefiel. Denn die Geliebte in diesem Stück ist tatsächlich die Djuna-Figur, d.h. eine Mischung aus d'Alvarez und Djuna. Es gibt auch eine Tochter, doch die spricht und denkt hier ziemlich ähnlich wie die Geliebte. Der Eindruck der Personenmischung kommt zum einen durch die stark ödipal wirkende Situation zustande, in der die stolze Geliebte dem Vater mehrerer Söhne und einer Tochter gegenübersteht (einem Mann, der durch die ihm beigegebenen biographischen Details zweifelsfrei als Wald Barnes zu identifizieren ist). Noch mehr aber fällt ins Gewicht, daß die Geliebte zu viele gute Zeilen zu sprechen hat, zu viel Geist besitzt. Wenn die Figur der Geliebten das nächste Mal in Barnes' Prosa auftritt, und zwar in *Ryder*, wird der üppigen Opersängerin keine so großzügige und stilvolle Beschreibung mehr zuteil. Dort ist sie eine ausnehmend dumme und schlampige Kuh namens Kate Careless (Käthe Sorglos). Direkt äußerte Djuna sich nur einmal schriftlich über d'Alvarez, und zwar in einer kleinen Notiz im *Playgoer's Almanac* von 1931:

»Marguerite d'Alvarez, die Primadonna, die das gotischste Gewölbe in der Gesangsarchitektur des Mundes aller Zeiten besitzt, ist auf dem Weg nach Berlin, wo sie einen Film über Maria Magdalena drehen soll. Sie wählte Deutschland als das einzige Land, daß stark genug ist, sie bei ihrem Versuch zu unterstützen, eine zeitgenössische Version des Ur-Sündenfalls der Frau zu liefern.«

Wald Barnes war klein (einen Meter achtundsechzig, wenn wir dem Zeugnis des Stücks Glauben schenken wollen), rothaarig und hatte einen vollen, lockigen Bart. Im Winter wie im Sommer trug er eine rote Wollmütze wie ein echter Waldläufer, wenn er das auch nicht war. Was er züchtete, waren vor allem Aphorismen: daß Freiheit darin bestehe, immer gehacktes Holz, ein brennendes Feuer und produktive Tiere zu haben; daß Frauen ungeheuerlich und schön seien, Männer aber aktiv; daß Weisheit darin bestehe zu wissen, daß Pferde straucheln, Schiffe sinken und Frauen sich mit etwas trösten, was sich nicht nachweisen läßt; daß die Zeit eine Hure ist, mit der man sich paart, und daß man das Leben am besten rückwärts angeht. Er hätte gern Mythen und Allegorien geschaffen, die eine neue Art Mensch schmieden sollten.

Diese mageren und doch mächtigen Lehren waren alles, was Miss Barnes während mehr als einem halben Jahrhundert an Themen brauchte. Nach gängigen Maßstäben war es eine ungewöhnliche Erziehung. Wald Barnes verbrannte, seiner Tochter zufolge, buchstäblich sein Glaubensbekenntnis. Doch sie nahm manches davonin ihr Leben mit, obwohl sie ihn für seine Schwäche verachtete. Wie die poetische Sprache und die Satzstrukturen von Djuna Barnes auf ihre Großmutter zurückgehen, so verweist das Bauprinzip all ihrer wichtigen Werke zurück auf ihren Vater. Obgleich viele von Barnes' Interpreten darauf hingewiesen haben, daß man bei ihrem Werk den Eindruck der unterschiedlichen Sätze einer Symphonie und einer Genremischung empfängt, hat noch niemand das spezifische Muster ihrer Form benannt. Es ist das rituelle, volkstümliche Musiktheater, in dem die Figuren unzusammenhängende Rezitative vortragen (manchmal mimisch, manchmal auf Instrumenten spielend, sprechend oder singend). Das bekannteste Beispiel ist die alte Volksoper *Bow Down*. Es war die Art von Oper, die ihr Vater komponierte, und er wiederum hatte die Idee der Genremischung von seiner Mutter.

Der ursprüngliche Titel von *Nachtgewächs* ist also einerseits ein Beweis für die direkte Rückbindung ihrer Kunst an die gescheiterten Versuche ihres Vaters und ihrer Großmutter, andererseits proklamierte er das Organisationsprinzip, das dem Roman und vielen anderen ihrer Werke zugrunde liegt. In einer unbedeutenden journalistischen Arbeit, die sie für das *Sunday World Magazine* vom 22. Februar 1931 schrieb, macht sie beiläufig eine Bemerkung, die einen sehr wichtigen Keim zum Roman enthält: »Das volkstümliche Drama braucht vielleicht mehr als andere literarische Formen einen starken Faden, auf dem sich seine einzelnen Ereignisse auffädeln lassen.« Das ursprüngliche *Bow Down* erzählt die Geschichte eines Mannes, der zwei Schwestern zugleich den Hof macht. Bei der Erzählung werden jeweils kurze Versionen dargeboten und dann in etwas abgewandelte Versionen übergeleitet, wie in einer Reprise. Von daher läßt sich plötzlich begreifen, wie alle die einsamen, exzentrischen Figuren in *Nachtgewächs* auf ihren kleinen erzählerischen Inseln stehen und im wesentlichen dasselbe Lied der Verzweiflung singen. In *Ryder*, wo Parodien auf Chaucer, verschiedene Gedichte und Zeichnungen in die Prosa eingestreut sind, läßt sich die Genremischung von *Bow Down* am deutlichsten wiedererkennen. Und *Antiphon* spielt eindeutig auf einer verlassenen Bühne, auf der ein *Bow-Down*-ähnliches Spektakel stattgefunden hat. Die benutzten Musikinstrumente liegen noch überall herum. Als Volksoper hat *Bow Down* eine naive Form, doch sein Thema ist Leidenschaft.

Die Formulierung »bow down« (»bück dich«) wird bei Barnes zu einer Beschwörungsformel und bedeutet nicht etwa eine Aufforderung zur Demut, sondern die Rückkehr des Menschen ins

Reich der Tiere, dem menschlichen Zustand der Knechtschaft vorzuziehen und dennoch obszön ist. Die Szene, in der Robin Vote sich am Ende von *Nachtgewächs* mit dem Hund herumwälzt, hat einen Vorklang in *The Biography of Julie von Bartmann*. Dort erläutert der Vater, Basil, die Mission seines Lebens, die darin besteht, seinen Kindern das Geheimnis mitzuteilen, das alle anderen vergessen haben. Basil erzählt, wie es seit den Tagen seiner Kindheit seine Gewohnheit gewesen sei, unaufhörlich gewisse feste Maximen zu wiederholen, aber jetzt will er anders leben und das durch seine Verbindung mit Julie besiegeln. Vor Julie und den Kindern deklamierend, berauscht er sich an seiner eigenen begeisterten Rhetorik. Plötzlich rutscht er aus, fällt auf alle viere und bleibt mit gesenktem Kopf eine lange Weile so hocken. Als er weiterspricht, verkündet er, er sei »Das Tier«. Seine Tochter fordert Julie von Bartmann leise zum Gehen auf, und Julie gehorcht, tief verwundert über diesen seltsamen Mann und seine Familie, die, wie sie spürt, aus dem gleichen Holz ist. Dann fällt der Vorhang.

Es gibt keine Beweise dafür, daß Wald Barnes Sodomie praktizierte, abgesehen vom Zeugnis der Kunst seiner Tochter. In einem in der Manier Chaucers verfaßten Gedicht in *Ryder* mit dem Titel *Wendells Beschäftigungen* werden Wendells Kühe Sweet Dolly Sodam (Süß Dorchen Sodam) und ihre Zwillingsschwester Gamorra genau wie seine Frauen mit Schmuck behängt, und das Gedicht endet mit einer verständnisvollen Begegnung, als Wendells Pferd ihm tief in die Augen schaut und ... »Drum nichts mehr / Als: er stand auf, fürwahr, bei meiner Ehr'.«

Das einzige »Experiment« von Wald Barnes, von dem wir sichere Kunde haben (weil er Janet Flanner davon erzählte), war sein Versuch, seine Kinder einer Hühnerkur zu unterziehen: Er ließ sie etwas fein gemahlenen Kies schlucken, wie man es bei Hühnern macht, um ihre Verdauung in Ordnung zu halten. In *Ryder* kommen mehrere Experimente ähnlicher Art vor. Man sollte jedoch nicht ganz vergessen, daß das Zeugnis gegen Wald Barnes von seiner Tochter stammt, und sich in Erinnerung rufen, daß

Edgar Allan Poes Beschreibung seiner Familie sich schließlich mehr als Dichtung denn als Wahrheit erwiesen hat.

Was Wald Barnes nicht tat oder nicht tun wollte, übernahmen seine Frauen und Kinder. Als junges Mädchen nähte und backte Miss Barnes nicht nur, sondern pflanzte auch und mähte die Felder sowohl in Cornwall-on-Hudson wie später auf ihrer vier Hektar großen Farm auf Long Island. Die Familie mahlte ihr eigenes Mehl und schlachtete die Hühner selbst. »Wer macht heute noch so was?« rief sie als alte Dame in Verwunderung über ihre eigene Vergangenheit.

Nach Miss Barnes' Aussage konnte ihr Vater ein halbes Dutzend Instrumente spielen – schlecht allerdings – und Klavier sogar recht gut, während sie selbst Banjo, Geige und Waldhorn spielte. Der beste Musiker der Familie aber war einer ihrer Brüder mit seiner Posaune.

Als Professor James B. Scott das Manuskript seiner literaturwissenschaftlichen Studie, die er über Djuna Barnes für die Twayne-Reihe geschrieben hatte – es war die erste Monographie über ihr Werk überhaupt –, im Jahr 1971 Barnes zeigte, zögerte sie keinen Moment zuzugeben, daß sowohl Ryder im gleichnamigen Roman wie Titus in *Antiphon* Portraits ihres Vaters seien:

»Ja, Ryder und Titus sind mein Vater. Wo kam die ursprüngliche Geschichte her? Aus meinem Leben. Jeder Schriftsteller schreibt über sein Leben. Ryder ist mein Vater. Und Titus. Ryder ist ein dummer Mann, der alle Huren abschaffen will – meint, es dürfte keine geben – er hat diese völlig lächerliche Vorstellung. Ryder ist einer dieser unmöglichen Menschen, die die Welt retten wollen – wie könnte irgend jemand die Welt retten?«

Zwischen der Wirklichkeit und *Ryder* bestand freilich in einem Punkt ein erheblicher Unterschied, erzählte Miss Barnes Scott: Die Familie verließ Cornwall-on-Hudson ganz einfach deshalb, weil sie den notwendigen Minimalbetrag an Geld nicht mehr aufbringen konnten und nicht, weil die einheimischen Puritaner ihrem Vater dafür an den Kragen wollten, daß er in Sünde lebte und seine Kinder nicht zur Schule schickte, obwohl es schon stimmte, daß er wegen beidem unter Beschuß geriet. Das kritische Ereignis, das die ungebärdige Familie entwurzelte, war im Jahre 1907 der Tod von Walds wohlhabendem Bruder Justin, denn sie lebten ja auf seinem Grund und Boden.

In dem kleinen roten Schulhaus kam es tatsächlich zu einer Auseinandersetzung mit Vertretern der Schulaufsicht. Auch davon erzählt *The Biography of Julie Bartmann.* Wald Barnes wurde vorgeladen, um zu erläutern, warum er seine Kinder nicht zur Schule schickte. Triumphal wehrte er die Angriffe des würdevollen Direktors ab, der ihm vor Augen halten wollte, er ließe seine Kinder als Heiden aufwachsen, die als Erwachsene Frauen schänden und Gott lästern würden. Wald Barnes gab zurück, Erziehung und Religion im Sinne des Direktors machten einen Menschen nur zum Feigling und Sprachstümper im Angesicht Gottes anstatt zum mündigen Jünger. Auch eine Untersuchung seiner ehelichen Verhältnisse und seines Zusammenlebens mit zwei Frauen wurde eingeleitet, doch es gelang ihm, wie in *Ryder*, auch diesen Angriff abzuwehren, in dem er draufgängerisch den Stier bei den Hörnern packte. Als Elizabeth Chappell mit ihm und seiner Mutter nach Amerika kam, waren sie noch kein Ehepaar. Sie heirateten erst im Staate New York, doch blieb dies lange im dunkeln, weil es Wald Barnes eingefallen war, unter einem seiner vorübergehenden Namen, nämlich Harold, zu heiraten. Eine Zeitlang sah es so aus, als sei der Geburtsname seiner Tochter nach dem Gesetz Chappell gewesen, was sie, wie eine ihrer alten Freunde mir erzählte, selbst einmal behauptete. Doch Djunas Eltern hätten auch ohne Urkunde als verheiratet gegolten, denn zu jener Zeit wurde in New York das Zusammenleben von Mann und Frau als legale Ehe behandelt. Im Jahre 1955 machte Djuna Barnes große vergebliche Anstrengungen, um ihre Geburtsurkunde aufzutreiben. Auch ich konnte sie nicht finden; wahrscheinlich existiert gar keine.

Die Familie war jetzt mittellos und kurz vor dem Auseinanderbrechen, doch bevor es dazu kam, machten sie sich auf den Weg zurück nach Long Island, dem Sitz der Familie Barnes zweihundert Jahre zuvor.

IV

Ihre ersten beiden Bücher widmete Djuna Barnes ihrer Mutter. Die zweite, einfache Widmung für *A Book* von 1923 ist bekannt, weil sie bei der wiederholten Umgruppierung und Neuherausgabe der Sammlungen *Eine Nacht mit den Pferden* und *Spillway* im Laufe der Jahre jeweils übernommen wurde. Die interessantere Widmung aber ist die erste von 1915 für *The Book of Repulsive Women*:

> FÜR MUTTER,
> die mehr oder weniger wie alle
> Mütter war, doch sie war meine, – und
> daher – etwas Besonderes.

Die Widmung scheint auf den ersten Blick ein Eingeständnis der Tochter gegenüber der Mutter, was für ein schwieriges Kind sie war, doch schwingt ein starker ambivalenter Unterton mit, der in *Ryder* heftig anschwillt. Im vorletzten Kapitel sagt einer von Julies Brüdern über sich und seinen Vater, er sei nur »eins seiner Spiele mit einer Küchenschlampe in Shepherd's Bush«. Das sind keine freundlichen Worte – selbst wenn man den typischen Übertragungsmechanismus berücksichtigt, den wir bei Barnes inzwischen zu erkennen gelernt haben, sowie die Distanzierung, die man jeder Fiktion zugestehen muß. In *Antiphon* kulminiert die Angelegenheit langsam aber stetig. Das Stück ist ein stummes und tödliches Duell zwischen Mutter und Tochter, in dem sie an einem bestimmten Punkt in einem grotesken »Spiel« die Rollen tauschen und am Ende gemeinsam tot zu Boden stürzen.

Ein starkes Kind aus einer solchen Familienkonstellation muß sich früher oder später allen Familienmitgliedern entfremden. In ihrer »Warnung«, die sie *Antiphon* vorausschickte, belehrte Barnes ihre künftigen Leser und Darsteller, die Mutter sei zwar bald harsch, bald furchtsam und die Tochter könne leidenschaftliche Wut an den Tag legen.

»Aber zwischen den beiden gibt es kein Gejammer; ihre Vertrautheit ist ihre Entfremdung, in diesem Abgrund findet ihr Zweikampf statt, und er sollte mit Stil geführt werden.«

V

Rutland, ein Teil der East Midlands, war früher einmal die kleinste Grafschaft in England. 1974, siebenhundertundsiebzig Jahre nach seiner Gründung, wurde es mit Leistershire zu einer Verwaltungseinheit zusammengefaßt. Doch die Einwohner sind bis auf den heutigen Tag von dem besonderen Stolz durchdrungen, der dort gedeiht, wo Menschen an einem kleinen, aber alten Ort leben, und so hat auch der Name Rutland überlebt, auch wenn er nicht mehr auf der Landkarte zu finden ist. Oakham, wo Elizabeth Chappell im November 1862 geboren wurde, ist nur ein bescheidener Marktflecken, ein paar Meilen auf der Uppingham Road (einst »Hangman's Lane« – »Henkersweg«) von dem größeren und bekannteren Uppingham entfernt. Uppingham ist berühmt für seine Public School und seinen Gasthof, der einen großen Innenhof für Kutschen hat. In der Stadt Oakham gibt es kein Schloß, doch in der Nähe steht Burley-on-the-Hill, ein einfaches, aber vornehmes Herrenhaus, erbaut an der Stelle eines älteren, das von Cromwells Truppen niedergebrannt wurde. Es steht in einiger Entfernung von der Stadt in beherrschender Lage auf der Kuppe eines Hügels und ist eine der herrschaftlichsten Residenzen der Grafschaft. Burley-on-the-Hill war lange Zeit unbewohnt und verfiel. Doch in den späten dreißiger Jahren wurden besondere Ziegel für seine Restaurierung gebrannt, nur ein paar Jahre nachdem Djuna Barnes den Geburtsort ihrer Mutter besucht hatte. In diesem verfallenen Herrenhaus spielt *Antiphon*. Die Ruinen waren ganz real und symbolisierten zugleich den Verfall der Familie.

Burley-on-the-Hill wurde von Sir George Villiers erbaut, später Herzog von Buckingham, einem Günstling von James I. Er umgab das Herrenhaus mit Erdwall und Wassergraben. Ben Jonson führte seine *Zigeuner* dort auf, und Sir Jeffery Hudson, der berühmte Zwerg am englischen Hof, wurde in Oakham geboren. Doch die wichtigste Figur für unsere Geschichte ist Titus Oates. Nach ihm hat Barnes die Figur des Vaters in *Antiphon* benannt, der als die große Gestalt im Hintergrund seinen Schatten über die ganze Handlung wirft. Wir haben es hier mit einer der bissigsten Namensübertragungen von Barnes zu tun, denn Titus Oates wird in der Regel – und völlig zu Recht – in den Geschichtsbüchern als eine der übelsten Gestalten der ganzen englischen Geschichte bezeichnet. Er war der Aufschneider, der im siebzehnten Jahrhundert das Gerücht von einem päpstlichen Komplott in die Welt setzte, bei dem angeblich London angezündet, der König ermordet und die Protestanten massakriert werden sollten. Viele Menschen verloren ihr Leben durch seine Schuld. Indem sie Titus als Namen des Vaters wählte (mit der zusätzlichen Würze, daß er an den Pariser Buchhändler Titus erinnerte, den sie nicht leiden konnte), gab Miss Barnes uns eines der klarsten Zeichen der Abneigung gegen ihren Vater.

Die Familie im Stück kommt aus Amerika (Titus, der den meisten Gesprächsstoff liefert, aber zu Beginn des Stücks bereits tot ist, stammt aus Salem, Massachusetts) zu einem Familientreffen auf den alten Stammsitz der Familie in Burley Hall in der Gemeinde Beewick. Freilich lebte die Familie von Miss Barnes' Mutter nie auf dem Hügel, sondern mitten im Dorf im ältesten Haus von Oakham – einem kleinen Steinhaus mit enger Stiege und dunklen, kleinen Zimmerchen. Es heißt Flore's House. Flore war Oberaufseher beim Bau des ersten Herrenhauses und Sheriff von Rutland gewesen. Obwohl das kleine Haus im Laufe der Jahrhunderte oft umgebaut worden ist, hat sich die bescheidene Halle im Parterre und der typisch mittelalterliche spitzbogige Eingang mit verzierten Säulen neben den Türpfosten erhalten. Auch die soziale Zugehörigkeit des Hauses blieb im wesentlichen dieselbe, denn Elizabeth Chappells Vater, Henry Chappell, war wie der ersten Bewohner Flore ein erfolgreicher Kaufmann. Schließlich leistete das Haus auch seinen eigenen kleinen Beitrag zur Kunst: Hier erhielt der zukünftige Sir Malcolm Sargent* seine ersten Klavierstunden.

Als Djuna Barnes James Scott mitteilte, ihr Großvater mütterlicherseits, Henry Chappell, sei Kunsthandwerker gewesen und habe schöne Möbel gebaut, verließ sie sich zweifellos auf das, was ihre Mutter erzählt hatte. Wahrscheinlich hat er das sogar getan – auch in einer früheren Version von *Antiphon* wird auf ein Werk seiner Tischlerkunst angespielt –, doch die Volkszählung von 1861 weist ihn als Dachdeckermeister und Stukkateur aus. Schon sein Vater Thomas war Stukkateur gewesen. Henrys Frau Anne kam aus dem nahe gelegenen Hambleton. Das Paar hatte mindestens sechs Kinder, von denen Elizabeth wohl das jüngste oder zweitjüngste war. Bei einer so großen Familie einschließlich eines Dienstmädchens dürfte es ziemlich eng in Flore's House gewesen sein. Es war eine erfolgreiche Familie, die aus der Arbeiterklasse aufgestiegen war. Henry Chappell war stolz auf Flore's House und ließ seinen Namen außen auf einer Gipsplakette anbringen. Obwohl die Chappells anglikanisch waren, war der Einfluß des Methodismus in Oakham sehr stark. Allem Anschein nach nahmen die amerikanischen Barnes-Budington-Familien und die englischen Chappells in ihren jeweiligen Gesellschaften eine ziemlich ähnliche Stellung ein.

Etliche Stellen aus *Antiphon* lassen sich zu einer Familienge-

* Sir Malcolm Sargent (1895-1967). Englischer Dirigent. [A. d. Ü.]

schichte zusammenfügen, die der in *Ryder* sehr ähnelt. Wo sich Einzelheiten genau wiederholen, dürfen wir vermuten, es nicht nur mit Kunst, sondern auch mit Wirklichkeit zu tun haben. Natürlich gibt es auch Abweichungen; zum Beispiel heiratet die Mutter in der fiktionalen Version mit siebzehn Jahren und wird mit neunzehn schwanger, während Elizabeth in Wirklichkeit achtundzwanzig war, als ihr erster Sohn Thurn geboren wurde.

Nach dem Tode von Henry Chappell zerstreute sich die Familie. Einer der drei Brüder wanderte nach Südkalifornien aus und wurde dort ein sagenumwobener Kapitän, der in der Literatur der Gegend eine Rolle spielt. In *Ryder* heißt es, daß ein weiterer Bruder in London lebte und an einer Geschlechtskrankheit litt. Der dritte ging nach Australien. Die ältere Schwester, die Elizabeth nach London begleitete, hieß Susannah. Sie arbeitete als Schneiderin und blieb unverheiratet. Sie ist auch die Schwester in *Ryder*, die mit Amelia korrespondiert, nachdem diese mit Wendell Ryder nach Amerika gegangen ist. Sie macht harte Zeiten durch und sinkt auf den Stand eines schlecht behandelten Dienstmädchens herab. Djuna nahm während ihrer Zeit in England Kontakt mit Susannah auf und schickte ihr lange Zeit wöchentlich ein Pfund, das sie von dem Geld abzweigte, das sie ihrerseits von Peggy Guggenheim bekam. Die andere Schwester, Sarah, ist vermutlich diejenige, die vom Gutsherrn geschwängert, mit einer großen Geldsumme abgespeist und an einen jungen Offizier verheiratet wurde, der sie liebte und nichts Böses vermutete. Diese Affäre war der geheime Skandal der Chappell-Familie und ihre einzige wirkliche Verbindung zu Burley-on-the-Hill.

In den ersten Entwürfen zu *Antiphon* kommt die Furcht der ganzen Familie vor der schriftstellernden Tochter Miranda noch stärker zum Ausdruck als in der gedruckten Fassung. Obwohl selbst dem Untergang geweiht, ist es doch Miranda, die über die anderen urteilt. Der Name Miranda ist wiederum eine klare Übertragung. Miranda ist natürlich die Tochter Prosperos, doch gab es vielleicht noch eine andere, näherliegende Figur gleichen Namens. Die einzige Sterbeurkunde, die sich aus der Zeit, in der

Barnes' Freundin Mary Pyne starb, auftreiben ließ, lautet auf Miranda Pyne. Es könnte sich um eine nahe Verwandte handeln und damit eben bei Barnes wieder um eine Namensübertragung. Wie dem auch sei, Miranda ist, wie ein Interpret festgestellt hat, ein Selbstbildnis Djunas, genau wie Julie in *Ryder* und Nora in *Nachtgewächs*. Die Ablehnung des Vaters durch Djuna-Julie-Miranda ist bloß die Fortsetzung eines häufig artikulierten Grundthemas von Barnes, doch nur in den ungedruckten Entwürfen zu *Antiphon* werden schließlich die genauen Gründe der Feindschaft zwischen Mutter und Tochter sichtbar.

Miranda erhebt den Vorwurf, zwischen ihrem Vater und ihrer Mutter habe geheimes Einverständnis bestanden sowohl in Bezug auf seine zahlreichen Geliebten wie über die Art, wie sie, die einzige Tochter in der großen Familie, behandelt wurde. Sie bezeichnet sich als Sündenbock, als Zielscheibe der ganzen frustrierten Wut ihrer Mutter. In den verworfenen Fassungen des Stücks gesteht die Mutter, sie habe geweint, als sie merkte, daß sie eine Tochter geboren hatte. Miranda spürt, daß sie das ungeliebte Kind ist und dazu verurteilt, ihr ganzes Leben darüber nachzugrübeln, worin ihr Verbrechen besteht. Die Mutter Augusta im Stück (sie ist, wie Barnes in einem unveröffentlichten Fragment schrieb, nach Joyce' zweitem Vornamen Augustin benannt) ist voller Selbstmitleid. Sie sagt zu ihren Kindern, zu ihrer Zeit habe man den Ehemann einfach nicht verlassen, sie habe ihre Pflicht erfüllt und ihm Kinder geboren, und überhaupt:

»Ihr alle scheint viel mehr zu wissen als ich.
Ich sitze wie der arme, rumgestoßne Bettler
Allleine, um in einem Traum Bankett zu halten:
Denkt, daß ich Kinder in einer Vision gebar.«

Doch Miranda will sich durch Mitleid und Gejammer nicht abwehren lassen. Ihre Waffen sind unbestechliche Erinnerung an das, was geschehen ist, und Direktheit. Für sie spielte sich die ganze Familiensaga ab,

»Nur um die Generation eines verängstigten Mannes zu amüsieren
Und ein närrisch Weib mit Staunen zu schlagen.«

Miranda wünschte, sie wäre nie geboren – das Urvergehen ihrer Mutter –, und wütet gegen jede Auferstehungsvorstellung, die ihre furchtbare Vergangenheit miteinschließen würde. Ihr Vater ist Titus Adam, ein Narr auf einem Kreuzzug und ein Schwindler, der seine törichte »Kadaver-Eva« mit »einem Bauch voll Daumen« gefüllt hat.

Die beiden Frauen, die jene unbestimmte Gleichberechtigung erreicht haben, die das Alter verleiht, auch wenn die Zahl der Lebensjahre erheblich voneinander abweicht, machen sich gegenseitig noch weitere konkrete Vorwürfe. Die Mutter beschuldigt die Tochter, durch ihr Fortgehen auch ihren jüngsten Sohn mit fortgelockt zu haben. Und Miranda weist in einem der schärfsten Dialoge des Stücks empört den Vorwurf ihrer Mutter zurück, sie hätte sich daran beteiligen sollen, auch den kleinen Bruder dem Familienschicksal auszuliefern. Im Stück ist dieser Sohn Jeremy, der als Jack Blow verkleidet auf den Familiensitz zurückgekehrt ist. Er beschließt das Stück, indem er nach dem Tod von Mutter und Schwester davongeht.

Djuna Barnes Bruder Shangar (Charles) starb im Dezember 1966. Saxon lebt noch, während ich dieses Buch schreibe. Ein weiterer Bruder, Thurn, legte den Namen Barnes ab und nannte sich lieber Budington. Er und Wald hatten ein besonders gespanntes Verhältnis.

Die Brüder in *Antiphon* sind finstere und gefährliche Gesellen, Feinde sowohl der Mutter wie der Tochter. In den Vorentwürfen gab es außer dem verkleideten »Jack Blow« noch drei weitere Brüder, so daß es im ganzen vier waren wie in der Familie Barnes, doch in der endgültigen Fassung ist die Zahl auf zwei außer dem verkleideten Bruder reduziert. Nach dem Zusammenbruch des wüsten Reiches ihres Vaters geben sich die Brüder im Stück mit Leidenschaft den Gesetzen des Marktes hin und werden Geschäftsleute und Bankiers. Sie verehren das Geld und sind ihrer Dichter-Schwester aus zwei Gründen herzlich überdrüssig: Sie denken, sie könnte ihnen auf der Tasche liegen; und sie wollen sie davon abhalten, ihre Familie berühmt zu machen.

Die Brüder im Stück haben bei verschiedenen Gelegenheiten sowohl gegen die Mutter wie gegen die Tochter intrigiert – wieder etwas, was in den früheren Versionen sehr viel deutlicher herauskommt. Sie hätten ihre Mutter ins Armenhaus geschickt, hätte nicht ihre Schwester interveniert:

»Ach Mutter, dich hätten sie beim Genick gepackt,
noch bei Appetit, Verstand und zitternd kalt,
Geworfen dich zu den alten Müttern in die Grube –
Wenn ich nicht meinen Fuß gegen diese Tür stemmen würde.«

Die Bitterkeit, die Miranda ihren Brüdern gegenüber empfindet, ist grell und kennt keine mildernden Schatten:

»Du hast Söhne,
Die das Geld auf den Augen eines Toten paaren würden,
Damit's den Lohn des Totengräbers heckt.«

Der Angriff auf Miranda geschieht mit voller Unterstützung der Mutter. Sogar Jeremy, der es gut meint, aber manchmal nicht alles durchschaut, stimmt im Vorentwurf zu, Miranda ins Irrenhaus zu schicken. Der aggressivste Bruder (der im endgültigen Text gestrichen ist) durchwühlt mit der Mutter Mirandas Papiere und verbrennt das Manuskript eines Buches, an dem sie zu arbeiten begonnen hat. Der Vorfall wird als »die Woche des Krieges« bezeichnet. Dieser Krieg fand 1940 statt, und wahrscheinlich wurde tatsächlich ein Manuskriptanfang verbrannt. Wenigstens schrieb Barnes am 25. März 1940 an Emily Coleman, jetzt habe sie vor, über sie alle in einer Biographie zu schreiben, da sie keinen Grund habe, etwas anderes als Haß für sie zu empfinden.

Mutter und Tochter fühlen eine Mischung aus Liebe und Groll

füreinander. Augusta sagt, sie habe ihre Kinder nicht weniger geliebt als die Jungfrau Maria, und auch Miranda gesteht ihre widerwillige Liebe zur Mutter ein. Doch die Mutter will die Tochter als Gefährtin in ihrem Leid. Wie in *Ryder* behauptet wird, Julie gleiche im wesentlichen Wendell, so heißt es in *Antiphon*, Miranda gleiche ihrer Mutter. Diese will, daß Miranda zwar berühmt, aber nicht zu berühmt wird (»Ich wünschte mir dich kleiner – obwohl geschaffen für das Hohe«), und wirft ihr doch vor, keinen echten Ruhm erlangt und ihre Kontakte nicht richtig genutzt zu haben. Während Wendell und Titus sich durch ihre Kinder leichten Zugang zur Unsterblichkeit erhoffen, fürchtet Mirandas Mutter wie Robin Vote in *Nachtgewächs* die Berühmtheit und sehnt sich nach der Sicherheit der Anonymität. Wald Barnes rief kindisch: »Vergeßt mich – ich bin groß!« Auch Augusta ist schwach. Sie hat etwas von einer kläglichen Voyeuristin und möchte in der Vergangenheit ihrer Tochter in ganz ähnlicher Weise herumschnüffeln, wie sie als stumme Zuschauerin das Sexualleben ihres Mannes beobachtet hat. Als sie Miranda nach der Zahl ihrer Liebhaber ausfragen will, gibt diese mit verächtlichem Witz zurück, dies sei eine Eselsbrücke, die nirgendwohin führe.

Im Mittelpunkt des Strudels von *Antiphon* liegt eine bittere Kindheit, und darum kreisen in ewigem Konflikt Geld, Armut und Kunst. Im wirklichen Leben zog Elizabeth Barnes zunächst zu ihren Söhnen, doch die brachten sie in zwei kleinen Zimmern auf der East Fiftyfourth Street unter. Djuna, die nichts besaß, zog zu ihr, aber die beiden Frauen fanden sich oft gegenseitig unerträglich, und schließlich setzte ihre Mutter sie an die Luft. Im Alter wurde Elizabeth Chappell Anhängerin der Christlichen Wissenschaft und wollte nichts anderes mehr, als Djuna wegen ihrer schlechten Gewohnheiten Predigten halten und ihre Auswahl aus Mrs. Eddy* lesen. Ihre Betten standen drei Meter voneinander entfernt. Djuna sagte einmal, ihre Mutter sei die stärkste schwache Frau der Welt gewesen.

* Mary Baker Eddy: Gründerin der Christan Science.

Wald Barnes heiratete wieder, blieb abhängig von den beiden bei ihm gebliebenen Kindern Duane und Muriel (Halbbruder und Halbschwester für Djuna) und starb vorzeitig vergreist. Barnes selbst blieb streng in ihrer Beobachterposition am Rande, schrieb weiter und vertauschte ihr Pariser Cape mit einem Mantel aus Armut und stolzer Isolation. Nach *Antiphon* begannen ernsthaft die Jahre des Schweigens.

VI

1936 reiste Barnes mit ihrem Freund Peter Hoare (später Sir Samuel) nach Oakham. In jenen Jahren interessierte sie sich lebhaft für Dante, und aus ihren Unterlagen geht klar hervor, daß das Paar Miranda und Jack Blow als Parallele zu Dante und Virgil auf ihrer Reise in die Hölle gemeint war. Sogar Mirandas lahmes Bein im Stück hat einen realen Bezugspunkt: In einem Brief vom Sommer 1934 an Charles Henri Ford erinnert sich Barnes, wie sie die ganze Victoria Station hatte entlanghumpeln müssen mit einem verletzten Zeh, der so weh tat, daß der Schmerz bis in die Hüfte ausstrahlte. In seiner gehobenen Sprache und im Ambiente ist *Antiphon* ganz und gar englisch. Das Versmaß ist der fünffüßige Jambus im Shakespearestil. In einem Artikel mit dem Titel »Hamlet's Custard Pie« (»Hamlets Vanillepudding«) von 1930 befürwortete Barnes eine Rückkehr des modernen Dramas zur Wortgewalt der Shakespearezeit, und aus Briefen jener Jahre wissen wir, daß man sie häufig selbst eine Elisabethanerin nannte und daß sie diese Rolle offensichtlich genoß. Doch das Herz des Stücks ist dennoch ganz von Barnes' Erleben in Amerika geprägt: Es geht um das, was auf der Farm in Cornwall-on-Hudson geschah.

In den Entwürfen zu *Antiphon* gibt es wieder eine Szene, in der ein Mädchen seine Jungfräulichkeit verliert, und im wesentlichen gleicht sie der Vergewaltigung in den aus *Nachtgewächs* gestrichenen Teilen. Allerdings ist diese spätere Version sehr viel schlichter und ohne die stilistischen Schnörkel der früheren erzählt, obwohl Barnes auch hier verschiedene Varianten ausprobiert hat, so daß die historische Genauigkeit verschwimmt, vermutlich auf immer. Dennoch muß es, so meine ich, passiert sein, wie auch immer die spezifischen Einzelheiten des Vorfalls, die sie uns in den verschiedenen Versionen zur Wahl stellt, ausgesehen haben mögen.

Wald Barnes' Glaubenskodex war offensichtlich vor allem sexuell bestimmt, genau wie der von Titus in *Antiphon*. Es war eine Art Übertragung der frühen Mormonenlehre auf die »letzten Tage«, wobei er sich selbst an die Stelle der Gottheit setzte. Der Kult war beschränkt, doch heißt es von Titus, zu einer Zeit hätten nicht weniger als vier Geliebte unter seinem Dach gelebt, von denen sich einige in unterschiedlichen Stadien der Schwangerschaft und des Gejammers befanden, und unter den Bauern und Landarbeitern der Gegend hätten seine Ideen eine gewisse Anhängerschaft gefunden.

In einem undatierten sehr frühen Entwurf zu *Antiphon* (der wahrscheinlich Anfang der fünfziger Jahre entstand) versucht Titus, die sechzehnjährige Miranda in aller Öffentlichkeit mitten auf dem Hof zu vergewaltigen. Beißend und tretend gelingt es ihr, ihn in einem stumm ausgefochtenen Kampf am Hoftor abzuwehren. Nachdem er es nicht geschafft hat, sie sich zu Willen zu machen, bindet Titus sie, zieht sie hoch und hängt sie wie eine Rinderseite an einen Balken in der Scheune. Dann geht er fort, um unter den Männern des Dorfes ihre Jungfräulichkeit für eine Ziege zu verhökern. Er wird handelseinig mit einem Landarbeiter namens Jacobsen, der fast sechzig ist, und das benommene junge Mädchen wird in ein Zimmer im oberen Stockwerk geführt zusammen mit dem Landarbeiter und einem ihrer Brüder, der der Vergewaltigung als Zeuge beiwohnen soll. Titus sagt zu ihr, sie solle das erste jungfräuliche Opfer seiner neuen Religion werden. Die junge Miranda ist entsetzt, fügt sich aber, da sie spürt, daß ihre Mutter das Geschehen duldet, und so ist sie schließlich bereit, zu tun, was ihre beiden Eltern wollen. Vielleicht kann sie damit irgendwie ihre Schuld sühnen, die sie ihrer bloßen Existenz wegen in ihrer Familie empfunden hat. Das einzige, was ihre Mutter unternimmt, ist, Salz auf den Korridor und die Treppe zu streuen, um später sicher sein zu können, daß ihr Mann nicht an dem Akt beteiligt war. Dieses Salz oder auch Mehl ist ein fester Bestandteil aller Versionen dieser Vergewaltigungsgeschichte, die Barnes erzählt hat. Die Mutter bleibt mit ihrem Mann unten, während oben die Vergewaltigung vonstatten geht, sie mit dem Gesicht in der Schürze verborgen, während er sich freudig die Hände reibt. Als das Experiment vorüber ist, kommt das Mädchen blutend und auf allen vieren aus dem Schlafzimmer gekrochen und ruft klagend nach ihrer Mutter. Der junge Bruder ist starr vor Schrecken über das, was er mit ansehen mußte.

Wald Barnes; Henry Budington; Basil; Titus; Wendell (übrigens ein traditioneller Name in der Familie Barnes). Es ist nicht schwer zu begreifen, warum diese Geschichte starren und kalten Entsetzens in Barnes' Schreiben immer die Geschichte hinter der Geschichte geblieben ist, entweder herausgeschnitten oder verschlüsselt oder nur indirekt erzählt. Doch trotz des offenkundigen Entsetzens über das Ereignis neigte sie in ihrem Schreiben nie zum allzu schweren Melodrama. Sie bevorzugte den Schutz der hohen Stilisierung. Was für ein Leben. Nicht einmal Dostojewski und Faulkner zusammen hätten es sich vermutlich ausdenken können.

Fünftes Kapitel

Zeichnung von Djuna Barnes
für eine Zeitung (ca. 1914-1916)

I

Meine Wurzeln liegen in England; dort ist meine geistige Heimat« sagte sie viele Jahre später.

1932 war das Leben in Paris für Miss Barnes sowohl in emotionaler wie finanzieller Hinsicht äußerst unbefriedigend geworden, und so gab es keinen Grund für sie, Peggy Guggenheims Einladung, in diesem Sommer nach South Devon zu kommen, auszuschlagen. Peggy Guggenheim, die damals mit John Holms zusammenlebte, hatte ein großes Herrenhaus mit Rittersaal am Rande des Moors gemietet. Barnes traf Mitte August 1932 an einem Spätnachmittag zusammen mit dem ganzen Guggenheim-Gefolge (Köchin, Dienstmädchen, Kinderfrau, Kinder, zwei Autos, John und die quirlige Emily) im Zustand völliger Erschöpfung in Hayford Hall ein. Doch der Anblick des gedeckten Teetischs im großen Saal ließ das Leben plötzlich wieder freundlicher erscheinen.

Hayford Hall war ein einfacher grauer Steinbau. Der große Saal mit seinem Kamin und einem Kirchenfenster hatte gute Proportionen, wenn auch die Holztäfelung, die Möbel und die Ahnenbilder von Clydeside-Reedern nicht besonders reizvoll waren. Es gab elf Schlafzimmer, die bei den vielen Kindern, Dienern und Gästen bisweilen alle belegt waren. Das Leben spielte sich vor allem im großen Saal ab. Djuna besaß nicht genügend Garderobe, die für einen englischen Sommer geeignet gewesen wäre, dafür aber mehrere elegante Pariser Kleider, die sie abends trug.

Einmal waren fünf Kinder gleichzeitig auf Hayford Hall, und außerdem strömten ständig Künstler und Schriftsteller aus London herbei. Antonia White war häufig zu Besuch. Bei den Mahlzeiten konnte man sich gelegentlich wie im Speisesaal eines Kurorts vorkommen. Zwei alte Freunde von Barnes und Guggenheim aus Greenwich Village-Tagen, Louis und Marion Bouché, verbrachten das Jahr ebenfalls in England und wohnten ganz in der Nähe. Peggys gemietetes Herrenhaus enthob Barnes eine Zeitlang ihrer finanziellen Sorgen und bot ihr eine Zuflucht, die zugleich genügend abgeschieden und angenehm belebt war. Thelmas unverantwortliche Art war für Djuna nicht nur eine emotionale, sondern auch eine schwere finanzielle Bürde gewesen. Früher war das Leben noch zu meistern gewesen, aber jetzt, da sich die Wirtschaftskrise auch in Amerika immer länger hinzog und es immer schwieriger wurde, durch Veröffentlichungen und journalistische Arbeiten genügend Geld zu verdienen, wurde es allmählich problematisch. In seiner *Autobiography* schildert William Carlos Williams die für Thelma typische Vorgehensweise, sich von Djuna Geld zu leihen und es zu verlieren.

Als Djuna Barnes nach Hayford Hall kam, drückten sie mehrere tausend Dollar Schulden. Dazu war ihr Privatleben ein Chaos: Thelma, Charles, Tanger und die Abtreibung – das alles lag erst kurz hinter ihr. Sie war hochgradig nervös, trank und rauchte viel und war gesundheitlich in schlechtem Zustand: Sie begann, ernsthaft unter Asthmaanfällen zu leiden.

Ihrem Muster entsprechend, übernahm Barnes wieder einmal die Rolle der heroischen, liebenden Märtyrerin. Kurz vor ihrer Abreise aus Paris hatte sie das Ford-Tyler-Manuskript von *The Young and Evil* zu William Bradley gebracht in der Hoffnung, durch ihn die Veröffentlichung zu erreichen, damit Charles zu etwas Geld kam. Charles und sie korrespondierten ziemlich regelmäßig und voll Wärme zwischen Devon – später New York – und Marokko. Sollte sie plötzlich reich werden, schrieb sie ihm, würde sie ihn wieder als ihren literarischen Sekretär einstellen. Barnes korrespondierte auch mit Thelma, die nach Florenz gegangen war. Als sie in Hayford Hall eintraf, hoffte Barnes, Thelma würde zu ihr nach Devon kommen, aber Thelma schrieb, sie habe dafür nicht genug Geld. Man kann sich schwer vorstellen, wie Barnes unter einem Dach mit dem Prototyp von Robin Vote *Nachtgewächs* hatte schreiben sollen, doch wenn man versteht, daß sie so etwas überhaupt in Erwägung ziehen konnte, dann hat man etwas Wichtiges über Djuna Barnes begriffen.

Wegen *Nachtgewächs* kam es zu einem schrecklichen Auftritt

zwischen Thelma und Djuna. Als Djuna mit dem fast fertigen Manuskript nach Paris kam, traf sie Thelma und wollte ihr den Roman vorlesen. Doch die Lesung fand ein jähes Ende. Thelma warf Djuna ihre Teetasse an den Kopf, stürzte sich auf sie und schlug ihr zweimal mit der Faust ins Gesicht. Trotzdem nahm Djuna Thelma später auf, als sie ohne einen Pfennig Geld und dem Verhungern nahe zu ihr nach Italien kam. Später in New York revanchierte sich Thelma auf die gleiche Weise, als Djuna ihrerseits kein Geld und keinen Platz zum Schlafen hatte.

Sicherlich war es nur gut, daß Thelma nicht nach Devon kam, denn Barnes war nervlich sehr angespannt. Immer wieder fing sie an, an *Bow Down* zu arbeiten, und zerriß dann die geschriebenen Seiten. Sie konnte nicht schreiben; sie mochte nicht mehr schreiben. Wenn irgend jemand etwas Nettes zu ihr sagte, brach sie leicht in Tränen aus. Und dann, glücklicherweise ziemlich schnell, arbeitete sie wieder weiter wie im Fieber. Dieses Auf und Ab zwischen bemühter Zuversicht und plötzlicher Verzweiflung setzte sich auch fort, als sie gegen Ende des Sommers nach Paris zurückfuhr und dann nach New York reiste, um (erfolglos) zu versuchen, einen Schreibauftrag zu bekommen, der ihr unmittelbar Geld einbringen sollte. Schließlich kehrte sie nach Devon zurück, um auch den Sommer 1933 dort zu verbringen. Sie vollendete den Roman in Hayford Hall – obwohl noch viel redaktionelle Arbeit zu tun blieb –, und fuhr dann wieder nach New York auf der Suche nach einem Verleger.

Auf der *Savvia* bekam sie keinen Platz mehr, und die *Rex* fuhr zu spät, und so schiffte sie sich im September 1933 auf der *Augustus* nach New York ein. Einen kleinen Schock erlebte sie, als die *Augustus* als ersten Hafen Tanger anlief, das sie inständig gehofft hatte, nie wiederzusehen.

Ihre Briefe aus New York geben ein gemischtes Bild. In einem erinnert sie sich zum Beispiel an Venedig und die schönen Ruinen von Padua und ist überzeugt, es nicht lange in New York auszuhalten, es sei denn bei geschlossenen Türen und ohne auf die Straße zu gehen. Sie wohnte bei ihrer Mutter und ihrem Bruder

Saxon in Waverley Place. Sie merkte, daß sie, wollte sie ihre Arbeitskonzentration nicht gefährden, vormittags ihre Mutter nicht sehen durfte. Nebenan war eine illegale Kneipe. In Barnes' Augen gab es in New York kaum Gefühle oder Gedanken – alles schien sich nur um Geld und Äußerlichkeiten zu drehen. Sie sah wenig wirkliche Liebe, Arbeit oder Glück um sich herum. Die Amerikaner, fand sie, seien zu satt, selbstgefällig und verschroben geworden. Und dennoch. Sie freute sich auch, die Vierzig erreicht zu haben, weise und allein, und war in gewisser Weise zufrieden mit ihrem Los, besonders wenn sie daran dachte, wieviel weniger sie in Marokko gehabt hatte und welche Qual das Leben mit Thelma in Paris gewesen war. Es macht nichts, wenn ihre New Yorker Freunde denken, sie sei ein bißchen übergeschnappt und habe ihren Ehrgeiz verloren. Schließlich hat sie *Bow Down*, selbst wenn das Manuskript noch einige Arbeit erfordert, und weiß – so in einem bewegenden Brief –, daß andere Leute nicht so viel in ihren Scheuern haben. Doch in wieder anderen Briefen gesteht sie, wie sehr sie Europa vermißt und daß ihr Leben jetzt manchmal so furchtbar ist, daß sie für volle zehn Minuten die Augen schließen und an alles denken muß, was sie verloren hat.

Carl Van Vechten machte einige Fotos von ihr, und Barnes fand, sie sähe aus wie eine Bauersfrau, ausgegraben nach der Kreidezeit; das Ende ihrer Schönheit kündigte sich an. Aber ihre Fingernägel waren noch immer leuchtend rot, und sie arbeitete zu Hause in einem eleganten schwarz-weiß-grünen Hausanzug, den ihr die Familie geschenkt hatte. Sie fuhr fort, in einem Zustand nervlicher Hochspannung zu schreiben und wieder zu vernichten. Die Gerüchte in New York – daß alle Verlage bis auf drei innerhalb der nächsten sechs Monate schließen müßten – hoben ihre Stimmung nicht gerade. Gleichermaßen bedrückte sie der allgemeine Publikumsgeschmack, der nichts akzeptierte, was weniger sentimental war als Faulkner, Steinbeck und *Die Rechnung ohne den Wirt**. Barnes war entsetzt darüber, daß der Dia-

* Roman von James Mallahan Cain (1934), dessen Mischung aus Spannung, Sex und Gewalttätigkeit für anhaltende Popularität sorgte. [A. d. Ü.]

log im *Wirt* in der Tagespresse höher eingeschätzt wurde als der Hemingways. Wenn eine Kultur *so* weit geht, sei alles aus, meinte sie.

Freunde rieten Barnes, der sicherste Weg, zu schnellem Geld zu kommen sei ein populäres Stück, am besten eine Komödie. Sie beschloß, *Bow Down* ruhen zu lassen und sich an etwas Einfachem zu versuchen wie *O, Wildnis!* [von O'Neill] (dafür hatte sie Freikarten bekommen und war mit Thelma hingegangen), doch als sie die dritte Dialogzeile geschrieben hatte, wußte sie, daß ihre Hoffnung auf einen Publikumserfolg vergeblich war. Sie versuchte, einen Job zu bekommen (beim Gotham Book Mart), doch ohne Erfolg. Früher hatte sie einmal bei der Works Projects Administration gearbeitet, und sie versuchte, dort wieder hineinzukommen, aber auch das vergeblich. Es gelang ihr, bei Hearsts *Cosmopolitan* einen einzigen Artikel über Ehen in Marokko unterzubringen, aber selbst ihre Position als »Lady Steptoe« beim *Theatre Guild Magazine*, die Langner ihr besorgt hatte, war verloren. Ihr einziger echter Trost war die Arbeit an ihrem Buch, bei der sie manchmal die gegenwärtige Lage »über das Ende ihrer Geschichte hinaus« vergessen konnte.

Als es Sommer wurde, kehrte sie nach England und Hayford Hall zurück. Die Überfahrt auf dem Zwischendeck kostete in jenen Jahren nicht mehr als sechzig oder siebzig Dollar, und das wurde mehr als aufgewogen durch die Chance, einen weiteren Sommer in gleichgesinnter Gesellschaft an ihrem Buch arbeiten zu können, während Peggy für das Lebensnotwendige sorgte.

Wieder einmal traf Barnes in ziemlich schwachem Zustand und bei schlechter Gesundheit in Hayford Hall ein, und wieder erholte sie sich, wenn sie sich auch in diesem zweiten Sommer nie stark genug zum Reiten fühlte. Sie ging schwimmen und spielte ein bißchen Tennis. Jeden Morgen arbeitete sie in ihrem Rokkozimmer bis zum Mittagessen um ein Uhr. In späteren Jahren sagte Peggy Guggenheim, sie habe Djuna dieses Zimmer gegeben, weil es so vollkommen zu ihr paßte. Barnes freilich behauptete, sie hätte es nur bekommen, weil niemand anderes es haben wollte. Nach dem oft viel zu üppigen Mittagessen las sie ein wenig oder unternahm, wenn es ein schöner Tag war, einen sehr kleinen Spaziergang ins Moor oder schlenderte einfach auf dem weitläufigen Grundstück herum. Im großen und ganzen machte Djuna sich nicht viel aus Natur, und sowohl Peggy wie Antonia White erinnern sich, daß sie an vielen Tagen nicht mehr als zehn Minuten draußen war.

Manchmal unternahm sie einen Autoausflug mit Peggy, John und Emily. Gelegentlich schlief sie auch etwas. Um fünf Uhr wurde der Tee serviert, und das Abendessen, das meist leicht war, wurde früh eingenommen. Danach begann ein grausames Ritual.

Djuna Barnes und Antonia White, Hayford Hall 1933
Die eingesetzten Photos zeigen
Peggy Guggenheim und John Holms

II

Alle tranken viel zuviel, mit Ausnahme von Emily (die von Natur aus aufgedreht war und es nicht nötig hatte), und am späteren Abend, wenn man schon einiges getrunken hatte, wurden Spiele gespielt. Die üblichen Scharaden wurden aufgeführt und Freunde und Schriftsteller imitiert. Barnes konnte das am besten. Aber schließlich kam man zu Emilys Lieblingsspiel, einer Art teuflischem Biographiespiel mit dem Namen »Die Wahrheit«. Die Regeln waren ziemlich einfach: Jeder nahm Feder und Papier und schrieb darauf einen einzigen Satz über irgendeine Eigenschaft einer anwesenden Person. Es konnte die erotische Ausstrahlung sein, die Erscheinung, der Geschmack oder besondere Angewohnheiten. Die Zusammenstellung und das Vorlesen gingen reihum. Die Meinungen blieben anonym. Die Zettel wurden gemischt und dann von dem ausgewählten Vorleser laut vorgetragen, der natürlich nie gerade das Objekt der jeweiligen Runde sein durfte.

Wenn man »Die Wahrheit« spielte, schlug die Stimmung um. Vom bisherigen Ernst literarischer Kritik, in die sich nur gelegentlich ein Anflug persönlicher Beleidigung gemischt hatte, ging man über zu direkter und tödlich ernster Aggressivität. Emily spielte mit der größten Rücksichtslosigkeit. Djuna mit ihrer tiefen, dunklen Stimme konnte am besten vorlesen. Gelegentlich brach sie plötzlich in Gelächter aus, so schallend als explodierten Granatsplitter, um sofort wieder ruhig und ernst fortzufahren wie zuvor. Einmal, als Peggy böse wurde und sagte: »Emily, du bist zu weit gegangen«, fiel Djuna ein, bevor Emily antworten konnte: »Das gehört zu ihrem Schicksal.« Emilys Hauptzielscheibe war Peggy, während die meisten von Djunas besten Epigrammen auf Emily gemünzt waren. Sie waren sehr enge Freundinnen; boshafte Freundinnen, die dennoch sehr wichtig für einander waren. Djunas Epigramme kreisten alle um das Extreme im Kern von Emilys Persönlichkeit. Emily war »ein Frühling mit Blut auf den Lippen«; und »eine Tramperin mit einer Vorliebe für das Reich des Unendlichen« und »jemand, der über einen Fjord rudert: nicht aus Romantik, sondern auf der Flucht«.

Gewöhnlich trennte man sich um Mitternacht. Als Barnes zufällig einmal wieder herunterkam, um etwas Vergessenes zu holen, entdeckte sie Emily im Schneidersitz auf dem Fußboden, umgeben von zerknüllten Zetteln neben einem umgekippten Papierkorb. Emily versuchte, die Handschriften vom Spiel dieses Abends zu identifizieren, um zu erfahren, wer was gesagt hatte.

Emily Coleman stammte aus Kalifornien, hatte 1920 an der Wellesley-Universität ihr Examen gemacht, geheiratet und war 1926 mit ihrem Mann nach Europa gekommen, wo sie sich zwei Jahre später von ihm trennte. Sie stürzte sich mehr als ein Jahrzehnt lang in verschiedene Reisen und leidenschaftliche Lieben. Den Anfang machte eine wilde Affäre mit einem Italiener, dann folgten mehrere Dichter, unter denen Dylan Thomas die wichtigste Figur war, und schließlich ein Liebhaber, der sie regelmäßig verprügelte. Emily war ständig verliebt. Sie hatte auch eine lange, unentschiedene Beziehung zu Peter Hoare, den sie in London in der Oakley Street kennengelernt hatte, wo er im selben Gebäude wie sie eine Wohnung hatte. Aus einer Quelle hörte ich, sie habe auch zwei Beziehungen zu Frauen gehabt. Als Miss Barnes in den frühen fünfziger Jahren ihre letzte kurze Reise nach London machte, zog es sie wie von selbst zurück in altvertraute Gegenden, und sie nahm sich ein Zimmer in der Oakley Street. Fast ein Jahrhundert früher hatte dieselbe Straße oft Zadel Barnes gesehen, denn die stille Oakley Street mit ihrem breiten, zur Themse hinunterführenden Fahrdamm und den behaglichen altmodischen Häusern war einst der Schauplatz von Salons im Hause von Lady Wildes Sohn Willie gewesen.

Emily Coleman hatte goldenes Haar, das sie kurz geschnitten trug wie ein Junge und meist fast ganz unter einer Baskenmütze verbarg. Das Schönste an ihr waren ihre hellen, türkisfarbenen Augen, während man von ihrem Gesicht den Eindruck eines kleinen Hutständers gewann, auf dem ihre Baskenmütze thronte, denn sowohl Mund wie Nase waren sehr lang und gerade – den Mund hätte man umdrehen können, ohne den Ausdruck zu verändern –, daß ihr Gesicht wie ein umgekehrtes T aussah. Tag und Nacht trug sie denselben schmuddeligen Pullover. Dieser Pullover und ihre zierliche Gestalt ließen sie manchmal wie der ältere Bruder ihres zehnjährigen Sohnes aussehen. Als sie 1974 mit fünfundsiebzig Jahren starb, war sie – wie Thelma – fett geworden, und auch ihr breites, unbewegtes Gesicht erinnerte an das einer alten Indianersquaw.

Als sie nach Europa kam, arbeitete sie zunächst für die europäische Ausgabe des *Chicago Tribune*. Dann war sie eine Zeitlang Gesellschaftsredakteurin beim Pariser *Tribune*. Ihre Lyrik erschien in *transition*. Als Peggy sie 1928 kennenlernte, war Emily literarische Sekretärin von Emma Goldman in St. Tropez (die gleiche Stellung hatte zehn Jahre früher Hippolyte Havel in Greenwich Village innegehabt). Emma Goldman wurde damals von Peggy unterstützt, damit sie ihre anarchistischen Memoiren vollenden konnte. Emily machte Peggy mit John Holms bekannt, mit dem sie zu der Zeit eine Liebschaft hatte. Der Kreis schloß sich sechs Jahre später, denn es war Emily, die die tödliche Operation von John in die Wege leitete, nachdem er sich in Hayford Hall bei einem Sturz vom Pferd das Handgelenk gebrochen hatte. Anfangs, in St. Tropez, war Emily sehr aufgebracht, als sich etwas zwischen Peggy und Holms anspann. Doch sie fand sich damit ab und schloß sich dem Guggenheim-Gefolge an, zu dem auch – nach einer Phase anfänglicher Feindseligkeit – Holms' von ihm getrennt lebende Frau Dorothy (eine Astrologin) gehörte, die unerklärlicherweise ihren ganzen Groll von Peggy auf Emily übertrug. Emily war aggressiv und konnte ziemlich ekelhaft sein. Sie hatte und zeigte eine tiefe Abneigung gegen häßliche Menschen – sowie auch gegen viele andere.

Bei einem frühen bitterernsten Krach mit Peggy verpaßte Emily ihr ein blaues Auge, und Holms mußte sie von ihr wegziehen. Im Laufe der Zeit betrachteten Holms und Peggy sie als ihr ungebärdiges Kind, das man ertragen und bei Laune halten mußte; allerdings war das wohl mehr seine als ihre Sicht. Mit ihren schlechten Manieren ging Emily sowohl Peggy als auch Djuna auf die Nerven. Sie konnte wie ein Schwein essen und versuchte ständig das einzige gute Pferd, Katie, das John gehörte, sowie auch ihn selbst herumzukommandieren. Sie redete stundenlang auf ihn ein, manchmal bis zum Morgengrauen. Am Ende des zweiten Sommers war Peggys Geduld erschöpft. Als Emily zu ihr sagte, was für ein herrlicher Sommer es gewesen sei, gab sie bissig zurück, Emily sei wohl als einzige dieser Meinung. Coleman stampfte die Treppe hinauf, um zu packen und postwendend abzufahren, und Guggenheim ließ sie trotzig gewähren. Sie fuhr Emily sogar zum Bahnhof, ungeachtet der Besänftigungsversuche vom Holms. Mit der Zeit wurde der Streit begraben und vergessen. Was auch hätte man sonst tun sollen. So war Emily eben. Djuna sagte einmal zu ihr: »Mit einer leichten Betäubung könntest du eine ganz brauchbare Gesellschaft sein.«

Coleman schien zu allem fähig. Guggenheim beurteilte sie kritischer als Barnes, wahrscheinlich zu Unrecht. Doch gab es Anlaß für Djuna, Emily zu fürchten. Der wahre Grund, warum sie während ihres zweiten Sommers in Hayford nicht oft ins Freie ging, war tatsächlich ihre Angst vor Emily, die gedroht hatte, das Romanmanuskript zu verbrennen, falls Djuna ein Geheimnis enthüllen sollte, daß Emily ihr zu ihrem späteren Bedauern anvertraut hatte.

Was Emily schließlich zu einer wirklichen Schriftstellerin machte, war die Umsetzung ihrer Erfahrungen in Nervenheilanstalten. Ihr Roman *The Shutters of Snow* von 1930 ist eine der überzeugendsten fiktionalen Analysen der Welt der Heilanstalten in der modernen Tradition, an deren Anfang Tschechows *Krankensaal Nr. 6* steht. Sie schrieb noch einen weiteren Roman, *The Tygon*, der nicht veröffentlicht wurde, den Barnes aber für den vielleicht besten Roman hielt, den sie je über das Thema Eifersucht aus weiblichem Blickwinkel gelesen hatte. Colemans Lyrik war weit weniger interessant. Sie malte auch, und zwar in der naiven Weise, die man später als »Grandma Moses-Stil« bezeichnen sollte. Überall auf ihren Bildern tauchte Jesus auf. Und immer hatte er Emilys Gesicht. Einige Jahre später, als ihr Sohn Sekretär des katholischen Schriftstellers Jacques Maritain wurde, konvertierte sie. Ihre Forderung, Peter Hoare solle es ihr gleichtun, führte zum endgültigen Bruch zwischen ihnen. Ihre Freunde, obwohl selbst meist anglikanisch orientiert, waren oft empört über Emilys Religiosität, ging sie doch manchmal so weit, Freunden den Tod zu wünschen, weil es gut für ihre Seelen sei.

Obwohl Eifersucht und Wut Grundzüge von Emilys Charakter waren, gehörte doch auch Großzügigkeit dazu, und so war sie glücklich von Djunas Genie ebenso überzeugt wie von ihrem eigenen. »Mach' es phantastisch gut!!« ermahnte sie Djuna, als diese das Buch vollendete, das vorübergehend ohne Titel war, weil sie *Bow Down* aufgegeben und noch keinen Ersatz gefunden hatte. Die schwierige Emily ist eine der Heldinnen dieser Geschichte, denn als Barnes 1934 mit ihrem mehrfach abgelehnten Manuskript aus Amerika zurückkam, setzte sie alle ihr zu Gebote stehende beträchtliche Energie ein, um die Veröffentlichung in England durchzusetzen. Nachdem Edwin Muir das Manuskript Eliot aufgedrängt hatte, schritt Coleman entschlossen in die Höhle des Löwen, d.h. ins Büro des Dichter-Lektors, und machte ihm klar, daß Faber das Buch herausbringen würde, sonst … Barnes sagte später, daß der Roman je gedruckt wurde, sei zu siebzig Prozent Emilys Verdienst gewesen. Barnes beglich ihre Schuld, indem sie Coleman ihr letztes Werk, *Creatures in an Alphabet*, widmete.

III

John und Peggy hatten es schwer, Emily die Kopie des Manuskripts von *Nachtgewächs* zur Lektüre abzubetteln. Holms nahm starken Anteil an Barnes' Arbeit. Besonders am Herzen lag ihm das Erscheinen von *Ryder* in England, das dort etliche Jahre, nachdem es in den Staaten herausgekommen war, noch immer keinen Verleger gefunden hatte.

Beinahe jeder, der ihm begegnete, war beeindruckte von der Breite und Tiefe seines Wissens, seiner körperlichen Kraft und seinem Charakter, der nicht ganz von dieser Welt zu sein schien und in dem sich ein Hang zur Traurigkeit mit der Fähigkeit zu starker Freude verband. Nach allen Berichten, die uns zur Verfügung stehen, war Holms ohne jede Aggression. Jede Nacht litt er unter furchtbaren Alpträumen. Peggy Guggenheim war gewiß keine wirkliche Schriftstellerin, doch auf den wenigen Seiten ihrer Erinnerungen *Ich habe alles gelebt*, die ihm gewidmet sind, gelingt es ihr, den Mann und ihre Liebe zu ihm lebendig werden zu lassen. Seine bloße Gegenwart, schreibt sie, habe einem das Gefühl gegeben, sich in einer fünften Dimension zu befinden, von der man sich vorher nichts hatte träumen lassen. Hugh Kingsmill, ein guter Schriftsteller und enger Freund von Holms, drückte es in einem einzigen Satz aus:

»Trotz der Schwächen, die seine wunderbaren Geistesgaben behinderten, hatte er etwas Göttliches, das ich in keinem anderen Menschen gefunden habe und das anschaulich zu machen schien, was die Buddhisten unter einem ›älteren Pilger‹ verstehen, nämlich eine Seele, die in vielen Leben Großherzigkeit und Güte gelernt hat.«

Noch überzeugender – vielleicht wegen der Person, die sie aussprach – klingen die Worte von Edwin Muir, der seinen schottischen Landsmann Holms seit 1919 kannte. Im Vorwort zu einer Sammlung von Holms' Briefen, die seine Freunde nach seinem Tod vergeblich versuchten herauszugeben, schrieb Muir:

»Holms machte auf mich mehr als irgend ein anderer Mensch den Eindruck eines Genies, und ich halte ihn für einen der bemerkenswertesten Menschen seiner Zeit, vielleicht sogar aller Zeiten ... Sein Geist war von großartiger Klarheit und Ordnung, und wenn er ihn auf etwas richtete, war es, als werde ein Zauber über die Dinge geworfen, so daß sie in ihrer wahren Gestalt und in ihrer ursprünglichen Beziehung zueinander erschienen, wie am Schöpfungstag.«

Muir war sich des Problems sehr bewußt, daß Holms mit all seinen Gaben nie etwas Bleibendes zu schaffen vermocht hatte, so daß man sie entweder direkt erleben oder einfach an sie glauben mußte.

Man konnte John Holms unmöglich verabscheuen, doch Djuna Barnes schien ihm gegenüber widerstandsfähiger als andere. Sie fand seine Art abschreckend. Es war ein bißchen, erzählte sie Antonia White, »als sei Gott persönlich zum Wochenende auf Besuch gekommen«.

Holms war über einen Meter achtzig groß und eine weitere Person in Barnes' Leben mit leuchtendroten Haaren. Im Ersten Weltkrieg war er noch als Minderjähriger Soldat geworden (er war gerade von Rugby nach Sandhurst übergewechselt) und wurde für seine Tapferkeit ausgezeichnet. Peggy Guggenheim erzählt in ihren Memoiren eine grotesk verzerrte Geschichte: Sie behauptet, er habe vier Deutschen, die gerade beim Frühstück saßen, von hinten mit dem Hammer den Schädel zertrümmert. Vielleicht stammt dieser schlechte Witz sogar von Holms selbst, der kein bißchen stolz auf seine Kriegserlebnisse war. Was sich tatsächlich abspielte, erzählt ein Kriegskamerad in dem unveröffentlichten Erinnerungsband. Eine Gruppe von Deutschen griff Holms Posten an:

»Er eröffnete das Feuer auf sie, und als sie sich zurückzogen, sprang er allein aus dem Graben und warf Handgranaten hinter ihnen her. Wenn man eine Handgranate mit einem Fünfsekundenzünder nach einem Mann wirft, der dreißig Meter entfernt ist, und dabei gleichzeitig auf ihn zuläuft, während er flieht, sind die Chancen, selbst getroffen zu werden, fast so groß wie die des Feindes. Kurz und gut, er wurde nicht getroffen und bekam einen Tapferkeitsorden.«

Holms kletterte gern in Windeseile auf Bäume, sprang längs über lange Tische, und einmal galoppierte er auf Katie direkt in einen Sumpf, so daß er und das Pferd gerade noch rechtzeitig vor dem Versinken gerettet wurden. Weil das Gehen ihn langweilte, hatte er eine Technik entwickelt, sich blitzschnell mit durchgedrückten Knien auf allen vieren vorwärts zu bewegen. Muir verglich ihn mit einer kraftvollen Katze, wobei er nicht nur seine federnde Energie meinte, sondern auch seine Fähigkeit, für lange Zeit in völlige Unbeweglichkeit zu versinken. Seine sexuelle Potenz wurde von Peggy Guggenheim bezeugt. Holms war außerordentlich phlegmatisch und deshalb nur gut in den Sportarten, die vor allem auf angeborener Kraft beruhen, während er bei anderen, die eine raffinierte Technik erfordern, schlecht abschnitt. Das Gleiche galt, wenn es darum ging, geistreiche Unterhaltung in bleibende Worte zu verwandeln. Peggy nannte ihn einen Sokrates, aber wenn er das war, dann einer, der weder selbst schrieb noch einen Schreiber beschäftigte.

In *Ich habe alles gelebt* erzählt Peggy Guggenheim, wie sie eines Abends bei Emilys unaufhörlichem Redefluß einnickte und beim Aufwachen sah, wie John zärtlich Djunas frisch gewaschenes weiches, rotes Haar streichelte. Sie sah die beiden streng an und sagte zu John: »Wenn du darauf spekulierst, wird der Dollar fallen.« Djuna sprach liebevoll, aber ohne zu flirten weiter mit Holms, als sei Peggy gar nicht da: »Du schmucke rote Melone von einem Shakespeare. Eifriger alter Narr, aufsässiger Sohn.«

Die Heiligenlegende, die seine Freunde um ihn spannen, macht es schwer, sich dem wenigen, was er an Lyrik, Prosa und kritischen Schriften tatsächlich produzierte, ohne eine kräftige Portion Skepsis zu nähern. Doch gibt es immerhin einige beweiskräftige Bruchstücke, die dazu angetan sind, die glühenden Beteuerungen seiner Fähigkeiten zu bestätigen. In einer unveröffentlichten Betrachtungt »True Art and Counterfeit« (»Echte und unechte Kunst«) definiert Holms die Kunst in einer Weise, die seine eigene mangelnde Leistung zu rechtfertigen scheint:

»Für viele Menschen ist aktives Handeln die wichtigste und richtige Bestimmung ihres Lebens (das für sie ›Wesentliche‹), und Kunst oder Religion sind nur Ersatz für sie oder ›Fluchtwege‹. Allerdings merkt man es immer, wenn es sich so verhält, denn in solchen Fällen verrät die Kunst oder Religion selbst durch viele kleine Anzeichen, daß sie nur Ersatz für die wahren Bedürfnisse der Betroffenen, d.h. nicht ›rein‹ ist. Was solche Menschen wirklich wollen, was sie glücklich machen würde, das für sie ›Wesentliche‹ ist etwas anderes.«

Wie derlei kritische Betrachtungen so hat auch Holms Lyrik einen quasi-philosophischen Anstrich. Er wollte gern der neue Blake sein, und ein gewisser alttestamentarischer Hauch umwehte ihn. Eins seiner besser gelungenen Werke ist ein Dramenfragment über Noah und seine Söhne auf der Arche. Die Gefühlslage ist modern, wie etwa die folgende Stelle zeigen kann, in der Japeth seinen Brüdern und seinem Vater Vorwürfe macht:

»Ich würde mich nicht wundern, wenn jeder von euch ein paar Frauen an Bord geschmuggelt hätte. Ich hoffe es sogar, denn ich will nicht, daß ihr euch an meine Frau heranmacht. Vater ist auch durchaus imstande, mitzumachen. Von mir aus könnt ihr euch alle gern gegenseitig aushelfen. Aber ich habe meine Frau lieber für mich allein ... Nur ein Mann, der an Gott glaubt, kann aus vollem Herzen lasterhaft sein. Vater ist auf seine Weise ein Genie.«

Schon Jahre, bevor sie sich begegneten, hatten Barnes und Holms zu vielen künstlerischen Ansichten die gleichen Positionen entwickelt. Die wichtigsten dieser Themen waren die Todessehnsucht und die Nähe des Menschen zum Reich der Tiere. Das große Gedicht, das Holms nie schrieb, sollte eine Beschreibung der Evolution der Arten werden und im Zeitraffer darstellen, wie sich alle Formen des Lebens aus einem einzigen Archetyp entwikkelten. Zum Thema der primitiven Wurzeln der menschlichen

Persönlichkeit fanden Barnes und Holms unabhängig voneinander. Doch die Idee, die Zeit in Riesenschritten zu durchmessen, stammte von Holms. Nach seinem Tod wurde der Gedanke der rückwärts eilenden Zeit zu einem der entscheidenden Kunstgriffe in *Antiphon* und in Barnes' späterer Lyrik.

In diesem zweiten Sommer verließ Barnes als erste der vier Hayford Hall. Ihr Buch war fertig, und sie übernahm es, Peggys Sohn Sindbad mit nach Paris zu seinem Vater Laurence Vail zu nehmen, bevor sie sich nach New York einschiffte. Djuna leistete ihrer Patronin regelmäßig solche kleinen Dienste, vornehmlich indem sie in stürmischen Phasen die wortkarge Vermittlerin zwischen Peggy und ihren Liebhabern spielte. Derjenige, den sie am wenigsten ausstehen konnte, war Max Ernst. Er beutete Peggy nach Strich und Faden aus, und Djuna fand ihn geradezu unmenschlich.

Mit ihrem früheren Liebhaber Vail konnte sie viel leichter umgehen. Einmal hielt sie ihm in einem Restaurant sogar eine Standpauke, weil er Peggy so schlecht behandelte.

Die Nachricht vom Tod John Holms' im Januar 1934 erschütterte Barnes viel mehr als der Tod ihres Vaters vier Monate später. Es ist merkwürdig; John Holms erscheint als die dritte der wichtigen Figuren mit fehlgeschlagenem Ehrgeiz in Barnes Leben. Holms war ein weiterer rothaariger Adam, doch bedeutend stärker als Wald Barnes und weniger der Gefangene seines eigenen Egos.

Als Kritiker wollte er den tiefen Sinn ergründen, der hinter der Funktion der Kritik steckt, und im Gegensatz zu Lemon Courtenay hatte er immerhin schon damit begonnen, seine Gedanken zu diesem Thema zu artikulieren. Dennoch war er – wie diese beiden – letztlich schöpferisch impotent. Peggy nörgelte oft furchtbar an ihm herum, weil er Monate verstreichen ließ, ohne eine Zeile zu schreiben.

Sein Tod ließ Barnes keineswegs vergessen, daß ihr seine Verhaltensweisen oft höchst unsympathisch gewesen waren. Doch wenn sie an ihn zurückdachte, wurde ihr auch klar, daß Holms tatsächlich mehr wußte und fühlte als andere Leute. Djuna begriff plötzlich, wie sie an einen Freund schrieb, daß sie in ihm ihren besten Kritiker verloren hatte. Als Peter Hoare sie bat, einen Nachruf zu schreiben, lehnte sie ab und sagte, sie habe Holms bereits alles gegeben, was sie habe, als sie ihm *Nachtgewächs* widmete.

Als Holms starb, hatte Barnes vor allem Mitleid mit Peggy. Sie verstand, daß nichts sie trösten konnte. Zwischen Peggy und Holms' Frau kam es zu einem erbitterten Streit über den Plan, seine Briefe zu veröffentlichen. John Holms war die große Liebe in Peggy Guggenheims ziemlich traurigem Leben gewesen. Sie war das arme, kleine reiche Mädchen, auch wenn in ihrem Umgang mit den meisten Menschen ihre Herrschsucht so stark durchkam, daß man darüber ihre unglückliche Situation fast vergessen konnte. Besser als irgend jemand anderes wußte sie, daß das Geld ein Teil ihrer Anziehung war. Etwas zerbrechlich wirkend, war sie attraktiv, aber keine Schönheit, schnell und scharfzüngig, aber nicht geistreich. Sie leistete klug und selbstlos einen wichtigen Beitrag zur Kunst, doch mit Barnes ging sie hart um. Die Beziehung zwischen den beiden Frauen war eigenartig; vielleicht könnte man sie mit der zwischen zwei Schwestern vergleichen, von denen eine begabt ist und die andere die Macht hat; die sehr gereizt aufeinander reagieren, aber dennoch neben der Feindseligkeit echte Zuneigung füreinander empfinden. Sie mochten sich nicht besonders, sprachen es aber niemals aus. Allerdings stellte Peggy die Unterstützungszahlungen an Djuna, die sie ihr über mehrere Monate hatte zukommen lassen, zu einem besonders ungünstigen Zeipunkt ein, wobei sie darauf bestand, das wöchentliche Pfund für Djunas Tante Sue zu übernehmen. Djuna malte Peggy, aber Peggy hatte keine Lust, Modell zu sitzen. Das Portrait sollte auf Mahagoni entstehen und den Titel »Die unglückliche Füchsin«* erhalten.

Als Barnes endgültig nach New York zurückging, richtete Gug-

* Im Original »The Unhappy Vixen«. Offenbar ein Wortspiel, denn »Vixen« bedeutet auch »Zankteufel« oder »Drachen«. [A.d.Ü.]

genheim eine regelmäßige monatliche Apanage für sie ein. Emily Coleman schrieb an Antonia White, sie habe Peggy dazu überredet. Am Anfang waren es fünfzig Dollar, später einhundert. Guggenheims Unterstützung war bei weitem die langfristigste, die Barnes je bekam. Es sollten noch viele Jahre kommen, in denen sie kein weiteres Einkommen hatte außer dem monatlichen Guggenheimstipendium und den Einkünften aus *Nachtgewächs*, das sich zwar laufend verkaufte, aber nie mit mehr als zweitausend Exemplaren im Jahr. Die steigenden Lebenshaltungskosten machten es schließlich fast unmöglich, von diesem Betrag zu existieren. Djuna schrieb an ihre Freundin Peggy, daß sie sich zu selten für die Unterstützung bedankt habe, aber jetzt reiche es einfach nicht mehr, auch wenn sie sehr viel Zeit darauf verwende, die billigsten Lebensmittel auszukundschaften. Sie bat um etwas mehr, bekam es auch und bedankte sich sehr herzlich; doch es war tatsächlich nur sehr wenig mehr. Zwei Jahre später, 1952, wurde ihr Stipendium (Unterhalt ist irgendwie nicht das passende Wort) um monatlich fünfundzwanzig Dollar erhöht. Als die beiden Freundinnen sich das nächste Mal trafen, mußte das Thema wieder angeschnitten werden.

»Es reicht nicht zum Leben, verstehst du.«

»Ich weiß«, antwortete ihre Freundin und ihr Lächeln ließ keinen Zweifel daran aufkommen, daß das Thema für sie abgeschlossen war.

Peggy gab gezwungenermaßen aber widerwillig. Als sie erfuhr, daß Barnes ihre Manuskripte verkauft hatte, wurde sie sehr mißtrauisch, weil Barnes ihr nichts davon gesagt hatte. Einmal, als Guggenheim in einem Interview für *Time Magazine* (für das Heft vom 16. Juni 1961) daran erinnert wurde, wie viele Künstler sie unterstützt habe, sagte sie: »Ich bringe mich um für Künstler. Das Schlimme daran ist, daß ich sie eigentlich hasse.« Barnes schnitt den Passus sorgfältig aus und bewahrte ihn auf.

IV

Sobald Barnes mit *Bow Down* in New York ankam, schickte sie ihr Manuskript an die Verlage. Es hatte nicht einmal die üblichen quälenden Wartezeiten zu erdulden, sondern flatterte in die Verlagshäuser hinein und schoß wie durch eine geölte Drehtür in einem alten Stummfilm gleich wieder heraus. Peter Neagoe, der eine Anthologie amerikanischer Emigrantenliteratur herausgebracht hatte, meinte skeptisch, das Buch könne in Amerika nicht ohne Kürzungen erscheinen. Im März lag es schon dem dritten Verleger vor. Abgesehen von Besuchen, die mit der Herausgabe zusammenhingen, sah Barnes fast niemanden und folgte dem gleichen klösterlichen Muster wie in den letzten Stadien ihres Zusammenlebens mit Thelma in Paris. Thelma lebte jetzt in Boston. Gelegentlich, wenn sie in der Stadt war, kam sie vorbei. Manchmal traf Barnes auch Marion Bouché oder die eine oder andere alte New Yorker Freundin. Ein Drehorgelmann vor ihrem Fenster weckte große Sehnsucht nach Italien.

Nach der intensiven Arbeit an dem Roman schrieb Barnes in New York zunächst überhaupt nicht. Sie malte. Bis zu diesem Zeitpunkt hatte sie mit Feder und Tusche gearbeitet, mit Ausnahme des Portraits eines androgynen Kunsthändlers, das in Hayford Hall entstanden war. Jetzt begann sie ein weiteres Ölbild, ein Portrait ihrer Freundin Alice Rohrer von eineinhalb Metern Höhe. Weil sie keine Staffelei besaß, mußte sie den unteren Teil des Bildes auf den Knien malen. Sie begann mit der Arbeit in Alices Wohnung, doch Alice gefiel das Bild nicht, obwohl sie sich anfangs darüber gefreut hatte, und die beiden stritten sich. Im Zorn trug Barnes das Bild nach Hause und vollendete es für sich allein, tagelang mit üppigem Farbauftrag daran malend. Es wurde nie gerahmt, sondern lehnte über Jahre am Kaminsims wie ein Tropfsteingebilde in anmutiger weiblicher Gestalt. Als das »Bildnis von Alice« fertig war, begann Barnes umgehend mit einem neuen, das den Titel »Madame Majeska« bekam. Sie malte es vorwiegend in harten Gelb- und Goldtönen und im grotesken Stil der Zeichnungen, die sie vor Jahren für *A Book* gemacht hatte. Barnes selbst fand, das Bild erinnere an einen Affengott (es stellt Emily dar, während der Titel auf die berühmte Schauspielerin Madame Modjeska anspielt, der Zadel Barnes einst in London begegnet war). Das kleine Bild hat in seiner Häßlichkeit eine so starke Ausstrahlung, daß es schwerfällt, sich lange mit ihm im gleichen Raum aufzuhalten.

Miss Barnes malte in einem Morgenrock aus schwarzer Spitze, stark geschminkt und schwer parfümiert. Sie hatte sich gerade ihre erste Dauerwelle machen lassen und fand, ihr Kopf sähe aus wie das Hinterteil eines Schafs. In jenen Monaten litt sie unter Anfällen tiefer Depression und verlor in kürzester Zeit fast zwanzig Pfund, so daß sie mit Kleidern nur noch 114 Pfund wog und Kleidergröße 40 trug. Einmal erlitt sie in Ruth Fords Wohnung einen Nervenzusammenbruch und mußte umgehend mit dem Krankenwagen ins Hospital gebracht werden. Gesicht und Schultern bekamen etwas vogelartig Zerbrechliches, so daß sie vorübergehend ihrem eigenen »Bildnis von Alice« ähnelte. Barnes wußte sehr gut, daß es töricht war zu malen; sie sollte schreiben. Doch da sie den Eindruck hatte, der Publikumsgeschmack habe die Grenze zum Schwachsinn vollends überschritten, schien es auch wieder nicht so wichtig.

Zu ihrer schlechen Gemütsverfassung und der problematischen Lebenssituation kam noch, daß ihre Mutter krank war und sie sich wegen ihrer Halbgeschwister Duane und Muriel nach dem Tod des Vaters Sorgen machte, obwohl sie fürchtete, es sei für die beiden vielleicht ohnehin schon zu spät. Was immer auch jetzt aus ihnen wurde, Barnes war sicher, daß sie beide keine Chance gehabt hatten, so lange er lebte. Der Tod des Vaters war nur noch ein weiterer Anlaß zu melancholischen Betrachtungen. Die prosaische Notwendigkeit, Geld zu beschaffen, war ihre vordringlichste Sorge.

Miss Barnes faßte einen Entschluß. Wenn der Ruhm sich nicht einstellen wollte (freilich sollte ein zaghafter, aber dauerhafter

Ruhm nur noch zwei Jahre auf sich warten lassen), wollte sie ihr Genie nur ein klein wenig mißbrauchen, wie es Faulkner getan hatte, und ein paar Drehbücher schreiben. Das Leben war schon schlimm genug ohne die Sorgen um einen ausreichenden Lebensunterhalt. Doch das Gespräch mit einem Theateragenten bestätigte ihre schlimmsten Befürchtungen: Man hatte die Wahl, entweder so zu schreiben, wie man wollte, und dann den Gashahn aufzudrehen, oder kommerziell und melodramatisch zu werden. Sie reagierte mit Alpträumen, in denen ihr Bett voller kleiner, toter Pferde war. Barnes gewann den Eindruck, daß Schriftsteller, die Amerika auch nur für ein halbes Jahr verließen, Gefahr liefen, in ihrem Heimatland wirtschaftlich völlig den Anschluß zu verlieren. Sie sah sich selbst als jemanden, der mit dem Rücken zur Wand kämpfte, während sie auf Bescheid von den Verlegern wartete, doch das war, wie sie wußte, für eine Chappell-Barnes eine normale Situation.

Die amerikanischen Männer kamen ihr völlig verrückt vor. Sie schrieb an Ford, obwohl sie sich nicht einbilde, die schönste Frau New Yorks zu sein, überlege sie doch, ob sie nicht etwas zu ihrer Verteidigung gegen all die alten Männer, milchbärtigen Knaben und mittelalterlichen Ehemänner, die es auf sie abgesehen hätten, bei sich tragen sollte. In Paris hatte sie eine Eisenkette mit sich herumgetragen, doch dort war es nur eine Mode gewesen. Sie bekannte, sie sei ein ungezähmtes Wesen und wolle mit ihrer Einsamkeit und ihrem Elend in Ruhe gelassen werden. Als es Sommer wurde, fing sie wieder an zu schreiben und begann mehrere Geschichten und Projekte auf einmal. Sie sonnte sich und las Henry James, den sie wegen seiner altmodischen Art schätzte, Pascal, gegen den sie Vorbehalte hatte, und wieder einmal *Religio Medici* und *Die Anatomie der Melancholie*, zwei ihrer Lieblingstexte. Obwohl sie noch immer deprimiert war und das Leben um sie herum bedrückend fand, hatte sie aufgehört zu trinken und rauchte weniger. Amerika, so schien es ihr, lauerte auf das Unheil und trank wie verrückt.

V

Mitte der dreißiger Jahre war Paris nicht mehr Hauptanziehungspunkt für die Auslandsamerikaner. Peggy Guggenheim hatte ihre Kunstgalerie in London eröffnet. Auch ein neues Haus auf dem Lande hatte sie gemietet, Yew Tree Cottage, wo Djuna einige Zeit verbrachte. 1938 lernte sie dort Peggys neuen Geliebten, Samuel Beckett, kennen und freundete sich mit ihm an. Barnes war es, die Peggy Iwan Gontscharows Roman auslieh und Beckett als erste den Spitznamen »Oblomow« gab. Viele in Peggys Freundeskreis pendelten regelmäßig zwischen England und Frankreich hin und her. Inzwischen hing Barnes sehr an Paris, doch mit ihrer Wohnung war die Erinnerung an zu viel Leid verbunden, und aus finanziellen Gründen sowie um der besseren Publikationsmöglichkeiten willen war es günstiger, sich in England anzusiedeln. Trotzdem wäre es Djuna am liebsten gewesen, in Paris zu leben, bis der letzte Cent verbraucht war, und dann den Gashahn aufzudrehen.

Aber es gab noch einen weiteren Grund in England zu bleiben. Es hatte sich eine neue Liebe angesponnen. Antonia White war zu einer großen Bewunderin von Barnes geworden. Barnes lud sie zu sich ein, aber als sie dann tatsächlich kam, knurrte sie sie an: »Was zum Teufel willst du hier?« Ein anderes Mal warf sie Antonia in einer spannungsgeladenen Situation an den Kopf: »Bist du eine Schriftstellerin oder ein Klageweib?!« Antonia bekam ihre Gelegenheit zur Rache. Einmal fragte sie: »Was willst du eigentlich wirklich, Djuna?« und bekam zur Antwort: »Sterben.« Worauf Antonia zurück gab: »Dann stirb doch!« Aber in ihrer Bewunderung wurde Antonia nie wankend, und durch sie lernte Barnes S. kennen, mit dem sie 1937 in Paris eine Liebesbeziehung begann.

Antonia hatte Djuna, S. und Emily zum Essen eingeladen. Emily war an diesem Abend aus irgendeinem Grund gelangweilt und schlecht gelaunt. White erinnerte sich, daß sie den ganzen

Abend narzißtisch in zwei Briefe versunken war, die sie selbst geschrieben hatte. Djuna und S. verstanden sich auf Anhieb vollkommen. »Geh mal ein paar Schritte. Ich möchte dich gehen sehen«, forderte sie ihn auf. »Ja, du hast den Gorgonenblick. Die Unendlichkeit des Gotischen. Paß auf, daß du nicht eines Tages Strebepfeiler entwickelst!« Die Liebesbriefe von S. an Djuna sind voller Verehrung für ihre Heiterkeit, Güte, Aufrichtigkeit und auch für ihren Hang zur Einsamkeit und ihre Aura der Unantastbarkeit. Das Problem war, daß S. sich schnell von der Rolle des Liebhabers entfernte und bekannte, daß er sie nur wie eine Schwester liebe. Djuna war eine sehr leidenschaftliche Frau. Sie sah wohl, welch klägliches Paar sie abgaben, da sie ihn liebte, während er kühle Distanz bewahrte. Anfangs hielt sie ihn für lieb und fürsorglich, aber dann brachte er es fertig, eine Affäre mit Dolly Wilde anzufangen, die er zudem noch lässig mit ihr zu diskutieren wollte. Djuna dachte vage an Heirat, doch er ließ sie fallen. Mehr oder weniger dasselbe passierte Emily mit Peter Hoare. Djuna verglich S. mit Thelma, zum Nachteil Thelmas. Sie konnte Thelma die glatte Art nicht verzeihen, in der sie von »der Schönheit unserer Beziehung« gesprochen hatte, während sie sie betrog. Doch mit S. gab es ähnliche Probleme, die Djuna nicht sehen konnte oder wollte. Obwohl ihre Liebesbeziehung ziemlich bald zu Ende war, blieb S. doch einer ihrer großen Bewunderer.

Barnes beschloß, die Pariser Wohnung zu verkaufen, obgleich sie wußte, daß sie nicht viel dafür bekommen würde. Drei Tage lang putzte sie dort mit einem Dienstmädchen und machte Ordnung. Anschließend verbrachte sie ein paar bange Stunden mit betrunkenen Möbelpackern, die – das wurde klar, nachdem einige Stücke zu Bruch gegangen waren – beim Packen umsichtige Hilfe brauchten. Danach wohnte Barnes ein paar Monate in der Oakley Street und mietete im November 1937 eine billigere Wohnung in der Old Church Street. Diese Wohnung wurde mit einigen der alten Meßgewänder und Altartücher ausgestattet. Der riesengroße Raum ähnelte eher einem Lagerraum als einem Schlafzimmer. Vier große Bücherborde und eine Bibliotheksleiter standen darin, zwei Paravants, die das Bett abschirmten, drei größere Tische und viele Stühle, von denen zwei vergoldet waren und Rückenlehnen in Lyra-Form hatten, und einer kaputt war. Möglicherweise gehörte ein guter Teil dieser Einrichtung dem Antiquitätengeschäft im Erdgeschoß. Die beiden Karussellpferde standen auch dort, weshalb man annehmen darf, daß sie auch schon in der Pariser Wohnung gewesen waren.

S. und Peter Hoare wurden ziemlich enge Freunde; Djuna fand ihre Freundschaft sogar zu eng. (Hoare bekleidete eine wichtige Position im Innenministerium, wurde ein paar Jahre später geadelt und sehr viel später Mitglied der englischen Delegation bei den Vereinten Nationen.) Jeder von ihnen hatte gewissen Schwierigkeiten mit seiner Geliebten, und sie gaben sich gegenseitig moralische Unterstützung. Für Hoare war es noch ein bißchen schwieriger, weil Emily und er im selben Haus wohnten. Es kam nicht selten vor, daß Emily schrie, sie werde von Hexen verfolgt oder gleich sterben, und im nächsten Moment saß sie vergnügt in Hoares Wohnung und aß all seine Süßigkeiten auf. Die Schwierigkeiten mit Djuna waren genau umgekehrt. Manchmal tauchte sie tagelang unter und reagierte auch nicht auf wiederholtes Klopfen an der Tür. Einmal, als die beiden Männer sich besondere Sorgen um sie machten, kletterten sie auf das Dach des Hauses und spähten durch das Oberlicht in ihre Wohnung. Barnes war zu Hause. Gerade war sie im Begriff, mit vollem Make-up und im Negligée ins Bett zu steigen. Auf dem Nachttisch standen eine Flasche Gin und ein Glas. Sie war zurechtgemacht wie für ein Rendezvous, und wollte doch nur im Bett schreiben.

Durch Antonia White fand Barnes nicht nur einen Geliebten, sondern auch einen Psychiater. Er hieß Alexis Carrell, und sie ging 1938 zu ihm. Er hatte auch Antonia behandelt. Doch die Analyse dauerte nicht lange, vielleicht weil Barnes ihren Freud zu gut kannte. Sie erklärte, ihres Vaters zahlreiche Geliebte und deren Bastarde hätten ihr das Heiraten und Kinderkriegen verleidet. Er hob den Zeigefinger. »Frigide?« »Ja«, antwortete sie gleichgültig.

Sie ging Essen mit Edward James und beeindruckte ihn, indem sie ekelhaft war. Lady Ottoline Morrell suchte ihre Gesellschaft.

Obwohl sie eigentlich die Absicht hatte, auf Dauer in England zu bleiben, sah Miss Barnes an ihren nahen englischen Freunden (außer mit Hoare, White und S. war sie noch recht gut befreundet mit einer Frau, die in der Werbung arbeitete, und mit einer englischen Freundin von Beckett) und einer Menge flüchtiger Bekanntschaften, daß sie von ihrem Naturell her ins englische Leben nicht viel besser paßte als ins amerikanische. Für sie wäre die englischsprachige Welt am besten eingerichtet, schrieb sie in einem Brief aus dieser Zeit, wenn alle Engländer bei ihrer Geburt nach Amerika gebracht würden und im Alter von fünf Jahren wieder nach England zurückkehrten.

Sie trank wieder sehr viel. Eine Putzfrau, Mrs. Bailey, kam zweimal in der Woche, und Barnes unterhielt sich stundenlang mit ihr. Djuna wünschte sich einen Ehemann, der so warm und liebevoll wäre wie Mrs. Bailey. Häufig zog sie in den Pubs auf der King's Road wildfremde Leute mit der Erzählung ihrer stürmischen Lebensgeschichte in ihren Bann, und nach der Veröffentlichung von *Nachtgewächs* im Oktober 1936 machten vereinzelte Wiedergaben dieser kathartischen Abende die Runde im literarischen London. Die Legende von Djuna Barnes trat in eine neue Phase.

Was ihre Person anging, so hatte sie jetzt das Gefühl, es kümmere niemanden, ob sie lebe oder tot sei. Sie begann, regelrechte Symptome von Delirium tremens zu entwickeln. Wenn sie im Morgengrauen aufwachte, sah sie an der Wand Tiere krabbeln. Sie fiel häufig in Ohnmacht, litt an Schweißausbrüchen und Herzjagen und verlor gelegentlich ihre Stimme. Einmal verbrachte sie eine Nacht in einer Privatklinik in London, wurde aber am nächsten Tag hinausgeworfen, weil das Personal sie für geistesgestört hielt.

VI

Nachtgewächs hatte bereits viele seiner wichtigsten Bewunderer gewonnen, bevor der Roman überhaupt im Druck erschien. Im Juni 1935 hatte Djuna Edwin Muir eine Kopie gezeigt, und er war begeistert. Auch Dylan Thomas hatte sie das Manuskript aufgedrängt, der offenbar (das ist bezweifelt worden) darauf bestand, bis spät in die Nacht mit einer Freundin im Bett zu sitzen und den Roman laut zu lesen. Er lobte ihn überschwenglich und las Jahre später auf seiner Vorlesungsreise durch die Vereinigten Staaten daraus vor. Peter Neagoe in New York war ganz verzückt, und ein anderer literarischer Freund namens Lloyd Morris bat Barnes, ihm den Roman persönlich vorzulesen und, als sie damit fertig war, gleich noch einmal. T. S. Eliot dagegen war anfangs gar nicht so hingerissen; das kam erst später. Daß seine Begeisterung erst etwas gedämpft war, ist verständlich, nicht nur wegen der englischen Reserviertheit, die er sich zugelegt hatte, sondern auch, weil er wußte, welch heftiger Kampf mit der Verlagsleitung ihm sowohl wegen des Themas wie der Verkaufsaussichten bevorstand. Ein untergeordneter Lektor bei Faber hatte das Buch bereits abgelehnt.

Barnes hatte 190 000 Wörter geschrieben. Als das Manuskript bei Faber eintraf, hatte sie es selbst schon auf 65 000 Wörter zusammengestrichen, und nachdem es angenommen war, bedeutete Eliot ihr, daß er es gern noch etwas mehr kürzen würde. Barnes, die zu fürchten begonnen hatte, der Roman werde nie erscheinen, und außerdem beeindruckt war vom Ruhm des Dichter-Emigranten aus Harvard und des vollkommensten aller Engländer, ließ Eliot freie Hand bei der weiteren redaktionellen Bearbeitung. Er konzentrierte sich vor allem darauf, die Rolle des Doktors zu stutzen, der seiner Ansicht nach nicht die Hauptaufmerksamkeit auf sich ziehen durfte. Sein wichtigster Beitrag war der Titel *Nightwood*, den Barnes höchst bereitwillig akzeptierte. Man kann sich leicht vorstellen, welches Vergnügen sein Vorschlag Barnes bereitete, steckte doch eine unwissentliche Spur von Thelmas Namen darin. Bei ihrer Kenntnis der englischen Sprache entging ihr gewiß auch die Anspielung auf das altenglische »wod« (Wahnsinn) nicht. Ursprünglich hatte der Roman den Untertitel *Anatomy of Night* (»Anatomie der Nacht«) gehabt, und das war vermutlich das Stichwort für Eliots Einfall gewesen.

Eliots Verbündeter bei der Durchsetzung des Buches bei Faber & Faber war Frank Morley. Jahre später beschrieb Morley Eliots Funktion in der Firma:

»Er hatte einen untrüglichen Instinkt für begabte Leute, doch kämpfte er nie für irgend jemanden. Ich kannte und beobachtete ihn so genau, daß, wenn er in seiner stillen Art jemanden zur Publikation empfahl, ich mich für ihn einsetzte und laut sein Loblied sang.«

Ein weiterer wichtiger Lektor der Firma, John Hayward, war eng mit Eliot befreundet und teilte das Büro mit ihm. So wurde das Manuskript schon mit sehr gewichtigen Empfehlungen zur Entscheidung vorgelegt. Doch der Vorstand war überzeugt, das Buch werde auf lange Zeit die Druckkosten nicht einbringen, und Befürchtungen wurden laut, das Buch könne verboten werden und damit beträchtlichen Verlust verursachen. Emily Coleman zerstreute diese Bedenken, indem sie flunkerte, der Zensor sei ein guter Freund von ihr.

Die Annahme kostete einen hohen Preis. Zunächst einmal mußte Eliot seine öffentliche Unterstützung durch ein Vorwort zusagen. Das war keine große Schwierigkeit, da er das Buch inzwischen mehrmals gelesen hatte und es immer höher schätzte. Doch Eliot mußte auch zustimmen, der Autorin keinen Vorschuß zu zahlen und die amerikanischen Rechte voll für Faber zu sichern, so daß der Verkauf der Rechte den erwarteten Verlust in England ausgleichen könne. Gegen diese Vorschläge konnte sich Barnes nur halbherzig wehren, da ihre erste Priorität war, das Buch überhaupt gedruckt zu sehen. Eliot hatte aber selber kein

Interesse, den Standpunkt seiner Firma durchzusetzen. Schließlich einigte man sich dahingehend, daß fünfundzwanzig Prozent an Faber gehen sollten.

Nachtgewächs bekam in England Traumkritiken, wenn auch das völlige Fehlen irgendeiner Erwähnung in der seriösen Tagespresse und den Sonntagszeitungen ebenso auffällig ist. Muir schrieb eine Rezension für den *Listener* (vom 28. Oktober 1936) und Dylan Thomas für *Light and Dark* (März 1937). Es gab keine einzige ernsthafte negative Kritik, obwohl einige Rezensenten nicht mit Eliots Einleitung einverstanden waren (die er später in *The Criterion* nachdruckte). Der *Spectator* (vom 27. November 1936) verglich *Nachtgewächs* mit dem Werk Virginia Woolfs und schrieb: »Es ist klar, daß sich uns hier eine wirklich wichtige Schriftstellerin vorgestellt hat.« Desmond Hawkins, der das Buch in *The New English Weekley* (vom 29. April 1937) besprach, urteilte: »Der Eindruck intensiver Dichte ist stärker als bei irgendeiner anderen Schriftstellerin dieses Jahrhunderts.« Selbst Peter Quennell, dessen Kritik die reservierteste war, nannte den Roman im *New Statesman* »in vielerlei Hinsicht eine äußerst bemerkenswerte Leistung«. Graham Greene schrieb in *The Tablet* (vom 14. November 1936):

»Eine kranke Gemütsverfassung mag in dieses Buch eingeflossen sein, doch in der zeitgenössischen Romanliteratur findet man nur selten überhaupt eine Spur einer geistig-seelischen Erfahrung, und die Sprache scheint mir an vielen Stellen die einer großen Dichterin.«

Der anonyme Kritiker des *Times Literary Supplement* hatte noch nie von Barnes gehört und war buchstäblich überwältigt von ihrem Buch: »Es ist ganz unmöglich, in nüchterner Prosa einen Eindruck von diesem außerordentlichen Erstlingsroman von Djuna Barnes zu vermitteln.«

Und ein Fensterputzer hatte *Nachtgewächs* gelesen und sagte Miss Barnes, er fände Rabelais besser.

Unmittelbar nach *Nachtgewächs* begann Barnes, Lyrik zu schreiben. Eliot sagte zu ihr, er wünschte, er könne Prosa so gut schreiben wie sie, drohte ihr aber sanft ein blaues Auge an, falls sie weiter darauf beharren sollte, zu dichten.

Nachtgewächs hätte eigentlich eines der Schlüsselwerke seiner Zeit werden sollen. Obwohl die Handlung und die geistige Krise, aus der heraus es entstand, sehr persönlich und speziell sind, spiegelt das im Roman vermittelte Bild einer in tiefer Krise erstarrten Welt doch auch den gesellschaftlichen und politischen Zustand der Zeit. Ist man mit dem Geist der dreißiger Jahre auch nur einigermaßen vertraut, dann ist ganz klar, daß *Nachtgewächs* trotz seiner hochartifiziellen Sprache und Attitüde (die sich übrigens, wiewohl in geringerem Maße, auch in vielen anderen Werken der Zeit finden) nicht nur das Thema lesbischer Liebe und Barnes' Privatleben behandelt, sondern auch eine Reaktion auf den Zeitgeist ist. Die elisabethanisch anmutende Leidenschaftlichkeit der Epoche ist ebenso vorhanden wie die Stimmung zu der Zeit, als zum ersten Mal Bakelit-Radios der ganzen Welt furchtbare Dinge verkündeten. Auch die plötzliche Attraktion, die der Katholizismus für so viele Künstler und Intellektuelle hatte, findet ein Echo. Diese Spuren der Zeitstimmung in *Nachtgewächs* sind bisher nicht genügend beachtet worden. Vieles im Roman erinnert an die »Realismen« in der Malerei der Zeit. Anders ausgedrückt, man kann *Nachtgewächs* als ein verbales Art-Deco-Gebilde mit tragischem Tenor betrachten oder auch als eine Art »Realismus auf der Flucht«, der die Form eines eigentümlichen, grotesken Neoklassizismus annimmt, auf unterschiedliche Weise leicht und schwer zugleich.

Obwohl *Nachtgewächs* also eines der Schlüsselwerke seiner Zeit hätte werden sollen, kam es nicht dazu. Zu einem gewissen Grad hat sicher Faber & Fabers zögerliche Publikationspolitik einen größeren Erfolg verhindert, doch wäre es unfair, allein den Verlag verantwortlich zu machen. 1937 wurde der Roman von Harcourt, Brace & Co. in Amerika herausgebracht und dort von der Presse durchaus stark beachtet, wenn auch die meisten Rezensionen negativ ausfielen. Eliots Einleitung stieß in Amerika weitgehend auf Ablehnung, und viele erklärten den Roman für unverständlich. Im *New York Herald Tribune* vom 20. März 1937 schrieb Lewis Gannett:

»Man mag es Dichtung nennen, man mag es Kaviar nennen – es ist tote Dichtung. In diesen Eiern pulst kein Leben. Es ist gotische Horrorliteratur, keine elisabethanische Tragödie.«

Diesmal waren es vor allem die seriösen Zeitschriften, mit Ausnahme der *New Republic*, die das Buch entweder übergingen oder verrissen. Der einzige wirkliche Fürsprecher war Clifton Fadiman im *New Yorker*. Philip Rahv in *New Masses* (vom 4. Mai 1937) war einer von denen, die Eliots Urteil geißelten und maliziös feststellten, der Roman enthalte nichts außer »jenen kleinen Schaudern der Dekadenz, die sich in gewissen exklusiven Kreisen von Intellektuellen und ihren Mäzenen entwickeln, Kreisen, in denen der wechselseitige Einfluß des gesellschaftlichen Verfalls und sexueller Perversion jedes Gefühls für echte Werte und die konkrete Welt der Dinge zerstört hat«.

Das Interesse war dennoch groß genug, der winzigen ersten Auflage eine zweite folgen zu lassen, doch hielten es die Verleger für klüger, die Einleitung wegzulassen. Trotz erster Anzeichen in England, daß das Buch ein Klassiker werden könnte, betrug die Gewinnabrechnung für Miss Barnes nach dem ersten halben Jahre £ 43/0/8 aus England und $ 350/23 aus Amerika.

Eliot tat sein Bestes, etwas mehr Geld für Barnes zu beschaffen, indem er einen raschen Folgeband vorschlug, ein Buch von und über ihre tote Freundin, die Baronin, doch Barnes mißfiel die Idee. Eliot mußte sich ständig gleichzeitig bei ihr entschuldigen und sie liebevoll tadeln. Monatelang versuchte er, sie dazu zu überreden, eine Einladung zum Essen anzunehmen, damit sie John Hayward kennenlernte. Barnes stimmte zu und überlegte es sich dann doch wieder anders. Eliot bemühte sich auch, André

Gide, den Barnes flüchtig aus Natalie Barneys Salon kannte, zu bewegen, eine Einleitung für die französische Übersetzung des Romans zu schreiben, doch Gide lehnte ab. Eliot sagte zu Barnes, eines Tages werde Gide vortreten und der Welt verkünden, er sei der erste gewesen, der den Wert des Romans erkannte. Eliot selbst muß sich auch in Amerika sehr für das Buch eingesetzt haben, denn er erzählte Barnes, die »geballte Intelligenz« von Harvard sei zur Zeit noch mit der heiklen Aufgabe beschäftigt herauszufinden, was von dem Buch zu halten sei.

Als Barnes nach Paris zurückkam, wohnte sie in einem kleinen Hotel bei St.-Sulpice (dort hatte sie auch schon an *Nachtgewächs* gearbeitet). In diesem Hotel, in dem auch S. lebte, allerdings in einem eigenen Zimmer, versuchte der Portier morgens um fünf Uhr sie zu vergewaltigen. Djuna, äußerst schwach und schluchzend, jagte ihn hinaus in die Halle und weckte alle auf. Er behauptete kühl, sie sei betrunken und habe alles erfunden. Sie war noch in Paris, als die Besetzung begann. Über diese Zeit gibt es nur ein paar versteckte Andeutungen in einigen Briefen von Hoare aus England aus dem Jahre 1939, die auf gewisse traumatische Ereignisse in Barnes' Leben hindeuten. In *Ich habe alles gelebt* schildert Peggy Guggenheim, wie Djuna, in eine Decke aus Marabufedern gewickelt, die Peggy gehörte, am Fußende ihres Bettes kauerte und zu ihr sagte: »Die Bomben werden uns treffen, auch wenn wir in Federn gehüllt sind.« Guggenheim erinnert sich an ein gefrorenes, leeres Lächeln auf Barnes' Gesicht, während sie heftig an den Fingernägeln kaute. Peggy hatte geplant, mit Djuna und den Kindern nach Irland zu gehen. Aber Djuna bekam einen ihrer Zusammenbrüche und mußte in eine Klinik. Ausgerechnet diesen Moment suchte Peggy sich aus, um ihr jegliche finanzielle Unterstützung zu entziehen, und ihr zu sagen, sie müsse jetzt lernen, auf eigenen Füßen zu stehen. Als die deutsche Besetzung begann, gelang es Emily, Djuna ausfindig zu machen und rechtzeitig aus der Klinik herauszuholen. Peggy bekam Gewissensbisse und bezahlte die Fahrkarte, und Djuna wurde in furchtbarem Zustand auf ein Schiff nach Amerika gebracht. Ihr einziger überlieferter Kommentar über den Krieg war höchst verschlüsselt: Fassungslos über das, was aus der deutschen Kultur geworden war, schickte sie Hoare ein Buch über ihren Lieblingskomponisten Mozart. Kurz bevor sie Frankreich verließ, bekam sie einen anrührenden Brief von Hoare, in dem er sie beschwor: »Selbst wenn Du krank bist und alles so düster ist, wie es scheint, vergiß nicht, daß Du Djuna Barnes bist und mehr wert als fünfzig gesunde Nullen.«

VII

Ab 1940 war ihr Gesundheitszustand schlecht. Die Jahre, in denen sie stark geraucht und getrunken hatte, waren nicht spurlos vorübergegangen. Die Asthmaanfälle schwächten sie jetzt ernstlich. Das Familienerbe an robuster Gesundheit und Langlebigkeit, besonders von der Budingtonschen Seite her, wo etliche ihrer Vorfahren bei guter Gesundheit über neunzig Jahre alt geworden waren, war arg strapaziert worden.

Das Jahrzehnt zwischen 1940 und 1950 scheint nach allen zur Verfügung stehenden Quellen und etlichen brieflichen Kommentaren von ihrer eigenen Hand eine besonders düstere Phase in Barnes' Lebens gewesen zu sein. Bevor sie zu ihrer Mutter in die East Fifty-fourth Street zog, hatte sie eine Wohnung, in der es nur kaltes Wasser gab und die ständig von Kaminrauch verqualmt war. Wenn sie nachts wach wurde, hatten sich gelegentlich Mäuse in ihre Halsbeuge gekuschelt.

Sie hatte eine ganz kurze Affäre mit dem Lektor Peter Neagoe, der 1932 die bekannte Anthologie *Americans Abroad* zusammengestellt hatte, doch Neagoe selbst sagte ihr, sie interessiere sich nur für ihn, weil bei der Edition ein kleines bißchen europäischer Staub an ihm hängengeblieben sei.

Kurz nach ihrer Rückkehr nach Amerika besuchte sie Emily in

Arizona. Sonst gab es niemanden, dem sie willkommen gewesen wäre. Emily, die immer für eine Überraschung gut war, hatte einen Cowboy namens Jake geheiratet. Djuna schrieb ihr, der Name erstaune sie, und es sei vielleicht keine schlechte Idee, ihn zu ändern.* Als sie dort war, behagte ihr weder die Situation noch die Gegend. Arizona kam ihr vor wie ein verlassener Hinterhof voll blinder Pferde. Jake, wie sich herausstellte, wußte nicht, was eine Lesbierin ist. Über die Menschen, denen sie dort begegnete, sagte sie: »Sie sind völlig anders als alles, was man kennt.« Ein paar Tage lang saß sie, fest in ihren Mantel gewickelt, auf der staubigen Veranda und beobachtete, wie Emilys und Jakes Ehe in die Brüche ging.

Die dreitägige Zugfahrt nach Arizona war todlangweilig gewesen, und Barnes war – nach Emilys Zeugnis – auf dem Bahnhof in Holbrook mit einem leichten Kater ausgestiegen. Jake konnte sie auf den ersten Blick nicht leiden. Emily war in einer ihrer aufgedrehten Phasen. Sie versuchte, Peggys Rolle der umsichtigen Gastgeberin zu spielen, aber es fehlten ihr Peggys Hilfstruppen an Personal, und außerdem lag ihr die Rolle nicht. Als die Spannung zwischen Jake und Djuna in Concho stieg, wurde Emily immer unerträglicher und schließlich sogar gewalttätig, bis Jake und Djuna es nicht mehr mit ihr aushalten konnten. Jake ging. Emily geriet völlig außer sich. Dann ging Djuna, und Jake kam zurück. Emily sah in dem mißlungenen Arizona-Abenteuer die Ursache des Bruchs zwischen sich und Djuna. Die Tatsache, daß Djuna sich geweigert hatte zu trinken, war ihrer Ansicht nach ein Zeichen, daß Djunas geistige Fähigkeiten gelitten hatten, und das habe einen Schatten auf ihren Besuch geworfen. Emily empfand Barnes' Gegenwart in dem Farmhaus als sehr beklemmend; Barnes nannte es »das Scheißhaus-auf-einem-fernen-Hügel«.

Djuna Barnes wäre niemands idealer Hausgast gewesen, doch an diesem Desaster war Emily mindestens mitschuldig. In einem Augenblick des Zorns hatte sie Barnes angefahren: »Mit *Nacht-*

* »Jake« bedeutet auch Bauerntrampel. [A. d. Ü.]

gewächs kann man nicht LEBEN!« Und dann verschlimmerte sie den Affront noch, indem sie Barnes' Werk mit Henry Millers verglich. Das hatte sie schon früher getan und wußte genau, daß es Barnes in Wut bringen würde. Djuna verzieh Emily die Ereignisse in Arizona nie. An Bob McAlmon schrieb sie, nichts in ihrem Leben sei so furchtbar gewesen wie dieser Besuch, und sie könne geradezu ins Schwärmen geraten, wenn sie an dieses Grauen denke.

Als Djuna wieder in New York war, schickte Emily Charles Ford für seine Zeitschrift *Blues* einen Artikel, den sie über *Nachtgewächs* geschrieben hatte. Emily hielt diesen Artikel für eine ihrer wichtigsten Arbeiten überhaupt. Der religiöse Aspekt des Romans wurde darin stark hervorgehoben. Charles zeigte den Artikel Djuna, der er nicht gefiel. Ohne Emily zu fragen, kürzte sie ihn an etlichen Stellen, so daß Emily, als sie davon erfuhr, einen neuen Wutanfall bekam. Jemand machte den Vorschlag, Edmund Wilson als Schiedsrichter einzuschalten, doch Emily lehnte ihn mit der Begründung ab, er sei Atheist und Marxist. Das Ergebnis war, daß der Artikel überhaupt nicht erschien. Emily verzieh das Djuna nie.

In New York bekam Djuna durch einen glücklichen Zufall im September 1940 eine preiswerte Anderthalb-Zimmer-Wohnung in Patchin Place. Sie lag in der Nähe des Jefferson Market Gerichtsgebäudes und des Frauengefängnisses und sollte für einundvierzig Jahre ihr Zuhause werden.

1944 erlebte sie eine kurze Phase freudiger Erregung, als ihre Bilder in der Galerie ausgestellt wurden, die Peggy Guggenheim in New York eröffnet hatte. Doch keines der Bilder wurde verkauft, und sie hörte auf zu malen. Noch einmal kam Djuna in Berührung mit dem komplizierten Leben Peggys, die in einer riesigen Wohnung, die sich über zwei Stockwerke erstreckte, Krieg mit einem neuen Liebhaber führte. Barnes ging jetzt noch weniger aus als in Paris oder London, wo es selten genug vorgekommen war. Doch hatte sie im White Horse und in anderen Kneipen im Village für den Fall der Fälle einen regelmäßigen Zechgenossen, einen englischen Journalisten namens Peter Jack.

Ihrer Familie gegenüber empfand sie nun nur noch Abscheu. Sie erzählte Emily, im März 1940 habe sie am ganzen Körper blaue Flecken davongetragen, als man sie mit Gewalt in ein Sanatorium brachte. Sie blieb nicht lange dort, behauptete aber, die Familie drohe, sie zurückzubringen, falls sie nicht spure. Der einzige Lichtblick in diesem ganzen Jahrzehnt waren ihre Korrespondenz und gelegentliche Treffen mit Eliot. Diese Freundschaft, wenn auch immer eine auf Distanz, war wichtig für beide. Einmal, als Eliot sich für eine der zahlreichen unbeabsichtigten Kränkungen entschuldigte, die ihm unterliefen, sagte er zur Erklärung, sie seien beide hochnervöse und scheue Menschen, die sich ständig einbildeten, der andere sei gerade furchtbar aufgebracht und verunsichert. Willa Muir fiel auf, welche Veränderung mit Eliot vorging, wenn er mit Barnes zusammen war. Sie meinte, die lockere, warme und freundschaftliche Art, in der Barnes mit ihm umging, habe ihn dazu gebracht, mit gleicher leichter Fröhlichkeit zu reagieren, wie sie es noch nie vorher bei ihm erlebt hatte: »In ihrer Gesellschaft schien Eliot etwas von seinem englischen Reglement abzuschütteln und wieder mehr zum Amerikaner zu werden.« Die beiden schön gerahmten Fotos, die in den sechziger Jahren den Ehrenplatz auf Eliots Schreibtisch in seinem Büro am Russell Square einnahmen, zeigten Groucho Marx und Djuna Barnes.

Eliot war ernstlich besorgt über ihre Zukunft in Amerika. Ohne daß er oder Emily Coleman bei der Hand waren, sah er nicht, wer ihr Arbeit hätte beschaffen, sie drucken oder ihre Werke hätte verkaufen können. Vorübergehend dachte er daran, ihr in London O. W. 1 eine Stellung zu besorgen, erkannte aber selbst das Unpassende dieser Idee. Barnes spielte ständig mit dem Gedanken an eine Rückkehr nach England, doch Geldmangel und das feuchte englische Klima hielten sie ab. Eliot, der in einem möblierten Zimmer in Kensington wohnte, schilderte ihr die vielfältigen Schwierigkeiten des Lebens im Nachkriegsengland. Jetzt, da mit der Gefahr der Hauch des Romantischen verflogen war, sei es nur noch grau und mühselig bei spärlicher Heizung, nicht genug zu essen und einer Bürokratie, die sich in buchstäblich alles einmische. Und er warnte sie, im Augenblick auch nicht an eine Rückkehr nach Frankreich zu denken, selbst wenn es bei oberflächlicher Betrachtung drüben auf dem Kontinent vielleicht etwas besser aussähe.

Eliot sollte seine Schilderungen der Zustände in England bald bedauern, denn das Ergebnis war, daß Barnes ihm von Gristedes Lebensmittelpakete schicken ließ, während sie, wie er mit Recht argwöhnte, selbst große Schwierigkeiten hatte, sich das Lebensnotwendige zu besorgen. Er versuchte sehr streng, sie davon abzubringen, aber sie wollte nicht hören. Als Gegenleistung bezahlte er die Lagergebühren für ihre in England verbliebenen Habseligkeiten und mehrere Jahre lang auch ihre Zeitschriftenabonnements. Dabei war es für ihn, wie er ihr gestand, bitter, auch ihr Abonnement des *New Statesman* aufrechtzuerhalten, hatte er doch selbst das Blatt fünfundzwanzig Jahre lang geflissentlich gemieden. Eliot ließ es sich auch nicht nehmen, eine seiner eigenen Lieblingszeitschriften für sie zu bestellen, *Time and Tide*, aber Barnes fand sie sehr seltsam und war später, als einmal die Rede darauf kam, froh über die Gelegenheit, ihn bitten zu können, sie gegen *Encounter* einzutauschen.

Die meisten seiner Briefe begannen mit »Liebste Djuna«, und viele schlossen mit gefühlvollen Wendungen wie »Dein ergebener« oder »in Liebe, ob Du sie nimmst oder nicht«. In einem Brief vom 23. Juli 1945 bezeichnete er sie als das größte lebende Genie, und sie ihrerseits unterzeichnete einen Brief, ganz untypisch, mit »in Liebe und mit einer Umarmung«. Trotzdem sagte sie noch immer zu Freunden, die Einleitung zu *Nachtgewächs* sei nur akzeptabel, weil sie von Eliot stamme. Im Mai 1949 schrieb sie an Eliot, er selbst, ihr Roman und sein Vorwort seien die einzigen drei Dinge, die ihr in den letzten zwölf Jahren Freude bereitet hätten.

Djuna verdächtigte Emily, sie streue das Gerücht aus, etwas mit der Entstehung von *Nachtgewächs* zu tun gehabt zu haben. Eliot versuchte, Djuna zu beruhigen, indem er sie daran erinnerte, daß Emily ihm den Roman praktisch aufgezwungen hatte und voller Hochachtung für Djunas Genie sei. Er beteuerte, ihm gegenüber habe Emily ganz bestimmt nie behauptet, mehr mit dem Roman zu tun gehabt zu haben, als sich für ihn einzusetzen.

Djuna fühlte sich unter Druck und herabgesetzt, auch durch ihre Mutter, die ebenfalls dichtete und zu Marion Bouché gesagt hatte, sie könne besser schreiben als Djuna. Djuna fand, ihre Mutter halte sich selbst für ein Wunder und für über jeden Tadel erhaben.

1945 sollte Miss Barnes im Poetry Centre einen Vortrag über James Joyce halten, sagte aber ab. In New York tat sie eigentlich gar nichts, um ihre literarische Karriere zu fördern. Gegenüber Mina Loy äußerte sie, Trägheit und Passivität hielten sie gefangen. Eliot versuchte weiter, was er konnte, um eine Geldquelle für sie zu erschließen, aber er war nicht sehr energisch, und es war auch nicht einfach, besonders in seinem Verlag. Anfangs lehnte sie seine Idee ab, *Ryder* und *Ladies Almanach* neu herauszubringen, während Eliot den Standpunkt vertrat, es seien frühe Scharmützel in ihrer literarischen Karriere gewesen, und warum solle man sie nicht neu auflegen? Später, als sie dann von sich aus wollte, Faber solle ihre Kurzgeschichten neu herausbringen, entschied der Verlag sich mit der Begründung dagegen, das würde wahrscheinlich ihren Ruf in England nicht weiter fördern. Barnes war wütend. 1947 teilte man ihr mit, *Nachtgewächs* solle ins Französische übersetzt werden, vorausgesetzt sie sei bereit, die letzten beiden Seiten zu streichen; denn die bloße Vorstellung, ein Mädchen und ein Hund könnten sich in einer Kirche derartig betragen, würde die französischen Leser vor den Kopf stoßen. Eliot meinte, der Vorschlag sei wohlwollende Überlegung wert, solange die Übersetzung gut sei und die Franzosen anständig zahlten. Als Barnes mit ihrem neuen amerikanischen Verlag, New Directions, völlig unzufrieden war, ließ sie einen Teil ihres Mißfallens an Eliot aus, denn er war es gewesen, der ihr geraten hatte, von Harcourt, Brace wegzugehen. In jenen Jahren schienen dem Einfluß von Eliots literarischem Stern keine Grenzen gesetzt; und *Nacht-*

gewächs schien seinen Platz als Kultbuch auf alle Zeiten gefunden zu haben.

Das wichtigste Erlebnis für Barnes in den vierziger Jahren war der Tod ihrer Mutter 1945. Jetzt konnte sie sich dieser Geschichte stellen und sie erzählen. Elizabeth Chappell hatte gesagt, daß ihre Kinder noch lebten, sei für sie wie eine Kette von Schlangen um ihren Hals. Djuna sah ihre Mutter als eine Königin Lear, die zwischendurch Pausen einlegte, um ihr Passagen aus Mary Baker Eddy vorzulesen. Djuna traute ihr die Fähigkeiten einer Teufelin zu. Elizabeth ihrerseits sagte, Djuna sei voller Selbstmitleid – das sei das verdammte Barnes-Ego.

Die Idee hatte seit Jahren in ihr gegärt. Die Geschichte sollte als poetisches Drama erzählt werden, wenigstens zum Teil, denn jetzt war es Eliot, auf den Barnes bewundernd schaute, wie einst auf Joyce. Sie begann die Arbeit an ihrem Stück 1947–48 und gestand Eliot (am 16. September 1948), sie habe keine Ahnung, wie man Handlung in ein Stück hineinbringt. Das war bei allem, was Barnes schrieb, das Hauptproblem. Die Grundsituation von *Antiphon* (der Ausdruck paßt besser als »Handlung«) ist Eliots *Familientag* nachgebildet, den Barnes kennenlernte, bevor sie England verließ.

VIII

Nach einer Sendung, die sie 1950 im Radio gehört hatte, gab sie für immer das Trinken auf. Doch ihr Asthma ging im Laufe dieses Jahrzehnts in ein Emphysem über, so daß sie manchmal fast gar keine Luft mehr bekam und immer Sauerstoffzylinder in ihrem Zimmer bereithalten mußte. Nachts schlief sie das ganze Jahr über bei offenem Fenster. Einmal rettete ihr diese Gewohnheit das Leben, als der mit Gas betriebene Kühlschrank kaputtging; sie wäre sonst erstickt. Von 1949 bis 1954 war ihr Arbeitszimmer, einschließlich des Fußbodens buchstäblich von Zetteln und Bruchstücken des Dramas, an dem sie arbeitete, übersät. Eliot, der ihre Arbeitsgewohnheit von einem Besuch im Jahre 1952 kannte, schrieb ihr während der Phase, als sie den endgültigen Text zum Tippen zusammenstellte, er könne sich gut vorstellen, wie sie nach alten Blättern unterm Bett, unterm Teppich oder hinter Bildern suchte und sich dann fragte, an welche Stelle sie wohl gehörten.

Im Oktober 1949 fiel sie über ein dickes französisches Lexikon. Sie verrenkte sich ernstlich das Rückgrat und brach sich ein paar Rippen. Ihre Knie, ihre Fußknöchel und ihre Balance waren Schwachpunkte, und mindestens viermal kam sie im Straßenverkehr beinahe unter die Räder. Man vermutete Probleme mit dem Innenohr. Als Peggy Guggenheim 1950 anbot, ihr die Überfahrt für eine Europareise (London, Paris und Venedig) auf der Queen Mary zu bezahlen, mußte ein Arzt erst seine ausdrückliche Erlaubnis geben. Nach ihrer Rückkehr, im Juni 1951, stürzte sie so schwer, daß sie sich einen doppelten Wirbelbruch zuzog. Etwas mehr als ein Jahr später, im September 1952, fiel sie noch einmal und brach sich einen Arm. An ihrer finanziellen Not in jenen Jahren waren vor allem die Arztrechnungen schuld, denn sie aß nie sehr viel, auch nicht in ihren besten Phasen, kaufte kaum je neue Kleidung und las nur in der öffentlichen Bücherei. Zu alledem hatte sie auch noch Probleme mit ihren Zähnen und mußte Bob McAlmon um einen Zuschuß bitten, um die Zahnarztrechnungen bezahlen zu können. Kurz bevor sie Paris verließ, hatte sie bei einem Taxiunfall einige Zähne eingebüßt. Vor einer Zahnprothese hatte sie immer einen Horror gehabt, und die Kosten dafür, 375 Dollar, waren einfach unvorstellbar.

Barnes hatte vorgehabt, *Antiphon* 1951 zu vollenden, doch die erste Schlußversion war erst Mitte Juli 1954 fertig. Sie ließ das Manuskript für zweiundsechzig Dollar tippen und schickte es Eliot. Es folgte ein unbehagliches Schweigen von mehreren Wochen. Ende August schrieb er schließlich, er habe mit seinem Brief gewartet, bis er mit der Lektüre fertig sei. Jetzt habe er das

Stück gelesen, könne aber noch immer nicht viel sagen, weil er es so schwierig und verrätselt fände. Er gab das Stück an andere Lektoren, und es vergingen fast vier weitere Monate. Im Ganzen lasen sieben Lektoren das Drama, eine sehr hohe Zahl, und die Reaktionen reichten von Begeisterung bis zu völliger Ratlosigkeit. Eliot selbst hatte noch immer Schwierigkeiten, wie er reagieren sollte. Sein Ausweg war, zu den ersten beiden Akten gar nichts zu sagen und sich auf den Schlußakt zu konzentrieren. In ihm, formulierte er, finde eine Art verbale Atomspaltung statt, die ungeheure Energie freisetze. Das war vorsichtig und zweideutig, und obwohl sich Eliots Meinung – wie bei *Nachtgewächs* – allmählich besserte, ging er doch nie weiter, als den dritten Akt hoch zu loben. Zwei Sätze, die er für den Klappentext schrieb, sind ganz ungewöhnlich für ihn, spiegeln aber vermutlich seine Gefühle ehrlich wieder:

»Für Leute mit konventionellen Geschmack wird *Antiphon* noch schockierender sein – oder wäre es, wenn sie es verstehen könnten – und noch ermüdender – weil sie es eben nicht verstehen werden – als *Nachtgewächs*. Über Miss Barnes, die unbestreitbar eine der originellsten Schriftstellerinnen unserer Zeit ist, könnte man sagen, daß noch nie so viel Genie mit so wenig Talent gepaart war.«

Miss Barnes protestierte, dieser Ausrutscher Eliots sei ein Totengeläut für das Stück, und wandte ein, sie habe immer geglaubt, diese Art Texte sollten ein Buch fördern.

Einer der sieben, die das Stück als Lektoren lasen, war Edwin Muir, der sich als ihr treuester Fürsprecher erweisen sollte. Er hatte ihr Werk seit zwanzig Jahren gepriesen, lernte sie aber, abgesehen von einer kurzen Begegnung 1936 oder 1937 in London, erst richtig kennen als Eliots Abgesandter, der mit ihr die redaktionelle Arbeit an *Antiphon* machen sollte. Im Ganzen trafen sich Muir und Barnes drei- oder viermal. Er war zu dieser Zeit Gastprofessor für Lyrik in Harvard. Muir und seine Frau waren im Februar 1956 in New York, und er besuchte Barnes nachmittags, um mit ihr die umfangreichen Notizen zu besprechen, die er sich zu ihrem Manuskript gemacht hatte. Miss Barnes' Asthma war gerade so schlimm, daß sie buchstäblich das Zimmer nicht verlassen konnte. Wie er mit einem glühenden Loblied nach der Publikation bewies, liebte Muir das Stück.

Bei der Bearbeitung gab er sich mit dem zweiten und dritten Akt mit der vorhandenen Fassung zufrieden und konzentrierte sich darauf, den ersten etwas zu kürzen. Er fand ihn zu »geschäftig statisch«, ein Kommentar, der Barnes, wie sie Eliot berichtete, sehr gefiel. Barnes und Muir arbeiteten gut zusammen, und sie beherzigte viele seiner Kommentare, ob er sie ihr nun vor dem Treffen geschrieben hatte oder erst während der Arbeitssitzungen abgab. Auf dieser Grundlage nahm Barnes umfangreiche Umstrukturierungen des Dramas vor. Sie ließ nichts von dem außer acht, was er gesagt hatte, und wenn sie Passagen, die er zur Streichung empfohlen hatte, nicht ganz herausnahm, kürzte sie sie zumindest um ein paar Zeilen, stellte um und korrigierte. Muirs Lektoratsarbeit half, doch es reichte nicht, um das Zögern auf seiten von Eliot und Faber & Faber zu überwinden. Weil er inzwischen der »Nobelpreisträger T. S. Eliot« war, würde *Antiphon* auf jeden Fall erscheinen, doch – soviel war klar – mehr um Djuna Barnes' als um des Stückes willen. Eliot machte Barnes sanfte Vorwürfe, daß sie nicht alle von Muir vorgeschlagenen Streichungen befolgte. Doch sie erinnerte ihn an seine ursprüngliche Meinung über *Nachtgewächs*.

Muir glaubte eine gute Chance zu sehen, wie er Eliot umstimmen könnte, und ergriff sie beim Schopf. Der Schachzug erwies sich zwar als katastrophaler Mißgriff, doch die Vorbereitungen zur Publikation liefen davon unberührt weiter.

Muir wußte, daß Eliot in einigen Monaten in die Vereinigten Staaten kommen würde, und so leitete er eine einmalige »Konzert-Lesung« von *Antiphon* durch die Poets' Theatre Company in die Wege. Sie fand am 25. Mai 1956 im Phillips House von Harvard statt. Am 17. April trafen sich Eliot und Barnes, um am Manuskript zu arbeiten. Zu Beginn des Monats hatte sie eine Kopie fertig und schickte sie an das Poets' Theatre, damit dort die Leseexemplare für die Schauspieler vervielfältigt werden konnten. Barnes und Eliot fuhren gemeinsam nach Boston. Als Miss Barnes eine Schauspielerin vorgestellt wurde, die die Miranda lesen sollte, schrie sie auf. Als ihr eine andere vorgeschlagen wurde, war ihre Reaktion fast genauso heftig, weil die Frau korpulent war. Auch die Rolle der Augusta sollte von einer ziemlich schwergewichtigen Dame gelesen werden. Für Miss Barnes war Magerkeit das Höchste, und die Schauspielerin sollte nach ihrer Vorstellung mindestens so aussehen wie Edith Sitwell im Damensitz auf einem Seepferd. (Barnes hatte Sitwell durch Tschelitschew kennengelernt und sich mit ihr angefreundet. Eine der wenigen Gelegenheiten, bei denen sie in New York ausging, war ein Abendessen mit Sitwell vor mehreren Jahren gewesen.)

Letztlich kam es gar nicht so sehr darauf an, wer was las, denn die Lesung fand ohne Probe statt, und es war ganz offensichtlich, daß keiner der Lesenden wußte, was in dem Stück eigentlich vor sich ging. Wo Barnes einen stillen Konflikt voll innerer Spannung zeigen wollte, polterten sie, schnauzten und gifteten. Oft konnten sie ihren Text nicht auf verständliche Weise lesen. Sie unterbrachen sich sogar, um Miss Barnes mitten in der Lesung etwas zu fragen. Eliot, Barnes und Muir hatten Phillips Brooks House in heiterer und gelöster Stimmung betreten, doch jetzt während der Lesung überkam sie ein Gefühl von Verhängnis. Mit jeder Erklärung, nach der gefragt wurde, wurde Miss Barnes erboster; mit zusammengebissenen Zähnen flüsterte sie mit Eliot, während auf der anderen Seite Muir und seine Frau sich unbehaglich auf ihren Stühlen wanden. Hinter ihnen saß I. A. Richards. Barnes trug einen weißen Turban, der etwas schräg saß und in der ganzen peinlichen Situation wie der lockere Kopfverband über einer Kriegsverletzung wirkte.

Die Lesung hatte immerhin das eine Gute, daß Barnes jetzt von der Notwendigkeit überzeugt war, den Text zu vereinfachen. Schließlich hatte sie in ihrer Jugend kurze Stücke geschrieben und kannte sehr wohl den großen Unterschied zwischen dem geschriebenen und dem gesprochenen Wort. So glättete sie manche schwierige Zeile und kürzte das ganze Drama noch einmal um etwa zwanzig Seiten.

Antiphon erschien in England im Januar 1958, und die amerikanische Ausgabe, herausgegeben von Farrar, Straus & Cudahy, kam noch im selben Jahr heraus (ebenfalls auf Druck der kleinen Clique von Barnes' einflußreichen englischen Freunden).

Die beiden besten Kritiken, die das Stück in England erhielt, waren die von Kathleen Raine im *New Statesman* (8. Februar 1958) und die anonym erschienene von James Burns Singer im *Times Literary Supplement* (vom 4. April 1958). Raine bewunderte Barnes, konnte sich aber dennoch mit dem Stück nicht anfreunden. Doch ordnete sie Barnes als Schriftstellerin mit bemerkenswertem Scharfsinn richtig ein:

»Man kann sagen, daß Djuna Barnes im gleichen Verhältnis zum frühen Eliot steht wie Samuel Beckett zu Joyce. Das Auftreten zweier so bemerkenswerter Schriftsteller, die sich spät entfalteten und deren Blüte jetzt in eine andere Welt fällt, sollten uns wenigstens daran erinnern, welche erstaunliche Veränderung der Sprache in den zwanziger Jahren unternommen und erreicht wurde; und Djuna Barnes schreibt nicht nur den Stil ihrer Zeit, sie half mit, ihn zu prägen.«

Was *Antiphon* selbst anging, so wies Raine auf einen Mangel an Lebendigkeit bei allen Figuren hin, und zu der Überfrachtung der Sprache sagte sie: »Nur in Amerika ist eine Sprache noch möglich, die zugleich so makaber und so aristokratisch ist.« Singers Rezension (von der Miss Barnes eine Zeitlang glaubte, sie stamme von Muir) stellt fest, *Antiphon* sei eine künstliche Mischung verschiedener Genres und Stile, griechische und jakobinische Tragödie, moderne Pantomime, Drama und Gedicht. Singer lobt vor allem ihre Sprache und endet mit der kurios eingeschränkten Feststellung, Djuna Barnes gebühre der erste Platz unter den Frauen, die in englischer Sprache Verse geschrieben hätten. In den Augen einiger Exzentriker. Aber abgesehen von diesen beiden wichtigsten Kritiken, wurde das Stück in England entweder übergangen oder nur flüchtig in Sammelrezensionen erwähnt.

Auch die besten amerikanischen Kritiken konzentrierten sich ganz auf die sprachliche Qualität des Stücks. Im *New York Times Book Review* vom 20. April 1958 sah der große alte Mann der amerikanischen Altphilologie, Dudley Fitts, Barnes' Drama als ein Werk mit »dichterischen Augenblicken und wahrhaft aufwühlend«, hatte aber dennoch ernste Einwände. Richard Eberhart im *Virginia Quarterly Review* (Herbst 1958) nannte ihre poetische Sprache außerordentlich, und Howard Nemerow sah im *Northwest Review* (Sommer 1958) das Stück als eine tiefernste Parodie, in der es um das »Aufbrechen von Oberflächen« gehe. In einer weiteren positiven Besprechung konstatierte die Lyrikerin Marie Ponsot als erste die Kontinuität der Charaktere von Julie in *Ryder* über Nora in *Nachtgewächs* zu Miranda in *Antiphon*. Ponsot sah alle drei als Portrait einer einzigen Frau, die von einem Werk zum anderen älter wird, und sprach von Barnes' Bemühungen, ihre persönliche trostlose Sicht in eine universelle Botschaft umzuwandeln.

Die problematische Seite des Stücks kommt am besten in einigen der intelligentesten negativen Kritiken heraus. So nannte Lionel Abel es im *Partisan Review* (Sommer 1958) ein Rätsel, auf das ein Licht zu werfen sehr schwer werden würde. Austin Clarke billigte Barnes eine Begabung für intensive Bilder zu, sah aber gerade in dieser Stärke auch eine Schwäche: »Indem sie ihre Zeilen mit irrelevanter Metaphorik überfrachtet, verfällt sie in den gleichen Fehler wie Beddoes, Darley, Wells und andere ›neoelisabethanische‹ Dramatiker des frühen neunzehnten Jahrhunderts.« Am heftigsten beklagte sich ein anonymer Kritiker im *Listener* über seine Verwirrung:

»Miss Barnes' jüngstes Werk liest sich wie *Der Familientag* in einer Bearbeitung von Christopher Fry, nachdem er Ivy Compton-Burnett studiert hat. Das soll kein Witz sein: dem überaus dunklen Sinn dieses Stücks näher zu kommen ist wirklich kaum möglich.«

Das Stück in seiner gedruckten Fassung ist unverständlich, und trotz des hohen Lobs, das die Autorin im *Times Literary Supplement* bekam, ging von *Antiphon* keinerlei Wirkung aus, außer auf ein paar wenige Dichter. Die Verkaufszahlen sowohl in England wie in Amerika waren kläglich.

Miss Barnes verriet unfreiwillig, bis zu welchem Grad sie selber und ganz bewußt schuld war an der Unverständlichkeit des Stücks, als sie Muir zu der Kritik im *Times Literary Supplement* schrieb, sie sei erstaunt, daß der Rezensent einige Dinge herausgefunden habe, die sie »meinte, verschleiert zu haben«. Man kann also Eliot und Muir keinen wirklichen Vorwurf machen, die versuchten, die Rolle Pounds für ihr *Wüstes Land* zu übernehmen (Barnes machte freilich Eliot für die Zeichensetzung verantwortlich, die er versprochen hatte, vor dem Druck zu korrigieren). Keiner von beiden konnte mehr als der wohlwollendste Kritiker ahnen, was wirklich in dem Stück vor sich ging. Traurig ist, daß das Material, das dem Drama Sinn und Klarheit hätte geben können, wohl vorhanden ist, aber nur in den gestrichenen Teilen. Hätte Muir die Geschichte gekannt und auf ihre klarere Herausarbeitung gedrungen, hätte die Rezeption von *Antiphon* ganz anders ausfallen können.

In der im Druck vorliegenden Fassung ist *Antiphon* wie eine unbekannte Oper, gesungen in einer fremden Sprache. Man mag vielleicht die Leidenschaftlichkeit bewundern, doch nur aus der Distanz. Ist jedoch der Leser oder Zuschauer mit der Geschichte wohlvertraut, an die sich die ganze Familie im Stück lebhaft, wenn auch in verschlüsselter Form erinnert und die im wesentlichen die Geschichte aus *Ryder* ist, rückwärts gesehen von einem Zeitpunkt lange nach dem Tod des Vaters, dann lichtet sich das

Dunkel weitgehend, und die Kraft des Stücks wächst um ein Vielfaches. Wenn dem Leser die Geschichte wohlbekannt ist – und nur dann –, spricht der lose geknüpfte, klingende Shakespearevers von *Antiphon* eine klare Sprache:

AUGUSTA
Vorbei! Vorbei! Ausgeworfen und schwindend
Wie ein Wasserring von einem Stein läuft,
Der auf eine Missetat geschleudert ward; vergessen.
Ich überlaß den ganzen Fang der Auferstehung.
MIRANDA
Das sagst du? Glaubst du nicht,
Daß es in diesem Graben ein Geraufe geben wird?
Und willst du dieses ›Monstrum‹ wieder aufrichten?
Du, die meinen letzten Atemzug wegatmen würde
Vom verräterischen Spiegelglas, um in den Hunger
Von meines Bruders Mund zu blasen,
Der auf einem Marktplatz feilscht?
Ja, beim ersten Posaunenstoß des nahenden Gerichts
Wirst du brüllend aus den Galeeren der Toten stürzen –
Die eingezognen Ruderarme ans Skelett gebunden –
Und schrein: ›*J'accuse!*‹, mich an den Haaren schleifen
Und angstvoll zetern: ›Die hier darf nicht auferstehn!
Schuldig ist sie, soll sie an der Schuld zugrunde gehn!‹
Und den Käfig deines Bauches schlagen,
Von wo ich mich abgestoßen habe;
Und wirst rasend springen und auszählen, welches meiner Haare
An der Wurzel vor den Richterstuhl gezogen werden soll.
AUGUSTA
Mutter Gottes!
MIRANDA
Ganz und gar nicht.

Man kann den Standpunkt verfechten – und das war Miss Barnes' Meinung –, daß *Antiphon* in vielerlei Hinsicht ihr bestes Werk ist, trotz der Dunkelheit des Sinns. Der Text und die gestrichenen Zeilen sind vorhanden, und es wäre eine schöne Aufgabe für einen begabten künftigen Herausgeber, einen neuen Text zusammenzustellen, der direkt spricht anstatt versteckt. Das ließe sich verhältnismäßig einfach machen, und zwar ausschließlich mit Zeilen, die Barnes selbst geschrieben hat.

Antiphon mit dem Duell zwischen Mutter und Tochter stellt den innersten Wirbel von Barnes' Gefühlen dar. Zu einem der Entwürfe gehörte ein einfaches und starkes Motto: »Diese meine Geschichte, das Schreien einer Frau und eines Hundes.« (Einmal hat sie in ein Exemplar von *Nachtgewächs* geschrieben: »Erinnerungen eines jungen Hundes«.)

Das Stück ließ viele Freunde zu Ausreden greifen. Einer entschuldigte sich mit schlechten Augen, ein zweiter machte außer schwachem Augenlicht auch noch Schwerhörigkeit geltend, so daß auch Vorlesen ausgeschlossen war. Woanders herrschte die Grippe, oder ein Todesfall hatte sich in der Familie ereignet. Drei bestätigten geschickt umgehend den Eingang des Buches und versprachen, es sofort zu lesen, um dann nie mehr davon zu sprechen. Peggy sagte geradeheraus, daß sie nichts verstünde. Emily war am schlimmsten – sie lehnte das Stück ab, weil es, wie sie sagte, ohne Liebe oder Wahrheit sei, ein leeres Werk. Schlimmer noch, sie deutete an, Barnes habe sich bei beiden Muirs eingeschmeichelt, um Muirs Lob zu erzwingen. Barnes spürte, daß der kleine Kreis um sie schrumpfte. Einige Freunde allerdings lobten das Werk: Sir Samuel Hoare zeigte sich begeistert, und auch Sir Herbert Read gefiel das Drama sehr.

Ein Kritiker sagte, *Antiphon* befinde sich als Kunstwerk in einer ähnlichen Situation wie *Finnegans Wake*, und daran war etwas Wahres. Was *Antiphon* fehlte, war eine Gruppe von Kritikern, die der Autorin leidenschaftlich ergeben waren und bereit, sich für die Verteidigung des Werks zu engagieren, wie damals, als Wyndham Lewis sich über *Finnegans Wake* lustig gemacht hatte.

Immerhin hatte Barnes Edwin Muir. Nach dem Debakel der Lesung luden die Muirs Djuna noch am gleichen Abend auf eine Tasse Tee in ihre Wohnung ein. Doch sie mußte sich ziemlich bald nach ihrer Ankunft wieder entschuldigen, weil sie sich den Tee über ihre Kleidung gegossen hatte. Später ging Muir hinunter zu ihrem Zimmer, um ihr das Feuerzeug zu bringen, das sie vergessen hatte, und als sie es ihm durch die halb geöffnete Tür abnahm, stellte er sich auf die Zehenspitzen und küßte sie auf die Stirn. »Ich wünschte, ich könnte so dichten«, sagte er zu ihr.

IX

Das Ausbleiben des öffentlichen Erfolgs dämpfte Muirs Begeisterung für *Antiphon* kein bißchen. Er war selbst ein Dichter, der seine Wurzeln in einer mythischen Kindheit auf einer Farm auf den Orkney-Inseln hatte – er war nur fünf Jahre älter als Barnes –, und er teilte viele ihrer Einstellungen. Er war ein idealer Leser für ein so dunkles Stück wie *Antiphon* (Muir hatte eine instinktive Aversion gegen »Ideen«), das zugleich von solch mythischer Kraft war. Darüber hinaus war Muir ein feinfühliger Kritiker und ein wunderbar großzügiger Mensch. Als das Stück nach seinem Tode wiederaufgelegt wurde, widmete Miss Barnes es ihm postum.

Als Edwin Muir und der kurz zuvor wiedergewählte Generalsekretär der Vereinten Nationen Dag Hammarskjöld zur gleichen Zeit Ehrentitel der Universität Cambridge verliehen bekamen, plauderten sie miteinander, während sie nebeneinander in der langen Prozession schritten. Edwin Muir sprach nur von Djuna Barnes und *Antiphon*. Seine intensive Begeisterung veranlaßte Hammarskjöld, der bis dahin nicht einmal *Nachtgewächs* kannte, Barnes zu lesen. *Nachtgewächs* gefiel ihm sehr, und obwohl er mit *Antiphon* auch seine Schwierigkeiten hatte, fand er es doch zutiefst anrührend. So wurde er ein weiterer Fürsprecher des Stücks und sogar sein Mitübersetzer: Er übersetzte es zusammen mit Karl Ragnow Gierow, dem damaligen Direktor des Königlichen Dramatischen Theaters in Stockholm, ins Schwedische. Als das Stück im Februar 1961 in Stockholm Premiere hatte, ließ Hammarskjöld Miss Barnes Rosen nach Patchin Place schikken. Die Aufführung widerlegte alle Unkenrufe, *Antiphon* ließe sich nicht spielen. Der führende schwedische Kritiker Ebbe Linde, der das Stück rezensierte, sprach witzig von einer »imagistischen Kaviarparty«. Die Besprechung des Theaterkritikers Ivar Harrie erschien im Stockholmer *Expressen* vom 18. Februar 1961 unter der Überschrift »Das siegreiche Antiphon«:

»Ja, das Publikum ließ sich allmählich gefangennehmen. Nach dem ersten Akt waren die Leute ziemlich eingeschüchtert und scheuten sich ein bißchen zu zeigen, wie ratlos sie sich fühlten. Der zweite Akt verwirrte auch noch, hatte aber eine aufwühlende Wirkung, der man sich nicht entziehen konnte. Der dritte Akt, der die eigentliche Antiphonie, den Wechselgesang zwischen einer Mutter und ihrer Tochter enthält, spülte jeden Widerstand hinweg: Man mußte sich dem dramatischen Gedicht einfach hingeben. Es war eine der großen Aufführungen des Dramatischen Theater.«

In späteren Jahren war Miss Barnes stolz darauf, daß Dag Hammarskjöld – wie Eliot – zu einem Interviewer gesagt hatte, seine Arbeit im Dienste von Barnes gehöre zu den Dingen in seiner Karriere, die ihn mit dem größten Stolz erfüllten. In der englischsprachigen Welt hatte die schwedische Aufführung keinerlei Echo.

Hammarskjöld besaß die Eigenschaften, die man fast unweigerlich bei all den wichtigen Zeitgenossen findet, die zu Barnes' Bewunderern gehörten: intensive künstlerische Sensibilität, große Zurückhaltung und einen stark entwickelten Hang zur Einsamkeit. In *Zeichen am Weg* schrieb Hammarskjöld: »Allein. Doch Einsamkeit kann Gesellschaft sein«, und auch: »Weil es nie eine Gefährtin fand / Nannte man das Einhorn anomal.« Zwischen 1958 und 1960 war Miss Barnes mindestens viermal bei Hammarskjöld in seiner Wohnung in der East Seventy-fourth Street zum Diner eingeladen, einmal zusammen mit Auden. Sie sprach Hammarskjöld mit »Eure Exzellenz« an und hatte immer Angst, man könne von ihr erwarten, ein Abendkleid zu tragen, das sie nicht besaß. Trotzdem sah sie ihn mit den Augen der Künstlerin, und zwar als einen Menschen, der sowohl sehr scheu wie stolz war und der sogar in Gesellschaft am Fenster sitzen und auf den nächtlichen Fluß hinausschauen konnte wie ein in seine Träume versunkener kleiner Junge. Sie erinnerte sich einer alten Formel, die sie in den dreißiger Jahren auf Freunde angewandt hatte: Menschen der Luft und Menschen der Erde. Hammarskjöld war eindeutig ein Luftgeist, während sie selbst der Erde angehörte.

Als Anfang 1961 das Flugzeug in Ndola in Nordrhodesien abstürzte, mit dem Hammarskjöld auf einer Friedensmission zu Tschombe unterwegs war, war ihr zuerst – so sagte sie –, als habe sein Tod sie blind werden lassen. Zufällig rief Charles Ford nach einer fast zwanzigjährigen Unterbrechung ihres Kontakts gerade in dem Moment an, als sie im Fernsehen die Beerdigung verfolgte. Sie mochte nicht sprechen.

Edwin Muirs Tod lag erst etwas mehr als ein Jahr zurück. Ihre beiden großen neuen Freunde im Alter waren nicht mehr. Sie hatte beide geliebt, natürlich weil diese sie geliebt hatten, aber auch wegen deren würdevoller Kraft und Einfachheit. Hammarskjölds Zuneigung zu Miss Barnes war bei den Vereinten Nationen wohl bekannt. Sie wurde zum Gedenkgottesdienst abgeholt und zum UN-Gebäude gefahren, und während die Leute in dem großen Haus offen weinten, nahm man sie in ihrer stillen Reaktion kaum wahr, höchstens als eine Frau mit abweisendem Gesicht, um die sich aus unerfindlichen Gründen einige Bediente bemühten. Miss Barnes wurde ein Sitz im Vorstand der neuen Hammarskjöld-Stiftung angeboten, doch sie sagte, sie würde sich unbehaglich fühlen, nähme sie die Nominierung an, denn im

Gegensatz zu ihrem Freund glaube sie nicht an das Gute im Menschen. Jetzt war sie alt.

Um die gleiche Zeit beobachtete Barnes bei T. S. Eliots regelmäßigen Besuchen in New York, wie auch sein Tod näherrückte. Einmal, als sie bei laufendem Radio eingeschlafen war, hörte sie beim Erwachen am nächsten Morgen gerade den Nachrichtensprecher sagen, man habe den Dichter krank von der Queen Elizabeth heruntergetragen. Barnes sah ihn zum letzten Mal knapp zwei Jahre vor seinem Tod. Im Umgang mit ihr war er noch immer sehr galant. Als sie klagte, sie habe zu viel Zeit in ihrem Leben vergeudet, antwortete er: »Ja, aber bedenken Sie, was Sie in der Zeit geschafft haben, die Sie *nicht* vergeudet haben!« Ein anderer Gast sagte am selben Abend zu ihr, mit wieviel Vergnügen er *Under Nightwood** gelesen habe.

Die letzten Briefe zwischen Barnes und Eliot sind voller gegenseitiger Mißverständnisse. Andere Freunde starben in kurzen Abständen. Als Carl Van Vechten und Edith Sitwell starben, schrieb Miss Barnes an ihre alte Freundin Natalie Barney, sie habe plötzlich ein Gefühl, als habe der Wald alle Blätter verloren. Sie fragte, ob zwei alte Damen, selbst unter der drohenden Sichel des Todes, nicht Briefe über dieses Thema austauschen sollten.

Miss Barnes hatte *Antiphon* unter dem Antrieb geschrieben, den ihr das Todesurteil eines Arztes Anfang der fünfziger Jahre gegeben hatte. Er hatte ihr mitgeteilt, sie habe Krebs und müsse unverzüglich ins Krankenhaus, sonst hätte sie nur noch sechs Monate zu leben. Sie antwortete, er solle sich nicht lächerlich machen, sie werde nichts dergleichen tun, bevor sie nicht das Stück vollendet habe, an dem sie gerade arbeite. Sie erhielt noch zwei weitere solcher medizinischen Todesurteile, die sie ebenfalls ignorierte, in der richtigen Vermutung, daß ihr Aussehen solche Prophezeiungen zum Teil mit herausforderte. An ihrem Stück arbeitete sie noch fünf Jahre nach dem ersten dieser Todesurteile. Als es schließlich fertig war, hatte sie das Gefühl, jetzt würde es ihr

* *Under Milk Wood* (dt. *Unter dem Milchwald* ist ein Hörspiel von Dylan Thomas. [A. d. Ü.]

überhaupt nichts mehr ausmachen, wenn sie auf der Straße überfahren würde. Zweimal, 1963 und 1968, ging Miss Barnes zu kleineren Operationen ins Krankenhaus, und jedesmal fürchtete sie, es könne Krebs sein und sie werde nicht wieder lebend herauskommen. Nach der doppelten Bruchoperation von 1968 wies sie heftig das Ansinnen des Arztes zurück, sie solle zur Rekonvaleszenz in ein Sanatorium gehen, und kehrte statt dessen drei Wochen zu früh nach Hause zurück. Ein junger Arzt war auf sie zugekommen und hatte gesagt: »Miss Barnes, gibt es irgend jemanden, der Sie hier herausholen kann?« Sie fragte. »Warum?« und er antwortete: »Weil man Sie hier umbringt. Hauen Sie ab, egal ob auf einer Bahre, in einer Wolldecke oder im Rollstuhl! Aber hauen Sie ab!« Sie rief ihren Bruder an; er kam und unterschrieb, brachte sie nach Patchin Place zurück und ließ sie auf dem Bett liegen, wieder allein. Zum Emphysem kam jetzt noch Arthritis, die manchmal so schlimm war, daß sie wochenlang kaum etwas anderes tun konnte als im Bett sitzen. Ihre Gesundheit war völlig ruiniert, und doch bestand gleichzeitig kein Zweifel mehr daran, daß Djuna Barnes, ob sie wollte oder nicht, den langen Weg gehen würde. Als ich sie kennenlernte, wartete sie auf eine Staroperation und arbeitete an ihrem neuen großen Projekt, einem langen Gedicht, von dem sie wohl wußte, daß die Welt es weder brauchte noch wollte.

X

Djuna Barnes kannte Patchin Place schon lange, bevor sie dorthin zog. Die zehn kleinen, in einer Doppelreihe um einen Hof angeordneten Häuschen waren in mehr als fünfzig Appartements aufgeteilt. Einige davon waren richtige Wohnungen, aber viele nicht mehr als Schlupfwinkel, so auch die von Miss Barnes. Patchin Place war 1848 von Aaron Patchin erbaut worden als Behausung für die baskischen Kellner des Breevort Hotels, das um die Ecke lag. Später entwickelte es sich zum gemischten Quartier für Schriftsteller und Schauspieler, Klempner und Schildermaler. Das gab der Wäsche auf der Leine einen charmant buntscheckigen Charakter. Die Backsteinhäuser hatten Fenstersimse im Stil des 18. Jahrhunderts, und der Hof war voller Götterbäume, deren blühende Zweige im Sommer in die offenen Fenster der oberen Stockwerke hereinnickten. In den Läden der Umgebung wurde eine Postkarte von Patchin Place verkauft, auf der die gewaltige Portiersfrau, eine Mrs. Wiedersweiler, zu sehen war, die die ganze Veranda vor ihrem Haus mit ihrer Leibesfülle einnahm. In den Village-Tagen vor dem Ersten Weltkrieg wuchs Gras im Hof, und eine schöne Laterne stand dort. Später wurde beides durch Zement und Elektrizität ersetzt und das Mauerwerk verputzt. Dort hatten Theodore Dreiser und John Reed gewohnt, und ein wenig später kam Cummings, um über vierzig Jahre zu bleiben. Auch Jane Bowles wohnte für kurze Zeit dort.

Djuna Barnes' herausragende Erinnerung an Patchin Place war eine einzige vollendet schöne Sommernacht, in der die Theaterbegeisterten unter den Bewohnern von Patchin Place, den »Patchenites«, eine Kriegs-Benefizvorstellung im Hof organisiert hatten. Man spielte ein Stück von Yeats, *The King's Threshold.* Der Hof war vollgepropft mit Leuten, deren Limousinen in der Straße draußen parkten. Die »Patchenites« lehnten aus den Fenstern. Mrs. Wiedersweiler hatte eine Feuertreppe ganz für sich allein, nicht etwa als Ehrengast, sondern weil niemand sonst sich zusammen mit ihr dort hinauf wagte. Der Regisseur hatte die Interborough Train Company gebeten, ihre Hochbahnen während der einstündigen Aufführung so langsam wie möglich fahren zu lassen, damit die Stimmen nicht übertönt würden. Die Bahngesellschaft reagierte mit einer äußerst noblen Geste und stellte den Fahrbetrieb auf dieser Strecke für eine Stunde ganz ein. Barnes war unter den Zuschauern, während die schöne Mary Pyne die Prinzessin spielte, ganz in Blau gekleidet und mit aufgelöstem, langem rotblonden Haar, das ihr den Rücken herunterfloß.

Schon lange bevor Miss Barnes dorthin zog, war Patchin Place bekannt als ein Ort, wo sich Zurückgezogenheit und Exzentrizität auf das Vollkommenste verbinden ließen. Unter anderem lebte dort eine erfolglose Schriftstellerin, die den Spitznamen »Dark Note« trug, weil sie, ganz in Schwarz gekleidet, stundenlang in der Sonne saß und ätzende Kommentare über das Leben losließ, das durch die Sackgasse ein- und ausströmte. Eine andere alte Dame, die mit zweiundneunzig Jahren dort starb, war unter den Bewohnern bekannt für ihre markanten, zotigen Aussprüche.

Barnes gehörte mit Cummings zu den ungeselligsten Bewohnern von Patchin Place. In den Wohnungen, die der Mietkontrolle unterlagen (Miss Barnes zahlte **$** 49.50), gab es nur ein Minimum an Komfort. Die anderen Mieter bekamen Barnes nur zu Gesicht, wenn sie gelegentlich Lebensmittel einkaufte oder den kleinen Gang zum Mülleimer nah beim Ausgang zur Straße machte. Diese Ecke war schon immer der traditionelle Treffpunkt der »Patchenites« gewesen, wo sie sich gegenseitig über die Fortschritte ihrer Arbeit unterrichteten. Dort konnte man etwa Padraic Colum begegnen, wie er gerade, mit einem Brot unter dem Arm, einen Vortrag über irische Volkskunst hielt. Miss Barnes ging an solchen Versammmlungen stets vorbei.

So begrenzt der Ruhm von *Nachtgewächs* auch in den vierziger und fünfziger Jahren war, so reichte er doch, um Barnes Scherereien mit Leuten zu bereiten, die sich ihr aufdrängen wollten. Ihre Telefonnummer stand nicht im New Yorker Telefonbuch. Unter denen, die dennoch zu ihr durchdrangen, war eine junge Frau aus North Carolina, und daran schuld war das seltsame Verhalten von Alan Tate, den Barnes flüchtig aus Paris kannte. Tate hatte sich für eine französische Übersetzung von *Nachtgewächs* stark gemacht. Barnes erkannte an, daß er es gut meinte, fand aber, daß er die Sache falsch anfaßte und zu forsch vorging. Die Frau hatte an Peggy Guggenheim geschrieben, weil ihr *Nachtgewächs* gewidmet war, und sie gebeten, den Kontakt mit Barnes herzustellen. Aus dem *Time*-Artikel wußte sie, daß Barnes auch malte, und wollte ein Bild von sich mit Geige und Pferden in Auftrag geben.

Miss Barnes bekam gelegentlich derartige Briefe und beantwortete sie nie, aber dieser setzte sie doch in Erstaunen. Sie fragte Alan Tate in seiner Eigenschaft als Mitglied der Südstaaten-Oberschicht, ob ihm entweder der Name der Frau oder die Stadt, aus der sie kam, bekannt sei. Er antwortete, den Familiennamen kenne er nicht, doch die Stadt sei eine Industriestadt. Barnes meinte, unter diesen Umständen bestehe wohl wenig Aussicht auf echten Gewinn, außer auf eine weitere Verrückte in ihrer Sammlung. Und außerdem, scherzte sie Tate gegenüber, könne sie unmöglich die notwendigen Pferde in ihrer Anderthalbzimmerwohnung unterbringen und sei ungeübt im Malen von Geigen, ob mit oder ohne junge Damen. Tate beruhigte sie, er selbst werde das Instrument malen und seine Frau das Pferd. Als sie sich trennten, riet er ihr, nicht persönlich zu antworten. Er werde die Angelegenheit regeln als ihr literarischer Sekretär.

Als sie von Tate eine Kopie seines Schreibens an die Frau erhielt, fühlte Barnes sich völlig überrumpelt. In diesem Brief, den er mit »Pamela Pickle« unterzeichnet hatte, hieß es, Miss Barnes sei bereit, unter bestimmten Bedingungen das Bild zu malen; die erste sei, daß sie selber nur das Portrait malen wolle, während der Hintergrund von Mr. E. E. Cummings, dem Dichter, und Miss Caroline Gordon, der Romanautorin (und Tates Frau) ausgeführt werden sollten, beide ebenfalls, so versicherte Pamela Pickle, begabte Maler. Tates Spottbrief war Barnes furchtbar peinlich, und sie meinte, jetzt bliebe ihr keine Wahl mehr, als selber zu schreiben. Und das machte alles noch schlimmer.

Als die Auftraggeberin aus North Carolina prompt in Patchin Place auftauchte, war Miss Barnes unklar, ob sie unter dem Einfluß von Alkohol oder Drogen stand oder schlicht in einer Illusion lebte. Miss Barnes fand, die junge Frau mache sich ein falsches Bild von sich selbst als einer dramatischen Hedda Gabler- oder Marie Baschkirzew-Figur, und erkannte ganz richtig, daß trotz der augenscheinlichen Lethargie Gefahr in ihren Augen lauerte.

Das Gesicht war nicht von der Art, die Barnes zum Malen reizte, abgesehen von der Länge des Hinterkopfs, die an Gemälde der Schule von Siena erinnerte. Trotzdem entschloß sie sich, das Portrait zu versuchen, falls es genug Geld einbringen sollte, um sie auch nur für zehn Minuten zurück nach London zu bringen. Doch bald wurde klar, daß die Frau nicht gekommen war, um portraitiert zu werden.

Die labile Dame aus North Carolina erklärte, Djuna Barnes sei die Frau, von der sie schon als kleines Mädchen geschwärmt habe. Sie konnte nicht verstehen, warum sie für etwas verurteilt werden sollte, das Barnes in ihrem Roman so schön beschrieben hatte. Barnes jagte sie davon, bekam aber weiter tränenreiche Liebesbriefe, die mit der Zeit in Wut umschlugen. Im letzten wurde ihr eine Vergewaltigung angedroht. Ruhm ist selten das, was man sich darunter vorstellt, aber selbst dies vorausgesetzt, kann man einen Gutteil des Ruhms, der Barnes jahrelang zuteil wurde, nur eine verrückte und bittere Parodie nennen, bestehend aus den Aufmerksamkeiten von pathologisch fixierten und aus dem Gleichgewicht geratenen Leuten.

Barnes' starke Persönlichkeit, die in allem, was sie schrieb, zu Tage tritt, und die ihr eigene Verschlossenheit peitschten manchmal ihre Bewunderer zu wahrer Obsession auf. Die beiden bedeutendsten Personen, die dergestalt von Djuna Barnes besessen waren, waren die Schriftstellerinnen Anaïs Nin und Carson McCullers. Nin hatte Barnes in den späten dreißiger Jahren in den Pariser Cafés aus der Ferne angebetet, ohne je zu wagen, sich ihr zu nähern. Nin fühlte, daß *Nachtgewächs* in ihrer eigenen künstlerischen Entwicklung eine Schlüsselrolle gespielt hatte. Damals schrieb sie Barnes einen langen Brief, der ohne Antwort blieb. In Nins erzählender Prosa begann zwanghaft eine Gestalt mit Namen Djuna aufzutauchen, was Barnes sehr unangenehm war, weil es den Anschein erweckte, sie seien Freundinnen. Barnes verachtete sie und hielt sie für einen typischen Fall des hilflosen kleinen Mädchens und für eine Kitschautorin. Nin ihrerseits hatte Barnes als Schriftstellerin so charakterisiert: »Sie sieht zu viel, sie weiß zu viel, es ist unerträglich.« Miss Barnes zufolge lernten sie und Nin einander nie kennen.

Carson McCullers bewunderte Barnes weder aus der Ferne noch im gedruckten Wort. Sie versuchte gleich, die Wohnung zu stürmen, doch Miss Barnes war wohl geübt im Rückzug und sehr gut fähig, penetrantes Klingeln zu überhören, wenn sie niemanden erwartete. Man erzählte sich Geschichten davon, wie McCullers auf der Veranda geschluchzt und geklagt habe, um eingelassen zu werden. (McCullers hatte dasselbe bei Katherine Ann Porter gemacht, die Barnes – das nur nebenbei – flüchtig kannte und sehr ordinär fand.) Die Antwort war Schweigen, bis auf einmal, als Barnes zu ihr hinunterrief: »Wer immer da klingelt, soll bitte in drei Teufels Namen weggehen!« Das tat McCullers schließlich. Jahre später kam es dann doch noch zu einer völlig unaufregenden Begegnung, als Barnes 1959 in die American Academy of Arts and Letters eingeführt wurde und beim anschließenden Mittagessen zwischen McCullers und Thornton Wilder plaziert wurde.

Ende der fünfziger, Anfang der sechziger Jahre waren die wenigen Menschen, mit denen sie in Patchin Place verkehrt hatte, fast alle gestorben. Das Village wurde rauher und schmutziger. Miss Barnes und Marianne Moore (sie kannten sich seit Anfang der vierziger Jahre, als Barnes Miss Moore während einer Krankheit geholfen hatte), die sich gegenseitig als Schriftstellerinnen bewunderten, machten sich um einander Sorgen, weil sie allein in der Stadt lebten. Sie hielten Verbindung vor allem durch eine gemeinsame Freundin in Brooklyn. Einmal organisierte diese Freundin einen Überraschungsbesuch von Barnes bei Moore in Brooklyn. Sie sprachen über die beiden schrecklichen Operationen, die Miss Moore hinter sich hatte, und Barnes wandte ihren Kopf in einer dramatischen Geste zur Seite als Ausdruck ihrer verständnisvollen Teilnahme. Manchmal trafen sie sich im Village auf der Straße beim Einkaufen und plauderten dann miteinander. Bei einem solchen Treffen Mitte der sechziger Jahre erzählte ihr Miss Moore, die schwer beladen mit grünen Bananen und dicken Grapefruits und auf der Suche nach Dr. Brown's Sellerie-Tonikum war, wie sie vor kurzem von einer Bande mit Messern bewaffneter kleiner Jungs überfallen worden war. Barnes hielt Moore für ebenso entschlossen wie zart, eine Dichterin mit den hellen Augen eines Waldtieres. Doch später wurde Barnes ein bißchen neidisch, weil alle Welt sich stets sehr um Miss Moore gemühte, wenn sie krank war, während sie selbst oft allein der Gnade des Hausmeisters überlassen blieb.

Mitte der siebziger Jahre wurde Miss Barnes, wie sie mir erzählte, selber von einem riesigen Schwarzen angegriffen, als sie mit einer Tasche voller Lebensmittel den ansonsten verlassenen, kalten Hof von Patchin Place betrat. Er verlangte ihr Portemonnaie und ihre Einkäufe. Sie wollte beides nicht hergeben. Beide umkreisten sich auf dem Hof wieder und wieder, bis der Angreifer schließlich den Rückzug antrat aus schierer Verblüffung über die schrille Schärfe in der Stimme der alten Frau und die Wildheit in ihren Augen.

Im Hof lungerten oft junge Bewunderer herum in der Hoffnung, einen Blick auf die legendäre Dame zu erhaschen, und meist damit zufrieden, sie aus der Ferne zu betrachten. Die Hauptgefahr, wenn sie ausging, sah Miss Barnes darin, von einer der Teenagerhorden umgerannt zu werden, die durch das Village zogen. Oft waren sie seltsam kostümiert oder trugen alte Militäruniformen. Barnes entdeckte schnell, daß sie eigentlich Großväter waren, die sich in Zwölfjährige verwandelten, wenn sie sich in der Gosse wälzten. Sie hatte nichts gegen die Beatles. Wohl aber etwas gegen deren Publikum, das sie nicht ausstehen konnte.

Als ihre Zeitgenossen allmählich starben, fühlte Miss Barnes sich wie die alte George Sand, bereit, den Vorhang zuzuziehen und die Tür zu einem Leben zu schließen, das vorüber war. Harrison Dowd wurde tot in seinem Bett gefunden. Einmal als sie eine Französin im Hof besuchen wollte, die sie seit vielen Jahren kannte, kam sie dazu, wie diese in dem kleinen Zimmer um ihr Leben rang, mit kalten Augen beobachtet von einer Nichte, die auf die Erbschaft lauerte. Barnes erinnerte sich, wie der Ehemann dieser Frau, wenn sie Streit hatten, immer zu ihr sagte:

»Geh fort, Liebes, wenn du mußt, aber komm freundlich zurück.« Miss Barnes' Halbschwester hatte eine Krebsoperation, während eine Freundin, die auch an Krebs litt, eines furchtbaren Todes starb. Die Bouchés, denen es beiden nicht gutging, zogen in die Sixtieth Street. Margaret Anderson beging Selbstmord.

Doch gelegentlich – in Abständen von Jahren, nicht Monaten – tauchten Bruchteile der Vergangenheit in versöhnlicher Form auf, wenn sie Gelegenheit bekam, mit anderen, die noch am Leben waren, über alte Zeiten zu plaudern. 1958 war Edmund Wilson mit Freunden zu einer Vorstellung von *Ulysses in Nighttown* gegangen und hatte sie dort in Begleitung von Harrison Dowd getroffen. Hinterher besuchte die ganze Gruppe ein italienisches Restaurant im Village. Wilson und Barnes hatten sich viele Jahre nicht gesehen. Er gehörte nicht zu den Bewunderern von *Nachtgewächs* und hatte sich nicht einmal die Mühe gemacht, *Antiphon* zu lesen, doch bald waren er und Barnes in die alten Zeiten versunken und sprachen vor allem von Edna Millay, aber auch von Margaret Anderson, Jane Heap und Thelma. Er erinnerte sie daran, wie er bei Beginn der großen Auswanderungswelle dafür eingetreten war, amerikanische Schriftsteller sollten in Amerika bleiben, und wie sie ihn deswegen angegriffen hatte. Und er erinnerte sie auch daran, wie seine Werbung um sie in Paris am Problem Edith Wharton gescheitert war. Wilson war überrascht und beeindruckt, in welchem Stil und mit welcher Würde sie das Alter zu meistern schien. Als er ihr Komplimente machte, antwortete sie honigsüß, sie gäbe sich Mühe, eine nette, alte Dame zu sein.

Vier Jahre später, im Sommer 1961, war Peggy Guggenheim in New York. Sie, Barnes und Hoare verbrachten einen langen, angenehmen Abend in einem chinesischen Restaurant, bei dem sie über die alten Zeiten in England plauderten und dabei auch lange und mit Wärme von Emily sprachen. Djuna schrieb Emily von diesem Essen, bekam aber keine Antwort. Ein paar Jahre später luden Marcel Duchamp und seine Frau Mary Reynolds, die manchmal mit Thelma in Paris herumgezogen war, sie in ein elegantes Restaurant ein, wo sie durch Zufall Gelegenheit bekamen, sich über die ausgepichte Vulgarität von Salvador Dalí zu wundern, der in einiger Entfernung von ihnen aß. Und wiederum ein paar Jahre später aß sie mit Valerie Eliot nach Eliots Tod im River Club und erfuhr von ihr einige der Geheimnisse seines Lebens und die unglücklichen Umstände seiner Krankheit und seines Sterbens. Über Eliots anglikanische Einstellung und sexuelle Prüderie sagte Barnes: »Er ließ seinen Auden in der Kirche.«

1965 erhielt Frances Steloff vom Gotham Book Mart einen mit eintausend Dollar dotierten Preis der Academy of Arts and Letters und schickte mit einer noblen Geste $ 250 davon an Miss Barnes, die sie flüchtig kannte und sehr verehrte. Man sah Barnes nur noch sehr selten, und es waren Gerücht im Umlauf, sie leide akute Not. Barnes schickte das Geld stolz und etwas peinlich berührt zurück. Geld war zwar immer ein Anlaß zur Sorge, aber nicht ihr Hauptproblem. In ergreifenden Briefen, die sie in den sechziger Jahren mit Natalie Barney austauschte, verzehrt Barnes sich nach einem Europa, das sie für sich selbst auf immer verloren sieht, nicht nur aus Geldmangel, sondern auch wegen ihrer einsamen Lebenssituation im Alter. Beunruhigt stellt sie fest, daß manchmal fremde Stimmen durch ihren Mund sprechen. Das Einsiedlerleben sei nicht so lustig, wie man vielleicht meinen sollte, schrieb sie an Barney, und sie bedaure es jetzt sehr, keinen Lebensgefährten zu haben. Im krassen Gegensatz zu Barnes lebte Barney noch immer behaglich mit Verehrern und Gästen in demselben Haus, wo sie vor einem halben Jahrhundert in einer völlig anderen Welt begonnen hatte. Natalie spürte die Verletzlichkeit ihrer alten Freundin und machte sich große Sorgen um sie.

Der Zufall wollte es, daß Barnes sich ungefähr um die gleiche Zeit wie Barney von einem Versuch bedroht sah, sie aus dem Haus, in dem sie Jahrzehnte gelebt hatte, hinauszuwerfen. 1963 kaufte ein Bauunternehmer Patchin Place für $ 630 000 und sagte, wenn die Mieter ihm nicht einen angemessenen Profit für seine Investition ermöglichten, sei er gezwungen, die alten Häuser abzureißen und auf dem Gelände ein Hochhaus zu errichten. Es kam zu einer Protestversammlung der Mieter, über die die

New York Times am 30. September 1963 unter der Überschrift berichtete: »Mieter von Patchin und Milligan vereinen sich, um stille Ecke zu retten.« Miss Barnes sprach auf dieser Versammlung und erklärte, sie werde sterben, wenn sie nach Uptown-Manhattan ziehen müsse. Darüber hinaus müsse die Gegend schon deshalb so erhalten bleiben, wie sie sei, damit die jungen Leute sie als Übungsgelände für ihre Raubüberfälle behielten. Der Hauswirt gab klein bei, und das Leben ging für sie weiter wie bisher, mit dürftigen, mühseligen Tagen.

Manchmal arbeitete sie drei oder gar vier Acht-Stunden-Tage, um zwei oder drei Gedichtzeilen zu produzieren. Die Klingel oder das Telefon konnten ihre Konzentration auf Stunden zunichte machen, selbst wenn sie nicht darauf reagierte, was in der Tat häufig vorkam. Je nachdem, wie sie sich gesundheitlich fühlte und wie sie geschlafen hatte, stand Miss Barnes manchmal schon um fünf Uhr früh auf, frühstückte und setzte sich dann direkt an die Schreibmaschine, wo sie in Schüben arbeitete. Dazwischen nahm sie sich etwas Zeit, um sich hinzulegen und von ihren Rückenschmerzen zu erholen. Wenn sie nicht so früh aufwachte, arbeitete sie in dieser Weise stetig von neun bis vier Uhr nachmittags. Allmählich gewöhnte sie sich das Rauchen ihrer Kools ab; 1962 rauchte sie die letzte. Am Ende des Tages schrieb sie manchmal noch Briefe, obwohl sie klagte, daß sie oft zu erschöpft dazu sei und ihr Geschick dafür verloren habe. Ihre Kost war immer einfach: Haferbrei oder Brot und Tee zum Frühstück, tagsüber vielleicht etwas Lederkrans oder Philadelphia-Frischkäse auf Brot oder Keksen mit einem Schluck Vegemato dazu und abends eine Scheibe Kalbsleber oder -kotelett oder etwas Ähnliches mit einem einfachen Salat.

Wann immer man auf der Ziehharmonika der Zeit spielt, lenkt die primitive, klagende Weise die Aufmerksamkeit nur zu leicht davon ab, wie Ereignisse beim Erzählen verdichtet werden müssen, damit eine Melodie überhaupt entsteht. Ein stummes Lied liegt da versteckt, wo die Erzählung Atem schöpft. Miss Barnes' Tage in Patchin Place zählen mehr als fünfzehntausend, und Tausende davon gingen stumm vorüber, denn es war vor allem

XI

Schweigen und das Geräusch ihrer Schreibmaschine – man stelle sich vor: vierzig Jahre nur hin und wieder unterbrochenes Schweigen.

Vor Jahren in Paris hatte ihre Freundin Dolly Wilde gesagt, daß Menschen, die zu lange alleine sind, sich am Ende in gewaltige Ohren verwandeln.

XII

So arbeitete sie also an ihrer Vergangenheit, als wäre es eine Vollzeitbeschäftigung, sieben Tage in der Woche. Peggy wurde in ihren monatlichen Zahlungen an Djuna großzügiger, schickte ihr $ 300 im Monat, doch nach wie vor versäumte sie oft die Überweisung, so daß Djuna schreiben und darum bitten mußte.

Zu einem beträchtlichen Teil bestanden Barnes' menschliche Kontakte im Alter aus Streitigkeiten mit ihren Verlegern. Den ersten Konflikt hatte sie mit James Laughlin gehabt, als New Directions *Nachtgewächs* übernahm. Der Verlag hatte ihr einen Vorschuß von $ 150 angeboten, und sie hatte das Angebot mehrere Wochen auf ihrem Schreibtisch liegen lassen, während sie sich nach etwas Günstigerem umtat. Endlich schrieb sie, $ 300 würde sie akzeptieren. Die trafen dann auch prompt ein, aus ihrer Sicht sogar zu früh, weil – wie es oft in solchen Dingen geht – sie inzwischen noch ein verspätetes Angebot über $ 1000 erhalten hatte, nachdem sie sich New Directions gegenüber bereits verpflichtet hatte. Die erste Ausgabe des Romans erschien 1946 in der Reihe New Classics. Die Auflage belief sich auf 5000 Stück und wurde in Zusammendruck mit Nathanael Wests *Schreiben sie Miss Lonelyhearts* produziert.

Barnes und Laughlin waren sich noch nicht einmal persönlich begegnet, als sie schon miteinander im Streit lagen. Barnes protestierte gegen die Ausgabe, weil die Idee des Verlags, ihren Namen in Kleinbuchstaben zu setzen, ihr albern vorkam und sie überdies das Umschlagdesign kläglich fand. Auch noch gegen eine Menge anderer Details erhob sie Einspruch: die ganze Anordnung des Buchs paßte ihr nicht sowie die Tatsache, daß es kein Inhaltsverzeichnis und auch keine Kapitelüberschriften hatte. Die Schrifttype fand sie »verheerend«, und sie entdeckte Druckfehler im Text. 1948 lernte sie Laughlin endlich persönlich kennen, als sie mit T. S. Eliot in einem Restaurant aß. Sie nahm ihn wahr als einen seltsamen, großen Mann, der so tat, als kennten sie sich bereits. Danach hielt sie ständig auf den Straßen des Village nach ihm Ausschau, um ihn mit immer denselben Fragen zu bombardieren: »Wie geht es den Knien Ihrer Mutter, Mr. Laughlin?*« (dabei drohte sie ihm mit dem Stock) »Was für einen Mist haben Sie gerade wieder veröffentlicht?« Barnes protestierte auch gegen eine ganze Reihe von Autoren-Kollegen auf der Publikationsliste von New Directions, allen voran Henry Miller.

Laughlin litt geduldig und tat sein Bestes, dennoch nett zu ihr zu sein, doch half das nichts. In Unkenntnis der Tatsache, daß sie kein Französisch konnte, schlug er ihr vor, Genet zu übersetzen, und als das scheiterte, fragte er, ob sie eine kritische Einleitung zu seinem Werk schreiben wolle. Auch das lehnte sie ab. Als Barnes 1962 aus dem Krankenhaus kam, schickte er ihr $ 100 über ihre Tantiemen hinaus, und im März des folgenden Jahres bot er ihr als Hilfe für ihr Asthma eine Klimaanlage an, die in den Büros von New Directions ausgewechselt worden war, aber noch gut funktionierte. Barnes nahm sowohl das Geld wie die Klimaanlage, wenn sie auch argwöhnte, das sei nur ein Trick, um sie dazu zu bringen, für eine geplante Luxusausgabe von *Nachtgewächs* niedrigere Tantiemen zu akzeptieren. Außerdem beklagte sie sich bitter über den schrecklichen Aufwand und die Kosten, die es verursachen würde, die Anlage an ihrem Fenster zu installieren. Laughlin schickte ihr noch einmal $ 100 extra. Sie dankte ihm für die gelegentlichen erstaunlichen Regungen seines Herzens.

Miss Barnes begann, das Wort »Verleger« ganz zu vermeiden. Statt dessen sagte sie »Drucker« oder noch viel Gröberes. Sie mußte sich auch gegen einen Raubdruck von *The Book of Repulsive Women*, herausgebracht von einem Buchhändler in Yonkers, zur Wehr setzen. Mit heftiger Empörung registrierte sie den Aufstieg der Nachdruck-Industrie, die das gesamte *Little Review* abdrucken konnte, ohne irgendeinem der noch lebenden Autoren auch nur einen Cent zahlen zu müssen. Kenneth Burke, der einst auch in Clemenceau Cottage gewohnt hatte, untersagte sie, Pas-

* s. S. 23–24.

sagen aus *Nachtgewächs* zu zitieren, als die University of California Press einen Artikel neu drucken wollte, den er vor Jahren über den Roman geschrieben hatte. Sie fand, der Artikel vermittle den Eindruck, ein Hauch von Nazi-Dekadenz durchwehe den Roman.

Barnes ging kaum jemals persönlich zu ihren Verlegern, diskutierte statt dessen lieber stundenlang mit ihnen am Telefon. New Directions gab Farrar, Straus & Giroux die Lizenz, *Nachtgewächs* in den von ihnen geplanten *Selected Works of Djuna Barnes* abzudrucken, und in den Jahren vor und nach dieser Publikation 1961–62 geriet der ganze Verlag, insbesondere aber Robert Giroux jedesmal in höchste Alarmbereitschaft, wenn Barnes anrief. Es wurde so schlimm, daß Giroux manchmal jäh von furchtbaren Kopfschmerzen befallen wurde, wenn man ihm nur den Telefonhörer reichte. Als Barnes hörte, daß Farrar die *Selected Works* zum Billigpreis verschleuderte, verlangte sie sofort die Rechte zurück, doch man sagte ihr, da der Verlag elfhundert Exemplare zurückbehalten habe, sei das Buch noch nicht vergriffen. Was für ein übler Trick war das wieder? wollte sie wissen.

Else Albrecht-Carrie, die mit Barnes im Namen von New Directions zu tun hatte, kam wesentlich besser mit ihr zurecht, begegnete ihr freilich auch in den langen Jahren ihrer geschäftlichen Beziehungen nie persönlich. Ein anderer Herausgeber von New Directions, der geschäftsführende Direktor Robert MacGregor (er starb 1976), taufte sie Madame Legree*, nachdem er miterlebt hatte, wie sie in der West Side Savings Bank drohend ihren Stock und ihre Handtasche erhoben hatte. Er hielt sie für eine tief einsame Frau voll Aggression und Haß, die nicht glauben konnte, daß die Welt keineswegs nur darauf aus war, sie zu betrügen. Das alles gab Miss Barnes allerdings selbst freimütig und auf liebenswürdigere Weise selber zu. Der Lektor von Faber, der mit ihr zu tun hatte, wenn er in New York war, war Peter du Sautoy. Er nahm zu Besuchen bei ihr immer seine Frau mit und hatte nie

* Simon Legree ist in H. Beecher-Stowes *Onkel Toms Hütte* ein brutaler Sklavenantreiber. [A. d. Ü.]

Schwierigkeiten. Sie empfing auch Victor Lange aus Princeton, der ihren deutschen Verleger vertrat, und sie traf sich mit Douglas Messerli, der an einer Bibliographie zu ihrem Werk arbeitete. Manchmal riefen die Kinder alter Freunde an oder kamen vorbei.

Mit Sir Samuel Hoare stritt sie sich heftig, als er sie einmal zum Essen einlud und dann versuchte, das Fleisch für sie zu schneiden und ihr erzählen wollte, wie sie über verschiedene Dinge dachte. Fast genauso schlimm attackierte sie brieflich S. in England, aber der entschuldigte sich, tief erschrocken über alles, was sie beleidigt haben könnte. Es kam auch zu Spannungen mit ihren Brüdern, die, so argwöhnte sie, sich nur deshalb mühten, ihr die Klimaanlage einzubauen, weil sie ihren gemeinsamen Horror davor, auch nur einen Cent ausgeben zu müssen, scheinheilig ausgleichen wollten. Einer von ihnen, vermutlich Saxon, schlug vor, jeder von ihnen solle $ 25 im Monat beisteuern, damit Djuna aus ihrem Slum in ein sauberes, modernes Apparatement umziehen könne. Doch der Plan wurde fallengelassen, denn Djuna teilte ihnen mit, ihr »Slum« sei ihr bei weitem lieber als dünne Wände, durch die man mit schrecklicher Deutlichkeit die Nachbarn miteinander reden und ihre Zähne putzen hören könne. Saxon lud sie ein, ihn und seine Frau auf ihrem Besitz in Pennsylvania zu besuchen, und Djuna fuhr auch einmal kurz hin. Doch letztlich sah sie keinen Sinn darin, an den Haaren auf drei Hektar herumgeschleift zu werden (eine Lieblingsredensart von ihr), wo sie doch kaum die Kraft hatte, einen Fuß vor den anderen zu setzen, außer um zur Schreibmaschine und wieder zurück zu gelangen. Noch einmal fuhr sie hin, kurz vor ihrem Tode. Nach Pennsylvania zu reisen, bedeutete, sich sorgfältiger anzuziehen, ihre ganze Medizin und ihre Sauerstoffpatronen zusammenzupacken und mehrere Stunden unterwegs zu sein. Da zog sie es bei weitem vor, in ihrem – wie sie es nannte – eigenen kleinen Gefängnishof zu bleiben. Ihre Nation hatte Miss Barnes schon 1940, als sie aus Europa zurückkam, charakterisiert: »Eine wilde, sadistische Rasse, die sich hinter ihrer Zentralheizung verkriecht.«

Die Amerikanerinnen aus Paris waren jetzt alle im umgekehrten Exil in New York verstreut, mit Ausnahme einiger weniger, die Häuser im stillen Orgeval am Stadtrand von Paris behalten hatten, wo Djuna sich einst in den zwanziger Jahren nackt zu sonnen pflegte und wohin jetzt diejenigen, die das Geld dazu hatten, wie Janet Flanner und Solita Solano, zurückkehren konnten, wenn sie nach Frankreich fuhren. Janet Flanner war durch ihre Arbeit am *New Yorker* die bekannteste der Emigratinnen. Sie lebte noch immer mit Solita Solano zusammen, die Djuna damals, als sie in Paris am Blinddarm operiert wurde, ins amerikanische Hospital gebracht und von dort auch wieder abgeholt hatte. Janet Flanner verehrte Djuna. Im Jahre 1959 zwang sie ihr buchstäblich Geld auf, damit sie sich eine neue Schreibmaschine kaufen konnte. Obwohl auch Djuna Janet gut leiden mochte, fühlte sie sich ihr aus unerfindlichen Gründen nie wirklich nah. Ihre Freundin Natalie hatte schon vor langer Zeit das Urteil über Janet gesprochen: »Glänzend wie ein Knopf. Aber wer will schon einen Knopf?« Janet besuchte Djuna alle ein bis zwei Jahre, selten häufiger, und brachte dann den anderen Neuigkeiten von ihr.

Barnes lebte unter den zurückgekehrten Auslandsamerikanern gleichsam im Exil. 1957 war sie mit einigen von ihnen essen gegangen – mit Martie (Margaret Anderson), Janet und Solita und anderen Freundinnen, Katie, Alice, Elizabeth. Hinterher schrieb sie einen kurzen Gruß, es sei schön gewesen, sie alle wiederzusehen, wenn man sich auch nicht unbedingt etwas zu sagen gehabt hätte. Es war das einzige Mal, daß sie an einem Treffen der ehemaligen »expatriates« teilnahm. Solita war, entrüstet über etwas, das Barnes zu ihr gesagt hatte, davongestampft. Doch sie kannten alle Barnes' Einsiedlernatur, und die meisten hatten Verständnis.

Als Louis Bouché 1969 starb, schrieb Barnes ein kurzes Gedicht *Quarry* (»Steinbruch«), das begeistert vom *New Yorker* (am 27. Dezember 1969) gedruckt wurde. Abgesehen von einem anderen, das sie für ein Buch zu Ehren von T. S. Eliots siebzigstem Geburtstag überarbeitet hatte, war *Quarry* das erste kurze Gedicht, das sie seit einunddreißig Jahren veröffentlicht hatte. *Quarry* und ein zweites Gedicht, das der *New Yorker* achtzehn Monate später (am 15. Mai 1971) brachte, *The Walking-mort* (etwa »Die Vagabundin«), löste unter den Auslandsamerikanerinnen Betroffenheit aus. Als *Quarry* erschien, war gerade ein Gedicht von Solita Solano, das für sie sehr wichtig war, vom *New Yorker* abgelehnt worden, und die Dunkelheit der beiden Barnes-Gedichte löste vage Abneigung und ein Gefühl der Entfremdung aus – Barnes war weder leicht zugänglich, noch machte sie es sich leicht. Doch so war sie immer gewesen.

Miss Barnes nannte *The Walking-mort* ihr eigenes Totengedicht. Wie *Antiphon* handelt es von Zeit, die rückwärts zu ihrem Ursprung läuft, und es ist genauso einfach und ausdrucksstark wie das Drama, vorausgesetzt man versteht die beiden Schlüsselbilder – das Tor und die Mauer – und die Bedeutung, die sie in Djuna Barnes' Leben und Kunst haben. Im Gedicht sprechen zwei Stimmen, doch wie immer gehören sie einer einzigen Frau:

Call her walking-mort; say where she goes
She squalls her bush with blood. I slam a gate.
Report her axis bone it gigs the rose.
What say of mine? It turns a grinning grate.
Impugn her that she baits time with an awl.
What do my sessions then? They task a grave.
So, shall we stand, or shall we tread and wait
The mantled lumber of the buzzard's fall
(The maiden resurrection and the freight),
Or shall we freeze and wrangle by the wall?

(Nenn sie Vagabundin; sag, wo sie geht / Schreit sie ihren Busch voll Blut. Ich schlag ein Tor zu. / Berichte, der Knochen ihrer Mitte berührt die Rose. / Was ist von meinem zu sagen? Es wendet ein grinsendes Gitter dir zu. / Wirf ihr vor, daß sie die Zeit mit einer Ahle ködert. / Was entscheiden die Sitzungen meines Gerichtshofs dann? Sie geben dem Grab eine Aufgabe. / Sollen wir also stehen bleiben oder schreiten und / Auf den heimlich schleppenden Gang von des Bussards Fall warten / (Die jungfräuliche Auferstehung und die Last) /, Oder sollen wir gefrieren und ringen bei der Mauer?)

»The mantled lumber of the buzzard's fall« ist das väterliche Vieh, das sich rückwärts schleicht, weg von Bethlehem. Barnes widmet ihre Tage (ich paraphrasiere) der Abrechnung mit der Vergangenheit. Das wichtigste in diesem Reigen vom Tod geprägter Bilder ist ganz autobiographisch: Einer ihrer Chirurgen hatte Barnes gesagt, sie sei für einen kurzen Augenblick auf dem Operationstisch klinisch tot gewesen. »Jetzt wissen Sie, wie der Tod ist. Sie waren dort. Sie sind gestorben«, sagte der Arzt zu ihr. Sie hatte sowieso schon seit Jahren von sich selbst immer unpersönlich als »die Barnes« gesprochen.

Romaine Brooks' Tod 1970 im ehrwürdigen Alter von sechsundneunzig Jahren war der erste Verlust unter den Auslandsamerikanern in diesem Jahrzehnt. Ende desselben Jahres starb, wie man sich erinnern wird, Thelma Wood. Natalie Barney folgte 1972. Dann starb Emily 1974. Sie hatte seit vielen Jahren auf der Catholic Worker Farm (katholischen Arbeiter-Farm) in Tivoli im Staate New York gelebt. Erstaunlicherweise war es in den letzten Jahren Barnes gewesen, die sich mehr um den Kontakt bemüht hatte. Emily hatte sich glühend gewünscht, auch Djuna solle zum Katholizismus konvertieren, und war sehr enttäuscht, als sie es nicht tat. Unmittelbar nach Emily Colemans Tod war ein enger Freund von ihr zu Besuch bei Barnes. Sie bestürmte ihn mit Fragen nach Emilys letzten Tagen und war, wie er mir erzählte, sichtlich bewegt, als sie hörte, daß ihre ungestüme, wilde Freundin in religiösem Frieden, im Kreise von Freunden, die sie liebten und die sie liebte, gestorben war. Janet Flanner hatte einen schweren Schlaganfall, der sie in verwirrtem Zustand, unterbrochen von gelegentlichen klaren Momenten, zurückließ, bevor das Ende auch für sie kam. Als letzte ging Peggy 1980. Jetzt waren praktisch alle Zeitgenossen tot, die Barnes nahegestanden hatten, mit Ausnahme von Berenice Abbott und ihrem Bruder Saxon. Die letzte enge Freundin, die ihr geblieben war, war Valerie Eliot, die sie jedesmal besuchte, wenn sie in New York war. Inmitten all dieser Todesfälle erlebte Barnes das tiefste Entsetzen ihres Lebens, als sie plötzlich glaubte, nun sei auch die Stunde ihres eigenen Todes gekommen. Doch nichts geschah. Sie kümmerte sich um ihr Testament. Noch mehrere Jahre würde sie warten müssen. Patchin Place war nicht mehr, wie früher, eine Nische für Künstler. Die Gegend war schlimm heruntergekommen. Kakerlaken wimmelten in der chaotischen kleinen Küche herum. Ihr Zuhause war jetzt eine Bruchbude, und auch ihr Leben war in die Brüche gegangen.

Über ihr letztes literarisches Werk erfuhr man nur Andeutungen, die sie in Gesprächen mit guten Freunden fallen ließ. Es sollte ein langes Gedicht in Gesängen werden. Tatsächlich besteht es aus einzelnen Gedichten, von denen die meisten leider nicht mehr ihre endgültige Form erhalten haben. Sie sind in der gleichen Weise dicht wie *Antiphon* und enthalten, genau wie das Stück, einige der stärksten Zeilen, die Barnes je geschrieben hat. Das Thema ist natürlich die alte Familiengeschichte. Die Gedichte sind still und intensiv. Wie könnte man sie beschreiben? Vielleicht als Gedichte, die von einer Emily Dickinson in der Hölle geschrieben wurden. Einer der Titel, die sie erwog, lautete *Poems in Passing* (»Gedichte im Vorübergehen«). Ein anderer Titel, den sie zeitweilig benutzte, war *The Book of Dan* (»Dan's Buch«). Sie sagte, es sei der ruhige Rückblick eines müden und weisen alten Mannes auf das Leben. 1965 erzählte sie den Bouchés, sie sei beim dreizehnten Gesang angelangt. Als sie 1968 ins Krankenhaus mußte, schickte sie vorher eine Kopie der Gedichte an Faber & Faber, für alle Fälle. Jetzt trugen sie den provisorischen Titel *Satires*, und Barnes beschrieb sie als eine Art »Auferstehungs-Ragout« aus Liedern und Betrachtungen zum Leben von einem gewissen Don Pasquin. Das spielte vermutlich auf den Namen Pasquino an, den man scherzhaft einer verstümmelten Statue verliehen hatte, die zu Beginn des sechzehnten Jahrhunderts in Rom ausgegraben und in der Nähe der Piazza Navona wieder aufgestellt worden war. Es hatte sich ein Brauch entwikkelt, dieser Statue am St. Markus-Tag satirische Verse zu widmen, und daher stammt das Wort »pasquinade« für eine bestimmte Form meist ziemlich scharfer satirischer Verse oder Schmähschriften.

In den letzten Monaten ihres Lebens sagte Barnes, sie wünsche, daß sämtliche Gegenstände in ihrer Wohnung vernichtet würden, einschließlich aller Entwürfe zu ihrem langen Gedicht. Obwohl das nicht geschah, ist es noch immer ungewiß, wann diese letzten Gedichte je veröffentlicht werden.

Das letzte Werk, das Barnes noch zu Lebzeiten für den Druck fertigstellte, war ein kleines Büchlein mit Tiergedichten nach dem Alphabet, *Creatures in an Alphabet*. Sie konnte noch selbst die Fahnen korrigieren, doch das Buch erschien erst nach ihrem Tode, im Oktober 1982. Miss Barnes starb, wie sie es sich gewünscht hatte, in Patchin Place, am Abend des 18. Juni 1982, eines Freitags, sechs Tage nach ihrem neunzigsten Geburtstag.

Einen Monat vor ihrem Tod mußte sie wegen Unterernährung ins Krankenhaus gebracht werden. Es schien, als erhole sie sich dort bei einer Diät aus Ginger Ale und Kaffeeis von Häagen-Dasz, einer Standarddiaät für Unterernährte wegen des therapeutischen Effekts des Coffeins. Man weiß nicht, ob sie einfach vergessen hatte zu essen oder nichts mehr essen wollte. Ein paar Monate zuvor war ihr ein Stipendium der Stiftung National Endowment for the Arts zuerkannt worden. Bemerkenswerterweise erwies sich nach ihrem Tod, daß sie finanziell recht gut dagestanden hatte.

Das letzte Gedicht, das zu ihren Lebzeiten veröffentlicht wurde, erschien als »Work-in-Progress« in der Frühjahrsausgabe 1982 der New Yorker Vierteljahresschrift *Grand Street*:

Rite of Spring

Man cannot purge his body of its theme
As can the silkworm on a running thread
Spin a shroud to re-consider in.

(Frühlingsritus / Der Mensch kann seinen Körper nicht von seinem Thema reinigen / Wie die Seidenraupe am laufenden Faden / Ihr Leichentuch spinnen kann, um darin alles noch einmal zu überdenken.)

Es war ein feines, schwebendes Gespinst, gut geignet für den Abschied. Diese stillen, minimalistischen, »postmodernen« Zeilen weckten Hoffnungen auf den versprochenen Gedichtband.

Leider war *Creatures in an Alphabet*, als es erschien, kein neues Werk, sondern ein Zyklus, dem ein »schwarzes Alphabet« zugrunde lag, mit dem sie schon viele Jahre zuvor herumgespielt hatte. Es ist ein relativ schwaches Werk. Die vertrauten Barnes-Themen sind alle da, aber nur wenige Verse haben die besondere Barnessche Kraft. Der Zyklus war tatsächlich ein trauriger Abschluß für ihre Karriere, in der sie mehrfach für lange Zeiten verschwunden war, aber immer wieder auftauchte wie ein ferner Komet. Immerhin eine Strophe ist wie die scharf geritzte Zeichnung des Bildes, das Barnes vom Alter hatte:

– Somewhat sullen, many days,
The Walrus is a cow that neighs.
Tusked, ungainly, and windblown,
It sits on ice, and alone.

(An vielen Tagen etwas mürrisch, / Das Walroß ist eine Kuh, die wiehert. / Stoßzahnbewehrt, häßlich und windumtost, / Sitzt es auf Eis, und allein.)

In der ersten Version der Vierzeiler hatte sie eine amüsante Refrainzeile, in der ein Mr. Physter eine Miss Peugh fragte, was aus der Schöpfung werden solle.

XIII

In ihren letzten Lebensjahren hatten die »verrückten Kinder« mit ihren Doktortiteln ernsthaft angefangen, sie aufzuspüren. Als Barnes die wachsende Begeisterung für die zwanziger Jahre und die Verlorene Generation beobachtete, fragte sie sich, was diese Kinder wohl getan hätten, wären sie selbst dabei gewesen. Die meisten, spürte sie, waren gar nicht wirklich interessiert; im besten Fall »meinten« einige von ihnen es wahrscheinlich »gut«.

Über die biographischen und autobiographischen Versuche von Hemingway, Parker Tyler, Virgil Thomson, Kay Boyle und anderen ehemaligen Auslandsamerikanern runzelte sie die Stirn. Wenn ein Autor starb, wollten die Medien Kommentare. Sie lehnte immer ab. Gelegentlich huschten die Fotos, die Man Ray früher von ihr gemacht hatte, über ihren Bildschirm.

Abgesehen von dem Raymont-Interview im Zusammenhang mit der Veröffentlichung ihres Gedichts im *New Yorker* machte Barnes, was Interviews anging, nur Ausnahmen für Schweden, Hammarskjölds wegen. Sie empfing verschiedene schwedische Reporter. Eine zuvor nicht bekannte Tatsache, die in einem ansonsten uninteressanten schwedischen Interview herauskam, war, daß auch Scott Fitzgerald zu ihren Freunden gehört hatte. Das beste der schwedischen Interviews ist das von Folke Isaksson (im *Dagens Nyheter* vom 25. Februar 1963). Es vermittelt ein sehr gutes Bild ihrer Altersgelassenheit:

»Wir suchen einen geeigneten Ort. ›Eine Bar für junge Männer oder für alte Damen?‹ will Djuna Barnes wissen. Ich schlage letzteres vor. Es ist dämmerig, und wir fühlen uns gleich erfrischt.

›Junger Mann‹, fragt sie über ihr Glas Saft hinweg. ›Was wollen Sie von mir?‹

Sie sieht den jungen Mann scharf an, und einen Augenblick lang fühlt er sich geprüft. ›Sie müssen wissen, ich lebe wie ein Trappistenmönch.‹

... Ich sage etwas wie: ›Ich habe an Sie gedacht, mir dieses Gespräch ausgemalt. Wie ich auch sehr gern Tschechow getroffen hätte, oder Marilyn Monroe...‹

Dann sprechen wir über die Monroe, beide mit der gleichen Anteilnahme, und Djuna Barnes bemerkt: ›Das arme Mädchen ... Wie eine weiße Taube ... Eine, wie sie Jäger in die Luft werfen als Ziel und abschießen.‹

Ihr Mitgefühl ist nicht sentimental. Es ist eine Wahrheit, gewaschen von den schmutzigen Wassern, mit denen Barnes im Leben in Berührung gekommen ist. Sie ist scheu, auf der Hut, zornig, als wir auf die Atombombe und die Unmenschlichkeit der Menschheit zu sprechen kommen, aber es ist auch etwas Koboldhaftes an ihr, ein spöttisches Funkeln in der Tiefe ihrer Augen. Ihre ganze Kraft liegt im Blick.

In ihrer merkwürdigen dunkelblauen Skimütze erinnert sie mich an eine alte Schauspielerin, Naima Wifstrand, gezeichnet von ›würdigen Runzeln‹ wie Miranda in *Antiphon*. Sie spricht vom Altern wie von einer Rolle. Sie kennt sie sehr gut.«

Miss Barnes spricht zu Isaksson mit Wärme über Hammarskjöld und Monroe, Leute, die jeder kannte und niemand. (Das war ein Schicksal, das sie sehr ansprach, weil sie sich selbst auch so sah.) Sie sagt, das Publikum scheine für *Nachtgewächs* langsam reif zu werden, und lacht, als sie erzählt, daß sie schon fünf Angebote für die Verfilmung des Romans abgelehnt hat (Barnes beteuerte immer wieder ihre Armut, aber Geld war ihr gleichgültig), darunter eines von einem phantasievollen Produzenten, der Groucho Marx die Rolle des Doktor O'Connor übertragen wollte. Über die zeitgenössische Gesellschaft spricht sie ein scharfes Urteil: »Die Leute sind halbherzig und ziellos geworden! Niemand will mehr Opfer bringen. Nicht einmal Künstler wollen mehr den nötigen Preis zahlen.«

Isaksson berichtet, es sei Miss Barnes' felsenfeste Überzeugung, daß man im Leben mit Leid bezahlen müsse. Sie sagt zu ihm: »Nun, ich lasse mich nicht mehr beirren«, und sie kommt ihm vor wie eine Einwanderin ohne Schiff auf einem Hafenkai unter lauter Menschen, die alle ungeduldig darauf warten, ihren Weg in die Sicherheit, zu menschlichen Bindungen und gemeinsamen Werten anzutreten. Es wird dunkel, und er begleitet sie zurück nach Patchin Place.

Das nächste Mal wurde ihre selbst verhängte Isolation 1970 durchbrochen, als die Zeit reif war für das erste Buch über sie. Professor James Scott von der University of Bridgeport hatte es übernommen, für die endlose Twayne-Serie über moderne Autoren den Band über sie zu schreiben. Er wandte sich an Miss Barnes und erhielt einen Besuchstermin. Doch als er ankam und beim Betreten des Hauses von Mitbewohnern erfuhr, welches ihre Glocke war (es gab kein Namensschild), wurde ihm auf sein Klin-

Djuna Barnes 1971

geln nicht aufgemacht. Er ging ein Stück spazieren. Es fing an zu regnen. Er kehrte zu der Klingel zurück und versuchte es noch einmal, und diesmal steckte eine ältere Frau mit dünnem, weißen Haar ihren Kopf aus einem offenen Fenster rechts über ihm und fragte in irritiertem Ton: »Ja, was gibt's?«

Sie empfing ihn in Nachthemd und Flanellmorgenrock – um drei Uhr nachmittags. Nach der Begegnung schrieb er auf, was sich abgespielt hatte:

»Als ich noch stand, zu Beginn unserer Begegnung, ergriff sie die Gelegenheit, mich sorgfältig zu mustern, wobei sie sagte: ›Lassen Sie sich anschauen. Ich habe Sie noch nicht richtig gesehen.‹ Ich ließ die Prüfung ihres konzentrierten Blicks über mich ergehen, wobei ihr Gesicht nicht weiter als dreißig Zentimeter von meinem entfernt war, und nahm die Brille ab … Als ich die Brille abnahm, zuckte mir flüchtig der Gedanke durch den Kopf, sie könnte mir eine Ohrfeige geben. Doch sie schien zufrieden.«

Sie erzählte Scott, sie sähe niemanden mehr. Das letzte Mal, daß sie jemanden in ihrem Zimmer empfangen habe so wie ihn jetzt, läge fünfundzwanzig Jahre zurück. (Eine Anspielung auf den Artikel im *Time Magazine* in Zusammenhang mit der Ausstellung ihrer Malerei im Rahmen der Art of This Century Gallery.) Sie sagte zu ihm, da sie selbst einmal für Zeitungen gearbeitet habe, wisse sie, wozu Reporter fähig seien:

»›Sie machen vor nichts halt, um zu kriegen, was sie wollen.‹ Ich erzählte ihr, daß ich auch fünf Jahre lang bei einer Zeitung gearbeitet hätte. ›Na, dann wissen Sie ja, was ich meine! Seit einiger Zeit *versuche* ich, Gedichte zu schreiben. Aber es gibt so viele Unterbrechungen! Neuerdings *wollen* so viele etwas von mir! Aber ich will es einfach nicht geben!‹ (Hinter jedem Satz, den sie sagt, scheint ein Ausrufezeichen zu stehen.) ›Ich bin die berühmteste Unbekannte der Welt, das wissen Sie doch, nicht wahr?‹«

Scott merkte, daß er während der Unterhaltung mit ihr Kopfschmerzen bekam. Ohne daß er etwas gesagt hätte, erriet sie es und bot ihm zwei Aspirin und ein Glas Wasser an:

»›Man hat mir gesagt, daß ich jedem, der mit mir spricht, Kopfschmerzen verursache‹, sagte sie.
›Sie sind so intensiv‹, sagte ich.
›Ja, ich weiß.‹«

Sie machte Scott noch beklommener durch ihre Forderung, da er nun einmal das Buch schreibe, müsse es ihnen beiden zum Ruhm gereichen und die Kritiker beschämen. Sie erzählte ihm, Leute von Caedmon seien zur Zeit hinter ihr her, weil sie eine Plattenaufnahme von *Nachtgewächs* machen wollten, aber sie sei dagegen:

»›Meine Stimme wird schlechter. Man hört aber doch nicht, daß es die Stimme einer Asthmatikerin ist, oder etwa doch? Hört man's?‹
›Nun‹, gestand ich, ›ein bißchen schon.‹
›Natürlich! Ich weiß! Ich kann mich schließlich selber hören.‹«

Als sie über ihren Gesundheitszustand zu sprechen begann, unterbrach sie sich plötzlich und sagte:

»Alte Leute sollte man töten! Wissen Sie das? Es sollte ein Gesetz darüber geben. Diese Bemühungen, sie am Leben zu erhalten – das ist unmenschlich! Ich bin schon tot. Ist Ihnen das klar? Ich bin schon einmal gestorben, und man hat mich zurückgeholt. Jetzt muß ich das Ganze nochmal durchmachen! Es ist furchtbar!«

Scott staunte über die Art, wie sie drauflosredete und dann unvermittelt eine Kehrtwendung machte, oft sich gar selbst widersprach, genau wie Miranda in *Antiphon*. Sie war abwechselnd liebenswürdig, verdrießlich, wütend, und manchmal ganz in sich selbst versunken, so als wäre er gar nicht da. Und dann wandte sie sich ihm plötzlich wieder zu mit ihrem offenen Lächeln.

Als ich selbst Miss Barnes im März 1977 zum ersten Mal begegnete, hatte man mir vorher warnend von den Schwierigkeiten erzählt, die der letzte Besucher vor sechs Monaten gehabt hatte. Es war ein Herausgeber gewesen, der Barnes' Werk verehrte, aber er war nichtsdestoweniger von ihr beschimpft worden. Bei unserer Begegnung bestätigten sich die Gerüchte sowohl über diese Spannungen wie über die inzwischen verstrichene Zeitspanne des Schweigens, denn Miss Barnes sprach sofort von diesem Treffen, als sei es erst gestern gewesen. Bevor ich zu ihr ging, hatten wir eine einstündige Unterhaltung am Telefon. Gerade, als ich überzeugt war, daß es zu keiner Begegnung kommen würde, sagte sie: »Na, ich nehme an, ich muß Sie empfangen.« Sie verlangte, ich solle mich selbst am Telefon beschreiben, damit sie sich auf mich einstellen könne. Ich trug damals einen ziemlich üppigen Vollbart. Sie verlangte, den müsse ich abrasieren lassen, bevor sie mich sehen könne. Sie könne Bärte nicht leiden – ihr Vater habe einen Vollbart getragen. Ich murrte, versprach aber, ihn wenigstens stutzen zu lassen, bevor ich käme. Und als wir an jenem Nachmittag auf ihrem Treppenabsatz anlangten, stand sie in ihrem Morgenrock im Korridor und fragte mit herrischer Stimme: »Was ist denn das? Ich stimme zu, einen Menschen zu empfangen, und es kommen gleich zwei!!« Aber es war schnell klar, daß meine Frau ihr besser gefiel als ich, und schließlich wandte sie sich Meg zu, als sei ich Luft, und fragte: »Wie konnten Sie nur einen Mann mit Bart heiraten?! Ee-kelhaft!!« Dann hielt sie kurz inne und setzte hinzu: »Nein, es ist sogar besser so! So kann man ihre Gesichter nicht sehen.« Ich hatte ihr Fotos mitgebracht von einigen ihrer frühen Zeichnungen. Sie sprach über alle, als habe sie sie erst gestern gezeichnet und nicht schon vor sechzig Jahren, womit sie bewies, was ich schon wußte, daß sie nämlich ein sehr gutes Gedächtnis hatte, wenn sie wollte. Mit besonderer Wärme sprach sie von dem Nachmittag, an dem sie den alten Insektenkundler skizziert hatte, bremste sich dann aber. »Er war ein fieser alter Mann. Wie Ihr Nabokov!« Ihren bei weitem schärfsten Ausspruch reservierte sie für die übertriebenen Gesten der neuen Frauenbewegung: »Diese Frauen!! Warum *tun* sie nicht etwas? Oder stricken Socken für ihre Ehemänner!«

Ich spürte, daß sie darauf wartete, daß ich sie über ihr Leben befragte. Sie begegnete fast jedem unwirsch und wartete darauf, daß man versuchte, sie zu betrügen. Ich konnte ihr nicht gut erklären, daß ich keine Fragen stellen wollte. Zu meiner Überraschung redeten wir fast vier Stunden miteinander. Verschiedene Male wurde Miss Barnes durch schwere Hustenanfälle unterbrochen. Wir waren schon mehrmals halb aufgestanden, da ließ der Husten nach und sie fragte wieder etwas (Ob ich einen Vertrag für dieses Buch hätte? Gefiel mir *Nachtgewächs* oder *Antiphon* besser?). Und so blieben wir noch ein Weilchen.

Am Ende dieses längsten Nachmittags meines Lebens stellte ich erstaunt fest – immerhin hatte ich in meinem Leben schon einige äußerst schwierige literarische Gespräche geführt –, daß mein Hemd auf dem Rücken schweißnaß war. Als wir gingen, reichte mir Miss Barnes durch den Türspalt die Hand. Es war eine sanfte Hand, vom Alter geschrumpft, aber dennoch warm und fest. Dann sagte sie sehr leise:

»Warum müssen Sie die ganzen alten Geschichten wieder aufrühren, die Familienangelegenheiten? Das hat doch keinen Sinn.«

»Ich glaube, es hat doch einen Sinn«, antwortete ich, »weil Sie Djuna Barnes sind.«

Sie starb unter Schmerzen, aber ein freundlicher Arzt gab ihr Opiate, um sie zu lindern. Ihr letzter Wunsch: daß ihre Asche in einem Wäldchen bei Cornwall-on-Hudson verstreut werden sollte.

Danksagung

Die wichtigste Quelle für dieses Buch war das Material der Djuna Barnes-Sammlung, die im Porter Room der McKeldin Library der Universität von Maryland, College Park, Maryland 20742 archiviert ist. Besonders möchte ich Mary Boccaccio und Dr. Robert Beare für die Hilfe danken, die sie meiner Frau Meg und mir angedeihen ließen, als wir im Jahre 1977 dort arbeiteten. Weiteres sehr wichtiges Material befindet sich in der Beinecke Library in Yale (dort habe ich für mancherlei Unterstützung dem damaligen Direktor Dr. Donald Gallup zu danken) und im Humanities Research Center der University of Texas in Austin. Die New York Public Library ist eine wichtige Fundstelle für frühe Zeitungen und Zeitschriften. Dokumente, die den Kreis um Natalie Barney betreffen, befinden sich in der Bibliothèque Litteraire Jacques Doucet der Pariser Universität; dort hat mich der Direktor, François Chaperon, freundlich unterstützt. Die William Andrew Clark Library in Los Angeles besitzt Briefe von Zadel Gustafson an Lady Wilde. Jean Chalon, Natalie Barneys französischer Biograph, war so freundlich, mir Barneys Exemplar des *Ladies Almanach* mit ihren Randbemerkungen zu zeigen. Die Bibliothekare der Griffith University in Australien haben es mir sehr erleichtert, dieses Buch aus so großer Entfernung zu schreiben. Mehrere hundert Leute sprachen und korrespondierten mit mir, und Dutzende von Bibliothekaren reagierten eifrig auf meine Anfragen, und ich kann nur hoffen, daß dieses Buch sie für ihre Bemühungen und ihre Hilfsbereitschaft entschädigt. Den Zeugen, die im Buch erwähnt sind und die sich persönlich zur Verfügung stellten, gilt mein besonders warmer Dank. Auch Raija Nugent von der Griffith University danke ich, die für mich aus dem Schwedischen übersetzt hat (und Folke Isaksson für die Erlaubnis, aus seinem Artikel zu zitieren), weiter Albert Parry, der mir in bezug auf

Bruno half, und dem Dichter Bill Zavatsky, der es für die Baronin tat. Auch Nancy Kleinpoppen von der Columbia University und der New School möchte ich Dank sagen, weil sie die Arbeit an ihrer Dissertation über Djuna Barnes unterbrochen hat, um für mich einige wichtige Nachforschungen nach Geburtsurkunden anzustellen und den Nachlaß von Maurice Sterne in Yale auszuwerten, was sie sehr gut gemacht hat. Ihre eigene Arbeit wird, wenn sie fertig ist, sicher Aufmerksamkeit verdienen. Weiter möchte ich Mrs. Valerie Eliot für die Erlaubnis danken, eine Zeile aus einem unveröffentlichten Brief von T. S. Eliot zu zitieren, sowie für ihr reges Interesse an diesem Projekt. Andreas Brown und Bradford Marrow leisteten große Dienste bei der Beschaffung von Material über die letzten Lebensjahre von Barnes.

Obwohl Djuna Barnes von weiten Kreisen der neueren Literaturkritik und Literaturwissenschaft vernachlässigt worden ist, hat sie doch Glück gehabt mit einigen der wenigen Leute, die sich mit ihr beschäftigten. 1975 brachte Dr. Douglas Messerli von der Temple University eine Bibliographie zu ihrem Werk heraus mit dem Titel *Djuna Barnes: A Bibliography* (erschienen bei David Lewis, Rhinebeck, New York). Seit dem Erscheinen dieser Bibliographie ist *Ryder* wiederaufgelegt worden (1979 bei der St. Martin's Press), und ein Artikel, den Barnes 1916 für *Pearson's Magazine* geschrieben hatte, wurde als schmales Bändchen unter dem Titel *Greenwich Village As It Is* neu herausgebracht (1978 von The Phoenix Bookshop, New York), ein wichtiger Titel, der bei Messerli fehlt, ist Barnes' Rezension von Gertrude Steins *Kriege, die ich gesehen habe* im *Contemporary Jewish Record*, vol. III, # 3, June 1945, New York, pp. 342-3. Die Neuerscheinungen nach Messerlis Buch sind *Creatures in an Alphabet* (1982 bei Dial, New York), das kurze Gedicht in *Grand Street* (Frühling 1982, New York) und *Smoke and Other Early Stories* (bei Sun and Moon Press, College Park, Md., 1982).

Von den literaturkritischen Arbeiten möchte ich vor allem *Djuna Barnes* von James Scott hervorheben (erschienen 1976 bei Twayne, Boston), eine sehr sensible kritische Untersuchung. Ich bin Professor Scott sehr dankbar für die Erlaubnis, daß ich die Notizen über seine Begegnung mit Barnes benutzen durfte. Außerdem möchte ich darauf hinweisen, daß ich einen nicht veröffentlichten Teil seines Buchs zur Kenntnis genommen habe, in dem er auf den versteckten Gedichtzyklus hinweist, der Mary Pyne gewidmet ist – eine Entdeckung, die auch ich gemacht hatte. John Glasscos Beobachtung über Mahoney war ein wunderbares Geschenk. Unter den Dissertationen verdienen besondere Erwähnung Jack Hirschman, *The Orchestrated Novel* (Indiana, 1961), Isobel Davis, *The People in Djuna Barnes' Nightwood* (SUNY bei Stony Brook, 1978) und ganz besonders Lynda Curry, *The Seconds Metamorphosis: A Study of the Development of the Antiphon by Djuna Barnes* (Miami University. Oxford, Ohio, 1978). Die letztgenannte Dissertation ist eine hervorragende Forschungsarbeit, die all die zahlreichen Entwürfe zu *Antiphon* untersucht, und ich habe mich bei meiner Interpretation des Stückes weitgehend auf diese Untersuchung gestützt.

Mein Dank an dich, Meg, sollte präziser sein als die übliche bedeutungslose höfliche Geste an die Adresse der Ehefrau: Du hast bei Gesprächen auf drei Kontinenten für eine herzliche Atmosphäre gesorgt, und oft war das entscheidend dafür, ob etwas herauszubekommen war oder nicht. Außerdem gebührt dir die Ehre, einige der wichtigsten historischen Quellen für dieses Buch entdeckt zu haben.

Es liegt zwar auf der Hand, muß aber wohl doch ausdrücklich gesagt werden: mein Buch ist in keiner Weise eine authorisierte Biographie. Miss Barnes war nur insofern daran beteiligt, als daß sie einer Vereinbarung zustimmte, schon vor der Veröffentlichung für die Zitate aus ihren Werken und die Wiedergabe ihrer Bilder bezahlt zu werden. Genau einen Monat vor Miss Barnes' Tod teilten mir ihr Lektor bei Dial sowie ihre Agentin Irene Skolnick mit, daß sie abwechselnd erfreut und wütend über diese Biographie war, und das ist das Höchste, meine ich, das ich je zu hoffen hätte wagen dürfen.

A. F.

Anhang

Bibliographie

Die veröffentlichten Bücher von Djuna Barnes in englisch und deutsch. Die deutschen Übersetzungen werden nach den zur Zeit lieferbaren Ausgaben genannt, nach denen in der Übersetzung dieses Buches zitiert wird.

The Book of Repulsive Women. New York 1915

A Book. New York 1923

Ryder. New York 1928 bzw. 1979
Deutsch: *Ryder.* 1986
Roman. Aus dem Amerikanischen von Henriette Beese. Mit elf Zeichnungen der Autorin.
Suhrkamp Verlag, Frankfurt am Main

Ladies Almanack. Paris 1928 bzw. New York 1972
Deutsch: *Ladies' Almanach.* 1985
Verfaßt und illustriert von einer Lady of Fashion, mit einem Vorwort von Djuna Barnes. Aus dem Amerikanischen von Karin Kersten.
Klaus Wagenbach Verlag, Berlin

A Night Among the Horses. New York 1929
Deutsch: *Leidenschaft.* 1986
Neun Erzählungen. Aus dem Amerikanischen von Karin Kersten.
Klaus Wagenbach Verlag, Berlin

Nightwood. With an introduction by T. S. Eliot. London 1936 bzw. New York 1937
Deutsch: *Nachtgewächs.* 1959 bzw. 1971
Roman. Einleitung von T. S. Eliot. Deutsch von Wolfgang Hildesheimer.
Suhrkamp Verlag, Frankfurt am Main

The Antiphon. London 1958 bzw. New York 1958
Deutsch: *Antiphon.* 1979
Deutsch von Christine Koschel und Inge von Weidenbaum.
Suhrkamp Verlag, Frankfurt am Main

Selected Works. New York 1962

Spillway: London 1960 bzw. New York 1972
Deutsch: *Leidenschaft* (s. o.)

Vagaries malicieux. New York 1974
Deutsch in: *Paris, Joyce, Paris*. 1988
Essays. Aus dem Amerikanischen von Karin Kersten und mit einem Nachwort von Kyra Stromberg.
Klaus Wagenbach Verlag, Berlin

Greenwich Village as it is. New York 1978
Deutsch in: *New York*. Geschichten und Reportagen aus einer Metropole. 1987
Aus dem Amerikanischen von Karin Kersten.
Klaus Wagenbach Verlag, Berlin

Smoke and Other Early Stories. Maryland 1982, bzw. New York 1982
Deutsch: *Die Nacht in den Wäldern*. 1984
Short Stories. Aus dem Amerikanischen von Karin Kersten.
Klaus Wagenbach Verlag, Berlin

Creatures in an Alphabet. New York 1982
Poems

Interviews. Maryland 1985 bzw. London 1987
Deutsch: *Portraits*. 1985
Aus dem Amerikanischen von Karin Kersten
Klaus Wagenbach Verlag, Berlin

Vor die Hunde gehen. 1991
Theaterstücke. Aus dem Amerikanischen von Christine Koschel und Inge von Weidenbaum und einem Nachwort von Inge von Weidenbaum.
Verlag Bettina Wassmann, Bremen

Saturnalien. 1987
Erzählungen. Aus dem Amerikanischen von Karin Kersten.
Klaus Wagenbach Verlag, Berlin

Paprika Johnson und andere Stories. 1989
Aus dem Amerikanischen von Karin Kersten.
Klaus Wagenbach Verlag, Berlin

Solange es Frauen gibt, wie sollte da etwas vor die Hunde gehen? 1991
Acht Portraits. Aus dem Amerikanischen von Karin Kersten u. a. Klaus Wagenbach Verlag, Berlin

Eine Auswahl der Gedichte Djuna Barnes' wird in der Übersetzung von Christine Koschel und Ingrid von Weidenbaum erscheinen.

Bildnachweise

Register